KB117831

진정성의 힘
Authenticity

Authenticity: What Consumers Really Want

어떻게 소비자를 사로잡을 것인가?

진정성의 힘
Authenticity

제임스 H. 길모어 · B. 조지프 파인 2세 지음

윤영호 옮김

21세기북스

진실을 추구하는 사람들과
진리를 찾는 사람들에게

진정성이란 단어는 21세기의 전문용어가 될 것이다. 진정한 것이란 무엇인가? 그것은 이익을 창출하기 위해 고안되거나 조성되지 않은 것을 말한다. 조직에 의해 통제되지 않은 것이다. 자체의 목적을 위해 존재하고 고유한 형태로 간주되는 것이다. 현대 세계는 모든 것이 효과를 기대하며 심어지고 배치되는 '정형식 정원'이나 다름없는 조직이다. 그곳에는 가공되지 않은 것도, 진정한 것도 존재하지 않는다.

_마이클 크라이튼의 『타임라인』 중 등장인물 로버트 도니거의 말

차 례

오늘날 진정성이란 주제를 거론하면 많은 사람들이 너나없이 진실한 것과 가식적인 것에 대해 말하고 싶어한다. 사람이든 장소든 사물이든 간에 이 주제는 절친한 친구 사이에서조차 격한 찬반논쟁을 일으킨다. 우리가 진실이라고 생각하는 것이 당신에겐 진실이 아닐지도 모른다. 당신은 그것을 철저한 가식이라고 여길 수도 있다. 하지만 진정성을 이루는 것에 대한 모든 견해 차이의 기저에는 '진실한 것은 무엇이든 소중하다'는 공감대가 형성되어 있다. 그 점에 대해서는 우리 모두 동의한다.

오늘날 비즈니스에서 임원들은 자신의 리더십이 직원들에게 '진실한 상사'라는 평판을 얻는 능력에 크게 좌우된다는 것을 인식하고 있다. 중간간부들은 온갖 가식적인 행동을 요구하는 기업문화에 점점 좌절한다. 회의에서 결정을 내릴 때 모든 사람들은 동의를 표하며 고개를 끄덕이고는 회의실을 나오자마자 그 결정에 관해서는 까맣게 잊어버린다. 일선의 실무자들은 비즈니스에 별 도움이 되지 않는 가식적인 성실함을 보이면서 짐짓 바람직한 태도를 가장한다. 그래서 소비자들은 진실한 태도를 접할 때 아주 형편없다고 느끼는 경우가 허다하다.

이 책은 흔히 중요하게 여겨지는 임원진의 리더십, 조직문화, 직원의 권한과 같은 문제들에 중점을 두지 않는다. 오히려 우리는 기업의 산출물에 대한 소비자들의 인식, 즉 상품을 진실로 받아들이는지 가식으로 받아들이는지를 관리하는 데 도움을 주고자 한다. 사람들이 다양한 산출물에 대해 갈수록 자신이 느끼는 진실성과 가식성에 근거해 구매결정을 내리기 때문이다. 이러한 인식은 특정 산출물이 소비자의 자기 이미지와 얼마나 잘 부합하는지에 따라 생겨난다.

따라서 우리가 진정성의 사례로 인용하는 모든 산출물들은 자연히 그것을 진실하다고 여기지 않는 독자들에게 괴리감을 일으킬 수 있는 위험 부담을 떠안는다. 독자들의 자기 이미지는 분명히 우리와 차이가 있을 것이기 때문이다. 우리는 경험을 통해 이런 사실을 알고 있다. 우리 두 사람도 이 책에 소개할 특정한 사례들을 두고 서로 이견을 보인 경우가 있었다. 우리는 비즈니스의 진정성에 대한 전문적인 평가를 내릴 때 한 사람의 견해가 일방적으로 개진되지 않도록 서로 절충하는 노력이 필요하다는 것을 배웠다. 그러므로 특정한 사례가 당신에게 내키지 않는다고 해서 산출물이 진정성에 호소하는 방식에 대한 우리가 제시하는 분석의 핵심을 놓치지 말아야 한다는 점을 강조한다.

앞서 출간된 『체험의 경제학The Experience Economy』(2019년 재출간)에서 우리는 이미 비즈니스에서 진행되던 현상에 완전히 새로운 용어를 도입했다. 이제 여기에서도 이미 비즈니스 업계에서 상당한 비중을 지니며 통용되는 아주 중요한 한 단어에 대해 논의하려 한다. 우리는 용어상의 혼란을 추려내고, 문제들을 규명하고, 아직까지 거의 시도되지 않은 비즈니스 방식을 독려한다. 요컨대 완전히 새로운 비즈니스 규범을 도입하려는 것이다. 에드워즈 데밍의 생각이 어떻게 품질을 명백한 경영책임으로 격상시켰는지 생각해보라. 이런 관점에서 진정성은 '새로운 품질'이다.

철학을 비롯해 예술, 사회과학, 다양한 문화비평에서뿐만 아니라 최근에는 비즈니스 업계에서 이미 많은 사람들이 이 주제를 설명했다. 우리는 비즈니스에서의 진정성에 대한 우리의 철학을 설명하기 위해 이 다양한 사상체계를 선별했는데, 이 책의 토대가 되는 그 내용은 제5장에서 살펴볼 수 있다. 무엇이 진정성이고 무엇이 진정성이 아닌지에 대한 명확한 정의를 내리기 위해 그 내용을 포함해야 했다. 만약 그것을 생략한다면 우리의 주장은 공허해지며 독자들은 주장의 근거에 의구심을 가질 것이다. 더불어 이 문제에 대한 생각을 이끌어줄 초석마저 사라진다.

앞서 대량 맞춤화와 체험 경제의 개념을 설명할 때처럼, 우리의 수단은 비즈니스 세계에서 일어나는 현상을 관찰하고, 기존의 사고방식을 위협하는 중대한 변화를 확인하고, 임원진과 관리자들과 직원들이 세계를 다르게 바라보면서 그에 따른 행동방식을 이해하는 데 도움이 될 수 있는 새로운 체계를 개발하는 데 집중된다. 우리는 대량 맞춤화, 체험 경제, 비즈니스에서의 진정성이란 주제가 서로 연관될 뿐만 아니라 서로 어우러져 하나의 응집된 경제관을 형성한다고 생각한다. 우리는 이 책 전반에 걸쳐 이전의 연구 결과를 소개하는데, 이것은 단지 진정성이란 용어에 관한 모든 것을 억지로 재정립하기 위해서가 아니라, 선진화된 경제에서 일어나는 장기적인 구조변화와 비단 비즈니스 세계뿐만 아니라, 세계 전체에 영향을 미치는 주요한 힘의 상호작용을 실제적으로 입증하기 위해서다. 만약 우리가 『체험의 경제학』과 『대량 맞춤화Mass Customization』에서 그랬던 것처럼 이 과제를 해낸다면 이 책은 "오랜 생명력"을 지니게 될 것이며, 몇 년씩 고심하며 이런 두꺼운 책을 한 권 더 집필할 필요가 없어질 것이다.

우리의 앞선 저서들이 거둔 성공에도 불구하고 아직도 산출물에 대한 대량 맞춤화가 도입되지 않았거나 고객 체험이 부각되지 않은 비즈니스들이 적잖이 존재한다. 특히 너무 많은 사람들이 비즈니스 방식의 핵심적인 변화도 없이 그저 체험이라하는 단어에만 집착하려고 한다. 너무 많은 기업들이 실제로 체험을 부각시키지 않으면서 "체험"을 제공한다고 말한다. 그것만으로는 가식으로 인식되기 십상이며, 사람들이 진정한 것이라고 여기는 체험에 대한 욕구를 유발할 뿐이다. 이제 진정성은 그 어느 때보다 소비자들이 진심으로 원하는 것이다.

이 책은 개인적 대인관계의 진정성이 아닌 경제적 산출물들의 진정성을 살펴본다. 사람들은 대인관계에 상당한 관심을 지니고 있지만 그 주제는 이미 다른 많은 책들에서 다루고 있다. 우리는 많은 사람들이 어떤 맥락에서든 소비자로 지칭되는 것을 거부한다는 점을 인식하고 있다. 하지만 이 책은 비즈니스의 관점을 채택했고 소비자들은 경제적 산출물을 소비하기 때문에 이 문맥에서는 소비자라는 용어가 적절하다고 할 수 있다.

소비자들의 심리에 부응하기 위해 우리는 일관성, 정직성, 성실성, 투명성, 신뢰성과 같이 소비자들의 마음속에서 진정성을 구성하는 특정한 요소들을 제시하지 않는다. 솔직히 진정성에 대한 기대를 이해한다면 그것을 단순한 목록으로 축소할 수는 없다. 모든 소비자들은 고유성을 지니며 그런 이유에서 자기 이미지에 대한 분석은 (만약 불가능하지 않다면) 대단히 복잡한 작업이다. 하지만 우리는 이 책 전반에 걸쳐 체제·모델·발견적 교수법을 제시해서 기업들이 소비자들의 고유성에 대응하는 데 도움을 주고자 한다. 우리는 다양한 사례들을 인용한다. 그것들은 진정성을 다룬 최선의 방식을 나타내는 것이 아니라 최선의 원칙에 명확성을 부여하기 위한 것이다. 모든 비즈니스는 고유한 특성을 지니며 오직 당신만이 자신의 사업에서 시급한 진정성을 갖추는 방법을 결정할 수 있다.

우리는 확실히 다른 사례들보다 디즈니와 스타벅스 두 기업을 자주 인용한다. 왜일까? 학문적·사회비평적 측면에서 어떤 기업도 월트 디즈니 컴퍼니보다 진실한 것과 진실하지 않은 것에 대한 우리의 총체적 견해에 많은 영향을 미치지 못했기 때문이다. 신데렐라는 진정성의 주제에서 피할 수 없는 그림자를 드리우고 있다. 스타벅스는 어떤가? 어떤 기업도 스타벅스보다 더 명쾌하게 진정성의 인식을 관리하지 못한다. 그들은 이 새로운 규범에 대해 우리가 기술한 거의 모든 방식에서 직접적으로 진정성에 호소하고 있다. 더욱이 비즈니스에 종사하는 대부분의 사람들은 디즈니 테마파크나 스타벅스 카페에 모두 가보았을 테고, 가보지 못한 사람들도 그것을 하나의 문화현상으로 알고 있다.

마지막으로 우리 자신에게 충실하기 위해 한 가지 사항을 언급하고 넘어가야겠다. 진실과 가식의 문제는 옳음과 그름의 문제와 같지 않다. 자신에게 진실(충실)하다는 것은 진리 그 자체를 규정하지 못한다. 예를 들어 『로버트 영의 분석 성구사전Young's Analytical Concordance to the Bible』을 살펴보면 킹 제임스 판 구약성서나 신약성서 어디에서도 "진정한"이나 "허위적인", "진실한"이나 "가식적인"이란 인용구를 찾아볼 수 없을 것이다. 반면 "옳음"과 "그름"이란 인용구는 아주 많을 것이다. 이처럼 "진실한 것은 무엇이냐"라는 질문은 "진리는 무엇이냐"라는 질문과 같지 않다. 진정성의 추구가 영원에 이르는 길과 혼동되어서는 안 된다.

제1장

진정성

새로운 비즈니스 규범

가식적인, 인위적인, 부정직한, 가짜의, 허위적인. 당신이 판매하는 상품이나 그것을 판매하는 방식을 묘사하는 소비자들이 이 단어 중 어느 하나라도 사용하는가? 이것이 바로 점점 더 많은 소비자들이 기업들이 제공하는 것을 바라보고 있는 방식이다. 사람들은 점차 세계를 진실과 가식이라는 기준으로 바라보며, 사기꾼에게 위조품을 사는 대신 성실한 사람에게 진품을 구매하고 싶어한다.

왜 그럴까? 또 왜 지금일까? 그것은 오늘날의 추세가 체험 경제로 전환되었기 때문이다. 더 이상 제품과 서비스만으로는 충분하지 않다. 현재 소비자들이 원하는 것은 바로 체험, 즉 그들을 자연스럽게 참여하도록 이끄는 인상적인 사건이다. 체험에 돈을 내는 추세가 확산되면서 이제 사람들은 적어도 구매할 대상과 방식(제품과 서비스의 범위)을 고심하는 것만큼, 돈과 시간을 지출할 장소와 시기(체험의 통화)도 신중하게 결정한다. 하지만 점점 더 의도적이고 감각적으로 부각된 체험이 늘어나는 세계(점점 더 진실성이 상실되는 세계)에서 소비자들은 경제적 산출물이 얼마나 진실하게 인식되는지 여부에 근거해 구매를 결정한다. 따라서 오늘날 비즈니스는 진실성이 전부라고 해도 과언이 아니다. 독창적인, 진짜의, 진지한, 진정한⋯⋯.

체험이 선행되는 모든 산업에서 진정성의 문제는 바로 그 뒤를 따른다. 디즈니랜드를 생각해보라. 1955년에 개장하기 전에는 물론 그 후로도 현대 문화에서 디즈니랜드보다 진정성에 더 많은 논쟁을 일으킨 장소는 없었다. 또 어떤 비즈니스도 현대 생활의 진실성에 관한 상업적 활동의 효과에 월트 디즈니 컴퍼니보다 많은 논란을 유발하지 못했다.

커피에 대해 생각해보라. 스타벅스는 원가가 고작 몇 센트에 불과한 원두로 커피 한 잔을 판매할 때마다 몇 달러씩 벌어들인다. 이것은 바로 각 매장의 분위기와 커피의 제조과정에 초점을 맞추어 차별화된 커피 음용 체험을 부각하는 법을 터득한 결과다. 아마도 전 세계에서 스타벅스보다 더 진지하고 꾸준하게 진정성을 연출하기 위해 노력하는, 다시 말해 자사의 진실성에 대한 소비자의 인식을 형성하는 기업은 없을 것이다. 하지만 스타벅스가 시애틀의 첫 매장에서 전 세계 3만1000개 이상의 규모로 성장하면서 그 일은 점점 더 어려워지고 있다. 진정성을 약화시키는 최대의 적이 바로 보편성이기 때문이다. 이제 스타벅스의 성공은 더이상 탁월한 운영이나 커피 맛의 우위에 의존할 수 없다. 오직 스타벅스의 체험을 진정한 것으로 받아들이는 커피 애호가들의 인식을 유지하는 데 달려 있다.

새로운 소비자 감각

농업 경제–산업 경제–서비스 경제에 이은 체험 경제가 최고조에 이르면서 이제 진정성의 문제는 단지 고객 체험뿐만 아니라 경제 전반으로 확산되고 있다. 경제발전의 과정에서는 새로운 소비자 감각이 부상하는데, 소비자들은 가장 두드러진 경제적 산출물의 유행에 따르면서 상업적 생산물에 대한 판매자들과 구매자들 간의 역학관계에 영향을 미친다. 이런 감각—특정한 인식에 민감한 감성—이 등장하면 비즈니스는 지속적인 성공을 거두기 위해 새로운 규범을 습득해야 한다.

　가장 최근에 비즈니스계에 근본적으로 새로운 능력을 개발하도록 강제했던 소비자 감각에 대해 생각해보라. 예를 들어 50년 전의 경영이론이나 경영방식에서는 전혀 찾을 수 없지만 현재 비즈니스에서 필수적인 규범은 무엇인가? 당연히 품질일 것이다. 품질 개선의 필요성은 비단 포드 자동차뿐만 아니라 고품질을 향한 소비자들의 기대에 호소하려는 모든 기업들로 하여금 비용 절감을 대신해 품질 개선을 "최우선 업무"로 여기도록 했다. 다양한 수단들(서적, 소프트웨어, 워크숍, 방법론, 자격증, 상장)의 등장은 경영자에게 꾸준한 기술개발(통합품질관리, 카이젠, 무결점 운동, 6시그마 등)을 통해 지속적으로 품질을 개선할 수 있도록 뒷받침했다.

　왜 품질이 주도적인 소비자 감각이 되면서 완전히 새로운 경영기술의 시대를 촉발했는가? 전문가들은 한 가지 중요한 요소를 간과하는 성향을 보인다. 바로 서비스 경제의 부상이다. 산업혁명 덕분에 이룬 온갖 제품으로 가득한 세계가 이제 새로운 서비스를 갈망하는 세계로 변화한 것이다. 먼저 모든 제품을 지정, 설치, 유지, 수리, 교체하는 데 필요한 인력들(서비스 업체, 수리 업체, 부품공급 업체, 제품소매 업체, 내부 장식 업체 등)이 등장했다. 뒤이어 그 제품을 보강하기 위한 완전히 새로운 서비스 범주들(케이블 시스템, 드라이클리닝, 조경, 잔디관리, 보안시스템 등)이 생겨났다. 이런 서비스에 엄청난 비용이 지출되면서 점차 품질은 비즈니스계의 경쟁 수단이 되었다.

　소비자들은 점점 더 고품질의 제품과 서비스를 기대하기 시작하면서 더 이상 저품질을 용인하지 않게 되었다. 적절한 기능과 혜택이 적절한 제품과 서비스에 적용되어 적절한 시기에 출시되어야 했다. 저비용과 고품질은 제품과 공정에 융화되었다. 예전에 비용 절감이 농업 경제에서 필요한 공급의 유효성을 대체했던 것처럼 품질 개선은 비용 절감(산업경제의 핵심 규범)을 대신해 비즈니스 규범이 되었다. 이것은 곧 비즈니스 업계가 품질 개선에 대한 이해·관리·경쟁에서 완전히 새로운 규칙을 개발하고 수용해야 한다는 것을 의미했다.

이전까지 소비자들은 형편없다고 인식되는 제품을 "쓰레기"라고 지칭했다. 품질 개선을 위한 비즈니스 업계의 오랜 각고의 노력으로 이제 소비자들은 불만이나 조롱을 거의 표출하지 않는다. 오히려 그들은 이런 저급한 산출물을 "짝퉁"이라고 부르곤 한다.

서비스의 부상이 품질을 중요한 관심 분야로 확립하도록 기여했던 것처럼 체험의 부상은 경영기술의 새로운 경연장을 요구하고 있다. 오늘날 기업들은 **진정성의 연출**에 대한 이해·관리·경쟁을 배워야 한다. 사실 '진정성의 연출'은 '비용 통제'와 '품질 개선'처럼 어느 날 갑자기 쉽게 튀어나올 수 있는 말이 되어서는 안 된다. 왜냐하면 '연출'은 과정을 나타내는 용어이기 때문이다. 요컨대, 비즈니스 산출물은 반드시 진실성을 갖추어야 한다. 소비자들이 진실한 것을 원한다면 소비자의 진정성에 대한 인식관리는 경쟁력 우위를 위한 가장 중요한 요소(새로운 비즈니스 규범)가 된다.

진실의 매력

비록 특정한 소비자 집단에 제한되긴 했지만, 우리보다 앞서 진정성을 새로운 소비자 기대의 추세로 파악한 저자들이 있었다. 데이비드 루이스와 대런 브리저는『새로운 소비자의 영혼, 진정성The Soul of the New Consumer』
에서 선진세계가 "결핍에서 풍요로, 풍요에서 진정성"으로 전환되었다고
정확히 바라보고 있다. 그들의 견해는 유효성(결핍)에서 비용, 품질(풍요),
진정성으로 진화하는 소비자 감각에 대한 우리의 견해와 일치하지만, 루
이스와 브리저는 진정성에 대한 이 새로운 기대를 단지 두 집단 중 하나
인 신新소비자들과 연계했을 뿐이다. 그들은 신소비자들을 개인적이고
적극적이며 독립적이고 자신들의 취향과 태도를 잘 알고 있다고 규정하
면서 예전과 달리 국경·나이·인종·소득을 초월하는 성향을 나타낸다고 설
명한다(또다른 집단은 물론 구舊소비자들이다).

　『창조적 변화를 주도하는 사람들The Rise of the Creative Class』에서 리처드
플로리다도 마찬가지로 "새로운 사회계층의 부상"에 대해 "규정의 기준은
(…) 경제적 측면이다"라고 판단했다. 비록 플로리다는 이 계층이 "스스로
를 계층으로 여기지 않는다"고 언급했지만(아마도 루이스와 브리저가 판단
했던 것처럼 개인적이고 독립적인 특징 때문일 것이다) 경제적 측면에 근거한
계층의 분류는 당연히 소비자 집단을 나타낸다. 그는 이런 "창조성 조달
자들"의 직업이 구매 대상과 구매 방식, 심지어 거주지의 선택에 미치는
영향을 설명한다. 요컨대 창조적 계층은 "더 진정하고 친화적이고 자연스
러운 장소"에서 "더 활동적이고 진정하고 참여적인 체험"을 기대한다.

　플로리다는 주로 지역적 경제발전에 초점을 두었지만 그의 견해는 예
전에 심리학자 폴 레이가 "문화창조자들"이라고 지칭했던, 수많은 판매자
들의 마음속에 존재한 추상적인 시장계층을 구체화하는 데 지대한 기여를
했다. 많은 기업들에게 "진정성 요소"에 대해 조언하는 레이는 소비자들

을 "전통주의자", "현대주의자", "문화창조자"라는 세 가지 유형으로 구분한다. 그는 문화창조자들이 "현재 미국에서 일어나는 개인적 진성성에 대한 관심을 주도했다"고 주장한다. 『진정성: 브랜드, 모조품, 진실한 삶에 대한 열망Authenticity: Brands, Fakes, Spin and the Lust for Real Life』의 저자 데이비드 보일은 이런 문화창조자들을 유럽의 내부지향자들에 비유하면서 이 두 집단이 그가 현재의 "신新현실주자들"이라고 지칭하는 계층을 이룬다고 말한다. 그는 영국 인구의 거의 절반과 미국 인구의 4분의 1을 차지하는 이 계층이 "진정성에 대한 요구를 주도하는" 사람들이라고 주장한다.

마지막으로 『크런치 콘스Crunchy Cons』의 저자 롭 드레허는 수많은 보수주의자뿐만 아니라 전형적인 좌익주의자까지 모두 포함한 더 큰 규모로 진정성 추구자를 파악한다. 하지만 그는 오직 특정한 보수주의자들만을 "진정성을 추구하는 거물들"로 간주하는데, 그들은 그의 책 제목이 의미하는 바삭한 그래놀라를 즐기는 사람들로, "버켄스탁을 애용하는 버크주의자들, 총기를 좋아하는 자연주의 원예사들, 복음주의적 방목농부들, 홈스쿨링을 고수하는 엄마들, 우익 자연애호가들을 비롯한 다양한 반문화적 보수주의자들"이다.

우리 동료들은 여러 소중한 조언을 제시했지만 진정성의 징후를 특정한 소비자 집단으로 제한했기 때문에, 진실의 매력이 얼마나 보편적인지를 간과한 측면이 있다. 사실상 **모든** 소비자들은 진정성을 기대한다. 모든 사람들은 고유성을 지니며 자신의 고유성을 구체적으로 인식하고 판단한다. 진정성에 대한 소비자 감각은 사람들이 개별적으로 자신과 밀접한 관련이 있는 어떤 아이템을 구매할 때마다 자명하게 드러난다. 차이점이라면 단지 이런 구매에 내재된 범주와 시기, 그들이 진정하거나 진정하지 않다고 생각하는 특정한 산출물, 그들이 자신의 의견을 표현하는 데 사용하는 용어의 조합일 뿐이다. 진정성을 향한 이런 열망은 리처드 플로리다가 선호하는 지역인 샌프란시스코와 시애틀뿐만 아니라 다른 지역인 파고와 프레스노에도 강렬하게 존재한다. 여기에는 월마트를 자주 이용하는 사람들과 대형마트를 보이콧하는 사람들, 스타벅스를 사랑하는 모든 사람들과 "친구들끼리 서로 스타벅스에 가지 못하게 하세요"라는 스티커를 배포하는 모든 사람들이 포함된다. 여러 산업에서 많은 소비자들에게, 진정성은 과거에 비용이 유효성을 따돌리고 다시 품질이 비용을 눌렀던 것처럼, 품질을 제치고 가장 중요한 구매 기준이 되었다.

비즈니스계는 상품의 유효성, 제품의 비용, 서비스의 품질과 더불어 이제 체험의 진정성을 관리 항목에 추가해야 한다. 이 네 가지 소비자 감각을 명확히 정의해보자.

①**유용성** 충분한 공급량의 기준에 따른 구매
②**비용** 합리적인 가격의 기준에 따른 구매
③**품질** 우수한 제품력의 기준에 따른 구매
④**진정성** 적합한 자기 이미지의 기준에 따른 구매

더 이상 충분한 양과 합리적인 가격과 우수한 품질만으로 만족하지 못하는 소비자들과 비즈니스계는 이제 구매 대상이 자기 이미지와 얼마나 잘 부합되는지 여부에 근거해 산출물을 구매한다. 이런 구매 대상에는 그

것이 "진실"인지 "가식"인지에 대한 순간적인 판단과 더불어 각자의 세계관에 연계된 자신의 성격과 열망이 반영되는 것이 분명하다.

『진정성을 찾아서In Search of Authenticity』의 저자 레지나 벤딕스는 진정성을 아주 잘 설명하고 있다. "진정성이란 (…) 객체의 구분에서 비롯되는 것이 아니라 자신과 객체 간, 그리고 존재의 내면과 외면 간의 신중한 비교에서 비롯된다. 진정성의 시초는 취약성을 인정하는 것과 자아의 열망을 주체의 형성으로 여과하는 것이다." 구매자들은 인식과 표현의 측면에서 모두 자기 이미지(실제적, 구상적, 이상적 측면을 포함한 존재에 대한 그들의 인식)와 부합하는 이런 객체들(경제적 산출물)을 진정한 것이라고 여긴다. 산출물과 구매자 간의 '교감적 동요'를 일으킬 만큼 부합되지 않는 것들은 허위적인 것으로 여겨질 것이다.

사람들은 더 이상 그럴듯하게 포장된 사기꾼들이 제공하는 가식적인 산출물을 받아들이지 않는다. 그들은 투명한 출처에서 제공되는 진실한 산출물을 원한다. 상품 거래업체, 제품 생산업체, 서비스 제공업체들은 제3의 공간을 지향하는 스타벅스나 가상 세계를 표방하는 '세컨드 라이프' 같은 체험을 기반으로 한 기업만큼, 이 진정성의 규범을 이해해야 한다. 체험을 내세우기 위해서는, 범용화된 제품과 서비스는 물론 상품의 차별화를 위한 최우선 순위가 진정성이 되어야 하기 때문이다. 파이크 플레이스 피시 커머더티스, 빌드어베어, ING 다이렉트 카페 같은 기업들의 실제 매력은 생선 공급, 테디베어 상품화, 금융 서비스의 더 진정한 연출에서 입증된다. 거의 모든 산업에서 성공을 거두려면 경영자들은 기존의 공급망 관리, 비용 억제, 품질 개선과 같은 기술뿐만 아니라, 그들의 산출물을 두고 소비자들이 진실 또는 가식으로 인식하는지(최소한 어떤 요소가 이런 소비자 인식에 영향을 미치는지)에 대한 이해를 더해야 한다. 그 이유는 아래 표에 제시된 것처럼 각각의 소비자 감각이 특정한 비즈니스 규범(공급 유용성, 통제 비용, 개선 품질, 연출 진정성)과 조화를 이루는 데 있다.

표 1-1 변화되는 규범과 감각

경제적 산출물	상품	제품	서비스	체험
비즈니스 규범	공급	통제	개선	연출
소비자 감각	유효성	비용	품질	진정성

진정성을 위한 규범은 경영자들에게 가장 중요한 관심사가 될 수도 있지만 결코 절대적인 것은 아니다. K마트, 유나이티드 항공, 제너럴 모터스 같은 기업들은 비효율적인 공급망, 고비용 구조, 저품질 생산품의 문제로 불안정한 상태에서, 진정성의 연출이나 체험의 부각에 주력하기보다는 일단 기본에 충실해야 한다. 그러지 않으면 간간이 수익을 거둘 수는 있겠지만 좀처럼 소비자 충성도를 얻기도, 직원들을 독려하기도, 투자자들을 유치하기도 어려울 것이다.

비즈니스에서의 진정성

이 책에서 우리는 독자들에게 철학적인 개념인 진정성을 비즈니스에 연계하는 과감한 모험을 시도했다. 진정성의 규범에 숙달하기 위한 비즈니스계의 개별적·총체적 능력이 선진화된 경제에 직접적으로 활력을 일으킬 것이기 때문에 이 주제를 더 깊이 살펴보기 위한 근거를 제시하려고 한다.

　진정성의 규범은 시장에 모조품들이 넘쳐나고 그것들이 더 정교해지고 더 널리 확산되는 오늘날 한층 강화되고 있다. 2005년《비즈니스위크》는 붉은색 글씨로 강조한 "모조품들!"이라는 헤드라인과 함께 불법적 활동이 야기하는 경쟁력 위협에 대한 관심을 촉구했다. 표지 기사에는 두 대의 오토바이 사진이 실려 있었다. "이 두 대의 혼다 CG125 중 한 대는 중국산 복제품이다." 두 제품은 아래쪽의 작은 글씨를 읽고 난 후에야 간신히 식별할 수 있었다. "왼쪽 제품이 정품이다." 이 기사는 수많은 복제품들(자동차 부품, 배터리, 맥주, 양주, 담배, 의류, 신발, 골프클럽, 의약품, 전동공구, 지갑, 구두약, 소프트웨어, 시계)을 조사하면서 현재 복제품 생산자들이 자본을 확보하고, 제품을 모방하고, 포장을 복제하고, 유통경로를 확보하는 과정을 간략히 소개했다.

　중국은 온갖 모조품과 불법 복제 소프트웨어, 해적판의 최대 근원지로 유명하다. 하지만 다른 국가들도 불법 복제품을 공급하고 있는 건 마찬가지다. 경제잡지《Inc.》는 다른 10개국과 그들의 주요한 복제품을 폭로했다. 불가리아(양주), 인도(컴퓨터 하드웨어), 말레이시아(DVD, CD), 나이지리아(컴퓨터게임 장비), 북한(미국 달러), 파키스탄(의류, 섬유), 필리핀(담배), 러시아(의약품), 대만(자동차 부품), 태국(골프클럽).

　이런 복제품들은 합법적 생산자들의 재정 실적을 심각하게 위협한다. 《비즈니스위크》는 2004년에 전 세계적인 모조품 거래로 인해 5120억 달러 이상의 손실이 유발되었다고 추산했다. 이런 수치는 다음과 같은 의문을 제기한다. 수많은 복제품들의 구매가 이루어지는 현실은 이제 사람들이 진정성을 열망한다는 견해와 대치되지 않는가? 전혀 그렇지 않다. 만약 소비자들이 정품의 진정성에 관심을 갖지 않는다면 복제품 생산자들은 정품을 모방할 필요가 없을 것이다. 오히려 그들은 자체 브랜드를 통해 값싼 제품을 공급할 수 있다. 더욱이 이런 복제품들은 베이징, 홍콩, 뉴욕에서 대부분 길거리 행상이 아닌 기업의 물류센터나 소매업체 같은 경로를 통해 시장에 진입하고 있다. 대체로 소비자들은 자신이 복제품을 구입하고 있다는 것을 알지 못한다. 만약 그들이 복제품인지 알면서도 구입한다면 그저 호기심이나 장난기가 발동했거나 친구들에게 자랑하기 위해서였을 것이다(후자의 경우는 구매자와 판매자 모두 사기꾼에 해당된다). 일부 소비자들은 단지 정품의 품질이 엄청난 가격을 지불할 만큼 대단한 가치가 없다고 생각해서 모조품을 선호할지도 모른다. 소비자들은 진정성에 프리미엄을 지불하려고 하겠지만 만약 충분한 품질을 갖춘 더 편리하고 저렴한 대용품이 있다면 (개인에 따라 다소 차이가 있지만) 진실성을 포기할 수도 있다.

오래전에 미국의 기업들은 극동 지역에서 저품질의 값싼 제품들이 대량으로 유입되는 것을 걱정하기 시작했다. 당시에 그들은 같은 지역에서 고품질의 값싼 제품들이 수입된다는 더 큰 문제에 시달리고 있었다. 오늘날 비즈니스 언론이 수시로 지적하는 것처럼 많은 기업들은 지역에서 생산되는 엄청난 양의 고품질 복제품과 맞서 싸워야 한다—《뉴욕타임스》는 그들의 능력을 '모방제조manufaketure'라고 지칭했다. 하지만 조심해야 한다. 중국이 세계화를 추진하고 자체 브랜드들을 개발하면서 서구의 기업들은 조만간 대량으로 유입되는 고품질의 저렴하고 진실한 제품과의 경쟁에 직면할지도 모른다. 만약 이런 상황이 일어나지 않을 것이라고 생각한다면 대단히 어리석은 판단일 것이다. 한때 쓰레기로 악명을 떨치던 일본이 이제 품질로 유명해진 것처럼, 지금은 복제품으로 악명이 높은 중국도 언젠가 진정성으로 유명해질지 모른다.

비즈니스 리더와 정책입안자는 지적재산권의 보호를 위해 꾸준히 노력해야 하지만, 복제품의 생산이나 거래를 중단시키는 것이 혁신을 통해 진실성을 갖추는 것을 대신할 수는 없다. 불법 복제는 세계적인 문제이지만, 더 큰 위협은 많은 할 일을 두고도 나태한 태도를 보이는 경영방식에 내재한다. 더욱이 기업들은 이따금 엉뚱한 방식으로 자사의 산출물에 허위성을 연출하기도 한다. 비즈니스계에서는 말이나 행동(마케팅이나 디자인)을 통해 스스로 복제품을 만드는 경우가 허다하다.

우리는 여러분이 이런 운명을 피할 수 있도록 도움을 주고자 한다. 앞으로의 이야기는 기업들이 타성에 젖은 경영 방식을 극복하고 진실성에 대한 소비자의 요구를 충족시킬 수 있는 방법을 단계별로 소개한다.

제2장

진정성에 대한 수요

왜 지금인가?

"진정한 월트 디즈니월드 71" 몇 년 전에 길모어 가족이 올랜도로 휴가를 떠났을 때 아빠가 사준 야구 모자에 적혀 있던 문구였다. 진정한… 디즈니? 그날 디즈니 애니멀 킹덤(올랜도 디즈니랜드의 네 가지 테마파크 중 하나)을 구경하던 도중에 여섯 살 난 아들 에반이 물었다. "저것들이 진짜 동물이에요, 아니면 그냥 움직이는 기계예요?" 학교에서 동물에 대해 배웠던 아이는 동물원에 두 번 정도 가보았고 친구의 생일파티에서 〈정글 테리〉 동물 연극을 본 적이 있었다. 또 예전에 메인 테마파크인 매직 킹덤에도 가본 적이 있었다. 그런 아이가 애니멀 킹덤의 킬리만자로 사파리(목욕하는 코끼리들, 어슬렁대는 사자들, 하품하는 하마들이 있는 아프리카를 테마로 한 사바나)를 보고 난 후에 몹시 실망한 듯 말했다. "우리 언제 진짜 디즈니에 가요?"

사람들은 점차 진정한 것과 진정하지 않은 것에 대한 나름의 견해에 근거하여, 진실과 가식의 기준으로 세계를 평가한다. 왜 그럴까? 이 장에서 우리는 진정성을 향한 요구에 내재된 다섯 가지 핵심 동기를 살펴볼 것이다. 첫째, 체험 경제의 부상을 배경으로 가정하고, 연출된 체험이 소비자로 하여금 어떻게 덜 인위적인 접촉을 열망하게 만드는지 생각해본다. 둘째, 소비자들이 비즈니스계와 교류할 때 어떻게 기술이 소비자들을 실망시키는지 살펴본다. 셋째, 포스트모던 사고방식의 부상과 그런 사회적 시각이 개인(소비자)의 행동에 미치는 영향을 검토한다. 넷째, 나이 든 베이비붐 세대의 심리와 이런 특정한 세대의 소비결정이 우리 모두에게 미치는 영향을 분석한다. 마지막으로 이 모든 사항들이 우리의 주요한 사회제도를 둘러싼 신뢰를 저하시키는 과정과 그 제도들이 본래의 목적과 상충된다는 인식이 끊임없는 증폭되는 추세를 살펴본다.

체험의 부상

오늘날의 체험 경제에서 우리는 다양한 체험에 참여하기 위해 돈(입장료, 행사비, 가입비, 이용료, 입회비 등)을 지불한다. 체험의 소비는 평생 한 번뿐인 아프리카 여행이나 몇 년마다 즐기는 디즈니월드 나들이의 범주를 초월한다. 우리의 일상생활을 구성하는 유료 체험paid-for experience의 범위에 대해 생각해보라.

충실한 소비자들은 날마다 4~5000원을 내고 커피 한 잔을 마시기 위해 스타벅스 매장에서 줄을 선다(많은 사람들이 궁금해하듯, 도대체 예전에 사무실에서 마시던 레귤러커피는 어떻게 된 걸까). 50년 전 레스토랑 외식은 특별한 날이 아니면 지극히 드문 일이었다. 하지만 오늘날 미국인들은 일주일에 평균 4회 이상을 외식에 소비한다(엄마가 집에서 해주는 음식은 별로 맛이 없는 걸까?). 더욱이 우리는 가끔 ESPN 존, 데이브앤드버스터스, 척 E. 치즈 같은 테마 레스토랑에서 외식을 하기도 한다. 이곳들에서 일부 메뉴를 주문하려면 식권을 구입하거나 아케이드 게임, 스포츠 시뮬레이터, 가상현실 드라이브를 즐기기 위해 별도의 현금카드를 충전해야 한다(더 이상 음식과 대화만으로는 충분하지 않은 걸까?).

오늘날 건축가들은 주택 소유주들의 요구로 집이라고 불리는 체험용

궁전을 짓는다. 널찍한 주방에는 인터넷 설비와 전문 용품들이 설치된다 (방송용 쇼도 아닌데 왜 전문가용 바이킹레인지를 사용할까?). 플라즈마 텔레비전과 서라운드 시스템, 영화관 스타일의 의자, 홈시어터는 지하실과 거실을 멀티미디어 영상관으로 변모시킨다(영화관에서 즐겁게 영화를 볼 수는 없을까?). 물론 이 모든 것을 즐기려면 케이블 단자나 위성접시 안테나 설치비용을 지불해야 하는데, 많은 가정들이 TiVo(마이크로소프트에서 개발한 대용량 하드디스크로 140시간 분량의 텔레비전 프로그램을 수록할 수 있다)를 구입해서 시청 시간을 맞춤화한다(온 가족이 한데 모여 텔레비전을 시청한 것이 언제였는지 기억하는가?). 어떤 사람들은 영화관람 체험을 즐기기 위해 월정액을 지불하고 넷플릭스 회원으로 가입한다(더 이상 다음 영화를 빌리기 위해 블록버스터 같은 비디오 대여점에 뛰어가는 일은 없을까?). 엑스박스, 닌텐도, 소니 플레이스테이션이 등장하면서 더없이 혁신적인 쌍방향 게임을 즐길 수 있다. 혹시 기타 히어로Guitar Hero 게임을 하는 사람이 있나?(핸즈프리 무선 기타는 벌써 유행이 지났다) 위성 라디오를 수신하는 사람들이 수백만 명이나 된다는 사실도 잊지 마라(어린 시절에 담요를 뒤집어쓰고 잘 잡히지도 않던 트랜지스터라디오 주파수를 맞추던 것보다 더 짜릿한 기분을 줄 수 있을까?).

사람들은 첨단기술 체험뿐만 아니라 고감각 체험에도 돈을 지불한다. 스파 치료의 열풍이 그 증거다. 온천 잡지 《스파 파인더》와 웹 가이드는 스파 산업을 무려 아홉 가지 범주로 구분한다(집에서 따뜻한 욕조에 몸을 담그며 피로와 긴장을 풀 수는 없는가?).

음악 애호가들은 이따금 콘서트 체험에 프리미엄을 지불하기도 한다.

예를 들어 데이브 매튜스 밴드의 열혈 팬들은 콘서트 투어가 열릴 때마다 가장 좋은 좌석을 미리 예매하기 위해 5만 원가량을 내고 공식 팬클럽인 웨어하우스에 가입한다(더 이상 매표소 근처에서 밤을 새우며 기다릴 일은 없을까?). 많은 스포츠팬들은 미국프로풋볼리그 연고 구단의 시즌티켓 구입 권한인 PSL을 사기 위해 수백만 원을 지불한다(이 돈을 지불하고 다시 티켓을 구입한다고?). 또 많은 사람들은 다양한 온라인 판타지 리그에 참여하기 위해 돈을 지불한다(텔레비전으로 중계되는 경기들에서 더 이상 흥분을 느끼지 못하는 걸까?). 점점 더 많은 여행자들이 휴가중에도 일하기 위해 보케이션베케이션 같은 회사에 돈을 지불한다(휴가중에도 일거리를 찾다니). 심지어 선택받은(아주 모험적이면서 엄청난 재산을 지닌) 극소수는 스페이스 어드벤처스에 우주여행을 신청하거나 지구 궤도 여행이나 우주유영 체험을 하기 위해 수십억 원을 내놓는다.

이런 상업화된 체험으로의 전환은 삶의 모든 영역에 영향을 미치는 듯하다. 가장 중요한 가족 행사인 자녀의 생일파티를 생각해보라. 오늘날 부모들은 생일파티 서비스에 정기적으로 수십만 원을 쓴다. 예전엔 좋은 부모들이라면 딸에겐 친구들을 초대해서 인형놀이를 하고, 아들에겐 밖에 나가서 친구들과 어울려 공놀이를 하라고 권했다. 하지만 이제는 딸을 아메리칸 걸 플레이스 같은 곳에 보내려고 법석을 떨고, 아들은 반스 스케이트 파크 같은 곳에 보내려고 안달한다. 예전에 우리는 벤치나 거실에 앉아 차분히 대화를 나누었다. 하지만 이제는 수시로 채팅방이나 메신저를 이용하기 위해, 〈에버퀘스트〉 같은 온라인게임을 즐기기 위해 월정액을 지불하며 〈세컨드 라이프〉나 〈데어닷컴there.com〉 같은 가상현실 세계에서 자아의 분신이나 다름없는 아바타를 만들고 가상의 삶을 살아가기 위해 접속료를 낸다.

체험에 기반을 둔 상업은 경제활동의 세계적 변화를 보여준다. 예를 들어 한국은 가상 세계의 창조와 그곳으로의 방문객 유치를 선도한다. 세계 최초의 테마 레스토랑 하드락 카페는 1971년에 런던에서 개점되었는데, 지금은 이곳의 피커딜리 서커스와 인근 상업 지역이 소매 체험의 중심지가 되었다. 일본은 나가사키의 독일 마을 하우스텐보스부터 시마의 스페인 테마파크 시마 스페인 무라, 나고야의 이탈리아 빌리지, 그리고 도쿄의 디즈니랜드에 이르기까지 외국의 명소를 재현하는 능력이 탁월하다. 뉴질랜드는 아그로돔 목장의 양털 깎기, 〈반지의 제왕〉 촬영지 투어, 번지점프, 다리 오르기, 협곡 탐험, 저브(커다란 풍선 속에 들어가 언덕을 굴러 내려오는 놀이) 같은 관광 상품을 제공한다.

스웨덴의 유카스야르비에는 아이스 호텔이 있고 빈에는 음악 박물관이 있으며 멕시코시티에는 시우다드데로스니뇨스(일본과 자카르타에서는 자회사인 키자니아로 운영된다)가 있다. 뮌헨의 모험 여행사 마이데이즈를 이용하면 제임스 본드 역할을 체험할 수 있고 인크레더블 어드벤처스에서는 미그기로 모스크바 상공을 비행할 수 있다. 또 딥 오션 엑스페디션즈에서는 타이타닉호의 잔해를 둘러볼 수도 있다. 두바이는 웅장한 부르즈 알 아랍 호텔과 스키 두바이(섭씨 40도가 넘는 기후에서 제설장치를 가동하며 운영하는 실내 스키장)를 비롯해 새로운 체험의 장소를 건설하는 데 막대한 오일머니를 투자했다.

이처럼 인위적이고 간혹 불필요하게 여겨지기도 하는 체험들은 이런 생각을 하게끔 한다. 무엇이 진실한 체험이고, 무엇이 진실하지 않은 체험인가? 무엇이 필요한 것이고, 무엇이 불필요한 것인가? 왜 우리는 이런 체험 상품을 기획하기 위해 회사 외부 인력을 고용하기를 주저하지 않는가? 체험 경제에서 점점 더 많은 활동에 참여하게 되면서 우리는 자연히 유료 체험의 진정성에 질문을 던진다. 하지만 더 많은 사람들이 단순히 여행과 오락뿐만 아니라 맞선, 결혼, 출산, 육아, 축하, 심지어 생사의 체험까지 구매하고 있다. 왜 그럴까? 어쩌면 사람들은 상업적 영향을 받고 싶지 않아서 이런 개인적 체험을 원한다고 말할지도 모르지만, 만약 소비자들이 더 효율적이고(비용의 차원) 더 우수하고(품질의 차원) 더 성의 있는(진정성의 차원) 것을 원한다면 전문가의 지식과 지원을 구매하는 것이 오히려 그런 순간의 진실한 가치를 증대하기도 한다.

비즈니스계는 스스로 온갖 유료 체험을 부각해온 세계에서 진정성을 연출할 수 있을까? 우리는 충분히 가능하다고 생각하지만, 그러려면 기업이 제공하는 산출물과 사람들이 구매하는 이유가 일치되어야 한다. 소비자들은 한때 흥미를 가졌던 것과 과거에 체험하지 못했던 것을 지속적으로 구매할 것이다. 자기만족의 상실 혹은 순진한 마음에서 사람들은 일종의 보상을, 특히 자신이 원하는 이상형에 일치하며 자기 이미지에 더 부합되는 친숙한 자아를 추구하게 될 것이다.

덜 상업적으로 상업을 연출하라

이런 식으로 부각된 모든 체험은 많은 소비자들에게 덜 인위적인 접촉을 열망하게 한다. 사람들에게 자기 이미지를 형성하도록 도움을 줄 수 있는 가장 직접적인 방법은 스스로 산출물을 규정하고 제작까지 하도록 유도하는 것이다. 소비자들이 온라인 마이아디다스MiAdidas.com이나 나이키아이디NikeID.com에서 신발을 디자인하고, 랜즈앤드LandsEnd.com에서 옷을 맞추고, 미니닷컴mini.com이나 사이언닷컴scion.com에서 자동차를 설계하고, 카페프레스닷컴cafepress.com이나 재즐닷컴zazzle.com에서 의견을 표출하고, 아이팟에 좋아하는 음악 목록을 설정한다면, 그 결과물은 당연히 그들이 기대하는 진정성에 부합할 것이다. 그렇게 사람들은 앨빈 토플러가 "프로슈머", 즉 생산적 소비자라고 지칭했던 범주로 전환된다. 맞춤화를 통한 진정성의 연출은 온라인이나 첨단기술 산출물을 초월해서도 이루어진다. 완구업체 빌드어베어워크숍은 소비자들이 직접 플러시 동물인형을 만들 수 있도록 이끌어주는데, 이 역시 진열대에 놓인 제품이나 대량생산품보다 더 진실성을 지닌다.

소비자 참여 생산은 프로슈머에게 기성품이 아닌 플랫폼을 제공함으로써, 공급자들의 수익창출 동기로부터 구매자들의 자기규정 추구로 관심사를 전환한다. 여전히 상업적 판매에서 공급은 수요를 충족시키고 양측의 관심사가 교차하지만, 구매자는 영업당했다거나 조종당했다는 느낌을 덜 받는다. 더욱이 이런 소비자 고유의 산출물에서 소비자의 직접적인 참여는 개인적 선호에 대한 이해를 증대하고 결국 자아에 대한 예리한 감각을 이끌어낸다.

아무리 가상의 체험일지라도 이런 체험의 부각을 기피할 필요는 없다. 이제 진정성은 가장 중요한 소비자 감각이다. 체험 상품에는 본질적으로 생산소비prosumption가 내재한다(모든 체험은 그 사람의 주변에서 부각되는 사건들에 대한 반응으로 개인의 내면에서 일어나기 때문이다)는 사실에도 불구하고, 사람들에게 스스로 체험을 규정하고 창안하도록 유도하는 기업들은 거의 없다. 비록 일부에 불과하지만 그런 산출물들은 분명히 존재한다. 예를 들어 야후의 론치캐스트LAUNCHcast나 CBS의 라펨Last.fm은 광역대 음악방송을 맞춤화하고, 하라스 토털골드 프로그램은 사용자의 프로필에 따라 체험을 최적화하며, 디즈니는 RFID 기술을 활용하여 말하는 미키마우스 인형인 "팔 미키Pal Mickey"를 매직 킹덤 관람자들에게 선보인다. 하지만 이것들조차 체험을 더 개인적이고 더 진실한 것으로 만들기 위한 초창기 시도에 불과할 뿐이다. 직접 체험을 개발하고 자기 이미지를 형성하도록 유도할 수 있는 기회들은 앞으로 훨씬 더 많이 찾을 수 있을 것이다.

서비스의 자동화

체험 경제로의 전환에서 나타난 한 가지 확실한 결과는, 20세기 후반에 일어난 서비스 경제의 부상이 제품의 맞춤화로 이어졌던 것처럼 서비스의 맞춤화가 증가하고 있다는 것이다. 초창기 제조업자들과 마찬가지로 서비스 제공자들도 자동화 업무에 의존하게 되었다. 컴퓨터 자동화는 사무직 업무를 대체했고 새로운 공정기술로 여러 현장직 업무들도 사라졌다. 최근에는 은행 창구직원, 콜센터 직원, 전화 교환원 같은 고객응대 업무가 사라지고 있다.

그 결과 소비자들은 사람들과 덜 교류하고 기계들과 더 교류한다. 소비자 서비스 직원들이 자동응답 시스템으로 대체되어 사람과의 교류를 전혀 기대할 수 없는 '음성메일 지옥'으로 전락한 것이 얼마나 끔찍한지 생각해보라. 기술에 의해 완전히 대인교류 업무가 대체되면서 전화 서비스 벨이 울린 직후에 사람의 목소리가 들리면 반갑거나 깜짝 놀라기까지 한다. 《USA 투데이》의 한 기자가 이런 제목의 기사를 싣는 것도 전혀 놀라운 일이 아니다. "그래도 계속하라: 이 서비스 경제에서 대인 서비스를 받기 위해 노력하라."

이처럼 진정성이 결여된 서비스는 고품질 저비용의 자동화에서 비롯된다. 오랜 시간에 걸친 컴퓨터 프로그래밍과 시스템 통합을 통해 텔레커뮤니케이션 시스템은 사람의 작업으로 발생하는 오류를 제거하여 정확히 작동하고, 휴식 시간과 비용을 절감한다. 하지만 품질의 우수성은 진정성의 결여 때문에 거의 인정받지 못한다. 『끝없는 마케팅Ageless Marketing』의 저자 데이비드 울프는 이렇게 지적한다. "소비자들이 상담원과 대화하기를 기다리도록 하면서 정작 녹음된 목소리로 회사가 소비자들을 소중히 여긴다고 말하는 것은 불성실한 태도다." 여행정보 검색엔진 카약Kayak의 공동설립자이자 기술책임자 폴 잉글리시는 자동화된 소비자 서비스와 대인접촉의 회피에 너무나 싫증을 느낀 나머지 겟휴먼닷컴GetHuman.com이라는 웹사이트를 개설했는데, 방문객들은 수백 개의 기업들에서 단순히 0이나 별표를 계속 누르는 것부터 더 복잡한 숫자들의 조합을 누르는 것까지, 상담원과 직접 접촉할 수 있는 방법들을 올렸다.

현명한 기업은 소비자와의 대인교류를 강조한다. 게이코 다이렉트 자동차보험은 "자동응답기 대신 상담원이 응대합니다"라는 광고 문구를 사용한다. 하지만 광고에 적힌 번호로 전화를 걸면 미리 녹음된 메시지를 듣고 난 후에 몇 차례 번호를 더 눌러야 상담원과 연결된다. 올스테이트 보험도 최근에 "진짜 사람과의 관계를 원하는 당신의 꿈"이라는 광고 문구를 내세우며 똑같은 노력을 기울였다. 하지만 광고에 적힌 번호로 전화를 걸면 역시 자동응답기가 기다리고 있다. 자동화된 서비스가 이처럼 비즈니스를 장악하고 있기 때문에 진실한 대화의 가치를 인식하는 기업들조차 좀처럼 소비자를 곧장 직원과 연결해주지 못한다.

과연 우리 선조들은 **사람**이라는 명사를 **진짜**라는 형용사로 수식해야 할 필요를 느낀 적이 있었을까? 결코 아닐 것이다. "진짜 사람"은 일반화된 상품명—새로운 기술과 새로운 양식이 새로운 실체("일렉트릭 기타", "녹화 공연", "리얼리티 텔레비전", "가상적 삶")—을 창조하게 되면서 부득이 사용하는 용어("어쿠스틱 기타", "실황 공연", "연출 텔레비전", "실제 삶")에 해당한다. 자동음성 기술은 "진짜 사람"을 이 목록에 추가했는데, 조만간 시뮬레이션 영상과 인공지능 기술은 가상 소비자 상담원이란 단어를 새로운 수식관계로 연결할지도 모른다.

이처럼 기업과의 일상적인 접촉이 점차 기술에 의존하기 때문에 우리는 대인 간person-to-person 대화(또다른 일반화된 상품명)에 더 큰 가치를 둔다. 하지만 전화로 상담원과 연결될 때 우리는 그 사람이 실제로 그 회사에 근무하는지, 그 지역에 거주하는지, 그 이름이 맞는지를 확신하지 못한다. 이 얼마나 진실하지 못한가?

진실성이 결여된 이런 상황이 부상하는 데는 우리의 책임도 있다. 이따금 우리는 실제로 통화를 원하는 사람들과 대화하기보다 녹음 메시지를 남기려는 성향을 띄기 때문이다. 미래연구소의 로버트 요한슨은 기술력이 매개된 우리의 상호작용을 범주화하기 위해 같은 시간/다른 장소, 다른 시간/같은 장소, 다른 시간/다른 장소, 같은 시간/같은 장소라는 네 가지 항목으로 이루어진 도표를 제작했다. 우리가 기업들과 맺는 대부분의 관계가 마지막 영역에 해당한다는 것을 기억하는가? 이제 내 기계가 당신의 기계에 전화를 건다.

《로스앤젤레스타임스》에서 지나 피칼로는 기술의 전염성 폐해를 포착했다. "인공위성이 깜빡하는 순간에 현대인의 생활은 끝없는 고속연결로 이어진다. (…) 당신은 항상 약물을 복용하고 온라인에 접속한 상태에서 이메일과 음성메일을 확인한다. 당신이 갈망하는 것은 직감적인 것이다. (…) 당신은 불필요한 사항이 모두 제거된, 그러면서 오래된 듯하고 수작업이나 집에서 만든 듯한 로파이Lo-fi 방식의 삶을 원한다. 당신은 진정성을 원하는 것이다." 마크 슬로카는 저서 『사이버스페이스 전쟁War of the Worlds』에서 기술에 대해 이렇게 비판했다. "우리는 삶 자체가 컴퓨터 코드로 전환되고, 모든 감각과 모든 측면에서 물리 세계의 삶의 체험이 소비를 위한 생산물로 변모되는 시점에 서 있다. (…) 조만간 컴퓨터 시뮬레이션은 우리의 삶에 아주 깊숙이(그리고 너무 진실처럼) 파고들어 삶 자체에는 어떤 유형이든 진정성의 표시가 필요해질 것이다. 달리 말해, 언젠가 진실에는 별표가 따라붙게 될지도 모른다."

비즈니스계는 이처럼 기술력이 침투한 세계에서 진정성을 연출할 수 있을까? 그렇다. 기업은 지속적으로 비용 절감을 실행해야 하지만, 그들이 비용 절감을 위해 기술을 어떻게 활용하는지에 따라 명백히 사람의 감성이 결여된, 오늘날의 자동화된 상호교류를 즐겁고 유쾌하게, 심지어 바람직하게까지 만들고, 그에 대한 반감을 개선할 수도 있다.

더 인간적으로 기술력을 연출하라

음성 시스템에 대해서는 진짜 사람과 연결되는 방법을 숨기거나, 시스템을 이용하기 어렵게 하거나, 아예 불가능하게 하는 모든 기능을 제거할수 있다. 겟휴먼닷컴의 방법에 따르면 사람들이 "0"을 누르면 상담원과곧장 연결되거나 우선적으로 연결될 수 있다. 결국 인간의 활동을 자동화하기보다 자동화된 활동을 인간화해야 한다.

기술로 고통받는 사람들에게 도움을 준다는 목표를 내세운 긱 스쿼드를 생각해보라. 창업자 로버트 스티븐스는 '24시간 컴퓨터 지원 특수부대'를 조직하기 위해 자동응답 시스템을 포함해 컴퓨터를 설치하고 수리하는 임무를 인간화했다. 1-800-GEEK-SQUAD(즉 1-800-433-5778)로 긱스쿼드 관제센터에 전화를 걸고 '실제 상담원'과 연결되기 전에 회사의 정신을 소개하는 특수요원의 씩씩한 목소리를 들어보라. 모든 전화에는 기술적 연결보다 사람의 목소리가 우선된다.

전미철도여객공사 암트랙의 상냥한 "자동화 상담원"인 줄리의 경우도생각해보라. 많은 이용객들은 1-800-USA-RAIL(1-800-872-7245)로 전화를걸면 너무나 생동감이 느껴지는 그녀의 목소리 때문에 그것이 컴퓨터 프로그램이라는 것을 즉시 알아채지 못한다. 이처럼 사람 같은 목소리는실제 성우인 줄리 스틴포드가 녹음한 것이며 암트랙은 이 시스템으로연간 500만 건의 전화를 소화하면서 콜센터 상담원의 임금으로 지출될약 160억 원의 비용을 절감한다. 결국 자동화와 인간화를 동시에 수행하는 셈이다.

업무에서도 직접적인 대인교류를 대체하거나 저해하는 ATM, 가판대, 신용카드 판독기, 판매시점관리POS 단말기, 웹사이트와 같은 모든 기술을 인간화해야 한다. 많은 소매업체와 은행들은 라이브퍼슨LivePerson 같은 회사의 기술을 활용해서 소비자가 온라인에서 다른 사람들과 교류할 수 있도록 인터넷이나 인트라넷에 '실시간 대화' 버튼을 추가했다.

또한 다른 영역에서도 실시간 대인교류를 활용해 모든 일상적인 접촉을 소비자들이 참여할 수 있는 체험으로 전환하는 데 주력해야 한다. 오늘날 기술력이 매개된 세계에서 인간적인 자취를 강조하는 것은 소비자들에게 강력한 메시지를 전달하면서 다른 모든 교류 형식에도 영향을 미칠 것이다.

마지막으로 기술력이 침투한 모든 범주를 초월해서 자칫 흩어질 수도 있는 소비자들을 집결시키는 할리 데이비슨 스터지스 랠리나 이베이 라이브 같은 행사를 실시하거나 후원하라. 이런 행사들은 기술력으로 인해 서로 소원해지는 삶에 진정한 사회적 체험의 기회를 제공한다.

포스트모더니즘의 유행

대인교류 체험의 희망을 제공하는 새로운 기술은 소위 '소셜 네트워킹'으로 불린다. 하지만 본질적으로 소셜 네트워킹은 단지 최근에 등장한, 개인의 자아를 과시하기 위한 매개체를 뜻할 뿐이다. 『영화 같은 삶Life the Movie』에서 닐 가블러는 "삶 자체가 점차 텔레비전, 라디오, 인쇄물, 영화처럼 매개체가 되어가고 우리 모두가 웅장한 쇼에서 공연자이자 관객이 되어가는 과정에 대해 조명"한다. 요컨대 "삶은 영화가 되어가고 있다."
삶, 캠코더, 유튜브!

토머스 드 젠고티타는 저서 『미디에이트Mediated』에서 가블러의 견해에
덧붙인다. "이제부터 사람들은 스스로를 구성하고 그 내용을 공연할 것이
다. 그들은 결코 단순히 존재하지 않을 것이다." 그는 텔레비전과 영화를
비롯한 다른 미디어들이 우리의 삶을 "유례없는 진실과 연출의 융합"으로
만들고 있고 결국 "삶은 존재의 품질과 인간의 유형—매개된 인간—으로
이루어진 공연문화에 의해 형성된다"고 주장한다.

사회평론가들은 오래전부터 점차 증가하는 유명인사(대니얼 J. 부어스
틴), 미디어(마셜 매클루언), 시뮬라크르(장 보드리야르), 초현실주의(움베르
토 에코), 오락(닐 포스트먼)의 영향으로 인한 문화적 조건의 전환을 인식
했다. 그들은 모두 우리가 점차 일상적인 행동방식을 상업적인 영역에서
배운다고 판단했다. 결국 진실은 예전의 진실이 아니다.

사실 이 문장은 월터 트루이트 앤더슨이 이 주제를 놓고 집필한 책의
제목이다. 그는 오늘날 갈등은 상이한 믿음에서가 아니라 믿음에 대한 차
이에서 일어난다고 주장한다. 앤더슨과 다른 포스트모던주의자들에게
이런 믿음은 객관적 세계에 대한 객관적 진리라기보다 오히려 사회적으
로 형성된 진실에 가깝다. 한 포스트모던주의자는 이렇게 말한다. "우리
의 사고를 시험할 수 있는 안정적이고 불변하는 유일한 진실은 존재하지
않는다."

더불어 안정적이고 불변하는 유일한 자아도 분명히 존재하지 않는다.
MIT 교수이자 동 대학의 '기술과 자아에 대한 연구' 책임자인 셰리 터클은

『스크린 위의 삶Life on the Screen』에서 인터넷이 우리로 하여금 온라인에서 새로운 정체성(혹은 다중정체성)을 형성하도록 만드는 과정을 보여준다. "오늘날 가상과 현실, 컴퓨터상에서 존재하는 것과 실제로 존재하는 것의 경계가 모호해지고 있다." 터클은 인터넷에서 무료로 이용할 수 있는 게임의 초창기 형태인 머드MUD 게임을 주로 연구했다. 그보다 최근 등장한 MMORPG라고 불리는 더 현실적인 가상 세계는 훨씬 더 유연한 방식으로 롤플레잉 게임을 즐길 수 있게 만들었다.

린든 랩의 세컨드 라이프는 사람들에게 네버랜드 테마파크 같은 자체적인 온라인 세계에서 저마다 가상의 거주공간을 만들 수 있게 한다. 린든 랩의 설립자 필립 로즈데일은 이렇게 말한다. "우리는 이곳이 실제 삶보다 더 경쟁력 있고 여러 측면에서 더 낫다고 생각한다." 대체로 저개발 국가에서 수백 명의 사람들이 수십억 원의 경제 규모를 갖춘 세컨드 라이프를 통해 생계를 꾸리고, 옷을 디자인하고, 건물을 설계하고, 심지어 춤 동작까지 개발한다. 인디애나 대학의 에드워드 카스트로노바는 모든 가상 세계의 경제 규모가 연간 총 1조 2200억 원을 초과한다고 추산하는데, 이것은 이용자들이 가상체험을 보강하기 위해—주로 금, 무기, 전투기술, 마법기술, 아바타를 위한 가상의 부동산을 획득하려는 용도로—지출하는 금액이다. 가히 세컨드 라이프의 속편이라 할 수 있다.

이런 포스트모던주의자들의 견해는 흥미를 유발하지만, 비현실이 우리의 일상을 완전히 통제하면서 사회적으로 형성된 진실에 내재된 객관적인 진리를 훼손한다는 주장은 너무 지나친 것이다(앤더슨 역시 선뜻 인정한 것처럼 "진실의 사회적 형성이란 개념은 그 자체로 사회적으로 형성된 진실이다"). 또한 그들의 견해에는 미진한 부분도 있다. 비록 체험 경제의 부상과 서비스에 대한 기술력의 개입으로 객관적인 진실이 사라졌다는 느낌을 더욱 심화시킨다고 해도, 그렇지 않다는 증거가 포스트모더니즘이 오랜 기간 지속되었다고 주장하는 대부분의 학자들에 의해 인용되었다.

우리는 이런 사회적 논평의 원류를, 까마득한 시간을 거슬러올라가 플라톤의 '동굴의 비유'에서 찾을 수 있다. 이 위대한 철학자는 평범한 사람들을 동굴에 갇힌 채 벽에 생기는 그림자들이 모든 진실이라고 믿는 죄수들로 묘사한다. 한 평론가는 이렇게 언급했다. "만약 플라톤이 현재 살아 있다면 왠지 어색한 동굴의 비유를 극장의 비유로 바꿔야 할지도 모른다." 그리고 우리는 극장에서 상영되는 영화야말로 매트릭스라고 덧붙인다. 우리는 진정성이라는 소비자 감각을 살펴보기 때문에 덥석 파란 알약을 먹고 포스트모더니즘의 딜레마를 외면하면서 마냥 즐거워할 수는 없다. 하지만 사회적으로 형성된 진실이라는 빨간 알약도 진실에 대한 진정한 시각을 창조하지는 못한다.

비즈니스계는 진실이 사회적으로 형성되는 듯한 세계에서 진정성을 연출할 수 있을까? 물론이다. 하지만 그것은 포스트모던주의자들로 인해 우리가 느끼는 객관적인 진실의 상실감을 진실로 존재하는 것과 진실로 인식되는 것의 차이에 대한 이해로 벌충하는 것을 의미한다. 제임스 W. 케리가 미디어를 두고 했던 "무엇보다 진실이 희귀한 자원이다"라는 말은 비즈니스에도 적용된다. 소비자들은 이런 희귀한 자원을 절실히 원하기 때문에 더 이상 전통의 틀에 얽매여 상업적 활동을 기능과 특징, 용도와 혜택, 추세와 감각을 관리하는 것으로 제한해선 안 된다. 오히려 그저 개별적 대상이 아닌 비슷한 성향을 지닌 커뮤니티로서 소비자들의 참여를 적극적으로 독려한다면 당신의 산출물, 더 나아가 당신의 비즈니스까지 진정성을 갖춘 것으로 인식될 것이다.

더 사회적인 사회를 구현하라

그러기 위해서는 소비자들이 서로 협력할 수 있는 기반을 제공해야 한다. 이것은 분명히 자기표현의 또다른 수단이지만, 자아를 다른 사람들과 공유하는 방식이라는 점에서 더 중요하다—하지만 개인적 욕구를 완벽히 충족시키는 맞춤화된 산출물과는 다르다. 소비자들이 단지 자신뿐만 아니라 다른 사람들의 즐거움까지 배려한 집단적 프로세스에 아이디어를 제공하도록 유도하라. 여기서 다른 사람들이란 불특정한 다수의 사람이 아닌, 비슷한 자기 이미지를 지닌 사람들이다. 새로운 소비자들은 스스로를 "공동제작" 브랜드의 일원이라고 지칭하면서 동시에 그 브랜드의 열렬한 팬을 자처한다.

이런 성향은 사람들 각자의 인생관에 영향을 미칠 수 있는 많은 부분을 공유할 수 있게 하는 유튜브, 마이스페이스, 페이스북과 같은 소셜 네트워크의 성공에 밑바탕이 되었다. 사람들은 가장 개인적인 생각, 감정, 의견을 블로그나 소셜 북마킹 사이트, 웹사이트 게시판에 남길 뿐만 아니라, 쉐보레, 도리토스, NFL(미국프로풋볼리그) 같은 사이트에 다른 사람들이 살펴보고 투표하도록 광고 시안을 올리기도 하는데, 실제로 풋볼 리그 결승전인 2007년 슈퍼볼에서 그런 광고가 채택되기도 했다. 2006년에 《타임》이 "당신You"을 올해의 인물로 선정했던 것도 이런 새로운 흐름 때문이다—아마추어 기고자들은 "전문가들과 비교할 수 없는 지극히 평범한 시민의 진정성을 갖추고 있다."

이제 수많은 기업들이 사회적 교류에 대한 열망을 독려한다. 예를 들어 존스 소다는 회사에서 생산하는 모든 탄산음료의 라벨에 소비자들이 찍은 사진을 인쇄한다. 이는 일부 소비재 제조업체들처럼 그저 일시적인 관심을 끌기 위한 것이 아니다. 어떤 방식이었을까? 먼저, 존스 소다는 소비자들에게 회사의 웹사이트 온라인 갤러리에 디지털 사진을 실물 크기의 라벨로 게시해서 다른 소비자들도 둘러볼 수 있게 한다(이 원고를 집필하던 당시에 50만 개가 넘는 가상의 상표가 게시되어 있었다). 다음으로, 방문객들이 가장 마음에 드는 사진에 투표하면 회사의 직원이 정기적으로 인기 좋은 사진들을 선정한다. 그다음, 실제 인쇄용지에 연출해보고 외부의 라벨 제작자에게 전송한다.

소비자 맞춤화를 비롯해 최종 결과물에 직접 영향을 미치는 다른 집단적·협동적 프로세스를 통해 소비자들이 산출물의 제작에 참여하도록 하라. 시카고에 기반을 둔 트레드리스는 모든 티셔츠의 디자인을 소비자들에게 맡기는데, 그들은 커뮤니티를 이루어 제품으로 생산될 디자인을 투표로 결정한다. 박물관과 미술관 투어에 관심이 많은 블로거 사이에서 아이팟의 활용이 부상하는 것을 생각해보라. 일부 청취자들은 사용자들이 제작한 결과물이 공식 큐레이터의 자료보다 더 알차다는 것을 알게 된다(구글에서 "박물관 팟캐스트"를 검색하면 일반 사용자들의 뛰어난 전문지식을 확인할 수 있다). 나이키는 소비자에게 컨버스 제품을 칭찬하는 내용을 담아 집에서 제작한 비디오를 컨버스갤러리conversegallery.com에 올리도록 장려한다. 컨버스의 임원 에릭 소더스톰은 이렇게 말한다. "우리는 브랜드와 소비자 간의 장벽을 걷어내기 위해 노력한다." 그 장벽이란 바로 브랜드를 진정성으로부터 격리하는 장벽이기도 하다.

기업 간B2B 관계를 담당하는 경영자들은 비슷한 방식으로 장벽을 제거할 수 있다. 가장 최근에 참가했던 무역박람회는 어땠는가?—자동차등록사업소에 가는 것보다는 조금 나았다고? 컨벤션convention이 반드시 관습적conventional일 필요는 없다. 매년 올랜도 컨벤션센터에서 개최되며 50개국 이상의 많은 제조업체들이 참여하는 타일 및 바닥재 전시회를 생각해보라. 전시회 운영진은 국가별로 공간을 할당하고 참여 업체들에게 공용 복도의 카펫과 안내문을 공동으로 디자인하도록 지시한다. 가장 규모가 큰 12개 업체의 연합은 개별 부스와 별로도 "국제관"을(특정한 국가들을 테마로 내세워 고유 음식을 제공하는 레스토랑도) 설치하고 운영한다. 이런 상호협조는 더 많은 관중을 유치하려는 것뿐만 아니라 전시회에 참여한 소매업자, 디자이너, 건설업자, 설치업자에게 전반적으로 더 진정한 체험을 제공하기 위한 것이기도 하다.

이런 사회적 진정성의 핵심적인 요소는 소비자들을 당신의 비즈니스에 참여하도록 유도하는 것이다. 만약 소비자들이 스스로 창출하는 것이 있다면 그것은 그들에게 진실한 것으로 여겨질 것이다.

베이비붐 세대의 부상

베이비붐 세대의 관심사는 현대 상업의 대부분을 주도한다. 저명한 노인학자 켄 디히트발트는 이렇게 주장한다. "삶의 각 단계에서 베이비붐 세대의 요구와 기대는 미국 비즈니스와 대중문화의 주요한 관심사가 되었다." 거의 20년 동안 40세 이상의 성인들은 미국 인구의 대다수를 차지하면서 소비자 수요의 대부분을 형성했다. 데이비드 울프가 지적한 것처럼 베이비붐 세대는 "이제 인구 수, 소비력, 성공적인 시장 계약을 위한 규칙을 좌우하는 영향력 면에서 시장을 지배한다." 더욱이 그들은 "단순히 소유하거나 사용하는 것이 아닌 진실한(진정한) 자아를 실현하는 과정"으로서 활용하기 위해, 체험하기를 원하는 브랜드를 선택한다.

베이비붐 세대는 이런 추세를 주도하지만 그런 성향을 지닌 것은 그들만이 아니다. 문화연구분석센터의 마거릿 킹과 제이미 오보일에 의하면, 모든 사람들은 진정성이 가장 중요해지는 시기를 주기적으로 거친다. 약 20년마다 사람들은 자신의 정체성을 평가하고 재정립한다. 이런 삶의 단계—청년기(15~20세), 평가기(35~40세), 재평가기(55~60세), 수용기(75세 이상)—는 지속적으로 동일한 인간형을 탄생시킨다. 오보일은 이렇게 말한다. "전환기에 들어서면 사람들은 자신의 정체성, 삶, 그리고 사회적 측면을 구성하는 모든 것인 관계를 평가하면서, 진정하다고 판단되는 것을 고수하고 가식으로 여겨지는 것을 거부한다."

매년 미국에서는 300~400만 명에 달하는(항상 3000~4000만 명이 평가기나 재평가기에 속해 있다는 의미다) 사람들이 이런 전환기의 각 단계를 지나는데, 베이비붐 세대 중 최고령자(1946년생)들은 2001년에 55세를 넘었고 최연소자(1964년생)들은 1999년에 35세를 넘겼다. 베이비붐 세대는 이제 킹과 오보일이 제시하는, 진정성을 적극적으로 추구하는 시기를 아우르며 그 성향을 인구통계적 요인에 의한 일시적인 유행이 아닌 영속적인 현상으로 만들고 있다.

주아 드 비브르 호텔을 생각해보라. 1986년에 베이비붐 세대인 창립자 칩 콘리는 샌프란시스코의 환락가에 위치한 허름한 싸구려 모텔을 매입하면서 호텔 비즈니스를 시작했다. 정체성이 뚜렷한 소비자들을 위해 독특한 호텔 체험을 개발하고자 했던 그는 베이비붐 세대의 상징이나 다름없는 잡지인《롤링스톤》을 테마로 호텔을 꾸미기로 결정했다.

콘리는 그동안《롤링스톤》에서 일으킨 이슈들을 떠올리며 이 로큰롤 잡지가 독자들에게 남긴 다섯 가지 인상인 모험, 최신 유행, 펑키, 불손, 청년정신을 선별한 후에, 이 인상들이 일관적이고 강렬하면서도 서로 잘 어울리는 테마로 조화되도록 호텔 전체를 재설계했다. 이 피닉스 호텔은 투어에 나선 록밴드와 매니저들이 샌프란시스코를 방문할 때마다 머무는 장소가 되었다. 자신들이《롤링스톤》이나 심지어 록음악과 어떤 관계가 있다고 언급한 적조차 없는데도 말이다.

잡지에서 착안한 테마를 각 호텔에 활용하면서 주아 드 비브르 호텔은 샌프란시스코 지역에 30개 이상의 호텔을 운영하며 레스토랑, 바, 1일 온천뿐만 아니라 부티크 체험까지 제공하는 최고의 업체로 성장했고, 현재 영업망을 캘리포니아 전역으로 확장하고 있다. 『반란자들이 지배한다The Rebel Rules』에서 콘리는 피닉스 호텔의 경제적 가치를 이렇게 설명한다. "정체성의 환기는 고객들이 피닉스 호텔을 찾으면서 기대하는 것이다. 호텔에 머물면서 손님은 더 모험적이거나 최신 유행을 접한다는 기분을 느낄지도 모른다. (…) 사람들은 이런 체험에 기꺼이 프리미엄 가격을 치를 것이다." 그는 이렇게 덧붙인다. "이 접근법은 (당신이 외형적으로 바라보는 것을 설명하는) 인구통계학이 아닌 (열정, 믿음, 가치처럼 우리의 내면에서 이루어지는 것을 설명하는) 심리통계학에 근거한다." 마지막으로 콘리는 이렇게 결론을 내린다. "브랜드의 첫번째 규칙: 충실한 고객이 이상형의 산출물을 설명하기 위해 사용하는 단어는 애정 어린 마음으로 자신을 설명하기 위해 사용하는 단어와 동일하다." 즉 브랜드는 충실한 소비자들의 자기 이미지와 일치해야 하며 결국 그들에게 진정한 것이 되어야 한다는 뜻이다.

이 모든 사항은 크리스토퍼 래시가 『나르시시즘의 문화The Culture of Narcissism』에서 "진정성의 정론"을 예상하며, 젊은 외모와 마음을 유지하고 싶은 사람이라면 아이들의 이해할 수 없는 은어를 완벽히 구사하고, 아이들의 옷 입는 방식과 행동까지 흉내내기 위해서는 '항상 아이들과 어울려야 한다'는 근거를 들어 설명했던 내용을 규칙으로 만든 것이다. 그동안 그토록 많은 광고들이 X세대에게 초점을 맞춰왔던 것은 전혀 이상하지 않다. 광고 책임자들과 마케팅 임원들은 한때 자신들을 비롯한 베이비붐 세대가 젊고, 열정적이고, 멋지고, 진실하게 보이고 싶어한 것을 잘 알고 있었으며 그런 시각으로 X세대를 바라봐왔기 때문이다.

X세대 역시 최대한 젊고, 열정적이고, 멋지고, 진실해지고 싶어했다. 뉴욕의 마케팅 연구 회사 유스 인텔리전스의 회장 제인 린즐러 버킹엄은 이렇게 지적했었다. "X세대 아이들(!)은 진정성에 대한 엄청난 욕구를 지니고 있었다. 그들은 인위적인 것에 싫증을 냈고 '진실한 것'을 원했다."

과거와 달리 나르시시즘 성향이 강한 세계에서 비즈니스계는 어떻게 진정성을 연출해야 할까? 비록 개인적 특성의 상실이 그 개념 안에 포함

될지라도 인구통계학이 궁극적인 해결책이 아니라는 것을 이해해야 한다. 심지어 극도로 자기중심적인 세대가 성장해서 결국 극도로 진실한 것을 갈망한다고 해도 마찬가지다. 진정성에 대한 소비자의 인식은 삶의 단계와 개인적 체험에 따라 시간이 지날수록 변하며 그들이 습관적으로 사용하는 브랜드와 산출물에 대해서도 변한다. 따라서 비즈니스계, 특히 타이드, 코카콜라, 리바이스와 같은 장수 브랜드를 책임지는 사람들은, 끊임없이 변하고 나이를 먹는 소비자들을 위한 경제적 산출물의 적합성을 지속적으로 관리해야 한다. 새로운 세대가 등장할 때마다 브랜드의 매력에 대한 이전 세대의 인식을 되살려내야 한다.

더 세대통합적으로 세대를 이끌어라

기네스 맥주는 한 세기 이상 세대통합적인 적합성을 유지해온 브랜드다. 1759년에 아서 기네스 경이 더블린의 세인트 제임스 게이트 양조장에 9000년간의 임대계약을 체결하면서 설립된 이 회사는 아주 짙은 색깔과 진한 맛, 크림 같은 거품과 천천히 따라지는 특징을 지닌 맥주를 생산해왔다. 하지만 1999년부터, 특히 아일랜드에서 가장 심각하게 판매가 감소했는데, 주된 이유는 젊은 소비자들이 자기 세대와 맞지 않는 맥주라고 느꼈기 때문이다. 이에 기네스 맥주는 수많은 전략을 시도했다. 그중 술집에 설치하여 맥주 따르는 시간을 2분에서 30초로 단축한 패스트푸어 FastPour 시스템과 새롭게 확장한 브랜드인 기네스 엑스트라 콜드는 소비자들에게 진정한 기네스로 인식되지 않았다. 그나마 엑스트라 콜드는 아직도 상점의 진열대에서 판매되지만 패스트푸어 시스템은 완전히 사라졌다. 반면 기네스 맥주의 상징이나 다름없는 크림 같은 거품을 캔에서도 만들어내는 장치인 '로켓 위젯'과 더블린의 기네스 스토어하우스는 새로운 세대에게 진정한 기네스 맥주 체험을 확장시키는 데 성공했다.

한때 버려졌던 발효 공장을 재건한 스토어하우스는 아일랜드 최고의 관광지가 되었다. 입장료로 1만8000원을 내면 관람객은 내부로 들어가서 곧바로 투명 아크릴 수지에 포장된 기네스 흑맥주의 실제 거품방울인 "페블"을 받을 수 있다. 그들은 인터랙티브 전시를 접하면서 천천히 건물을 올라가 더블린의 전경이 펼쳐진 그래비티 바로 들어간다. 이매지네이션의 전임 마케팅 책임자였던 랄프 아르딜은 우리에게 이렇게 말했다. "스토어하우스는 브랜드의 '충실한 소비자들'과 기네스 맥주의 풍부한 유산을 공유할 뿐만 아니라 자칫 기네스 맥주가 자신들과 어울리지 않는다고 여기며 성장할 수 있는, 브랜드를 '거부하는' 새로운 세대에게 체험을 통해 관심을 이끌어내려는 목적으로 세워졌다." 만약 젊은이들의 마음을 사로잡을 수 있다면 베이비붐 세대는 분명히 따라올 것이다. 베이비붐 세대는 경제적으로 넉넉하기 때문에 대체로 비용은 문제가 되지 않는다. 그들은 원하는 것이 있다면 주저하지 않고 구매한다. 품질은 더 이상 차별화를 이끌어내지 못한다. 이제 차별화는 진정성에서 비롯된다.

최근에 등장한 아메리칸 걸은 비슷하게 세대통합적인 매력을 갖춘 브랜드다. 이 브랜드는 부모와 딸, 심지어 할머니까지 포함한 3세대를 아우르는 대화를 촉진한다. 특히 시카고, 뉴욕, 로스앤젤레스의 아메리칸 걸 플레이스는 회사의 인형과 관련된 대화부터 각 매장의 '테이블 대화' 카드에 제시된 주제를 토론하는 것까지, 유대감 조성을 위한 수많은 가능성을 이끌어낸다.

새로운 세대가 등장할 때마다 브랜드의 적합성을 유지하기 위해 당신이 소비자들에게 제공할 수 있는 것들에 대해 생각해보라.

제도의 실패

진정성을 새로운 소비자 감각으로 부상시키는 결정적인 요인은 무엇인가? 그것은 바로 주요한 사회제도들에 대한 불신이다. 가장 대표적인 사례가 기업들의 기만인데, 수많은 기업들의 스캔들은 자본주의 체제에 대한 신뢰를 크게 떨어뜨렸다. 옥스퍼드 헬스 플랜스부터 선빔, 센던트, 엔론, 타이코까지, 기업들은 은밀히 옵션 백데이팅(경영진에 스톡옵션을 부여할 때 주가가 바닥인 시점으로 소급해서 적용하는 것)을 행했고 매번 스캔들이 터질 때마다 그 문제는 더 악화되었다. 1995년에 부정행위에 대한 구체적인 증거 없이는 소송을 제기하기 더 어렵게 만든 증권소송개혁법이 통과되었음에도 불구하고, 매년 평균적으로 거의 250명에 달하는 주주들이 집단소송을 제기했다. 특히 가장 큰 규모의 조정이 선고된 10건의 소송 중 7건이 2005년과 2006년에 일어났다. 다음에는 어떤 회사가 발각될지 누가 알 수 있겠는가?

더욱이 기업의 사회적 책임에 대한 거창한 선언이 공허한 외침으로 끝나는 경우가 허다했다. 2000년 10월에 포드 자동차의 CEO 윌리엄 클레이 포드는 런던에서 개최된 제5회 그린피스 비즈니스 컨퍼런스에 참여했다. 포드는 회의의 취지에 동의했다. "우리는 역사에서 중요한 시점에 서 있다. 우리의 대양과 삼림은 고통에 신음하고 있고 여러 생물들이 멸종될

위기에 처해 있으며 기후는 점차 변화하고 있다." 이윽고 그는 "전세계적으로 100년 동안 지속된 연소 엔진의 시대에 종지부를 찍는다"는 궁극적인 목표를 발표했다. 그의 회사는 "96년간의 자원과 환경에 대한 헌신"이라는 제목으로 창업주 헨리 포드의 "기업가이자 자연보호가로서의 유산"을 재조명하는 첫번째 기업시민보고서도 간행했다.

하지만 포드는 연료를 많이 소비하는 SUV와 트럭 라인업을 더욱 강화했다. 2003년에는 2005년까지 SUV의 연비를 개선하겠다는 CEO의 공약을 취소했다. 2004년에 실시한 "지구를 푸르게"라는 광고 캠페인과 포드 이스케이프 하이브리드의 출시는 회사의 이미지를 좀처럼 개선하지 못했다. 반反자동차를 부르짖는 『아스팔트 국가Asphalt Nation』의 저자 제인 홀츠 케이는 포드의 그린피스 연설을 두고 이렇게 말했다. "그는 자동차 회사 경영자다. 어쩌면 그가 실제로 환경과 근로자를 위해 더 노력하려는 마음을 가졌을지도 모르지만 그것은 근본적으로 환경보호를 가장한 홍보를 목적으로 삼고 있다. 내 눈에는 그저 위선적인 태도로 보일 뿐이다." 《로스앤젤레스타임스》의 논평에서 친환경위장홍보 감시단체인 그린 라이프의 제프리 존슨은 이렇게 지적했다. "포드는 자신들이 환경을 위해 노력하고 있고 기업 책임을 실천하는 본보기라는 대중의 인식이 형성되기를 기대하면서" 한편으로 "기업의 주도로 사방에서 환경 파괴가 이루어지는 현실을 감지하지 못하도록 우리의 관심을 분산시킨다." 2006년 6월에 포드가 2010년까지 매년 25만 대의 하이브리드카를 판매한다는—불과 1년 전 허리케인 카트리나가 정유업계에 큰 타격을 입힌 시점에서 발표한 목표였다—그 목표를 달성하지 못할 것이라고 발표했을 때 시에라

클럽은 포드가 "늑대가 너무 빨리 나타났다고 외치는 양치기 소년 같은 자동차 회사가 되었다"고 말했다.

심지어 기업의 사회적 책임에 대한 공허한 약속, 재정과 관련된 스캔들, 일반적인 비즈니스 관행—부족한 직원연금, 공장폐쇄, 정리해고, 아웃소싱의 증가—이 없는 기업들조차 비즈니스를 신뢰할 수 없다는 인식이 형성되었다는 책임에서 마냥 자유로울 수 없다. 이런 행동은 결국 비즈니스 전반에 대한 평판을 훼손하면서 점점 더 진정성을 연출하기 어렵게 만든다.

비즈니스가 진정성의 시험에 실패한 유일한 영역은 아니다. 교육제도의 공허함도 스스로 가식의 낙인을 찍는 결과를 초래했다. 너무 많은 공립학교들이 형편없이 제 기능을 상실한 채 아이들에게 진정한 교육을 제공하지 못하고 있다. 부모와 자녀들은 모두 과도한 분량의 숙제를 불평하면서 의구심을 갖는다. "도대체 학교에선 뭘 하는 거지?" 부실한 공교육을 보충하기 위해 많은 부모들이 에듀케이트, 스코어 러닝센터, 실베인 러닝 같은 회사의 교습 서비스에 의존하고, 어떤 부모들은 홈스쿨링에 의존한다. 현재 100만 명이 넘는 미국의 아이들이 집에서 수업을 받는다.

이런 의혹은 대학에서도 마찬가지다. 많은 학생들이 실제로 학문을 배우려는 동기가 아니라 그저 학위를 취득하거나 캠퍼스 생활을 즐기기 위한 목적으로 대학에 다니는데, 톰 울프의 『나는 샬럿 시몬스다 Am Charlotte Simmons』를 비롯한 일단의 소설들은 많은 고등교육기관의 믿기지 않는 현실을 드러내고 있다. 지명도가 떨어지는 대학들은 점차 기업처럼 변질되었다. 그들은 학생 유치를 위해 경쟁하고 등록생 확보를 위해 홍보한다. 학점 인플레이션은 아주 흔한 일이 되었다. 프린스턴 대학은 거의 절반에 달하는 학생들에게 A학점을 남발했고 하버드 대학은 무려 90퍼센트의 졸업 예정자들에게 우등상을 수여했다.

예비 학생들을 위한 캠퍼스 투어에서 실제 대학 생활을 과대포장해서 홍보하는 경우도 허다하다. "로체스터 대학 같은 일부 학교들은 기숙사에 침대 두 개와 책상 두 개가 있는 방을 조성했지만 그것은 실제 학생들과는 전혀 무관"했다. 대학교 학생 유치에 경험이 많은 전문가인 타깃X의 "체험 전도사" 제프 칼라이에 의하면 "이런 방들은 대부분 베드바스앤드비욘드나 유사한 업체들이 홍보를 목적으로 설치하기 때문에 실제 대학 기숙사의 모습이 전혀 반영되지 않는다. 실제로 대부분의 캠퍼스 투어는 예비 학생들과 부모들에게 이처럼 과장된 모습—특히 파티와 관련된 부분—을 보여주기 때문에 그들은 실제 모습을 전혀 알 수 없다." 약 50곳의 주요한 대학들에 대한 실제 재학생들의 2000건이 넘는 "솔직한 대학생활 고백"을 "무편집 비디오"로 소개하는 유닷컴U.com에 접속해보라. 한 게시물에 이런 내용이 적혀 있다. "정말 기발한 방식으로 실제 학생들과 실제 강의실들, 실제 파티들을 보여준다. 여기가 바로 대학의 실상을 제대로 이해할 수 있게 해주는 유일한 사이트다."

경영대학원도 진정성과는 거리가 멀다. 맥길 대학의 경영학 교수 헨리 민츠버그는 현재의 교수법, 학생들과 교수진의 구성, 명문 MBA 과정의 문제를 지적한다. 그는 『MBA를 거치지 않은 경영자들Managers Not MBAs』에서 이렇게 적고 있다. "전통적인 MBA 과정은 잘못된 대상에게 잘못된 결론을 토대로 잘못된 방식으로 교육한다." 그는 경영대학원이 한 세대의 경영자들에게 잘못된 교육을 실시했다고 주장하면서 맥길 대학을 진정한 경영대학원으로 만든 새로운 MBA 교과과정을 개괄적으로 소개한다.

워렌 G. 베니스와 제임스 오툴도 《하버드 비즈니스 리뷰》의 논고 「경영대학원들은 어떻게 길을 잃게 되었는가How Business Schools Lost Their Way」에서 민츠버그와 같은 견해를 제시하지만 "교과과정은 현재 경영대학원을 괴롭히고 있는 원인이 아닌 결과"라고 주장한다. 그들은 대부분의 경영대학원에 뿌리내린 문화가 실질적·전문적 운영 모델보다 과학적·학술적 운영 모델에 우위를 두는 부적절한 작용을 한다고 설명한다. 어떻게 이런 풍조가 부상했을까? 베니스와 오툴은 "교수들이 그런 방식을 선호한다"고 주장한다. 이 환경을 개선하는 방안에 대한 실질적 조언은 턱없이 부족하기 때문에 소비자로서 학생들은 비즈니스에 대한 진정한 교육은 오직 실제 비즈니스에서만 이루어진다는 결론을 내리게 된다.

정치인의 위선성에 대해서도 생각해보라. 칼럼니스트 캐슬린 파커는 오늘날 가장 중요한 것은 "진정성이며, 자신의 실체를 위장하는 것보다 더 확실하게 대중의 신뢰를 잃는 방법은 없다"고 말한다. 진정성을 잃은 정치인은 실체가 드러날 경우에 따르는 엄청난 위험을 감수해야 한다. 미디어 전문가들은 그들의 인성, 성향, 결정, 범죄를 끊임없이 분석한다. 유권자들은 현실에 진저리치고 미래를 낙담한다.

전 미국 부통령 앨 고어는 각성에 성공한 대표적인 인물일지도 모른다. 2000년 대선에서 패배한 후 이미지를 재정립하기 위한 그의 노력을 두고 철학교수 크리스핀 사트웰은 이렇게 언급했다. "그 당시에는 앨 고어가 진정 누구냐는 질문을 던지는 시점까지 이르렀는데, 그것은 슈렉

(애니메이션 주인공)이 진정 누구냐는 질문을 던지는 것이나 다름없었다. 슈렉은 티켓을 판매할 수 있다면 무엇으로든 프로그램이 될 수 있는 존재다. 이제 고어는 자신이 실제로 존재했던 시기를 그리워하며 진정성을 상실했던 것을 후회한다. 하지만 너무 늦었다. 그의 진정성은 개념적으로 회복될 수 없다." 사트웰의 결론은 수많은 위선적 정치인들에 대한 불편한 진실을 나타낸다. "진정성을 회복하기 위한 모든 시도는, 그들의 정치적 삶과 그에 대한 우리의 미디어 체험이 공존하는 거울의 방을 통해 그저 무한히 반복되는 새로운 이미지만을 탄생시킬 뿐이다."

연방대법원의 판결로 마무리된 2000년 대통령 선거 이후로 이제 선거는 간혹 소송을 유발하기도 한다. 민주당은 2002년 선거일에 투표자 위협을 방지하기 위해 1만 명의 변호사를 준비해두었다. 얼마 지나지 않아 소송이 뒤따랐는데, 가장 주목할 만한 것은 바로 그해 뉴저지 민주당 상원 후보 선거와 2004년 워싱턴 주지사 선거와 관련된 소송이었다.

2004년 대통령 선거에서 하워드 딘의 구호는 "진정한 선택, 진정한 변화"였다. 하지만 《타임》은 "누가 진정한 딘인가?"라는 질문을 던졌다. 그러자 딘은 아이오와에서 "예에에에에!"라고 대답했다. 민주당의 최종후보 존 케리는 자칭 "진짜"라는 구호를 내세웠다. 물론 유권자들은 대량살상무기를 보유한 혐의로 이라크에 실제 전쟁을 일으켜 실제 사상자들을 낸 조지 W. 부시를 재차 대통령으로 선출했다.

부시와 클린턴 행정부는 모두 정책을 홍보하기 위해, 연예인이 저널리스트의 역할을 맡아서 뉴스를 전달하는 비디오뉴스 배포 방법을 활용했다. 미디어 비평가들은 그것을 "가짜 뉴스faux news"라고 지칭했다. 당연히 국민들은 누구를 신뢰해야 할지 의심한다. 이런 이유에서 힐러리 클린턴이 "여론청취 순회"를 시작하고 버락 오바마는 자신의 젊음과 경험 부족을 "정치적 미덕"으로 내세우는 반면, 공화당원들은 부시 대통령을 계승할 진정한 보수주의자를 선별하기 위해 노력한다. NBC 〈언론과의 만남Meet the Press〉의 진행자 팀 러서트는 정치분석가들뿐만 아니라 대중의 반응까지 살핀다. 그는 주장한다. "이 나라는 엄청난 열망으로 들끓고 있다. (…) 나는 아이오와, 플로리다, 오하이오, 캘리포니아를 비롯한 모든 지역을 둘러보았다. 사람들은 진정성을 절실히 원하고 있다." 실제로 저널리스트 폴 스타로빈은 2008년 대통령 선거에서 무엇보다 "진정성 기준"이 중요하다는 것을 강조한다.

비영리 조직의 무용성에 대해서도 생각해야 한다. 그들은 표면적으로 공익의 실행을 추구하지만 너무 정치화되거나(보이스카우트?) 상업화되거나(걸스카우트?) 비주류화된(프로미스 키퍼스?) 탓에 사람들은 그 효용성을 의심한다. 그들은 자매조직, 재정적 비효율성, 리더십 스캔들로 인해 신뢰를 잃고(적십자? 유나이티드웨이?) 있다. 많은 재단들이 매년 총보유자금에서 법률로 규정된 최소 비율인 고작 5퍼센트만을 기부하고 나머지 95퍼센트는 펀드매니저들의 투자 포트폴리오 같은 방식으로 운영한다. 이런 이유에서 기부는 점점 더 조건부로 들어온다.

이베이의 창업주 피에르 오미다르부터 래퍼 스눕 독까지 새로운 자선가 세대는 단순히 이타적인 기부행위뿐만 아니라 자기실현의 한 가지 형태로서 자신이 기부한 자선단체나 설립한 재단에 적극적으로 참여하려고 한다. 예를 들어 오프라 윈프리가 자신의 쇼에서 기부한 자동차들과 자신의 이름으로 해외에 설립한 학교들은 단순히 다른 사람들에게 도움을 준 것에 그치지 않고 방송의 시청률을 올리고 그녀의 사업 수익까지 증대시키는 효과를 이끌어냈다. 이것은 자선慈善이 아닌 아선我善이라고 해야 한다. 오늘날 기부에는 그것이 권한이든 영향력이든 인지도든 간에 대체로 소득이 뒤따른다. 그러니 워렌 버핏이 수조 원의 거금을 자신의 이름이 들어가지도 않은 빌 게이츠 재단에 기탁했다는 것이 얼마나 신선하고 감동적일 수 있을까.

당신은 쇼핑몰에서 사람들이 깔때기 모양의 장치에 동전을 넣고 중앙의 구멍으로 들어갈 때까지 빙글빙글 돌아가는 모습을 지켜보는 것을 본적이 있는가? 그 자선단체의 모금단지는 기부의 대가로 회전하는 동전을 지켜보는 체험을 제공하는 것이다. 많은 비영리단체들이 이런 '기부자 체험'에 지대한 관심을 갖는다. 기부자가 점차 소비자의 심리로 기부하고 비영리단체도 그만큼 더 비즈니스 차원으로 반응하는 상황에서 일반 기업들은 영리추구와 진정성의 인식을 동시에 이루기 위해 노력하면서 자선단체처럼 행동해야 한다는 부담을 느낄지도 모른다.

마지막으로 종교 내부의 혼란은 종교제도와 리더십을 향한 믿음은 물론 진정한 영성에 대한 열망마저 떨어뜨렸다. 사제들의 아동 성학대는 많은 로마 가톨릭 신자들의 믿음을 흔들었다. 제도적 은폐—부정한 행동, 사제들의 교구 이동, 무마를 위한 돈—는 신자들에게 의혹을 주고 가톨릭의 평판을 악화시키는 결과를 초래했다.

개신교 주류 교파들의 행동은 많은 신자들을 절망에 빠뜨린다. 여기에는 널리 알려진 동성애자들의 성직수임에 대한 논쟁뿐만 아니라 교리와 성직에 관한 광범위한 문제들도 포함된다. 엘리슨 리서치의 조사에 의하면, 개신교 사제들의 40퍼센트가 자신들의 공식적인 지위와 반대되는 믿음을 지니고 있음이 드러났다. 감리교의 목사들은 지역위원회의 정서를 반영하기(또는 주도하기) 위해 노력하기 때문에 수뇌부(불과 33퍼센트만이 그들의 지위가 합당하다고 주장한다)와 차이를 나타낼 가능성이 더욱 크다.

복음주의 기독교인들은 흡사 쇼핑몰처럼 서점, 레스토랑, 카페, 스케이트장, 헬스클럽, 수영장, 호텔이 딸린 거대 교회들을 건설했다. 예배당은 좌석마다 (와인이 아닌 탄산음료를 위한) 컵홀더가 비치되고 (성가대 대신) 록밴드가 연주하고 (연단에서 설교하는 대신) 파워포인트로 프레젠테이션을 할 수 있는 대형 스크린까지 갖추고 있어 마치 영화관 같다는 착각이 들 정도다.

유대교에서는 진정한 신앙을 구성하는 것이 무엇이냐에 대한 본질적인 질문들이 부상하고 있다. 『유대인 대 유대인Jew vs Jew』에서 새뮤얼 프리드먼은 근친혼과 다른 문제들의 영향을 살펴보면서 그가 하레디, 보수 정통파, 개혁파, 일반 유대인으로 지칭하는 분파들로 미국의 유대인 사회가 재편되는 날을 가정한다.

전 세계적으로 이슬람의 진정한 주의가 무엇인지를 두고 논쟁도 벌어진다. 9·11 테러가 발생한 지 2주일 후 요한 바오로 2세 교황은 카자흐스탄에서 이렇게 말했다. "나는 가톨릭교회가 진정한 이슬람을 존중한다는 것을 재차 강조하고 싶다." 하지만 무엇이 진정한 이슬람인가? 교황이 말했던 것처럼 "불우한 사람들을 위해 기도하고 그들에게 관심을 갖는 이슬람"인가? 아니면 서구와의 전쟁을 선포하고 세계 전역의 무고한 사람들에게 끊임없이 테러를 감행하는 이슬람인가?

사람들은 영적 혼란에 빠진 채 조직화된 종교에서 벗어나 삶의 공허함을 채워줄 무언가를 찾는다. 뉴에이지의 폭발, 뉴에이지식으로 변형된 온천, 안식을 위한 별장, 웰빙 프로그램뿐만 아니라 이제 수많은 사람들이 삶의 의미를 찾기 위해 주말마다 참여하는 레크리에이션과 스포츠가 이런 추세를 증명한다.

종교, 비영리사업, 정부, 교육, 경제에 이르기까지 이 모든 영역에서 벌어진 실패를 돌이켜볼 때, 비즈니스계가 더 이상 사람들이 기본적인 사회제도를 존중하지 않는 세계에서 진정성을 찾을 수 있도록 도움을 줄 수 있는가? 그렇다. 하지만 각 영역마다 문제의 핵심이 목적의 상실 때문이라는 것을 인식할 때에만 가능하다. 특히 비즈니스계는 모든 행동에 더 책임감을 느끼고—기본적인 회계의 성실성을 유지하는 것을 시작으로—더 투명성을 발휘하면서 진정성에 대한 새로운 소비자 감각을 충족시키기 위해 최선을 다해야 한다. 무엇보다 비즈니스는 이 시대의 가장 중요한 사회제도로 꼽힌다. 비즈니스는 사람들이(직원이든 소비자이든 간에) 지속적으로 교육을 받고, 현재의 사건들에 대해 논쟁하고, 자선단체들에 기부하고, 서로의 믿음을 공유하는 장이기에, 비즈니스 산출물은 철저히 관리되어 소비자들에게 진정성을 지닌 것으로 인식되어야 한다.

더 효과적으로 제도를 연출하라

모든 제도는 올바른 목적을 위해 노력한다는 의미에서 "비즈니스를 실행"하는 데 반해, 오직 기업들만이 개인과 기업의 이윤 추구를 위한 구매와 판매, 즉 상업이라는 비즈니스를 수행한다. 만약 교육, 통치, 자선사업, 교회에 기반을 둔 제도들이 상업을 실행한다면 그 동기의 순수성에는 자연히 의혹이 뒤따르게 된다.

허위적이라는 인식을 극복하려면 먼저, 당신의 진정한 목적을 퇴색시키는 모든 미심쩍은 비즈니스 거래를 포기해야 한다. 모든 사업은 특정한 존재의 이유를 입증해야 하지만 아래의 표 2-1에 제시된 것처럼 모든 사회제도에는 본질적으로 전통적인 존재의 이유가 내재한다.

표 2-1 다섯 가지 사회제도

사회제도	존재의 이유	모금 수단
비즈니스	이윤 추구	지불금과 요금
교육	지식 개발	장학금과 수업료
정부	안전과 존속	세금과 관세
자선 단체	이웃 돕기	기부금과 기부물품
교회	진리의 선포	십일조와 봉헌물

- **비즈니스** 주주와 직원을 위해 냉정하게 이윤을 추구한다.
- **교육** 개인과 인류를 위해 꾸준히 지식을 개발한다.
- **정부** 오직 피통치자의 안전과 존속을 위해 노력한다.
- **자선단체** 널리, 아낌없이 이웃을 돕는다.
- **교회** 사람들에게 진리를 선포한다.

사업이 제도의 존재 이유에 더 크게 위배될수록 효과적으로 진정성을 연출하기는 더 어려워진다.

둘째, 사업의 주요한 모금 수단을 제도의 본질에 맞게 재조정해야 한다. 가장 근본적인 원칙을 표방하지 못하면서 비즈니스가 된다—상업을 수행한다—는 것은 사업이 존재 이유에 위배되고 스스로 허위성을 연출한다는 의미다. 앞선 표에 제시된 것처럼 각 제도는 고유한 모금 수단을 지니고 있다.

- **비즈니스** 소비자에게 받는 상품비와 요금이 수입의 유일한 근원이 되어야 한다(정부지원금은 오직 진정성에 어긋나는 징후로 여겨질 뿐이다).
- **교육** 장학금과 수업료로만 운영비를 충당해야 한다(동문들의 후원금을 포함한 기부금은 그저 학생들을 위한 장학금과 평생 학습을 위한 수업료라는 생각을 방해할 뿐이다).
- **정부** 세금과 관세로 국가의 수요를 충족시켜야 한다(사무적인 산출물들에 대한 과세는 정부가 적절한 민간부문의 활동을 짓밟는다는 것을 비칠 뿐이다).
- **자선단체** 기부금과 기부품은 모든 비영리단체의 특권이자 존립의 원천이어야 한다(정부기관, 기업소유주, 교육계, 교회종파에서 받는 돈에는 항상 조건이 뒤따르며 개인들이 기부하는 돈만 받는 것이 바람직하다).
- **교회** 모든 활동은 오직 십일조와 봉헌물을 통해서만 뒷받침되어야 한다(특정한 목사의 설교를 원하는 사람들에게만 돈을 받고 합동집회에 참여시키려는 노력은 그 목사로 하여금 사랑의 행동이 아닌 상업적 산출물을 연출하게 만든다).

많은 사업들이 오직 합당한 모금 수단에만 의존하기 어려울 수도 있지만 그저 편리하다는 이유로 자꾸 부적절한 수단에 의존한다면 그만큼 허위적으로 여겨질 가능성도 커진다. 더욱이 영원히 존재 이유를 상실할 위험까지 감수해야 한다. 만약 불순한 모금 방식으로 자신의 본분을 인지할 수 없게 된다면 상상했던 것보다 훨씬 더 진정성을 연출하기 어려워질 수도 있다.

제3장

허위성의 공급

지금은 어떤 상황인가?

진정성은 우리 주위를 둘러싸고 있다. 당신은 어디서든 그것을 보고 느낀다. 오늘날 소비자지향적인 사회에서 우리가 체험하는 대부분의 것들은 진실과 가식을 두고 논쟁을 유발한다. 포스트모더니즘 이론가들은 꾸준히 진정성과 허위성의 상호작용과 상호혼합에 대한 가설을 제기한다. 하지만 현재 상황을 판단하기 위해서 굳이 장 보드리야르의 '시뮬라크르' 개념에 정통할 필요도 없고 움베르토 에코의 '초현실'을 알아야 할 필요도 없으며 심지어 〈매트릭스〉에 담긴 워쇼스키 자매의 철학을 이해할 필요도 없다. 단 하루의 쇼핑만으로 충분하다.

진실성이 결여된 하루

토요일 아침 8시 15분에 알람이 울리자 남편 에디는 존 디어 트렉터 알람 버튼을 누른다. 8시 25분에 다시 동물 울음소리가 들리자 그는 라디오 스위치를 누른다. 라디오 채널이 조 맥브라이드의 〈키핑 잇 리얼〉로 맞춰지자 아내 브렌다는 에디보다 먼저 샤워를 하기 위해 최근에 인조 대리석으로 리모델링한 널찍한 욕실로 들어간다. 그녀는 일주일 전에 로레알 프리퍼런스 9(내추럴 블론드)으로 염색한 머리를 오지 리얼 볼륨 샴푸로 감은 다음 리얼 볼륨 컨디셔너로 헹군다. 왜냐고? 그녀는 소중하니까!

에디가 욕실을 쓰도록 그의 겟 리얼 내추럴 라벤더 샴푸를 꺼내둔 후에 브렌다는 드라이어로 머리를 말리며 오지 리얼 볼륨 스타일링 휩을 조금

바른다. 이윽고 그녀는 헤인즈의 어센틱 태그리스 티셔츠 위에 리얼 클로즈의 면셔츠를 걸치고 랄프 로렌 청바지(어센틱 데님 아웃피터스)를 입는다. 샤워를 끝마친 에디는 서둘러 수건으로 머리를 말리고 점점 더 희끗희끗해지는 수염에 저스트 포 맨 염색약(내추럴 리얼 블랙)을 발라 빗질한 후에 가장 좋아하는 페이디드 글로리 셔츠(어센틱 스타일)를 입는다.

아래층에서 브렌다가 리얼 베이컨 비츠(리얼 호멜 베이컨 애즈 리얼 테이스트)와 에그 비터즈(99퍼센트 리얼 에그 화이트)로 스크램블을 만드는 동안 에디는 포스트 블루베리 모닝 시리얼(위드 리얼 와일드 블루베리)을 그릇에 쏟아붓는다. 두 사람이 심플리 오렌지 그로브 메이드 오렌지주스(리얼 오렌지 함유)를 마시며 CNN 헤드라인 뉴스(리얼 뉴스, 리얼 패스트Fast)를 보는 동안 글로리아 진스 커피(어센틱 모카 자바)가 끓고 있다. 잠시 후 아이들이 일어나면 브렌다는 식료품점에 가고 에디는 몇 가지 잡일을 하고서 조금 이른 크리스마스 쇼핑을 가기로 약속한다.

자이언트 이글에서 브렌다는 먼저 펫저 화이트와 펫저 레드를 각각 한 병씩 구입하든지 아니면 로제 와인 한 병을 구입하기 위해 와인 코너로 들어간다. 그리고 쿠어스 맥주(리얼 로키마운틴 비어) 12병 팩과 버드 라이트(프레시, 스무드, 리얼) 몇 병도 집어든다. 그녀는 제너럴 밀스 베리 버스트 치리오스(리얼 슬라이스드 스트로베리 함유), 켈로그 라이스 크리스피스(리얼 스트로베리 함유), 포스트 허니 번치스 오브 오트(리얼 바나나 함유) 같은 과일 시리얼을 잔뜩 담는다. 또 아이들이 좋아하는 코코아 퍼프스 밀크 앤드 시리얼바(뉴트리션 오브 어 보울 오브 시리얼 위드 리얼 밀크)도 집어넣는다.

한편 에디는 먼저 오피스맥스에 들러 홈오피스 컴퓨터에 쓸 휴렛팩커드 검정색 잉크 카트리지를 충전한다. 브렌다는 매장을 돌아다니면서 카트를 채우고 있다. 베티 크로커 오그라탱 포테이토스(100퍼센트 리얼 아이다호 포테이토 함유), 스토브 탑 스터핑 믹스(위드 리얼 치킨 브로스), 페퍼리지 팜 골드피시 크래커스(리얼 치즈 함유), 리츠 비츠 샌드위치스(리얼 피넛 버터 함유), 오스카 메이어 브라운슈바이크(어센틱), 프레고 허티 미트 소스(어센틱 이탈리안 소스), 프레미오 스위트 이탈리안 소시지(리얼 이탈리안 테이스트). 물론 디트카 리얼 포크찹 소스 한 병도 빼놓지 않는다.

에디의 다음 목적지는 페츠마트다. 그는 알포(위드 리얼 리버), 스노시지스 로버롤리스(어센틱 이탈리안 아로마 함유!!!)뿐만 아니라 파운스 캣 트리츠(리얼 씨푸드 함유)와 캣 십(리얼 밀크)을 집어든다. 당연히 러버 러프스(리얼 러기드)도 손에 든다. "라스트로가 무척 좋아할 거야!"

크래프트(리얼 헬프 인 리얼 타임)는 오늘 쇼핑카트에서 상당한 비중을 차지한다. 크래프트 마요 핫 앤드 스파이시(리얼 마요네즈), 크래프트 이지 치즈 치즈스프레드(리얼 크래-프-트 치즈 함유), 크래프트 벨비타 셸 앤드 치즈(리얼 벨비타 치즈 소스) 냠냠!

에디는 다음 행선지인 조앤 패브릭스 앤드 크래프츠에 잠시 들러 브렌다가 부탁한 모던 옵션스 인스턴트 엔티킹 세트(크리에이트 언 어센틱 러스트 피니시 인 저스트 미니츠!)를 구입한다. 그는 의아해한다. "뭐 하러 사는 거지?"

한편 브렌다는 켈로그 팝 타트 요거트 블라스트(리얼 후르츠 함유 - 바로 그거야) 대신 쿼커 토스터블스("메이드 위드 리얼 후르츠! 리얼 후르츠, 리얼 오트밀, 리얼 플레이버)를 고른다. 여기 헌트 스낵 팩 푸딩(리얼 논팻 밀크

이즈 아우어 1 인그리디언트)도 있다. 그녀는 충동적으로 닥터 필즈 셰이프 업! 믹스앤드드링크(어센틱 초콜릿 플레이버)도 한 박스 집어든다.

에디는 타깃에 도착해서 곧장 장난감 코너로 향한다. 막내 토미를 위해 일단 팅커토이 건축 세트(리얼 우드 피시즈! 리얼 워킹 파츠! 리얼리스틱 반!)를 구입하고 홈 디포트 10피스 툴세트(리얼 툴즈 포 키즈!)와 홈 디포트 빌더스 툴세트(데이 룩 라이크 리얼 툴즈!)를 비교한 후에 10피스 세트를 고른다.

브렌다는 자이언트 이글 토르티야 칩스(어센틱 레스토랑 스타일) 몇 봉지와 레이 센세이션스 라임앤드크랙트 블랙 페퍼 케틀 쿡드 포테이토 칩스(어센틱 스파이시즈 앤드 시즈닝 함유)와 제너럴 밀스 후르츠 리플스(크리스피 베이크드 리얼 애플 피시즈)를 집어든다. 음료수는? 미닛 메이드 레모네이드(리얼 레몬 함유)와 낸터킷 넥타 오렌지 파인애플 망고주스(리얼 이즈 베터)를 고른다.

둘째 딸 수전을 위해 바비 폭스바겐 뉴비틀(트렁크 리얼리 오픈즈! 리얼 키체인 투!)과 마이 뷰티풀 발레리나(퍼폼즈 리얼 피루엣!)를 집어든다. 또 에디 주니어를 위해 토니 호크 동작모형(리얼 플렉스)과 윌슨 미니 사이즈드 레플리카 NFL 게임볼(레플리카 어센틱 NFL 게임볼)도 구입한다.

브렌다는 빵 굽는 것을 좋아한다. 그래서 베이커스 디핑 초콜릿(리얼 다크 세미 스위트 초콜릿), 허쉬스 밀크 초콜릿칩(모어 리얼 밀크 초콜릿), 네슬레 밀크 초콜릿 모슬스(모어 리얼 밀크 초콜릿)를 카트에 집어넣는다. 이윽고 루이지스 리얼 이탈리안 아이스(리얼 후르츠주스 함유)와 트로피컬 플라보 아이스(리얼 후르츠주스 함유)를 비교한다. 그녀는 플라보 아이스를 고른다. 왜냐고? 좋아하니까!

에디는 두 군데 더 들러야 한다. 먼저 새 영화를 고르기 위해 보더스부터 들어간다. "어떤 영화를 볼까? 어디 보자. 〈플레전트빌〉(벌써 봤고), 〈트루먼 쇼〉(두 번이나 봤고), 〈더 게임〉(세 번이나 봤고), 〈리얼 캔쿤〉(아냐, 아냐). 그래, 여기 있네. 〈EDtv〉야." 이윽고 그는 베드바스앤드비욘드로 향한다. "끝내주는 팝콘이 어디 있지? 아, 여기 있네!" 그는 워바슈 밸리 팜스 리얼 시어터 팝콘 한 상자를 집어든다.

마지막으로 계산대 앞에 선 브렌다는 무심코 아이들의 군것질거리로 레몬헤드 캔디(리얼 레몬주스 함유)와 팝 록스(리얼 팝핑 액션!)를 고르더니 잡지 판매대에 놓인 《버짓 트래블》(베케이션즈 포 리얼 피플)과 《세이버》(세이버 어 월드 오브 어센틱 퀴진)를 집어든다. 그녀는 신용카드로 계산을 끝마친 후에 집으로 출발한다.

이제 배도 고프고 목도 마른 에디는 모퉁이의 편의점으로 시선을 돌린다. 매장 안으로 들어간 그는 올드 세틀러즈 비프 저키(리얼 웨스턴) 몇 개를 손에 쥐고 애리조나 서던 스타일 스위트 티(리얼 브루드) 700밀리리터 캔을 이리저리 살펴본다. 이윽고 그는 계산을 마치고 문을 향해 간다.

이제 현실로 돌아오자. 우리는 포장지에는 "리얼"과 "어센틱"이라는 단어가 인쇄되었지만 내용물은 그와 완전히 동떨어진 경우를 수없이 경험했다. 때문에 거의 모든 사람들이 구매를 주저하지만 기업들이 이 단어를 사용하는 이유는 아주 단순하다. 사람들이 사기 때문이다.

어디서나 존재하는 진실성

진실성은 우리 주위는 물론 방송에도 등장한다. 1992년에 MTV의 〈리얼

월드〉에서 세상에 알려지지 않았지만 자신을 드러내고 싶어하는 사람들을 내보인 이후로 리얼리티 프로그램은 황금시간대를 장악하게 되었다. 그 무렵 주간 방송이 동시에 교체된 것은 우연이 아니다. 1991년에 〈제리 스프링거 쇼〉가 〈필 도나휴 쇼〉를 대신하면서 수준 낮은 게스트들이 등장하는 '쓰레기 텔레비전' 토크쇼들이, 순식간에 주간 프로그램을 장악하던 여러 드라마의 경쟁 상대로 부상했다.

모든 리얼리티 프로그램 중 가장 성공적인 프로그램은 무엇일까? 2006년에 NBC의 동계올림픽 중계보다 훨씬 더 높은 시청률을 기록했던 폭스의 〈아메리칸 아이돌〉이다. (적절한 단어일지는 모르겠지만) 윌리엄 형이 펼친 'She Bangs' 공연을 기억하는가? 그 당시 CNN의 애런 브라운은 이렇게 말했다. "리얼리티 프로그램에서 더 많은 사람들이 치장되고 꾸며질수록 그들의 리얼리티(진실성)는 더 떨어져 보일 것이다. 우리가 진정한 리얼리티가 무엇인지 잊어버릴 지경에 이르렀다고 해야 할까? 윌리엄 형이 일깨워주기 전까지는 그렇다고 봐야 하지 않을까."

이 책이 집필되고 있을 무렵에 위키피디아는 전 세계에서 방영되는 12개 장르에 걸친 300개 이상의 리얼리티 쇼 목록을 등재했는데, 이 책이 출간된 후에는 분명히 그보다 더 많아질 것이다. 이 장르의 대부분은 영국(〈팝 아이돌〉은 〈아메리칸 아이돌〉, 〈캐나디안 아이돌〉, 〈오스트레일리안 아이돌〉을 탄생시켰다)이나 네덜란드(〈넘버 28〉은 〈리얼 월드〉를, 〈빅 브라더〉는 〈빅 브라더〉와 다른 모든 자매 프로그램을 탄생시켰다)에서 비롯되었다. 이것은 세계적인 현상이다. 세계 전역에서 방송되는 것만 간단히 살펴보아도 〈본 디바〉(필리핀), 〈드림 홈〉(뉴질랜드), 〈겟 골저스〉(인도), 〈비볼레니〉(체코), 〈에스토이 포르 티〉(스페인), 〈FC 줄루〉(덴마크) 등을 쉽사리 나열할 수 있다.

이런 가공된 생산물들은 각본 없이 진행되고 힘든 연출과 편집에 전혀 신경을 쓰지 않는다는 점에서 '리얼리티'라는 꼬리표를 획득한다. 리얼리티 쇼 스타들은 그들의 역할을 이해하고 있다. 『영혼의 흉터Scars of the Spirit』에서 문학비평가 제프리 하트먼은 이렇게 언급한다. "제작진 한 명의 말에 따르면, 리얼리티 파티 '빅 브라더'의 모두 비전문가들인 참가자들은 무대에 오르자마자 '스스로를 생산해냈다'고 한다."

심지어 공영방송 PBS조차 〈콜로니얼 하우스〉(리얼 라이프, 리얼 터프)와 토머스 제퍼슨과 마크 트웨인 같은 인물들을 다룬 켄 번스 다큐멘터리 시리즈 〈아메리칸 스토리즈〉를 방영하며 이런 시류에 가담했다. PBS—정부 자금, 기부금, 대기업의 후원으로 운영되는 비상업적 비즈니스—는 "역사가 그들을 유명하게 만들었다. 켄 번스는 그들을 진실하게 조명한다"라는 문구를 덧붙여 다큐멘터리 제작자의 명성을 활용하려고 했다.

이런 리얼리티 프로그램의 범람을 일종의 유행으로 치부하기 전에 방송에서 "리얼(진실)"의 보급이 시청자들의 소비자 심리를 어떻게 반영하는지 잠시 생각해보라. 미디어비평가 존 버마이스터는 이렇게 말한다. "이런 쇼들의 성공은 흥미로운 가능성을 암시한다. 다른 프로그램이 진실에 대한 사람들의 열망을 충족시키지 못했다는 것이다."

물론 이런 진실에 대한 열망은 텔레비전 프로그램의 범주를 초월한다. 리얼리티 쇼의 여러 장르는 소비자 구매의 다양한 영역과 그와 관련된 비즈니스의 성장을 반영할 뿐이다. 예를 들어 〈트레이딩 스페이시즈〉는 주거환경 개선과 홈 디포트와 로우스 같은 업체, 〈철인 요리왕〉은 요리 학원과 요리 투어, 〈블라인드 데이트〉는 매치닷컴Match.com, e하모니, 하트 디텍티브Heartdetectives.com, 〈펑크드〉는 유튜브, 펀치베이비, 콘트라밴드, 〈딜 오어 노 딜〉은 복권과 카지노, 〈피어 팩터〉는 익스트림 스포츠, 〈내니 911〉는 어린이집, 보육원, 〈더 비기스트 루저〉는 다이어트와 체중감량 프로그램, 〈디 어프렌티스〉는 몬스터닷컴Monster.com과 다른 구직 서비스의 부상을 각각 반영하는 것이다.

전통적으로 텔레비전은 대중문화의 유행을 선도하지는 못하지만 유행을 따라가면서, 시청 범위의 논리적 극한으로 이끌어간다. 이런 관점에서 리얼리티 쇼는 세 가지 중요한 측면에서 오늘날의 진정성에 대한 열망을 반영한다.

• 사람들은 점차 리얼리티를 한정한다. ABC의 〈베첼러Bachelor〉 첫번째 시즌 6회 방송에서 최종 승자 아만다 월시와 주인공 알렉스 미첼은 마지막 데이트에서 따뜻한 욕조에 함께 몸을 담근다. 은밀한 고백의 순간에 아만다가 애절하게 속삭인다. "나는 진짜 현실로 돌아갈 때까지 기다릴 수 없어요." 해마다 치환된 리얼리티의 숫자는 점점 더 증가하는 듯한데, 이제 초현실, 일상적 리얼리티, 심리적 리얼리티, 사회적 리얼리티, 개인적 리얼리티, 초문화적 리얼리티, 그리고 가상적 리얼리티와 그로 인해 부득이 생겨난 물리적 리얼리티가 포함된다.

• 사람들은 리얼리티를 변경하고 싶어한다. 〈익스트림 메이크오버Extreme Makeover〉라는 프로그램은 시청자의 재미를 위해 지원자들에게 대대적인 성형수술(코, 안면,

지방, 피부환원, 가슴 등)을 지원한다. 그러나 이러한 생리적 자아의 변화는 일상생활의 다른, 겉보기에는 더 평범해 보이는 차원에 대한 관심만을 환기할 뿐이다. 『성형수술의 문화사Making the Body Beautiful』의 저자 샌더 L. 길먼은 이렇게 믿는다. "익스트림 메이크오버는 단지 21세기 삶의 '또다른' 이름일 뿐이다." 미국미용성형외과학회ASAPS에 따르면 2005년에 거의 1150만 건의 성형수술이 이루어졌는데, 이것은 1997년에 학회가 조사를 시작한 이후로 무려 400퍼센트 이상 증가한 수치다.

• 사람들은 이따금 리얼리티를 상품화하는 외부의 전문가들과 기업들로부터 개인적 혹은 생활방식의 변화를 구매하기도 한다. 제품과 서비스에 대한 단순한 광고는 실제 사용을 통해 느낀 감정과 인상을 전달하는 것만큼 그 특징과 장점을 부각하지 못한다. 더 많은 기업들이 다른 열망들에 내재하면서 그런 열망들을 이끌어내는 (현재 자아의) 염원과 (미래 자아의) 이상에 호소하려고 노력한다.

리얼리티의 한정·변경·상품화는 기업들이 진정성을 향한 소비자 열망을 활용하는 수단이며 '진정성'과 '진실성'의 요구를 만드는 것은 산출물의 마케팅을 위한 주요한 수단인 듯하다. 이런 성향은 결코 브렌다와 에디가 쇼핑하는 범주에만 국한된 것이 아니다. 오늘날 삶의 거의 모든 영역으로 확산되어 있다.

진정한 제품

랭글러 광고는 "진정한, 편안한 청바지"임을 자랑한다. 쿨 담배 광고는 흡연자들에게 "진실되어라"라고 권유한다. 웨버(실제 사람들, 실제 이야기,

진짜 그릴)는 요리책『리얼 그릴링Real Grilling』을 출간한다. 벨사우스는 "진정한 전화번호부"를 공급한다. 뉴발란스는 "진정한 운동선수들을 위해 개발된 진정한 신발"을 만든다. 파나소닉 플라즈마 텔레비전은 "진정한 고화질"을 제공한다. 자동차는 어떨까? 닛산은 간단하게 "진정한"이라는 문구를 내세우고, 허머 H2는 "여기 진정한 자동차가 있다"고 소개하며, 혼다 CR-V는 "당신의 모험을 실현해주기 위해 개발된 자동차"라고 홍보한다. 제조업체들은 자신들이 분명히 진정성의 기준에서 경쟁하고 있다고 여긴다.

진정한 소매업

리츠 카메라는 매장 직원들을 "진짜 저렴한 가격"에 "진정한 디지털카메라"를 제공하는 "진정한 사진전문가"라고 표현한다. 후지필름은 월마트의 1시간 포토숍에서 "당신의 디지털카메라에서 출력된 진정한 사진들"을 제공한다. 샤퍼 이미지는 카탈로그에서 "진정한 실제 사연……"을 표방하는 "검증된 소비자 편지"를 특징으로 내세운다. 사이먼 프로퍼티 그룹의 라스베이거스 아울렛 센터 광고는 "진정한 브랜드, 진정한 선택, 진정한 절약"을 세일즈한다고 홍보하면서 소비자들에게 매장을 방문해 "진정한 체험"을 해볼 것을 권한다. 프레더릭스 오브 할리우드의 CEO 린다 로어는 자사의 제품과 빅토리아 시크릿의 차이를 설명하면서 "우리가 더 진정하고 더 섹시하다"고 주장한다. 다른 소매업체들—앤트로폴로지부터 Z 갤러리까지—도 진정성에 대한 직접적인 호소를 통해 스스로를 차별화하는 작업을 진행하고 있다.

진정한 스포츠

HBO의 〈브라이언트 검벨과 함께하는 진정한 스포츠Real Sports with Bryant Gumbel〉보다 더 좋은 사례가 있을까? 그다음으로 좋은 사례는 G4 테크TV가 제작한 사실성이 결여된 스포츠일 것이다. 이 회사는 2004-05 시즌 북미하키리그NHL가 파업으로 취소된 후에 일렉트로닉 아츠의 비디오게임 〈NHL 2005〉를 시뮬레이션한 가상의 하키리그 시즌을 방송했다. 마찬가지로 월드 레슬링 엔터테인먼트WWE는 2001년에 '겟 리얼'Get R.E.A.L(존중Respect, 교육Education, 성취Achievement, 리더십Leadership)이라는 학교 봉사활동 프로그램을 시작했다. 당시 WWE의 CEO 린다 맥마혼은 이렇게 말했다. "우리는 겟 리얼이 청소년들로 하여금 학교에 다니며 책을 읽고 좋은 성적을 거두고 우리 슈퍼스타들이 그랬던 것처럼 성공에 이를 수 있는 목표를 설정하는 것의 중요성을 이해하도록 하는 실생활의 솔루션이 되기를 원한다." 한편 여덟 팀으로 구성된 새로운 리그는 실전 레슬링을 펼치지 않으면서도 당당히 리얼 프로레슬링을 자처했다. 미국 여자 풋볼 구단인 클리블랜드 퓨전은 "진정한 여성, 진정한 풋볼, 진정한 재미!"라는 문구를 내세우며 팀을 선전한다. 펜실베이니아 헌팅던에 위치한 주니아타 칼리지는 풋볼 강팀으로 유명한 인근의 펜실베이니아 주립대학을 조롱하면서 "진정한 학생들이 진정한 풋볼을 한다"고 홍보한다.

진정한 교육

아이오와 시더래피즈에 위치한 코칼리지는 학생들에게 '실제 대학 체험'을 해보라고 한다. 코넬 대학의 임원 MBA 과정은 광고에서 "진정한 효과"라는 문구를 사용하며 호텔경영학과에서는 임원교육 과정을 "적절하고 구체적이고 실용적"이라고 홍보한다. 스위스 로잔의 IMD 인터내셔널은 "진정한 세계. 진정한 교육"을 지향한다고 선전한다. 뉴욕 브롱크스의 먼로 칼리지는 "마침내 진정한 학생들을 위해 탄생한 진정한 MBA 과정"이라는 문구와 함께 새로운 킹 경영대학원을 설립했다. 캐나다 앨버타의 밴프/캔모어 중등학교연합은 다섯 명의 심사관이 수여하는 "실현하라Make it Real" 장학금 제도를 통해 대학생들을 재정적으로 지원한다. 메릴랜드 대학은 "진정한 삶. 진정한 교육"을 약속한다. 한편 성인들을 위한 아델피의 사이버스쿨은 실제 칼리지파크의 메릴랜드 대학으로 오해하지 말라고 당부한다.

진정한 관광

메릴랜드 주관광사무소는 "심지어 즐거움조차 진정한 것이다"라는 문구로 광고한다. 온타리오의 나이아가라 공원위원회는 나이아가라 폭포를 두고 "진정한 폭포 체험"이라고 선전한다. 콜로라도의 에스테스 파크는 "로키산맥 국립공원보다 더 생생할 수는 없다"고 과시한다. 스코츠데일 시청과 관광청은 "진정성 충만, 허위성 전무"라는 문구를 내세운 시카고페스트를 개최했다. 서울의 신라호텔은 관광객들에게 "신라호텔에 머무세요, 진정한 한국을 발견하세요"라고 홍보한다. 그린란드는 자국을 소개하며 "특별한 진정함"을 자부한다. 바베이도스는 관광객들에게 "진정한 카리브해를 체험하라"고 권유하며, 바베이도스와 경쟁관계에 있는 퀴라소는 "진정한 카리브해, 퀴라소. 진정하고 색다른 곳"이라는 문구를 내세운다.

진정한 부동산

리얼티 원은 "리얼 리빙" 로고를 자사의 웹사이트 리얼리빙닷컴 RealLiving.com에 등록했을 뿐만 아니라 "진실해야 한다"라는 문구까지 사용한다. 이 회사의 광고는 "진정한 매물, 진정한 사람들이 리얼티 원에서 진정한 돈을 번다"라고 선전한다. 한편 센추리 21은 "진정한 세계를 위한 부동산"이라는 문구를 등록하면서 맞불을 놓는다. 주택건설업체들도 뒤따른다. 북부 캘리포니아의 던모어 홈즈는 "진정한 사람들 (…) 진정한 만족"이라고 자랑한다. 주택 리모델링 업체들도 마찬가지다. 셔윈윌리엄스는 리얼리스트 베이지 6078, 리얼 레드 6868, 리얼리 틸 6489 같은 컬러 페인트를 공급한다. 메이소나이트는 "진정한 목재 출입문의 외관과 작동성을 위한 목재테두리 구조"를 특징으로 하는 유리섬유 우드그레인 엔트리 시스템(출입문)을 제공한다. 창호 제조업체 젤드웬은 "실생활을 위한 내구성"을 내세우며, 주방 및 욕실용품을 제조하는 크나페앤보그트는 "실생활을 위한 진정한 솔루션"을 제시한다. 시큐리티 이노베이션즈는 엑세스-플러스(진정한 온라인, 진정한 보안, 진정한 통합)라 부르는 가정시스템을 공급한다. 몬태나 빅 스카이에 위치한 고급 휴양지 개발업체인 더 클럽 엣 스페니시 피크스는 "훼손되지 않은, 사람들로 북적대지 않는, 꾸미지 않은 진정한 몬태나"라는 문구를 내세워 새로운 소유주를 유치한다.

진정한 레스토랑

테마 레스토랑의 엄청난 유행을 일으켰던 업체는 이제 자칭 "진정한 하드락 카페"라고 홍보한다. 한편 자칭 '클리블랜드 오리지널스'라는 별칭을

붙인 오하이오의 지점처럼 미국독립레스토랑협회의 지점들은, 손님들 앞에 다음 문구를 세로로 배열하여 홍보한다.

진정한 / 레스토랑 / 진정한 / 열정

또 클리블랜드 외곽 지역의 파이브어클락 라운지라는 술집은 "진정한 사람들을 위한 진정한 바"라고 선전한다. 오하이오의 클라다 아이리시 펍 체인은 "우리가 따르는 기네스 맥주만큼이나 진정한 술집"이라고 과시할 정도로 자부심을 갖는다. 다른 주와 다른 도시를 살펴봐도 어디서나 "진정한" 요리라는 문구를 내세운다. 어디에서 "진정한 쿠바 음식, 진정한 쿠바의 즐거움"을 맛볼 수 있을까? 바로 메릴랜드 볼티모어에 있는 바발루 그릴이다! 가장 잘 요약한 곳은 아마도, 신속한 서빙을 내세우며 레스토랑 60개 지점을 거느린 영국의 체인 EAT일지도 모른다. "진정한 음식 회사"라니 말이다.

진정한 와인

앞선 글에서 브렌다와 에디는 펫저 와인을 선호하는데, 산출물의 차별화를 추구하는 캘리포니아 멘도시노 카운티의 펫저 빈야드는 텔레비전, 인쇄물, 웹사이트에 "우리는 진정성을 구현한다. 진정성을 짜내고, 진정성을 숙성시키고, 진정성을 병에 담는다. 펫저, 아메리칸 오리지널"이라는 광고를 내보낸다. 한편 샹파뉴(샴페인), 샤블리, 부르고뉴를 포함한 프랑스의 일부 와인 생산지들은, 같은 이름을 사용하지만 그 지역에서 생산되지 않은 수입품으로부터 원산지에서 생산된 오리지널 와인을 보호하기 위해 캠페인을 펼친다. 여기서 비네롱 에 메종 데 샹파뉴의 광고 문안 일부를 살펴보는 것이 좋을 듯하다.

샹파뉴에서 생산되지 않은 샹파뉴? 어림도 없다! 물론 일부 근사한 와인은 외형과 맛에서 어느 정도 비슷할 수는 있지만 샹파뉴에서 생산되지 않았다면 결코 진정한 샹파뉴가 아니다. 샹파뉴는 단지 와인의 유형이 아니기 때문이다. 샹파뉴란 와인 생산 전문기술의 오랜 역사를 지닌 (…) 파리에서 동쪽으로 90마일 떨어진 특정한 지역이다. 와인 생산이 특기인 이 지역에서 재배된 포도가 아니라면 그 와인은 결코 진정한 샹파뉴가 아니다. 와인의 생산지는 대단히 중요하다. 나파 와인은 나파에서 생산되고 윌래밋 와인은 윌래밋에서 생산되며 레드마운틴 와인은 워싱턴의 레드마운틴에서 생산된다. 샹파뉴에서 생산되지 않았다면 그것은 결코 진정한 샹파뉴가 아니다.

이것은 단순한 넋두리가 아니라, 모방품들로부터 고르곤졸라와 프로슈토 디 파르마 같은 원산지명을 보호하기 위한 유럽연합의 강구책이다. 과거에는 이 생산품의 캠페인이 유효성, 비용, 품질에 집중되었지만, 현재에는 진정성도 똑같이 주목한다.

진실성을 반영하는 가식성

이처럼 리얼(진실)을 두고 많은 논의가 벌어지는 이유는 진실성이 결여된 "진실성"을 반영한 의도적인 가식이 증가하고 있기 때문이다. 예를 들어 가짜 이메일은 9·11 테러 기부금 목록부터 나이지리아 외교관 가족을 위한 성금 모금 호소에 이르기까지 그 종류가 다양하다. 많은 사람들은 이제 가짜 뉴스로 사람들을 호도하는 인터넷을 비롯한 다른 모든 정보 출처의 적합성에 의구심을 갖는다. 그런 출처의 예를 들자면, 세타이어와이어 닷컴SatireWire.com, 보로위츠리포트닷컴BorowitzReport.com, 디어니언닷컴 theonion.com(원조 가짜 뉴스 잡지인 《디어니언The Onion》의 자회사), 존 스튜어트의 〈데일리 쇼〉, 영국의 코미디언 사챠 바론 코언의 〈다 알리 G. 쇼 Da Ali G. Show〉, 이라크 방송인 사에드 칼리파의 〈허리업, 히스 데드Hurry Up, He's Dead〉 등이 있다.

스튜어트의 쇼는 시청자들에게 좋은 평가를 받는데, 많은 대학생들이 뉴스를 얻는 주요한 출처로 손꼽는다. 비평가와 저널리스트도 인정하는 스튜어트 쇼는 2005년에 피버디상을 수상했다. 댄 래더와 메리 메이프스가 아부 그라이브 수용소의 실태를 고발한 〈60분〉도 그해의 피버디상 수상작이다. 하지만 이 두 사람은 조지 부시 대통령의 병역 문제를 다룬 뉴스가 허위 문서를 근거로 제작되었다는 사실이 밝혀지면서 CBS 뉴스로부터 징계를 당하기도 했다. 《뉴욕타임스》는 "메이프스, 래더, 스튜어트가 가짜 뉴스로 영광을 누렸다"라는 부제로 기사를 내보내며 그들을 일괄적으로 다루었다. 한때 공신력을 인정받았던 《타임》도 가짜 뉴스로 인한 문제를 떠안고 있었다. 바로 제이슨 블레어와 연관된 스캔들이었는데, 그는 《뉴리퍼블릭》의 스티븐 글래스, 《워싱턴포스트》의 재닛 쿡, 《보스턴글로브》의 패트리샤 스미스와 같은 전철을 밟았다. 그동안 사실로 보도된 뉴스 중에서 얼마나 많은 뉴스가 가짜 보도였던가? 우리의 실생활에 충분한 가치를 지닌 자료들이 공급되지 않았던 듯하다. 다음이 그 열 가지 사례들이다.

가짜 연기자

컴퓨터에 의해 탄생된 사이버 여배우인 시몬S1m0ne이나 같은 제목의 영화인 〈시몬〉에 등장한 '신세스피언'(영화의 디지털 제작과정에서 가상의 배우 역할을 수행하는 캐릭터—옮긴이) 같은 개념들은 이제 영화와 텔레비전 쇼에 삽입된다. 〈포레스트 검프〉에서 역사 속 장면에 등장한 톰 행크스 캐릭터는 이 현상의 초창기 형태를 보여준다. 〈시몬〉의 감독이자 제작자인 앤드류 니콜은 말한다. "수많은 진짜 배우들과 모델들이 디지털 작업에 의지할 때 우리는 리얼리티의 가장 어두운 영역에 대해 이야기한다. (…) 바야흐로 우리가 허상을 제작하는 능력이 그 허상을 찾아내는 능력을 능가하는 시점에 이르렀다."

가짜 전화통화

《뉴욕타임스》는 소위 "위장통화꾼cellphony"으로 불리는 사람들이 "휴대전화 핑계"를 내세워서, 다른 사람들(구걸하는 부랑자들부터 수다스러운 이웃 사람들에 이르기까지)의 접근을 차단하거나, 주변에서 엿듣는 사람들에게 과시하거나, 이성들의 시선을 무시하거나, 세일즈맨들을 회피하거나, 모임에서 일찍 빠져나가거나, 불안한 상황에서 안정감을 찾으려 한다고 보도한다.

가짜 경찰

텍사스에서 발생한 마약 관련 사건들에 대해 댈러스 경찰청 대변인 로리 베일리는 이렇게 주장한다. "지난해 댈러스 경찰이 압수한 코카인의 거의 절반과 메스암페타민의 거의 4분의 1이 벽판 재료에서 나온 석고로 판명되었다." 한 기자는 이런 상황에 의문을 제기했다. "혹시 고발한 사람이 경찰에게 돈을 받으려고 마약 거래를 위장했던 게 아닌가요?"

가짜 ID

가짜 ID를 파악하는 것도 경찰에게 점차 골치 아픈 문제가 되고 있다. 이제 사기꾼들은 첨단 그래픽, 사진, 홀로그램, 자기부호화 소프트웨어를 활용해서 육안으로 식별할 수 없는 운전면허증을 위조한다. 이처럼 날로 정교해지는 위조 전쟁에서 E-시크**E-Seek**와 인텔리체크 같은 ID 스캐너 제조업체들이 부상했다.

가짜 스포츠

세인트루이스의 판타지 스포츠(프로 선수의 실제 경기기록으로 가상의 팀을 운영하는 온라인 게임—옮긴이) 트레이드 협회에 의하면, 약 1000만 명이 판타지 풋볼을 즐긴다고 한다. 로티세리 야구 리그를 비롯해 다른 스포츠에도 유사한 판타지 리그가 많으며 이런 판타지 리그가 이제 텔레비전에서 방송된다고 해도 전혀 놀라운 일이 아니다. 가까운 미래에 팬들은 실제로 경기하는 공식 스포츠 방송보다, 자신이 직접 구성한 판타지 팀의 맞춤화된 방송을 시청하는 것에 더 관심을 가질지도 모른다. 무엇보다 미국프로풋볼리그 홈페이지**NFL.com**의 판타지 코너는 이미 팬들에게 가상의 팀을 실시간으로 검색할 수 있는 서비스를 제공한다.

가짜 광고

가짜 광고는 점점 더 보편화되고 있는데, 특히 새로운 미디어에서 두드러진다. 예를 들어 노스캐롤라이나 롤리의 오아시스 모바일은 맥키니앤드실버라는 광고 회사를 운영하며 할리우드 가십 블로그에 "페로톤" 벨소리로 이성을 매료시킬 수 있다는 허위 광고를 게시한다("내가 덴마크에서 알게 된, 과학으로도 설명하기 어려운 벨소리의 비밀을 체험해봐"). 또 이 회사는 결혼식 비디오―신랑이 휴대전화 벨소리를 듣고 난 후에 단상에서 내려와 한 남자 하객을 껴안는(페로톤 효과인가?) 장면―를 유튜브를 비롯한 다른 유사한 사이트들에 게시했다. 심지어 이런 가짜 광고는 위키피디아에까지 진출했다. 노스웨스턴 대학에서 실시한 연구 결과에 의하면, 많은 사람들이 익살스러운 것을 좋아해서 자신이 속았다는 것을 깨달은 후에도 친구들에게 링크를 알려준다고 한다.

가짜 세일즈

믿기 어려울지 모르지만 일부 상점에 내걸린 "점포 정리" 간판이 실제로는 더 많은 손님을 끌기 위한 의도라는 것이 입증되었다.

가짜 음악

트리뷰트시티 홈페이지tributecity.com의 트리뷰트 밴드 디렉토리에는 비틀스, U2, 건즈앤로지스와 비슷한 밴드들을 망라해 1000개 이상의 트리뷰트 밴드가 등록되어 있다. 음악평론가 데이비드 번스타인은 이렇게 지적한다. "어느 날 밤이건 대부분의 도시들에서 팬들은 트리뷰트 밴드들이 나이트클럽 쇼의 헤드라인을 장식한 것을 보게 될 것이다." 어쩌면 그들이 하우스 오브 블루스 같은 유명한 장소에 등장할 수도 있다는 말을 덧붙여야 할지 모른다. 이런 밴드들도 식스 스톱 미드웨스트 콘서트 시리즈인 페이크페스트FakeFest처럼 자신들의 독자적인 콘서트를 대대적으로 홍보한다.

가짜 예술

영국의 그라피티 예술가 뱅크시는 루브르 박물관, 테이트 모던 미술관, 뉴욕 현대미술관의 보안 담당자들에게 발각되지 않고 대작들 옆에 그의 위작들을 전시했다. 영국의 존 미야트는 뱅크시와 달리 미술계에서 진정한 예술가로 간주된다. 그는 반 고흐, 피카소, 자코메티 같은 거장들의 작품을 모사해서, "진정한 위작"이라는 제목으로 런던에서 전시회를 개최한다. 미야트는 언젠가 자신의 독창적인 작품을 그리고 싶다고 말한다. 그는 그것을 "진실한 그림"이라고 부른다. 그때까지는 "가짜 미야트를 판매하는 신원 미상의 위조가"로 힘겨운 투쟁을 벌여야 한다.

가짜 설비

건물주들은 빌딩에 가짜 장치들을 설치한다. 《월스트리트저널》은 이렇게 보도했다. "많은 사무실 온도조절 장치들은 완전히 가짜다. 당신이 사무실 온도를 조절했다고 생각하도록 유도하는 것이 목적이다." 사무실 건물의 난방, 환기, 공기조화HVAC 시스템의 2~90퍼센트(확실한 추정치일 수는 없겠다)는 "가짜 온도 조절기"부터 "가짜 백색소음", "가짜 와이어"에 이르기까지 실제 작동하지 않는 장치들을 포함한다. 더불어 엘리베이터의 닫힘 버튼도 가짜인 경우가 허다하다.

사람들은 대중 언론과 비즈니스 언론에 실린 현대의 가식성에 대한 논평을—양측의 기사에 대한 논평도 포함하여—꾸준히 읽는다. 《포춘》지는 한때 《패스트컴퍼니》(미국 유명 경제 월간지)의 패러디물을 담은 광고를 실었다. "우리가 방금 만들어낸 500개의 전문용어"라는 제목을 단 가짜 표지와 함께 핵심적인 사례로 "진정성화authentifactuation"를 강조했다.

그러면 비즈니스계는 무엇을 해야 하는가?

이 장은 우리가 끊임없이 보고 듣는 '진정성'과 '진실성' 마케팅 메시지와 우리가 실제로 끊임없이 체험하는 허위적이고 가식적인 행동을 대조하고 있다.

이제 현재 상황을 이해하는 것이 중요한 이유를 명확히 살펴보자. 첫째, 가식적인 현상의 존재는 항상 진정성의 문제를 최우선으로 다루도록 강제한다. 우리는 항상 가식성을 보고 듣고 읽는다. 살아가면서 그것을 접하지 않을 수는 없다. 일상생활이 진실과 가식의 기준에서 표출되는 것은 진정성이 새로운 소비자 감각이 되어가는 또다른 이유다—우리는 회피할 수 없을 정도에 이르는 허위성의 독성을 참지 못한다.

둘째, 이 장에서 인용된 모든 사례들의 이면에는, 소비자들이 진정 또는 허위로 느끼는지에 따라 그 중요성이 판단되는 새로운 경제적 산출물을 생산하는 비즈니스 기획이 내재되어 있다. 점차 진실성이 결여되는 세계가 부상할지도 모르지만 상점, 장난감, 텔레비전 프로그램, 대학교육, 주택, 휴양지, 음반, 스포츠는 모두 진정성을 갖춘 것으로 인식되어야 한다는 공통된 과제에 직면하게 된다.

셋째, 경제적 산출물의 포장과 광고에서 과도할 만큼 "진실"과 "가식"이라는 단어가 유행하는 현상은 기업들과 광고 회사들이, 부상하는 소비자 감각을 인식하고 있다는 것을 입증한다. 이런 접근법은 우연히 등장한 것이 아니다. 만약 비즈니스계가 진정성을 주장한다면 소비자들이 구매 대상에 진정성을 요구한다는 점을 그들도 분명히 느끼는 것이다. 하지만 진실성을 주장하는 기업과 산출물에 대한 우리 조사에서 드러난 것처럼, 실제로 진정성을 발휘하는 비즈니스보다 그저 진정성을 주장하는 비즈니스가 훨씬 더 많았다. 민속학자 레지나 벤딕스는 이렇게 지적한다. "오늘날 너무 많은 것들이 진정성을 주장하는 탓에 희소성이 사라지고 있다. 토마토소스에 '진정한'이라는 상표가 사용되면 그 의미는 특수성을 상실한다." 스스로 진실하다고 주장하는 행동은 여지없이 가식적이라는 인식을 남기게 된다. 차라리 말하지 않는 것만도 못하다.

이제 개인적 차원에서 생각해보라. 어떤 장소에서 누군가 다가와 대뜸 "나는 당신에게 내가 얼마나 진정한 사람인지 알려주고 싶어요"라고 말한다고 가정하자. 당신은 어떤 반응을 보일까? 그가 아무리 진지하게 말했더라도 당신은 얼른 대화를 회피할 방법부터 궁리할 것이다. 제프리 하트먼은 지적한다. "어쩌면 '진정한'이라는 단어는 가장 허위적인 단어일 수도 있다. 진정한 사람은 굳이 정체성을 과시할 필요가 없다……." 비즈니스에서도 산출물에 대한 정체성을 과시하려고 해서는 안 된다. 잠재 고객들이 산출물이나 비즈니스의 진정성을 주장하는 광고나 포장을 접하는 순간에도 똑같은 반응이 일어나기 때문이다. 즉 등을 돌리고 가버리는 것이다. 스스로 어떤 산출물을 진정하다고 말하는 행동은 즉시 소비자들로 하여금 그 진정성에 의혹을 제기하게 한다.

이처럼 진실을 연출할 수 있는 방법은 없다. 텍사스 대학의 건축학 교수 마이클 베네딕트가 건축물을 두고 했던 말은 모든 경제적 산출물에도 적용된다. "누군가 진실성과 진정성을 보이기 위해 노력하는 순간에 그 노력은 간파되고 거품이 터지면서 허위성이 흘러나온다." 이것을 근거로 진정성의 세 가지 원칙을 확립하도록 하자.

- **원칙1** 당신이 진정하다면, 굳이 자신이 진정하다고 말할 필요가 없다.
- **원칙2** 스스로 진정하다고 말한다면, 진정한 모습을 보이는 것이 좋다.
- **원칙3** 스스로 진정하다고 말하지 않는다면, 진정한 모습을 보이는 것이 더 쉽다.

당신은 산출물이나 비즈니스의 진실성을 주장하는가? 독창적이라고? 진짜라고? 진지하다고? 진정하다고? 만약 그렇다면 소비자들이 가식적이라고 말하는 것을 듣게 될 것이다. 인위적이고, 부정직하며, 가짜에다 허위적이라고.

정말 그럴까? 정말 그렇다.

제4장

진정성의 연출

무엇을 해야 하나?

사람들과 비즈니스는 어디서 진정성에 대한 열정을 충족하는가? 그중 하나는 바로 과거다. 영원히 지나갔고 결코 돌이킬 수 없는 과거는 진정한 체험의 이상적인 형태인 순수를 나타낸다. 물론 과거로의 여행이 불가능한 것처럼 이런 순수성을 얻는 것도 불가능하다. 하지만 사람들은 온갖 일상적인 체험을 통해 어느 정도는 이 순수한 과거를 얻는다. 영국식 펍에서 맥주를 마시고, 빈에서 커피를 마시며 자허토르테〔일종의 초콜릿 케이크〕를 곁들이고, 중국에서 다도茶道를 행하고, 일본에서 생선회를 먹고, 핀란드에서 사우나를 즐기고, 미국에서 야구 경기를 관람하는 것 같은 전형적인 문화접촉에 대해 생각해보라. 이런 활동들은 문화관광의 유형을 이루며 그 관습에 보존된 과거와 접촉한다. 단순한 오락이 아닌 과거와의 접촉인 셈이다.

　이런 이상화된 문화관습의 지위를 누리지 못하는 비즈니스는, 순수를 지향하는 수단이 아닌(자칫 새로운 사업을 "구식" 사업으로 보이게 할 수 있기에) 다른 수단을 통해 진정성을 연출해야 한다. 그러기 위해서는 과거·현재·미래의 비즈니스계를 이해하는 것이 필요하다.

경제적 만물이론

우리는 앞선 저서 『체험의 경제학』에서 경제적 가치의 진화를 경제적 만물이론TOE으로 설명했다. 이 이론은 거시경제 차원의 상업적 성과를 설명할 뿐만 아니라 미시경제 차원의 비즈니스 활동도 규정한다. 경제적 만물이론은 기업과 경제적 산출물의 진정성을 연출하는 것에 독특한 관점을 제시한다.

"경제적 산출물"(기업이 고객에게 판매하는 것)의 개념은 그림 4-1에 제시된 것처럼 경제적 가치의 진화에서 핵심적인 위치를 차지한다. 경제학자들이 대체로 세 가지 유형의 경제적 산출물(상품, 제품, 서비스)을 인정하는 반면, 우리는 체험과 변용이라는 두 가지 유형을 더 구분한다.

그림 4-1 경제적 가치의 진화

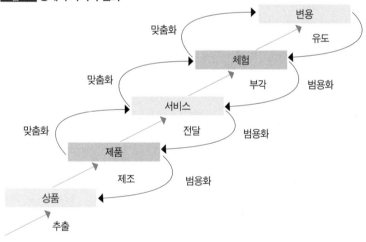

- 상품은 자연계에서 추출된(가축을 기르거나 광물을 캐거나 농작물을 수확) 후에 시장에서 대체 가능한 천연 산출물로 거래된다.
- 제품은 상품을 재료로 생산되는 유형의 물품이다.
- 서비스는 개별 소비자에게 제공되는 무형의 활동이다.

• 체험은 개인을 자연스러운 방식으로 참여하도록 유도하는 인상적인 사건이다.

• 변용은 소비자들에게 자아의 차원을 바꿀 수 있도록 이끄는 효과적인 성과물이다.

체험과 변용은 항상 존재해왔다. 그것들은 새로운 경제적 산출물이 아니라 단지 새로이 명확하게 파악된 것일 뿐이다. 체험의 측면에서 소비자들은 기업에서 제공하는 활동(서비스)이나 기업에서 생산하는 물품(제품), 혹은 기업에서 거래하는 재료(상품)가 아닌 기업과 더불어 보내는 시간에 지갑을 연다. 변용의 측면에서는 소비자가 생산품이다. 예를 들어 경영 컨설팅 회사의 고객들은 단순히 아이디어(상품), 보고서(제품), 분석과 조언(서비스), 워크숍(체험)만이 아니라 컨설팅 산출물을 구매해서 더 나은 비즈니스로 변용되기를 원한다. 헬스클럽, 병원, 교육기관, 자산관리 회사 같은 많은 소비자 산업의 경우도 마찬가지다. 모든 고객들은 각자의 열망을 성취하고 지속하기를 원한다. 이런 산업은 "나를 변화시켜주세요!"라는 고객들의 요구에 부응하면서 번창한다.

그러면 이 진화(상품-제품-서비스-체험-변용)가 어떻게 경제적 만물이론을 나타내는가? 다섯 가지 형태의 경제적 산출물은 범용화가 가능한—상업을 통해 구매되고 판매되는—모든 것들을 설명하는 단순한 모델을 구성한다. 모든 상업적 산출물은 이 다섯 가지 범주로 분류할 수 있다.

한편 진화를 촉진하는 두 가지 원동력이 있다. 첫번째 힘은 **범용화**로, 이는 마치 만유인력처럼 항상 존재하면서 아직 상품이 되지 않은 모든 산출물들을 끌어당긴다. 비즈니스계에서는 소비자들이 더 이상 어떤 제품의 제조업체, 브랜드, 특징에 관심을 보이지 않게 되면 그 제품은 범용화

—즉 대체 가능한 상품으로 취급—된다. 이 경우에 소비자들은 오직 가격이라는 요소에만 관심을 갖는다.

지난 수십 년 동안 제품들의 급격한 범용화가 이루어진 데는 두 가지 근본적인 이유가 있다. 바로 월마트와 인터넷의 등장이다. 월마트는 월등한 보급력과 구매력을 바탕으로 가정용품의 비용을 대폭 절감했다. 인터넷은 지속적인 유효성과 비용의 투명성을 바탕으로 기업들에게 제품의 비용을 절감하도록 강제했다. 서비스 경제의 부상은 이런 추세를 심화시킨다. 소비자들과 비즈니스계 모두가 무형의 활동을 선호하고 유형의 제품을 평가 절하하면서, 점점 더 상업화된 서비스는 제품의 범용화를 유도한다. 그로 인한 가격의 압박은 제조업체들에게 스스로를 차별화하기 위한 새로운 서비스를 제공하도록 유도하고, 이는 제품의 가치를 더 떨어뜨리는 악순환으로 이어진다.

이제 서비스에도 똑같은 압박이 가해지고 있다. 첫째, 월마트는 점차 음식 준비, 사진 인화, 시력 검사, 자동차 수리, 심지어 은행업무와 보건 치료 같은 서비스까지 제공하고, 인터넷도 차츰 중개업무, 정보 검색, 테크놀로지 같은 저비용 서비스를 제공하는 플랫폼을 구축한다. 둘째, 똑같은 범용화의 악순환이 이 단계에서도 되풀이되면서 B2B 및 B2C 서비스 모두 새로운 체험을 개발하고 점점 더 서비스의 가치가 떨어지면서 이제 무엇보다 체험이 선행한다.

더욱이 소비자들은 월마트나 온라인에서 쇼핑하며 절약한 돈으로 사실상 언감생심이었던, 더 가치 있는 다른 경제적 산출물(특히 체험과 변용)을 구매할 수 있게 된다. 실제로 경제학자들이 흔히 말하는 것처럼 모든 변화는 한계에서 일어나는데, 이 한계에는 단지 월마트와 인터넷이 존재한다는 이유만으로 한 명 이상의 자녀를 대학에 보낼 여력을 갖는 가족들이 포함된다고 감히 말할 수 있다.

또다른 원동력은 바로 범용화의 교정 수단인 **맞춤화**customization로서, 이것은 경제적 산출물을 다음 단계로 진화시키는 수단이다. 대체 가능한 상품은 사실상 맞춤화될 수 없기 때문에, 제품을 맞춤화하면 저절로 서비스로 전환된다는 사실을 깨닫게 되면서 맞춤화는 시작된다. 이 두 항목 사이에 존재하는 세 가지 핵심적인 경제적 차이를 생각해보라. 먼저 제품은 표준화되지만, 서비스는 오직 특정한 소비자만을 위해 맞춤화된다. 제품은 생산된 후에 보관되지만, 서비스는 수요가 발생하면 제공된다. 제품은 유형이지만, 서비스는 무형이다. 맞춤화의 핵심은 소비자가 원하는 사항을 정확히 이해하도록 도움을 주는 무형의 서비스라는 데 있다. 세계 최대의 대량 맞춤화 전문 기업인 델 컴퓨터는 다른 제조업체들처럼 퍼스널컴퓨터를 생산하거나 제품 대부분을 재고로 보관하지 않는다. 오직 실제 주문에 따라 컴퓨터를 조립하기 때문에 일종의 컴퓨터 제조 서비스라고 할 수 있다.

마찬가지로 서비스도 맞춤화하면 저절로 체험으로 전환된다. 대표적인 사례로 클리블랜드의 프로그레시브 인슈어런스는 긴급출동차량RV을 활용해서 보험배상 조정관을 사고현장에 신속히 파견한다. 현장에 도착한 보험배상 조정관은 의뢰인의 상태와 요구에 따라 서둘러 응급상황을 처리하고 필요한 경우에 견인차량과 대체차량도 준비한다. 그다음 휴대용 컴퓨터로 즉시 배상 규모를 파악하는데, 대부분의 경우 현장에서 보험계약자에게 수표를 지급한다. 이 회사는 고통스러운 사고를 긍정적이고 인상적인 체험으로 전환시킨다.

똑같은 과정을 거쳐 체험 역시, 맞춤화를 통해 저절로 변용으로 전환된다. 개인(혹은 비즈니스)이 특정한 순간에 필요로 하는 것을 정확히 제공하기 위해 개발된 체험은 필연적으로 소위 인생변용 체험life-transforming experience이라고 불리는 것을 창출하게 된다. 만약 어떤 기업이 개인의 요구에 정확히 부합되는 한 가지 이상의 체험을 맞춤화한다면 그 프로세스는 변용이 되는 것이다.

이제 그림 4-1에서 맞춤화와 범용화가 변용에서 중단되는 것에 주목해 보자. 왜 그럴까? 일단 변용을 맞춤화하는 것은 인간을 완벽하게 만든다는 의미인데, 그것은 더 이상 경제인economic man의 영역이 아니다. 또한 인간이 지니는 고유성 때문에 변용은 다른 산출물처럼 범용화할 수 없다. 따라서 경제적 산출물의 유형은 오직 다섯 가지뿐인 것이다.

진정성의 구도에 대한 구조화

이 경제적 가치의 진화—다섯 가지 경제적 산출물과 두 가지 상반된 원동력—가 곧 경제적 만물이론이기 때문에, 그것은 진정성의 연출을 위한 가능성을 구조화한다. 우리는 그 구조를 활용해 진정성의 구도를 살펴보고, 다섯 가지 경제적 산출물에 각각 대응하는(동시에 모든 산출물에 적용되는) 다섯 영역의 인지적 진정성을 찾을 것이다.

상품: 자연성의 진정성

사람들은 자연계에서 가공되거나 합성되지 않은 채 사람의 손길이 닿지 않은 자연적 상태로 존재하는 것을 진정하다고 인지한다. 농약과 비료를 사용하지 않는 유기농 작물 재배자는 이 영역의 진정성에 호소한다. 오직 천연재료(염소젖과 키위 씨앗 등)만으로 석판 위에서 손으로 비누를 제조하는 인디고 와일드와 로키마운틴 숍 컴퍼니를 비롯한 많은 비누 회사들은 포장을 최소화하고 비누를 드러내서 누구나 비누를 보고 만질 수 있도록 한다.

제품: 독창성의 진정성

사람들은 이제까지 단 한 번도 본 적 없고 복제나 모방이 아닌 최초의 형태로 디자인에서 독창성을 갖춘 것을 진정하다고 인지한다. 애플 매장에 전시된 아이팟에서 지니어스 바까지 애플이 디자인하는 거의 모든 제품은 이 영역의 진정성에 호소하려고 노력한다. 심지어 회사의 슬로건인 "다르게 생각하라Think Different"마저 독창적으로 비문법적이다. 마찬가지로 블루맨 그룹도 독창성의 진정성에 호소하는데, 온통 푸른색으로 칠한 세 남자가 무대 위에서 공연하는 모습을 우리는 이제까지 단 한 번도 본 적이 없다.

서비스: 특별함의 진정성

사람들은 봉사 정신을 지닌 사람이 무심하거나 불성실하지 않게 개인적으로 특별하게 실행하는 것을 진정하다고 인지한다. 직원들에게 소비자의 개별적인 요구에 따라 진심으로 봉사하도록 독려하는 모든 회사들은 이 특별함의 진정성에 호소한다—고객들을 형편없이 대한다고 알려진 노드스트롬이나 사우스웨스트 항공을 생각해보라.

체험: 연관성의 진정성

사람들은 파생적이거나 진부하지 않게 다른 상황과 연관시켜 개인의 과거에서 열망을 이끌어내고 우리의 공통된 추억과 소망을 일깨우는 것을 진정하다고 인지한다. 이런 상징적인 체험은 이 장의 초반부(영국의 맥주, 중국의 다도 등)에서 언급되었는데, 모두 오랜 문화적 관습에서 개인의 열망을 이끌어내는 연관성의 진정성을 나타낸다. 또한 당신이 간혹 소설이나 영화가 "진실성"이나 "진정성"이 있다고 평가하는 리뷰를 접하는 것은, 소설가나 영화감독이 자신의 작품에서 연관성의 진실, 즉 실생활에 가까운 진실성을 연출하기 때문이다.

변용: 영향력의 진정성

사람들은 비논리적이거나 무의미하지 않게 인간을 더 높은 목표로 이끌고 더 나은 방식을 제시하면서 다른 실체들에 영향력을 미치기 위해 노력하는 것을 진정하다고 인지한다. 주택, 사무실, 공장 등 건축에서 재활용성에 대한 관심의 증폭은 이 영역의 진정성에서 비롯된다. 심지어 하드락 카페조차 "지구를 살리자"라는 문구를 내세워 레스토랑을 더 진실하게 연출하려고 한다.

*　*　*

진정성에 호소하는 어떤 산출물에서든지 이 다섯 영역 중 하나 또는 그 이상을 접하거나 간혹 다섯 모두를 접하게 된다. 과거를 보존하는 일로 공인받은 단체인 유네스코를 생각해보라. 보호지역의 세계문화유산을 선정하면서 유네스코는 "세계문화유산 협약의 실행을 위한 운영지침"— "용도, 전통, 정신·정서"뿐만 아니라 "디자인, 재료, 환경, 제작능력"에 근거한 "진정성 테스트"를 충족하는 규칙—을 제정했다. 이 규칙은 진정성의 다섯 영역을 따른다. 재료(자연성), 디자인(독창성), 제작 능력(특별함), 환경(연관성), 정신·정서(영향력).

진정성의 다섯 영역은 광범위한 분야에 걸쳐 찾을 수 있다. 2005년 음식과 요리에 관한 옥스퍼드 심포지엄에서 다룬 주제를 놓고 《파이낸셜타임스》가 검토했던 내용을 살펴보자. 유럽산 치즈의 "자연적 진화"(자연성), 특정한 요리의 "원산지"(독창성), "독특한 음식"(특별함), "보양식" 요리(연관성), "산업화로 인해 진정성을 갖춘 요리들이 사라진 과정"(영향력).

세계적으로 유명한 시계 판매업체 투르노는 한때 "워치페스트Watchfest"라는 대규모 세일을 홍보하기 위해 전면광고를 게재했다. "시계 산업의 명실상부한 최고업체"(영향력)로서 투르노는 "지금까지 미국에서 볼 수 없었던 독특한 시계들"(독창성)을 포함해 "한 업체의 단일 행사로서 세계 최대 규모의 시계 품목"(특별함)을 판매하는, 그야말로 "서머타임"(연관성) 이후로 가장 대대적인 행사를 열면서, 이 행사의 일환으로 추첨을 통해 한 사람에게 "열흘간 오스트레일리아로 여행을 다녀올 수 있는 기회"(자연성)를 제공했다. 당신은 이 시계들을 온갖 중국산 모조품과 혼동할 일이 없기 때문에 모든 사항은 진정성의 연출을 위한 훌륭한 방식이 된다.

흥미롭게도 우리는 인구 1000만 명이 넘는 중국 쓰촨성의 도시 청두에서 진정성의 다섯 영역 모두를 효과적으로 활용하는 것을 보았다. 진리 거리는 대부분의 방문객에게 진정성을 발산한다. 해마다 400만 명 이상의 방문객들이 혼잡한 중심가를 피해서 탑문을 지나 찻집과 음식점, 호텔과 묵상정원을 갖춘 사당, 그리고 장인들이 즉석에서 상품을 만들어 판매하는 상점들이 늘어선 거리로 들어간다. 그들은 정원과 상점이 즐비한 350미터의 거리를 돌아본 후에 전통식 다도와 쓰촨성 고유의 요리를 체험할 수도 있다.

진리 거리에서 최고의 명소는 자연성의 진정성에 호소하는 묵상정원인데, 이곳은 목재, 타일, 벽돌 같은 전통적이고 단순하며 자연적인 재료로만 건설되었다. 쓰촨성의 여러 지역에서 모여든 토박이 장인들은 독창성이란 게 무엇인지 직접적으로 보여준다. 진리 거리는 건축 기술부터 전통의식, 개인적 서비스까지 모든 흔치 않은 방식으로 특별함의 진정성을 나타낸다. 이곳은 연관성의 진정성도 연출하는데, 이 거리('진리'라는 명칭의 의미 중 하나는 "환상의 땅"이다)는 오래전부터 있었던 것이 아니라 기존의 사당과 정원을 제외한 일반 주거지를 완전히 재건축해서 2004년에 재개장한 것이다. 주민인 샤자는 이렇게 말한다. "진리 거리는 쓰촨성 서부 고대 마을의 형태를 충실하게 재현했다." 그녀는 남편과 함께 인근의 무후사 박물관에서 재정적(물론 공예품들도 포함하여) 지원을 받아 복원을 시작했다. 하지만 그저 과거의 형태를 복원하는 것이 아니라 그 형태를 보존하기 위한 것이었다. 요컨대 관광객을 유치하는 것만이 아니라 장인들에게 기술을 연마하고 시장을 찾을 수 있도록 독려한다는 점에서 직접적으로 영향력의 진정성에 호소한다. 진리 거리는 결코 관광객이 아니라 청두 거주민들을 위해 만들어졌기 때문에 거주민에게도, 관광객에게도 바가지를 씌우지 않는다.

진정성을 발견한 어떤 산출물(상품, 제품, 서비스, 체험, 변용)에서든지 당신의 인식 이면에서 이 다섯 영역 중 하나 이상을 찾을 수 있을 것이다. 물론 그 영역들은 상당히 광범위하다. 산출물에 진정성을 연출하기 위한 방법을 찾는다면, 일반적인 형태의 진정성에 호소하는 것만으로는 부족하다. 그보다는 다섯 영역 중 하나 이상을 구체적이고 계획적으로 적용해야 할 것이다.

자연성의 진정성

사람은 자연적인 것—유기농 재료, 투박한 생산품, 단순한 프로세스, 개발되지 않은 장소, 심지어 본질적인 변화까지—을 진정한 것으로 간주한다. 만약 자연적인 진정성을 지니고 있다면 상품은 가공되지 않았을 때, 제품은 적당히 단순하고 평범할 때, 서비스는 정직하고 겸손할 때, 체험은 불필요한 꾸밈없이 이루어질 때, 변용은 저절로 일어날 때가 가장 이상적이다. 임의로 선별한 다음의 단어들에 대해 생각해보라.

노릇노릇한 / 가루로 만든 / 진한 / 진흙 / 태운 / 유기농 / 무가공의 / 천연의 / 향토의 / 간단한 / 꾸밈없는 / 자연의 / 그대로의 / 싱싱한 / 노출된 / 개방적인 / 햇살을 받은 / 산재하는 / 텅 빈 / 공허한 / 평범한 / 섬 / 산 / 깨끗한 / 시골의 / 카키색 / 햇볕에 그을린 / 단단한 / 전체의 / 액체 / 바람이 잘 통하는 / 고전적인 / 초콜릿 / 커피 / 담배 / 흠집이 있는 / 거친 / 투박한 / 조잡한 / 너저분한 / 바삭바삭한 / 고요한 / 열광적인 / 멀리 떨어진 어떤 이미지가 떠오르는가? 어떤 장소가 연상되는가? 어떤 기업이 생각나는가? 어떤 상품이 생각나는가? 왜 그럴까? 어떤 대답이 나오든 간에 자연성의 진정성이 작용한다는 것을 확신할 수 있다.

스타벅스는 엘살바도르 에스테이트 파카마라의 블랙 에이프런 익스클루시브 커피를 이처럼 시적으로 표현한다.

적도의 태양과

열대우림과

광천수와

안개와

화산성 토양이

당신에게 이국적인 커피를 선사합니다

당신이 가장 좋아하거나 가장 자주 가는 스타벅스 매장(흙빛이 감도는 인테리어, 분위기 있는 음악, 기능성 가구, 커피의 향과 맛)을 생각해보라. 그 모든 것들은 자연성의 진정성을 향한 호소를 나타낸다.

소매업체들은 매장의 디자인에 점차 자연성의 진정성을 적용한다. 치폴레 멕시칸 그릴, 배스 프로샵, 카벨라스 아웃피터스, 스미스앤드호큰과 같은 대형체인부터 수많은 지역 상점들에 이르기까지 우리는 자연적 요소들을 활용해서 자연성의 진정성에 호소하는 것을 보게 된다. 미네소타 화이트베어 레이크에 위치한 미용실 스페셜 이펙트의 원장 캐롤 레투르노는 몇 해 전에 내부를 리모델링하면서 밝은 조명과 흰색 바닥과 천장

높이의 칸막이를 모두 철거한 후에 은은한 조명을 설치하고 미용재료를 외부로 드러내고 방음이 부실했던 칸막이를 낮추었다. 한때 주위에 들리지 않도록 소곤소곤 말하던 곳에서 이제 사람들은 주변의 소음으로 오히려 프라이버시가 보장되자 자연스럽게 대화를 나눈다. 선반 위에 놓인 미용재료 중 아베다 샴푸는 모든 포장에 흙, 공기, 불, 물의 자연적인 이미지가 새겨져 있다.

암스테르담의 시가 판매장인 P. G. C. 하예니위스는 판매용으로 목재 스탠드에 담아둔 고급 천연 시가의 냄새가 매장 전체에 배어 있다. 2층 발코니에는 180년의 찬란한 역사를 보여주는 박물관이 들어서 있고 아래층에선 담배 애호가들이 담배를 피우며 커피나 차를 마시거나 책을 읽고 친구들과 대화를 나눈다. 오랜 기간 매장의 매니저를 맡아온 얀 키스 데니가 오늘날 하예니위스가 성공을 거둔 비결을 밝히기로는, 현재 거의 모든 세계의 담배 판매점들이 담배, 신문, 탄산음료, 복권을 판매하고 있는 것과 달리 이곳의 경영진은 결코 그런 방식을 허용하지 않았다고 한다. 그러한 비자연적 제품들로 매장을 난잡하게 만들지 않은 하예니위스는 자연성의 진정성에(물론 특별함도 포함하여) 호소하면서 최고의 시가 판매점 체험을 제공하는 데 주력한다.

이런 접근법은 패션용품 매장 앤스로폴로지의 인테리어와 설비, 캐니언 랜치 스파의 시설과 서비스, 록시땅 앙 프로방스 바디케어 매장의 전체적인 분위기, 네브래스카 샌드힐스 골프장의 환경에서도 찾아볼 수 있다. 특히 지리적으로 외진 네브래스카의 특성은 샌드힐스 골프장의 자연성을 더욱 부각한다. 한 방문객은 홀들이 "드넓은 네브래스카의 평원에 아주 자연스럽게 펼쳐져 있어, 설계에 따라 건설한 곳이라기보다 자연이 만든 골프장을 찾아낸 것처럼 느껴진다"면서 "미국 내에서 가장 아름다운 골프장 중 하나"라고 말했다. 이런 자연성의 진정성에 대한 호소는 샌드힐스 골프장처럼 부지 자체에서 시작할 필요는 없다. 그것은 페인트칠이 되지 않은 골프티를 바꾼다든가 하는 기존 산출물의 평범한 보강부터 새로운 산출물의 개발(가령 정식으로 개발되지 않은 필드나 탁 트인 도로, 혹은 도심에서 골프를 즐기는 "크로스골프")에 이르기까지 다양하게 조성할 수 있다.

자연적인 산출물로 대규모의 비즈니스를 구축할 수 있는 기회는 수없이 많다. 유기농을 생각해보라. 오늘날 유기농 작물은 15조 원 규모의 산업으로 각광받으며 매년 20퍼센트 이상의 성장률을 나타낸다. 식료품 체인 홀푸드는 이런 흐름을 주도하며 이제 대부분의 식료품 매장들도(심지어 월마트까지) 유기농 코너를 운영하고 있다. 한편 유기농 작물 공급업자들은 더 이상 영세농민들이나 협동조합들로만 구성되지 않고 실크 소이 밀크, 낸터킷 넥타, 어니스트 티 같은 유명한 브랜드까지 포함된다. 특히 마지막에 언급한 어니스트 티는 자연성의 진정성을 활용한 비즈니스가 어떤 과정으로 성장하는지를 확실히 보여준다. 이 회사는 기원전 2730년에 차를 발견했다는 중국 신농 황제의 방식에 착안해서 오직 물과 찻잎의 순수성만을 강조한다. 각 차의 제품명(퍼스트 네이션스 페퍼민트와 자카르타 진저 디카프 등)에는 스토리가 담겨 있으며 상표로는 원시미술 형태(중국의 탁본, 유화, 스케치 등)가 인쇄된다. 이 회사는 여러 성실한 판매업자들과 계약을 체결했고 공식 "USDA 유기농" 로고를 병마개에 당당하게 부착하고 있다.

한편 진정성에 대한 공식적인 기준의 변화가 비즈니스를 재규정할 수도 있다는 점에 주목하자. 2005년 미국 농무부 규정의 완화로 38개의 인공 첨가물이 일부 유기농 원료에 포함되면서 오늘날 "유기농"의 의미(그리고 크래프트, 제너럴 밀스, 딘 푸즈 같은 기업들이 급속한 성장을 거둔 주요한 이유)가 무엇인지를 놓고 엄청난 논란이 발생했다. 이런 기준의 완화를 고려하여 비즈니스계는 자세한 내막을 사실대로 공개하고 향후 계획의 의도를 명확히 발표해야 한다.

식품 산업에서 자연성의 진정성은 유기농에만 국한되지 않는다. 토종 농산품은 "생식주의"와 마찬가지로 자연성의 진정성에 호소력을 지닌다. 이런 추세는 조리 음식의 소비가 질병과 해악을 유발한다는 믿음을 근거로, 조리되지 않은 "신선한 음식"의 섭취를 촉진한다. 내추럴 와인 운동도 비슷한 맥락이다. 뱅 나투렐vin naturel을 생산하려면 와인의 향에 영향을 미칠 수 있는 모든 간섭을 최소화하는 와인제조 방식(포도 재배 방식을 말하는 것이 아니다)을 적용해야 한다. 하지만 이런 무가공 빈티지를 전문적으로 취급하는 내추럴 와인 바들은 소위 "하류"로 불리며 전형적인 와인 바라기보다 "대학 기숙사와 더 공통점이 많다"고 묘사된다.

자연성의 진정성의 표상인 이 무가공성은 많은 산업에서 적용되고 있다. 모든 사람들은 진짜 가죽에 흠집이 많다는 것과 오래된 가죽 제품을 수선할 때는 기존의 형태를 유지해야 한다는 것을 알고 있다. 최신 유행 티셔츠는 가장 낡아 보이도록 진열대에 늘어져 있으며, 자연스럽게 그려진 이미지와 거친 메시지는 "모든 상점에서 볼 수 있는 대량 맞춤화된 '빈티지'라인의 무미건조한 획일성"에 근사한 대안을 제시한다. 또한 데님 청바지의 홈집도 대유행을 일으켜서 PRPS(회사 홈페이지에서도 "진정성은 우리의 최우선 순위다"라고 강조하면서 고유한 무가공성을 보여준다)같은 회사는 오직 불완전한 청바지만을 생산한다. 많은 청바지 구매자들이 이제 재료의 품질이 아닌 "홈집의 품질"에 관심을 가지면서, 열성적인 소비자들은 "과거 질긴 내구성을 중요하게 여기기 전의 새로운 스타일"을 선호한다. 인터내셔널 가먼트 피니시 컴퍼니는 하루에 5000벌—한 벌당 생산비용이 6만 원 정도인 일부도 있지만, 평균적으로는 8500원인—의 청바지를 가공해서 해비추얼, 야눅, 태그, 태버니티 같은 브랜드들의 낡고 헐어 보이는 청바지를 제조한다. 기본형 "데님 워싱"은 외형을 낡게 만들기 위해 속돌이 가득 채워진 1억 원짜리 이탈리아산 세탁기를 거친 후에 레이저와 그라인더로 구멍을 내고 포타슘 과망간산염 용액으로 지저분한 얼룩을 표현하고 스테이플러로 주름(업계에선 "구레나룻"이라고 지칭한다)을 만든다. 이 과정을 모두 거치면 청바지는 한 벌당 수십만 원을 받을 수 있다.

일부 기업들은 특정한 천연재료를 강조해서 자연성의 진정성에 호소한다. 매장의 조리대에서 직접 개밀을 기르고 자르고 갈아서 "순수한 액상 햇살" 한 잔을 만들어, "유익한 재료들"만으로 "진정한 영양"을 제공하겠다는 회사의 약속을 보여주는 잠바주스를 생각해보라. 기업들이 나무를 합성 산출물로 조합하는 방식을 생각해봐도 좋다. 톱스Topps는 "경기에 사용된 배트"를 나뭇조각으로 가공해서 야구 카드에 내장하고, 아디다스는 티맥 5T-Mac 5 농구화 모델의 "코와 굽에 실제 목재"를 삽입하며, 타깃은 나무로 제작한 기프트 카드를 제공한다.

반면 어떤 기업들은 어떤 것도 내세우지 않고 재료도 전혀 강조하지 않는다. 나이키의 신제품 러닝화 나이키 프리는 "초원을 맨발로 뛰는 느낌을 모사"한다. 몇몇 오토바이 제조업체들은 엔진을 비롯한 다른 부품들을 패널로 가리지 않고 고스란히 드러내는 "네이키드 바이크naked bike"를 제작한다. 혼다 919는 팸플릿에서 "누드인 상태로 질주한다"라고 소개하고 가와사키 Z1000은 "궁극의 네이키드 스포츠바이크"이자 "슈퍼네이키드 바이크"라고까지 홍보한다. 샌프란시스코의 베어 에센추얼스는 똑같은 전략을 화장품 산업에 도입한다. 이 회사의 베어 미네랄스 제품은 "아름다운 맨얼굴의 모습과 촉감"을 제공한다.

점점 더 많은 여성들이 아이다호 모스크바의 메리제인 팜에서 생산된 산출물을 애용하고 있다. 창업주 메리제인 버터스는 주장한다. "나는 농업의 새로운 국면을 창조하려고 합니다." 마사 스튜어트와 비교하면 메리제인은 확실히 주부보다 농부에, 도시보다 농촌에, 교양보다 경작에 더 가까운 인물이다. 그녀는 유기농 식재료뿐만 아니라 미국 시골산 가정용 소품, 잡지 《메리제인 팜》, 시리즈물 서적 《팜 걸》은 물론, 농장 투어 및 행사, 1박 2일 체험, 페이 더트 팜 스쿨Pay Dirt Farm School 견습 과정까지 제공한다.

플로리다의 개발업체 세인트 조 컴퍼니도 일부 주거 프로젝트에서 "신新전원주의"를 표방하며 대중에게 더 자연적인 생활방식을 제시한다. 이 회사는 플로리다 지역에 인구밀도가 지극히 낮고 항상 숲과 야생을 접할 수 있는 전원주택 커뮤니티 "리버캠프스"를 개발했다. 각 커뮤니티에는 입주민들을 위해 '새 보기'와 '별 관찰' 같은 프로그램을 편성하는 "캠프 마스터"가 상주한다. 뉴저지의 KJW 디벨로퍼는 모리스 카운티에 헛간 형태의 건물과 "낡은 방앗간" 모양의 신축건물을 특징으로 하는 복합 상업지구를 개발하고, 자영업자들에게 뉴저지 북부에 걸쳐 있는 천편일률적인 개발지(한때 농장지역이었다)의 홈오피스에서 벗어날 수 있는 대안을 선보였다.

이런 개발 방식은 주거공간의 중요한 추세를 예시한다. 저널리스트들은 이따금 고층 빌딩부터 단독주택에 이르기까지 주거공간의 디자인과 건축에 "생태적 지식"을 도입한 버지니아 대학 건축학과의 전임 학장 윌리엄 맥도너의 말을 인용한다. 빌딩들은 미국에서 사용되는 에너지의 40퍼센트를 소비하고 미국은 세계에서 가장 큰 에너지 소비국이기 때문에, "그린 건축"은 마침내 상업적 부동산 개발자들에게 영향을 미치기에 이르렀다. 《월스트리트저널》은 이 추세를 "건축계에서 가장 많이 논의된 주제"라고 지칭했다. 그러면 어떻게 그린 빌딩을 만드는가? 건설자재로는 재활용 재료를 사용하고, 옥상은 잔디나 채소를 심어 열의 흡수를 줄이고, 출입문 바닥의 철제격자로 먼지의 유입을 최소화하고, 야간의 냉기를 저장해서 주간의 열기를 식히는 공조 시스템을 쓰고, 물을 효율적으로 활용하면서, 야생(특히 새들)과 친화적인 환경을 조성하고, 실내는 자연광을 늘이면서 실외는 인공조명을 줄이고, 카펫과 페인트는 이산화탄소와 다른 유해가스를 덜 배출하는 제품을 사용한다.

환경 친화적 관광산업, 에코투어리즘은 체험을 통한 친환경을 보여주는 좋은 사례이다. 시찰을 떠난다고 한다면 중앙아메리카와 오스트레일리아뿐만 아니라 스웨덴도 고려해보라. 대규모 삼림을 소유한 삼림업체 스베스코그Sveaskog가 '그린 미팅'을 위해 특별히 개발한 여덟 개 야생지에서 "회의를 개최하는 사람들에게 삼림과 부지를 개방합니다"라고 홍보하고 있다. 유럽에서는 "무독성 보존액을 사용하면서 납이나 구리와 달리 지하수를 오염시키지 않는 생물분해성 관에 시신을 안치"하는 "자연장 green burial"을 선택하는 사람들이 점점 더 증가하고 있다.

당신이 어떤 방식으로 자연성의 진정성에 호소하든지(아래 표는 제시된 원칙의 요약이자, 이 영역의 적용에 지침이 되는 질문들이다)그 결과(실행과정이 아니다)는 소비자들에게 아주 명확하게 드러나야 한다. 경제적 산출물의 포트폴리오를 정원이라고 가정하고, 원예 전문가인 모린 길머의 조언을 따라보라. "정원은 결코 일부러 가지치기를 한 것처럼 보여선 안 된다." 드러나지 않는 가지치기를 통해 산출물에 훼손 없이 자연의 요소나 자질을 주입하라. 불결하고 손상되고 무례하고 비인간적인 산출물로는 결코 자연성의 진정성을 연출할 수 없다.

표 4-1 **자연성의 진정성의 원칙**

물질성을 강조하라	어떤 천연자원이 진정성의 연출에서 단일화된 힘으로 작용할 수 있는가?
가공하지 마라	자연적인 상태나 흠이 있는 상태로 제공해도 무방한데, 굳이 지나치게 가공하거나 완벽하게 제작한 것이 있는가?
투박함을 내세워라	덜 복잡한 산출물이 어떤 방식으로 호소력을 발휘할 수 있는가?
그대로 놔둬라	무엇을 제거하거나 드러내거나 그대로 놔둬야 하는가?
자연을 지향하라	어떻게 자연계를 유지하는 데 도움이 될 수 있는가?

독창성의 진정성

사람들은 확실한 독창성을 지닌 산출물을 진정한 것으로 인식하는 성향을 나타낸다. 복제품이나 유사품을 소중하게 여기는 사람들은 거의 없다.

우리 모두는 재료의 기능, 제품의 특징, 서비스의 혜택, 매력적인 감각, 삶의 전환을 이끄는 특성을 처음으로 선보이는 산출물을 선호한다. 독창성의 진정성을 연출하는 비즈니스는 새로운 것을 찾는 구매자의 감각을 자극한다. 소비자들은 미지의 물질이 발견되거나, 획기적인 발명품이 개발되거나, 한층 개선된 절차가 고안되거나, 흥미를 일으키는 스토리를 접하거나, 개인적인 식견이 확장될 때 매우 호의적인 반응을 나타낸다.

독창성의 기본적인 규칙은 디즈니 대학의 전임 학장이자 창의성의 권위자 마이크 밴스가 자신이 주도하는 세미나에서 제시했다. "독창성을 가져라. 아무도 가보지 않은 영역을 두려워하지 말고, 이제껏 아무도 시도하지 않았던 것을 실행하라." 여기서 우리는 여러 사례들을 제시하는데, 그것들을 모방하지 말고 독창성을 갖추기 위한 자료로 활용해야 한다. 기본적인 콘셉트를 **추출**해서 당신의 비즈니스 산출물에 **적용**하고 당신이 고안할 수 있는 새롭고 실용적인 아이디어를 찾아라. 기껏해야 유사한 것만을 산출할 뿐인 "최선의 관행"은 잊어버려라. 당신의 상황과 업무의 원칙을 조화시키는 최고의 원칙들을 생각하라.

독창성의 진정성은 치리오스, AT&T 그리고 (네덜란드의 에프텔링이 3년 앞서 개장되었음에도 불구하고) 테마파크 산업의 원조로 널리 인정받는 디즈니처럼 각 분야에서 수십 년간 두각을 나타낸 브랜드들을 아우른다. 애플 아이팟과 OXO 주방용품처럼 뛰어난 디자인을 자랑하는 제품들은 독창성의 진정성에 호소한다. 또한 보험사 프로그레시브처럼 탁월한 손해사정 시스템과 서비스센터를 갖추고 고유한 프로세스를 실행하는 서비스도 마찬가지다. 따라서 긱 스쿼드라든지, 버진 그룹의 리처드 브랜슨처럼 그 산업에서 인정되는 기준을 뒤엎는 진정한 세계 최초의 산출물을 창출해야 한다. 무지개 당근, 피코튬〔복숭아, 살구, 자두 맛이 조합된 과일〕같은 교배종 농산물, 크라이슬러 미니밴과 토요타 프리우스 같은 하이브리드 자동차, 수많은 장르를 넘나드는 퓨전 음악 같은 낯선 조합을 활용하라.

코카콜라를 생각해보자. 1969년 이후로 모든 코카콜라 브랜드의 포지셔닝은, 광고에서 반복적으로 활용하는 모티브인 진짜real thing라는 이미지에 집중되었다. 제품에 첨가되는 색소, 탄산가스, 감미료 때문에 코카콜라는 그 자체로 자연성의 진정성에 호소할 수 없다. 오히려 코카콜라는 자신들이 원조 탄산음료이기 때문에 진정성을 갖추고 있다고 주장하며, 소비자들도 대체로 그렇게 생각한다. 물론 이전에도 탄산음료들이 존재했지만 코카콜라는 전국적인 제품으로 발돋움하며 완전한 범주를 확립했고 펩시와의 힘겨운 경쟁에서 획득한 원조 진정성의 영역을 굳건히 지키고 있다. 혹시 '뉴 코크'를 기억하는가? 이 제품이 실패한 것은 기존의 코카콜라보다 맛이 없었기 때문이 아니라(맛이 더 좋고 달콤해서 오히려 펩시에 가까웠다) 완전한 가짜였기 때문이다. 그것은 원조 진짜가 아니었다.

독창성을 갖는다는 것은 단순히 새로운 것을 도입하는 차원을 초월한다. 이것은 세븐업의 사례에서 입증된다. 세븐업은 탄산의 첨가라는 전혀 새롭지 않은 요소를 지닌 채 '비非콜라'로서 시장에 진출해 기존의 것으로 관심을 일으켰지만, 이미 비콜라로서의 독창성은 무시되고 말았다.

물론 많은 사람들은 현재 캔이나 페트병으로 판매되는 코카콜라를 진짜로 간주하지 않는다. 많은 사람들에게 진정한 진짜는 오직 유려한 곡선 모양의 6.5온스(192밀리리터) 유리병 제품뿐이다. 이 디자인은 소비자들이 다른 유사품들과 혼동하지 않도록, 회사가 1916년에 제작을 위임해서 후일 특허까지 취득했다. AP통신에 따르면, 워싱턴 DC에 거주하는 린다 테일러라는 여성은 1년에 두 번씩 자신이 아끼는 원조 코카콜라 유리병에 리필을 받을 수 있는 유일한 장소인 미네소타 위노나의 코카콜라 공장까지 3200킬로미터를 이동한다고 한다. 한편 멕시코 이주민의 후손들에게 진정한 진짜는 오직 유려한 곡선 모양의 355밀리리터 유리병 제품("멕시코에서 생산됨"이라는 직인이 찍힌 채 수없이 재활용되는 병)뿐으로, 이것은 1980년에 미국의 제조업자들이 비용 절감을 위해 사용한 고농축 옥수수 시럽이 아닌 사탕수수 설탕을 감미료로 사용한 것이다. 지하 공급망은 미국에서 멕시코 코카콜라의 취향을 지닌 사람들을 만족시키는데, 그들의 독창적인 원조 공법은 더 뛰어난 "구강촉감mouth feel"을 자랑한다.

왜 사람들은 자신이 진정한 코카콜라라고 여기는 제품을 구입하기 위해 굳이 먼 거리를 이동하거나 밀매업자를 찾는 수고까지 감수해야 할까? 표면적으로는 코카콜라에서(회사의 북미 운영 책임자는 이 모든 문제를 "짜증나는 상황"이라고 표현했다) 미국의 소비자들이 이런 제품을 "진정한 것으로 여긴다"고 생각하지 않고, 이런 제품이 "자칫 코카콜라는 어디서나 똑같다는 신화를 훼손할 수 있다"고 판단하기 때문이다(사실, 코카콜라는 국가별로 다른 맛을 제공하는 월드 오브 코카콜라 체험을 통해 스스로 이 신화를 손상시키고 있다). 어쩌면 코카콜라는 제조업자들과의 기존 계약에 지나치게 얽매인 나머지, 원조 진짜보다 더 독창적인 진짜로 여기는 것을 원하는 많은 소비자들의 기대에 부응하지 못하는 것인지도 모른다. 어떤 경우든 코카콜라는 많은 소비자들에게 각인된 진정성의 상징을 간과하고 있다.

독창성의 진정성을 이루고 싶다면 처음을 강조하라. 예를 들어 디어앤드컴퍼니(1837년 이래), 스타인웨이앤드선즈(150년이 지난), 서윈윌리엄스(1866년 설립), 클리블랜드 브라운스(1946년경), 반스(66) 같은 기업들은 설립연도를 제시한다. 브룩스 브라더스는 단순히 상표에 "1818년 설립"이라는 문구를 삽입하는 차원을 넘어선다. "1896년에 영국을 여행하던 창업주의 손자 존 브룩스는 폴로 선수들이 셔츠의 칼라가 바람에 날리지 않도록 핀으로 고정해둔 것을 보았다. 오리지널 버튼다운 셔츠는 그렇게 탄생했다. 그 이후는 역사가 되었다."

100주년 기념행사를 개최한 할리 데이비슨의 경우처럼 기념일은 처음을 축하할 수 있는 특별한 기회를 제공한다. 이 회사는 2003년 8월에 포틀랜드, 라스베이거스, 뉴올리언스, 워싱턴 DC 네 지역에서 동시에 오토바이 여행을 시작해 3일 후에 모두 밀워키에서 합류하는 "라이드 홈" 행사를 개최했다.

하드락 카페는 그저 연도와 달뿐만 아니라, 런던에서 처음 하드락 카페가 개장한 정확한 날짜인 1971년 6월 14일까지 강조하면서 개장 기념일을 근사하게 축하한다. 우리는 하드락 카페의 35주년 개장일에 우연히 런던을 방문했는데, 바로 그날 그 세계 최초의 테마 레스토랑이 모든 비알코올 음료를 1971년의 가격으로 판매하는 행사를 직접 지켜보았다. 더욱이 런던의 원조 하드락 카페 매장은 아직도 최초의 날에도 그랬듯이 팔을 사용해 접시를 나르는 첫번째 웨이트리스 리타 길리건을 기념하는 매달 "리타 데이" 행사를 진행한다. 128개에 달하는 하드락 카페 매장은 저마다 "개장 기념일"(각 매장의 개념일은 홈페이지hardrockcafe.com에서 확인할 수 있다)을 대대적으로 홍보하면서 독특한 로큰롤 기념물들을 전시한다. 많은 매장을 보유한 소매 지향적 기업이 반드시 주의해야 할 사항이 있다. 소매업체가 비즈니스를 성장시키는(즉 더 많은 영업점의 개장하는) 프로세스는, 동일성을 확장한다는(즉 독창성과 반대되는 영역을 범용화한다는) 점에서 바로 브랜드를 파괴하는 프로세스라는 것이다. 따라서 매장별로 독특한 특성을 갖추는 방식은 진정성의 인식을 유지하는 데 큰 효과를 발휘한다. 어떤 사업을 하든지 사람들의 관심을 유발할 수 있는 처음의 이야기를 파악하고 그것을 독창적인 방식으로 기념할 수 있는 방식을 연구해야 한다.

과거의 독창성을 부활시키는 것은 독창성의 진정성에 호소하는 또다른 방식이지만, 마케팅 컨설팅 회사 저스트 애스크 어 우먼의 창업주 메리 로우 퀸란이 지적하듯이 "생존에 실패했던 브랜드들은 서서히 사라져간 브랜드들과 엄연히 다르다." 관심의 부족으로 서서히 사라진 과거의 브랜드를 찾아서 새로이 부활시켜라. 벤 셔먼, 비바, 블루 넌, 인디언 모터사이클, 오벌틴, PF 플라이어 테니스화를 비롯한 다른 부활한 브랜드가 그랬듯이. 부활한 브랜드를 살펴보면, 브랜드 매니저들이 지난날의 진정한 체험을 위한 일종의 큐레이터 역할을 담당하면서 소중한 추억에 호소한다. 저널리스트 루스 라 펠라는 이렇게 지적한다. "소비자들은 마음속으로 이런 제품에 대해 최신 제품과 구분되는 신뢰성과 진정성을 부여하는 듯하다." 많은 사람들은 다음과 같은 기준으로 판단한다. 만약 당신이 태어나기 전부터 있었던 것이라면 진정성을 지니고 있다고.

당신에게 부활시킬 만한 오래된 브랜드가 전혀 없다면, 그런 브랜드에 대한 권리를 획득하는 것을 고려해보라. 중국의 난징자동차그룹은 MG로 버그룹에서 MG 브랜드를 인수했다. 잡지 《오토모빌》의 데이비드 E. 데이비스 주니어는 언급했다. "얼마 전까지만 해도 일본인들이 미국에 공장을 건설할 것이라고 생각한 사람은 아무도 없었다. 하지만 그들은 공장을 건설했고 사람들을 깜짝 놀라게 만들었다." 일본인들은 품질을 정복하면서 다시금 모든 사람들을 충격에 빠뜨렸다. 이제 중국인들이—사례로 제시한 난징자동차그룹처럼—능숙하게 진정성을 연출해서 사람들을 충격에 빠뜨린다고 해도 전혀 놀랄 일이 아니다.

독창성의 진정성은 대체로 제품, 프로세스 혹은 업무에 도입한 과감하고 새로운 방향이 산출물을 통해 명확한 특징으로 드러나면서 호소력을 발휘하기 시작한다. 이따금 음악산업의 매시업 같은 융합 산출물은 독창적인 형태에 포함되기도 한다. 래퍼 제이지Jay-Z의 〈블랙 앨범〉의 보컬과 비틀스의 〈화이트 앨범〉의 멜로디를 조화시킨 〈그레이 앨범〉은 2004년 2월 24일 단 하루 만에 무려 100만 건의 다운로드를 기록했는데, 아마도 이 장르에서 가장 성공적인 사례로 손꼽힐 것이다. 이런 융합은 디지털화된 산출물에서 아주 쉽게 이루어진다. 《비즈니스위크》는 이렇게 썼다. "많은 프로그래머들이 서로 무관한 데이터와 서비스, 심지어 경쟁 웹사이트까지 조합하고 혼합하는 역할을 자발적으로 떠맡는다. 그 결과는 완전히 새로운 산출물로 이어진다." 이 산출물은 이제 매시업으로 통칭되며, 그 예로는 하우징맵스HousingMaps.com, 북버로bookburro.org, 더블트러스트 DoubleTrust.net, 프로그래머블웹ProgammableWeb.com 등이 있다.

믹스 앤드 매시(mixing and mashing, 전혀 어울리지 않는 것들의 조합) 산출물은 제품의 물리적 영역에도 존재한다. 휴대전화이면서 수많은 기능을 발휘하는 블랙베리의 스마트폰이 좋은 사례다. 플레이스Place도 독창적인 믹스 앤드 매시를 위한 최고의 부동산을 제공한다. 펜실베이니아 랭커스터에 위치한 유니언 내셔널 커뮤니티 뱅크UNCB의 은행장 마이크 프레이는 은행산업이 너무나 범용화되었기 때문에 다른 은행들과 차별화된, 독특한 방식을 시도해야 한다는 것을 깨달았다. 그는 은행 점포 안에 (오리건 포틀랜드의 벨리시모 커피 인포그룹으로부터) 특별교육을 받은 "재무 바리스타들"을 배치한 골드카페를 개설해서 최고급 커피와 모든 은행 서비스를 동시에 제공했다. 이것은 사실상 커피숍과 은행 지점의 구분을 모호하게 만들었다.

가족들이 자녀들과 함께 테디베어나 다른 플러시 인형을 만드는 맥신 클라크의 빌드어베어워크숍도 생각해보라. 클라크의 말에 따르면, 이곳은 "가족들이 한데 모여 즐거운 시간을 보내면서 인형 친구들을 만드는 특별한 상호교류의 장소다." 빌드어베어는 제조 공장과 소매상점을 조합해서 소매공장, 혹은 단순히 워크숍으로 만든다. 흥미로운 점이라면 클라크가 자신의 저서『비즈니스를 위한 최소한의 필요조건The Bear Necessities of Business』에서 "스테이크 앤드 셰이크의 팬"이며, 특히 믹스 앤드 매시 산출물인 시퍼블 선디(밀크셰이크와 아이스크림선디의 혼합)와 사이드 바이 사이드(두 가지 맛의 밀크셰이크를 혼합하지 않은 채 한 잔에 담은 것)를 좋아한다는 사실을 인정한다는 것이다.

커피를 마시거나 대출을 받기 위해 골드카페를 방문하거나, 빌드어베어워크숍에서 인형 친구를 만들거나, 스테이크 앤드 셰이크에서 선디를 먹어보면 진정한 독창적 산출물을 체험할 수 있을 것이다. 또한 (웹사이트에서 표현한 바에 의하면) "꿈의 직업을 시험할 수 있게 해주는" 보케이션베케이션에 등록하면 이제까지 접해본 적 없는 직업도 체험할 수 있다. 이 회사는 광범위한 분야에 걸쳐 업무와 오락을 혼합한 업무-휴가 체험을 제공한다. 우리는 이 개념을 "유료노동pay labor"이라고 지칭하는데, 그것은 빌드어베어워크숍에서 돈을 내고 손수 테디베어를 만드는 고객 체험과 다르지 않다.

간혹 이런 잘 확립된 활동들로 독특한 조합을 만드는 데서 벗어나, 독창성의 진정성을 이끌어내는 보편적인 방식에 역행하는 방식도 활용해보자. 스케이트보더이자 예술가인 에드 템플턴이 설립한 토이 머신 블러드서킹 스케이트보드 컴퍼니를 생각해보라. 이 회사는 한 작가가 "반항적 하위문화를 광고한다는 모순을 비난하는 안티이미지의 이미지"라고 지칭한 것을 활용하면서 "스니커즈와 탄산음료, 그리고 스케이터의 '라이프스타일'을 보여주는 다른 장신구들을 판매하는, 반항에 초점을 맞춘 진부한 마케팅 전략의 클리셰를 조롱"한다. 스케이트보드를 판매하는 대기업들의 너무 많고 너무 뻔한(베이글, 마운틴 듀, 롤러코스터, 다양한 비디오게임을 홍보하는 토니 호크와 같은) 광고들과 달리, 토니 머신 블러드서킹 스케이트보드는 아주 불손한 방식으로 스케이트보드를 광고한다.

이런 "안티" 접근법은 도발적인 비즈니스에서 효과를 발휘할 수 있다. 다양한 "안티오토바이", 그리고 그것들이 전통적인 엔지니어링과 디자인에서 급속도로 탈피하는 과정에 대해 한 제품 리뷰어가 언급한 다음 내용들을 생각해보라—"메인브레이크도 스로틀이다"(벡트릭스 일렉트릭 맥

시스쿠터), "도시형 이륜 장갑차"(혼다 빅 러커스), "바닥에 길고 낮게 깔린
다"(야마하 모르포스). 안티 산출물을 통해 완전히 새로운 산업들이 부상할
수 있다. 푸스볼foosball을 사례로 살펴보자. 2002년에 프랑스의 프랑콩빌
에서 결성된 이후로 국제테이블사커연맹은 저마다 토너먼트를 개최하고
후원사를 유치하는, 40개 이상의 국가연맹을 거느리는 규모로 성장했다.
푸스볼이 산업으로 성장한 것을 두고 푸스볼 토너먼트의 인터넷 중계와
하이라이트 비디오 및 DVD의 판매를 담당하는 회사 인사이드푸스닷컴
insidefoos.com의 소유주 짐 스티븐스는 이렇게 말한다. "나는 일종의 반발
이라고 생각한다. 이것은 안티비디오게임이다. 이것은 실제 스포츠이고
실제 경기다. 디지털 캐릭터를 조작하려 버튼을 누르는 것과는 다르다.
이것은 실제다."

표 4-2 독창성의 진정성의 원칙

처음을 강조하라	축하할 만한 창립일이나 기념일은 무엇인가?
과거를 부활시켜라	과거의 어떤 브랜드, 광고, 슬로건, 재료, 추억이 새로운 영감을 제공할 수 있는가?
오래된 것처럼 보여라	산출물의 어떤 새로운 요소가 오래된 것처럼 보일 수 있는가?
융합시켜라	무엇을 융합해서 새로운 단일 산출물을 창출할 수 있는가?
역행하라	어떤 행동을 통해 전통적인 기준에 역행할 수 있는가?

　　독창성의 진정성을 연출하는 문제를 다루면서 우리는 마이크스 하드
레모네이드의 텔레비전 광고에 나오는 이 말을 떠올린다. "만약 당신이
독창성을 갖추게 된다면 당연히 모방될 것이다." 이런 견해야말로 독창성
의 진정성을 연출하는 최고의 목표이다. 바로 경쟁자들을 모방자로 보이

고 알려지게 하는 것 말이다. 독창성을 갖춰서 진짜가 되라. 이 목표를 달성하려면—위의 표에 제시된 다섯 가지 원칙을 활용해서—독창성의 진정성에 호소하는 핵심을 이해해야 한다. 다른 사람들보다 시간에서 앞서거나 형태에서 차별화된 산출물을 제공하되, 당신이 모든 환경을 조성할 수 없기 때문에 너무 출처가 불확실하거나 너무 무모하지 않아야 한다. 산출물을 "진정한", 혹은 "진짜"라고 주장하는 것이 진정성의 연출에 도움을 주지 못하는 것처럼, 산출물에 "새롭게 개선된!"이라는 상표를 붙이는 것도 진정성의 연출에 도움이 되지 못한다.

특별함의 진정성

셀프서비스, 형편없는 서비스, 노no 서비스가 증가하는 시대에 사람들은 비즈니스계가 일대일 기반이나 특별한 방식으로 실행하는(독특한 재료를 활용하든지, 맞춤화를 적용하든지, 문제를 예상하고 대응하든지, 인상적인 행사를 기획하고 확장하든지, 어려운 상황을 극복하든지)진실한 산출물을 기대한다. 이런 기대를 충족하기 위한 핵심은 뻔한 산출물 요소들을 색다른 방식으로 다루거나 표준화된 업무를 특이한 방식으로 수행하는 것이다. 이것은 희귀한 재료의 사용, 비범한 특징의 추가, 예상하지 못한 대응, 깜짝 놀랄 만한 행사, 관습에서 탈피한 지혜의 수용을 의미할 수도 있다.

이언 슈레이거는 "전통적인 방식에서 탈피한 접근법과 엔터테인먼트 산업의 정신과 윤리에 깊이 뿌리내린 아웃사이더 성향을 활용"해서 "평범하고 재미없는 대중 호텔의 대안"이 될 수 있는, 완전히 새로운 장르의 숙박시설인 부티크 호텔을 고안했다. 그는 호텔 체인들에 의해 양산된 로비를 떠나기 위해 모이는 집결지라고 생각했고, 그런 이유에서 사람들이 어울리며 머무는 사교적인 공간으로 전환시켰다. 물론 슈레이거의 호텔은 독창성의 진정성에도 호소하지만, 점차 다른 호텔들에 의해 모방되면서는 그 특별한 장점이 가장 진정한 가치로 돋보이게 되었다.

이런 특성은 오히려 그가 호텔 비즈니스를 그만두고 주택 비즈니스를 시작하기 위해(예전에도 그는 나이트클럽 비즈니스를 그만두고 호텔 비즈니스를 시작했다) 모건스 호텔 그룹의 CEO에서 물러난 지금 시점에서 더 확실히 두드러진다. 그가 뉴욕시 북부에 건설하는 새로운 주택 프로젝트인 50 그래머시 파크의 광고 카피를 읽어보라. "이언 슈레이거에 의해 재창조되는 도시생활: 세계적인 5성급 호텔의 모든 혜택을 갖춘 아주 특별한 고급 주택, 전례 없는 고급 서비스와 그 어디에서도 경험할 수 없는 안락함." 슈레이거는 이 광고에서 주거의 진실성에 내재된 견해를 밝혔다. "나는 진정성을 원했다. 실용적인 자재, (…) 이곳은 호화롭고 화려하게 디자인되지 않았다. 나는 특별한 공간을 창조하고 싶었다. 여기서 당신은 친밀함과 진정성, 개인화(대중시장과 반대되는 요소)를 맛볼 수 있을 것이다."

친밀함과 개인화 사이에 위치한 진정성은 어떻게 특별함에 호소해야 하는지를 제시한다. 이는 단순히 다른 것이 아니다. 오직 최고 중의 최고만을 수용하는 태도를 특별하고 개별적인 활동을 통해 입증하면서 진정성을 이끌어내는 방식이 다른 것이다. 슈레이거는 말한다. "최고의 형식은 무형식이다."

숙박업계의 고위 임원들은 거의 모두 여행자들이 추구하는 특별함의 진정성을 이해하고 있다. 많은 광고들도 호텔리어들이 고객들의 요구에

"진심으로 관심을 기울이는" 방식에 초점을 맞춘다. 예를 들면 더블트리호텔의 전면광고는 "오늘밤 로비에서, 진심에서 우러난 관심"을 약속한다. 물론 광고에 기재된 실제 안락함—"친절한 직원들, 편안한 환경, 따뜻한 쿠키, 세심한 배려, 성실한 답변, (…) 혹은 상냥한 미소"—은 약속대로 호텔의 로비를 찾은 방문객들에게 모두 특별하고 확실하게 느껴져야 한다.

가장 최근에 당신이 실망했던 호텔—체크인, 체크아웃, 혹은 투숙 체험까지—을 잠시 떠올려보자. 그러고는 리츠칼튼호텔을 생각해보라. 이 호텔은 진정한 서비스를 제공하는데, 그 진정함의 비결은 바로 아주 **특별함**이다. "우리는 신사, 숙녀들을 접대하는 신사, 숙녀들이다"라는 구호를 내세운 리츠칼튼호텔은 단순히 본연의 업무를 충실히 수행하는 것을 초월해서 고객의 이름과 얼굴을 일일이 기억하고, 독특한 취향을 충족시키고, 직원들로 하여금 도움이 필요한 고객에게 최선을 다하도록(고객에게 그저 길을 가르쳐주는 것이 아니라 원하는 지점까지 직접 안내하는 식으로) 지시하는 등, 숙박 체험을 강화할 수 있는 방식을 취한다. 실제로 이 회사는 현재 다른 회사들에게 "전설적인 서비스"를 제공하는 방법을 가르치고 있다. 만약 당신이 가장 최근에 실망했던 호텔이 리츠칼튼이었다면, 그 누구도 완벽할 수 없다는—단지 특별할 뿐이라는—것을 상기해야 한다. 하지만 이 호텔에서 어떤 문제를 겪었다면, 그 사건에 대해 불만을 제기한 후에 그들이 다음번 숙박 체험을 특별하게 만들기 위해 어떤 노력을 기울이는지 지켜보라.

샌디에이고에 위치한 샤프 헬스케어는 외래병동의 내시경과를 재개장하면서 리츠칼튼을 비롯한 다른 고급 호텔을 본떠 "5성급 체험"이라는 테마를 도입했다. 간호사들은 진정제 투여가 끝나면 은쟁반에 쿠키나 크래커를 담고 유리잔에 주스를 따라 환자에게 제공하는데, 환자들은 이따금 주스가 담긴 유리잔을 들고 "건배!"를 외치기도 한다. 부회장이자 고객전략을 담당하는 소니아 로즈의 노력 덕분에, 모든 환자는 그곳에서 만난 사람들로부터 친필 감사장을 받으며 특별한 기분을 느낄 수 있다. 샤프헬스케어의 환자들은 특별하기 때문이다.

이런 교류는 인위적인 친근감으로 수행되어선 안 된다. 자칫 억지스럽고 뻔뻔스럽게 보일 수도 있기 때문이다. 아주 진솔해야 한다. 솔직하고 꾸밈없는 말(대화든 선물이든)과 정직하고 겸손한 행동(면전이든 뒷전이든)은 지나치게 형식적인 태도보다 더 효과적으로 특별함의 진정성을 연출한다. 심지어 레스토랑 에드 데베빅스와 딕스 라스트 리조트 같은 곳에서 제공되는 다소 의도적인 불쾌한 서비스가 다른 많은 평범한 레스토랑의 단조로운 서비스보다 더 진정하게 느껴지기까지 한다. 이런 이유에서 남성의류 매장 아파트먼트 넘버 9의 소유주 에이미와 사라 블레싱은 시카고의 우중충한 벅타운 지역에 자리를 잡았다. 그들은 고객들에게 어울리는 옷과 어울리지 않는 옷에 대해 주저 없이 의견을 말해주는 "솔직한 비판"을 수행한다. 두 사람은 단 한마디도 꾸미지 않고 솔직하게 이야기하는데, 한 손님은 마치 누나가 순진한 남동생에게 조언해주는 것 같다며 "뜻밖의 즐거움이었다"고 표현하기도 했다.

솔직함은 고객들에게 사과할 때에도 요구된다. 특히 의료산업에서 불의의 사고가 발생한 뒤에 책임을 제한하는 경우에 아주 큰 효과를 거둔다. 하지만 다른 의사들에게 이 절차를 올바로 수행하도록 가르치는 콜로라도의 외과의 마이클 우즈는, 그 효과는 오직 "진정성을 갖추었을 때"에만 발휘된다고 지적한다. 샤프 헬스케어의 사과를 받았던 한 사람은 특별함의 진정성에 대해 확실히 언급한다. "그들은 나를 한 인간으로서 존중했다." 사우스웨스트 항공은 임원인 프레드 테일러 주니어에게 고객들의 불만과 서비스 문제의 처리만을 전담하게 했다. 그는 어떤 문제가 발생할 때마다 고객들의 입장을 대변하면서 일일이 자신이 직접 작성한 진솔한 사과문을 발송한다.

사우스웨스트 항공은 직원들의 적절한 행동수칙을 규정하지 않는다는 점에서도 특별함의 진정성에 호소한다. 콜린 바렛 회장은 말한다. "우리는 항상 정해진 대로 움직이지 않는다. 우리는 개별 상황에 따라 개별적으로 대처해야 한다고 믿는다." 다음 방법들도 특별함의 진정성에 호소하는 사례들이다.

- 스위스산 정밀 시계, 쿠바산 시가, 벨기에산 레이스 같은 수공제작이나 장인제작
- 개인교습과 성과지도
- 렉서스의 "완벽을 향한 끊임없는 추구" 같은 통합품질관리 프로그램
- 경찰관과 소방관을 위해 특수 제작한 할리 데이비슨의 제품처럼 확연히 구분되는 조직 구성원들을 위한 특별한 산출물의 디자인
- 리젠트 세븐시즈 크루즈의 테마 프로그램인 서클즈 오브 인터레스트처럼 유사한 성향을 지닌 사람들을 공통의 관심사로 결속하기
- 앤더슨 창호, 크러시패드 와인, 라펨의 광대역 라디오처럼 소비자가 직접 디자인한 특별한 제품의 대량 맞춤화 생산

이제 우리가 내린 진정성의 정의—자기 이미지에 부합하는 정도에 근거한 구매—를 상기해보자. 사람들이 손수 디자인하고 제작해서(심지어 가상일지라도) 자신이 원하는 대로 만든다는, 자신의 요구를 충족하는 산출물을 직접 만들어낼 때 그 결과물은 어떤 것이든지 저절로 진정성을 드러내게 된다. 기능을 맞춤화하든(파티나 소매점에서 추억을 위한 스크랩북 제작하기) 체계적으로 맞춤화하든(빌드어베어에서 직접 자신만의 인형 만들기) 대용량·저가격으로 대량 맞춤화하든(레고팩토리닷컴**LEGOFactory.com**에서 정확히 자신이 원하는 모형을 만드는 데 필요한 블록만 구입하기) 그 산출물은 근본적으로 표준생산이나 대량생산으로 만들어진 제품들과 차별화된다. 모든 사람들에게 똑같은 산출물이 아니라 아주 특별한, 오직 나만을 위한 산출물이기 때문이다. 이런 맞춤화된 산출물은 진정한 것으로서 반향을 일으키는데, 단순히 그 자체로 고유한 것이기 때문만이 아니라 소비자의 자기 이미지와도 부합하기 때문이다.

소비자에게 반향을 일으키는 또다른 방식은 소매업의 관습에서 벗어나 의도적으로 단기간 동안 영업하는 "팝업" 매장이다. 이 개념의 창안자로 여기지는 소매업체 베이컨트는 2001년에 런던에 첫 번째 매장을 개장하고 단 한 달 동안만 운영했다. 그 후 많은 제조업체와 소매업체가 이 개념을 수용했고 모두 엄청난 성공을 거두었다. 팝업 매장은 입소문을 퍼뜨리면서 오직 매장의 존재를 아는 일부 고객들에게 그 희소성이 유지될 때까지만 운영한다. 이것은 그들에게 진정성을 연출하는 효과를 발휘한다. 뉴욕에 위치한 WSL 스트래티직 리테일의 파트너 캔디스 코를렛은 이 산출물이 지니는 일시적 지위의 원리를 설명한다. "이 방식은 브랜드에 대한 감각을 고조한다. 너무 많은 것들이 너무 쉽게 식상해지기 때문이다."

팝업 매장들은 제조업체의 한정판 전략을 도입해서 서비스에 적용한다. 마찬가지로 기간이 제한된 행사도 단기간의 호소력을 체험에 적용한다. 하지만 이런 산출물들이 아무리 특별할지라도 그것들이 저절로 특별함의 진정성을 연출한다는 의미는 아니다. 만약 운영자가 매년 똑같은 방식과 일정을 활용한다면 행사는 쉽사리 식상해지게 될 것이다. 스포츠 음료 레드불의 마케터들은 이런 자기만족의 함정에 빠지지 않는 방법을 알고 있다. 1991년에 설립된 이 회사는 플루크탁(독일어로 '하늘을 나는 날')이라고 불리는, 무동력 비행 기계 경연대회를 후원했다. 이 행사에서 참가자들은 직접 제작한 비행 기계를 타고 10미터 높이의 발판에서 아래쪽 물 위로 이륙한다(대부분의 참가자들은 실제로 비행하지 못하지만, 세계기록은 무려 78.5미터다). 이 대회는 아주 다채로운 행사들로 이루어지며 수만 명에 이르는 관람객들을 끌어모은다.

단지 행사만 이채로운 것이 아니라 일정도 그에 못지않게 특이하다. 우리는 지난 2004년에 클리블랜드에서 개최된 대회에 참가했지만 이듬해 다시 그곳에서 대회가 개최되지 않는다는 것을 알고 몹시 실망했다(레드불이 같은 도시에서 두 번 대회를 개최한 것은 단 한 번뿐이다). 한 무역 박람회에 참여했을 때 레드불 전시장을 방문해서 플루크탁 대회를 아주 좋아한다고 말하며 같은 곳에서 다시 개최하지 않는 이유를 물었다(클리블랜드에선 무려 3만 명이 넘는 사람들이 대회를 관람했다). 레드불 마케팅 책임자가 대답했다. "그것은 우리의 마케팅 목표가 아닙니다. 우리는 정체되는 것을 원하지 않습니다. 우리는 개최지를 이동하면 브랜드의 진정성을 유지하는 데 도움이 된다는 것을 알게 되었습니다."

이처럼 급변하는 세계에서 브랜드의 진정성을 유지하는 데 도움이 되는 또다른 방법이 있다. 바로 속도를 늦추는 것이다. 느린 속도는 소비자에게 산출물을 깊이 인식하고 음미할 수 있는 여유를 허용한다. 예를 들어 슬로푸드 운동은 1980년대 중반에 시작되어 1989년에 이탈리아 브라의 본부에서 정식으로 출범했다. 현재 이 협회는 스위스, 독일, 프랑스, 미국, 일본에서 지부를 운영하고 있고 100개국 이상에서 8만 명이 넘는 회원들이 활동하고 있다. 슬로푸드 협회의 웹사이트에 따르면, 이 단체는 "오늘날 패스트푸드와 빠른 생활방식의 획일화로부터 식탁의 즐거움"을 지키기 위해 노력한다. 물론 자연성의 진정성과 영향력의 진정성을 통해서도 진실에 호소하지만(공급의 관점), 대부분의 소비자에게 진실한 가치는 고된 일상생활에 특별한 휴식을 제공하는 느린 속도(수요의 관점)에서 비롯된다.

섭식은 기본적인 욕구이기 때문에 느린 생활방식을 홍보하기 위한 논리적 시발점이 된다. 이런 이유에서 슬로푸드 활동가들은 미식 문화와 농업의 다양화를 홍보하고, 미각 교육 강좌를 후원하고, "사라질 위기에 처한" 여러 식료품을 보전하기 위해 노력한다. 이런 노력은 다양한 음식과 와인 시식회, 워크숍, 여러 색다른 연회들을 기획하는 지역의 "사교 리더들"에게 크게 의존하면서 다각화되고 있다. 활동가들의 다음 목표는 슬로시티의 확립이다. 여기에 가입하려는 도시들은 인구 5만 명 이상에 특정한 환경정책의 수립, 전통적 관습의 유지, 느린 생활방식을 독려하는 기술의 수용, 토속음식과 특정한 식료품의 홍보, 전반적인 슬로 정신의 수용과 확립 등에 동의해야 한다. 인터넷을 검색해보면 농장, 소매점, 레스토랑, 숙박시설, 심지어 인구 5만 명 이상의 도시까지도 서로 네트워크를 형성하고 있다는 것을 알 수 있다.

속도를 늦추는 것은 미국인 대부분에게 낯선 개념일지도 모르지만, 이런 이질성이 바로 특별함의 진정성을 연출한다. 우리에게 익숙하지 않은 것들은 진정한 것으로 여겨지는 "이질"감을 이끌어내는데(특히 장소가 그러하며 이국적일수록 더 효과적이다) 칠레산 소고기, 벨기에산 맥주, 싱가포르 항공, 저브 체험, 혹은 불교 사찰 등이 이에 해당된다. 일본 의류업체 유니클로는 고유한 이질감을 활용해서 갭Gap에 싫증을 느낀 미국인들을 유혹한다. CEO 도마에 노부오는 말한다. "지금은 우리의 일본식 특성을 장점으로 활용하기에 더없이 완벽한 시기다." 마찬가지로 록시땅은 정면대결을 통해 배스앤드바디워크스 같은 기존의 업체들과 차별화를 시도한다. 이질성은 진정성을 연출할 때 친숙한 방식을 활용한다. 뉴포트 비치에 본사를 둔 세계 최대의 핫도그 체인 위너슈니첼은 350개 매장의 간판 위에 새겨진 상호를 통해 이질감을 전달한다.

이제 유럽인의 관점에서 이질성을 살펴보자. 벨기에에 본사를 둔 유럽 최대의 패스트푸드 체인 퀵Quick은 맥도날드 및 미국식 특성과 경쟁한다. 1971년에 설립된 이 회사는 벨기에, 프랑스, 룩셈부르크, 네덜란드의 매장에서 유럽어로 된 상호를 선택하지 않았다. 홍보 문구는 아마도 프랑스어 "Nous, c'est le gout"(우리가 바로 맛이다)나 네덜란드어 "Je gaat voor zijn smaak"(그 맛을 위해 간다)를 사용했을 것이고 메뉴판, 포장지, 다른 인쇄물도 마찬가지였을 것이다. 하지만 출입문 위의 간판만은 예외였다. 이국

126

적인 패스트푸드를 즐기고 싶다면, 선택은 '퀵'이어야만 한다.

특별함의 진정성을 연출하려면, 강압적이거나 부적절하지 않게 소비자들의 고유한 취향과 색다른 기호에 맞추어 산출물을 구성해야 한다. 만약 당신이 지나친 관심을 기울인다면(직원이 과도하게 친절한 태도를 보이거나 주문 방식이 너무 다양하고 복잡할 때처럼) 산출물은 성가신 것이 된다. 아래 표를 활용해 산출물에 이 영역의 진정성을 적용할 방법을 찾아보라. 다만 전혀 특별하지 않은 실행 방식은 특별한 의도를 망칠 수 있다는 점을 명심해야 한다.

표 4-3 특별함의 진정성의 원칙

직접적이고 진솔하게 하라	소비자들과 어디서 어떻게 더 직접적이고 진솔하게 교류할 수 있는가?
고유성에 집중하라	개별 소비자의 고유성에 어떻게 대응할 수 있는가?
속도를 늦춰라	비즈니스의 어떤 측면을 훨씬 더 느린 방식으로 이용할 수 있는가?
일시적으로 취급하라	일시적으로 어떤 '팝업' 산출물을 활용할 수 있는가?
이질성을 가져라	어떤 이질성을 경험 없는 소비자들에게 강조할 수 있는가?

연관성의 진정성

사람들은 과거의 장소, 사물, 인물을 기념하는 산출물을 진정한 것으로 생각한다. 더 이상 미지의 영역이 남지 않은, 인간의 역사가 남긴 인공물로 가득한 세계에서 누구든지 그저 자연성, 독창성, 특별함, 영향력, 그리고 연관성을 언급하는 것만으로 진정성의 인식을 이끌어낼 수 있다.

우리는 케이블 방송에서 일주일간 방송된 라스베이거스에 관한 시리즈물을 보면서 이 영역의 진정성을 처음으로 인식했다. 한 카메라맨이 거리에서 스트립(라스베이거스의 중심지)에 대한 인터뷰를 진행하는 프로그램이었다. "왜 라스베이거스를 좋아하나요?"라는 질문에 다수의 관광객들은 아주 "진실한" 곳이기 때문에 좋아한다고 대답했다. 그러면 "진정성"과 "라스베이거스"는 상극이 아니란 것인가? 많은 사람들이 선뜻 대답하지 못하지만, 라스베이거스는 가장 인공적인 장소라는 점에서 어느 정도 진정성을 인식한다. 모든 것이 허용되는 이 도시에서 과연 무엇이 소비자들에게 호소력을 발휘하는 걸까?

- 벨라지오(장소: 코모호수를 끼고 있는 이탈리아의 도시 벨라지오)
- 룩소르(장소: 고대 이집트의 도시, 사물: 피라미드)
- 뉴욕뉴욕(장소와 시간: 1930년대의 뉴욕시티)
- 미라지(사물: 화산)
- 윈(인물: 스티브 윈)

이 장소들은 모두 관광객 대다수가 좀처럼 접하기 힘든 소재들을 테마로 착안한 것이다. 관광객들은 차선의 장소들을 방문하며 흥미로운 사실을 알게 된다. 이곳들이 다른 곳에서 결코 체험할 수 없는 것을 진정한 방식으로 재창조한다는 것이다. 심지어 라스베이거스의 (자기 참조적인) 중심가에서 이루어지는 프리몬트 스트리트 체험조차 연관성의 진정성(아이디어와 장소: 라스베이거스 네온사인의 역사)에 호소한다. 애나 클링먼은 저서 『브랜드스케이프Brandscapes』에서 이 도시 전체를 두고 말한다. "환상이 진정성을 얻었다."

오늘날에는 어떤 장소를 테마로 삼더라도 연관성의 진정성을 얻을 수 있다. 『아메리카의 테마화The Theming of America』에서 마크 고트다이너는 거의 모든 장소에 테마가 스며들고 있다고 설명한다. "자연 그 자체도 이런 테마로의 변환에서 예외가 되지 않는다. 정부의 규정과 건축 재설계는 뉴욕과 캐나다의 국경지대에 위치한 나이아가라 폭포와 애리조나의 그랜드캐니언 같은 자연의 불가사의에 적용되어 대자연의 테마를 이상화된 감각으로 격상시킨다." 테마를 확실히 정립하기 위해서는 경외심을 가지고 연관성을 제시해야 할 뿐만 아니라, 테마와 산출물의 모든 면을 강력하고 일관되고 조화롭게 부합시켜야 한다. 여행작가 케이티 키타무라는 일본의 하우스텐보스, 파르케 에스파냐, 이탈리아 빌리지처럼 "인공적으로 조성된 외국 환경"은 "외국 문화의 이상화된 진수"를 제공하며 "세밀함과 진정성을 담은 눈으로 탄생"되어 "놀라운 정교함이 뒷받침된 충실한 재현"을 이루어냈다고 말한다. 이탈리아 빌리지의 아키라 후지와라는 이런 정교함의 요건을 명확히 밝힌다. "만약 이곳이 실제와 다르다면 관람객은 찾아오지 않을 것이다. (…) 이탈리아에 다녀온 적이 있는 사람이라면, 여기서 마치 현지에 온 듯한 기분을 느낄 수 있을 것이다."

많은 일본인들은 미국식 결혼식과 주례를 선호한다. 일부는 도쿄 디즈니랜드에서 치르는 결혼식에 만족하지 못하고 미국의 디즈니월드까지 찾아간다. 한 신부는 이렇게 말한다. "여기가 더 사실적이잖아요."

마케터들은 텔레비전 프로그램의 배경으로 산출물을 협찬하는 제품 배치—또는 "간접광고"—를 활용한다. 칼리지 스포츠 텔레비전의 CEO

브라이언 비달은 이렇게 말한다. "어떤 의미에서 특정한 후원사들은 진정성을 제시한다." 이것은 영화에서도 마찬가지인데, 실제—모조품이나 위장된 브랜드명을 제시하는 제품과 다른—제품들은 언론학 교수 데이비드 너서리우스가 「리얼리티가 더 사실성 있다」라는 논문에서 언급한 것처럼, "일관된 진정성"을 유지하면서 사실성을 강화한다.

연관성의 진정성을 통해 소비자에게 호소해야 할 필요성을 완전히 인식하고 실제로 잘 실행하고 있는 산업이 하나 있으니, 바로 비디오 및 컴퓨터게임 산업이다. 제작자들은 빠른 속도로 현실성에 근접하는 기술력을 바탕으로 실제 배경, 브랜드, 활동, 이벤트 등을 묘사해서 게임을 더 사실적으로 제작하기 위해 노력한다. 《월스트리트저널》에 따르면, 액티비전의 〈콜 오브 듀티 2〉와 유비소프트의 〈브라더스 인 암즈: 언드 인 블러드〉 같은 제2차 세계대전을 테마로 삼은 여러 게임은 역사적 진정성을 갖추기 위해 엄청난 설치 용량을 요구할 것이라며, 유비소프트는 "게임의 디데이(노르망디 상륙작전 개시일) 장면에서 사실적인 영상을 엮어내는 두 시간 분량의 히스토리 채널 다큐멘터리를 제작했다"고 한다. 액티비전의 임원 월 캐소이는 이렇게 말한다. "액션 및 스포츠 게임의 고유 브랜드들은 진정성을 제공한다. (…) 우리는 실제 세계를 더 많이 묘사할수록 더 멋진 게임으로 인식된다는 것을 알게 되었다." 예비역 장교들은 이제 게임 개발과정에서 자문위원으로 활동한다. 영국군 공수특전단 소속으로 걸프전의 사막의 폭풍 작전에 참전했던 한 자문위원은 이렇게 설명한다. "나는 실전에서 어떻게 행동하는지 알고 있다. 나는 게임에서 실전 같은 상황을 연출하는 데 도움이 되고 싶다."

시뮬레이션 대부분은 사람들에게 실제 체험과 유사한 기분을 느끼거나 기억해내도록 유도한다. 통계학에 근거한 보드게임으로 거의 50년 동안 인기를 누렸던 스트래트오매틱 베이스볼은 비록 기술력이 떨어지는 게임이지만 "사실성으로 엄청난 성공"을 거두었다. "이 게임의 마니아들은 이구동성으로 사실성의 시뮬레이션에 대해 찬사"를 늘어놓는다. 캘리포니아주 어바인에 위치한 플라이트라인 플라이트 시뮬레이션 센터는 조이스틱을 이용한 다른 콘솔게임보다 더 사실적인 비행 시뮬레이션을 제공하며, 통신, 조종, 그래픽을 제어하는 컴퓨터가 각각 분리된 동체 모형의 조종실이 특징이다. 플라이트라인의 한 고객은 이 게임을 즐기는 다른 친구들에 대해 "그들은 모두 실제 동료애를 기대한다. 조종석에서 나오면 서로 악수를 나누고 얼굴을 마주보며 자랑한다"고 말한다. 플라이트라인의 소유주 마이크 폴에 의하면, "심지어 지극히 일상적인 부분들, 날마다 내리는 결정에서도 그들은 전투기 조종사와 흡사한 모습을 보인다." 만약 사실적으로 보이거나 느껴지지 않는다면, 진정한 것으로 인식되지 않는다.

과거의 인물과 시간, 사건에 찬사를 바치는 것은 현재의 인물, 사건, 사건과 더불어 그것들을 제공하는 비즈니스를 더 진정한 것으로 인식되게 한다. 1997년에 메이저리그 사무국은 은퇴한 재키 로빈슨의 42번 유니폼을 모든 구단의 영구결번으로 지정했다. 뉴욕 양키스는 팀에 가장 많이 공헌한(그리고 가장 많이 사랑받은) 선수들의 등번호를 영구결번으로 지정했을 뿐만 아니라 구장의 왼쪽 펜스 뒤편에 그들을 기념하는 동판까지 제작했다. 이 방식은 다른 산업들에서도 효과를 발휘한다. 1957년형 레스

폴 골드탑을 사용하는 디키 베츠와 1959년형 레스 폴 스탠더드를 사용하는 게리 로싱턴을 등장시킨 깁슨 기타의 광고는 그들에게 찬사를 보내면서 현재의 기타 모델에도 진정성을 연출한다. 텔레플로라Teleflora는 '모네의 정원 부케'라는 15인치 크기의 꽃다발을 제공하는데, 이 회사는 광고에서 "클로드 모네의 전설적인 작품인 「수련」에서 영감을 받아 우아한 유리병에 담은 가장 향기로운 봄꽃들"이라고 선전한다.

라스베이거스처럼 특정한 장소를 환기시키는 방법도 상당히 효과적이다. 1984년에 출간된 50쪽 분량의 여행 안내책자 『아메리카! 하느님은 거룩한 축복을 내리시고!』는 이제까지 우리가 보았던 것들 중에서 가장 설득력 있는 문구로 관광지들을 소개한다. 이 책자는 미국의 50개 주 전체를 환기하는 사진들과 간간이 캐서린 리 베이츠가 쓴 유명한 찬가의 구절을 삽입한 것이 특색이지만, 사실 모든 사진들은 애리조나에서 찍은 것이다. 《애리조나 하이웨이즈》의 편집자들은 5000장의 사진 중에서 미국의 풍경을 가장 잘 묘사한—아름다운 미국을 경외하면서 애리조나의 아름다움을 더 사실적으로 연출하는—1퍼센트만을 세심하게 선별했다.

연관성의 진정성에서 경외심을 이해하려면, 우리가 버지니아 대학 다든 경영대학원의 학생신문에 실린 한 기사에서 착안한 게임을 살펴보아야 한다. 「로큰롤의 죽음?」의 공동저자인 에드 프리먼 교수와 그의 아들 벤은 오늘날의 음악 현실에 한탄하며 과감히 독자들에게 지난 20년간 녹음된 모든 앨범 중에서 다음 열 장의 명반과 "동일한 수준에 속하는" 앨범이 있으면 말해보라고 촉구했다. 레드 제플린의 〈레드 제플린 II〉, 올먼 브라더스의 〈라이브 엣 필모어 이스트〉, 킹 커티스의 〈라이브 엣 필모어

웨스트〉, 지미 헨드릭스의 모든 앨범, 비틀스의 〈화이트 앨범〉, 캐롤 킹의
〈태피스트리〉, 도어즈의 〈더 도어즈〉, 클래시의 〈런던 콜링〉, 밥 말리의
〈레전드〉, 치크 앤 청의 〈빅 뱀부〉.

우리는 근래에 녹음된 명반들을 생각해보았다. 먼저 새로운 아티스트
를 프리먼의 목록에 속한 과거의 아티스트와 연계한 후에 더 최근의 아
티스트를 그 두 아티스트의 결합으로 규정했다. 그 결과는 다음과 같다.

- 레드 제플린+이지 팝=레드 핫 칠리 페퍼스
- 올먼 브라더스+폴 사이먼=데이브 매튜스 밴드
- 킹 커티스+조니 미첼=메리 리 콜벳
- 지미 헨드릭스+톰 존스=프린스
- 비틀스+비치 보이스=베어네이키드 레이디스
- 캐롤 킹+리치 헤이븐스=트레이시 채프먼
- 도어즈+폴 매카트니=너바나
- 클래시+부치 콜린스=키드 록
- 밥 말리+피터 프렘튼=레니 크래비츠
- 치크&청+레니 브루스=애덤 샌들러

이미 진정한 것으로 인식되는 다른 산출물과의 연계를 통해 진정성을
연출할 수 있는 방법을 찾는 당신만의 공식을 개발하라. 만약 당신이 어
린 시절에 활동하던 로큰롤 아티스트들을 기억한다면, 이 게임은 향수를
자극할지도 모른다. 향수를 창출한다면 경제적 산출물의 진화과정 전체

에서 연관성의 진정성에 호소할 수 있다. 토종 농산품, 다이얼 전화기, 풀 서비스 주유소, 르네상스 페스티벌, 볼룸댄스는 모두 소비자가 근래의 산출물에 비해 더 진정하다고 인식하는 과거를 환기한다.

연관성의 진정성에 호소하려면, 모방하거나 폄하하지 않으면서 이미 진정한 것으로 인식되는 산출물에 경외심을 가지고 연계해야 한다. 테마를 확립하는 것은 (라스베이거스의 그랜드캐니언 체험처럼) 너무 유치하고 허황되거나 (대부분의 테마 레스토랑처럼) 너무 과장되고 흔해지기 십상이다.

표 4-4 연관성의 진정성의 원칙

개인에 경의를 표하라	어떤 인물에게 연관성을 두고 경의를 표할 수 있는가?
시간을 환기하라	어떤 시기나 순간을 매혹적인 테마로 삼을 수 있는가?
장소를 포착하라	어떤 장소가 산출물에 영감을 줄 수 있는가?
중요성을 부각하라	어떤 장소, 물질, 인물, 사건, 아이디어가 경외심을 가질 만한가?
실제적으로 연출하라	어떤 체험을 더 실제적으로 연출할 수 있는가?

영향력의 진정성

진정성의 마지막 영역은 의식하든 의식하지 못하든 사람들이 많은 구매 결정을 내리면서 던지는 다음 질문에서 비롯된다. 이것이 어떻게 나 자신이나 다른 사람들을 더 나은 방향으로 변화시키거나, 변화하도록 영향을 미칠 것인가? 자아를 긍정적으로 변화시키거나 더 높은 목표로 촉진하는 산출물은 대체로 그렇지 않은 산출물보다 더 진정한 것으로 인식될 것이다. 산출물의 구매와 사용은 항상 즉각적인 활용을 초월하는 범주를 포함하기 때문에, 단순히 객관적인 가치를 제공하는 것만으로는 많은 소비자들을 충족시키지 못한다. 영향력의 진정성에 호소하려면, 산출물은 세상이 더 나은 방향으로 변화하도록 영향을 미치면서 자체적으로 주장하는 사항을 실제로 이행해야 한다.

예를 들어 에덴 얼터너티브는 요양원이 자발적으로 노인 중심 커뮤니티로 변화하도록 돕는다. 이 프로그램은 요양시설에 너무나 만연한 외로움과 무력감, 권태감을 제거하는 데 주력한다. 처음에는 요양원의 직원부터 시작해서 주변의 환경을 변화시키고 마지막에는 요양객들을 돕기 위해 노력하는데, 특히 그들이 식물과 동물, 아이들과 교류하도록 적극적으로 유도한다. 윌리엄 H. 토머스 박사와 그의 아내 주디는 열 가지 원칙을 기반으로 이 비즈니스를 시작했다. 모든 사업, 특히 "시설"이라는 용어로 지칭되는 사업은 아래 나오는 에덴 얼터너티브의 원칙을 배워야 할 것이다.

- 외로움, 무력감, 권태감, 이 세 가지 폐해는 노인들이 겪는 고통의 대부분을 차지한다.
- 노인 커뮤니티는 규칙적인 생활이 이루어지는 인간적인 거주 환경을 창출하고 꾸준히 식물과 동물, 아이들과 접촉하기 위해 노력해야 한다.
- 애정이 동반된 관계는 외로움을 치유할 수 있는 해결책이다. 노인들은 마땅히 사람들과 동물들이 모두 포함된 이런 따뜻한 동반관계를 누릴 수 있어야 한다.
- 노인 커뮤니티는 애정과 관심을 주고받을 수 있는 기회를 창출한다. 이는 무력감을 치유할 수 있다.
- 노인 커뮤니티는 예상하지 못한 교류와 사건이 일어날 수 있는 환경을 창출해서 다양성과 자발성이 충만한 일상생활을 독려한다. 이는 권태감을 치유할 수 있다.

- 무의미한 활동은 정신을 잠식한다. 의미 있는 일을 할 수 있는 기회는 정신건강에 필수적이다.
- 의학 치료는 진정한 인간애의 실천을 위한 수단이어야 하지 결코 목적이 되어서는 안 된다.
- 가급적 상하 관계의 권위를 배제하고 모든 결정권을 노인이나 그들과 가장 가까운 사람들에게 위임해서 노인들을 존중한다.
- 노인 커뮤니티를 창출하는 것은 끝없는 프로세스다. 사람의 성장은 삶과 결코 분리되어서는 안 된다.
- 현명한 리더십은 외로움, 무력감, 권태감이라는 세 가지 폐해를 예방하기 위한 가장 근본적인 요소다. 그 무엇도 그것을 대체할 수는 없다.

소비자들의 개인적 열망이나 자아의 개선에 초점을 맞추는 산출물에서도 배울 점이 있다. 여기에는 건강식과 다른 "기능성 식품" 같은 상품, 환경 친화적 심플슈즈 같은 제품, "체중 감시단" 프로그램 같은 서비스, 산악 등반과 급류 타기 체험, 흡연자의 금연을 도와주는 글락소 스미스클라인의 커미티드 퀴터스 프로그램 같은 변용적 산출물 등이 해당된다.

이런 열망은 문화적 계몽을 위한 예술 체험 같은 단순한 것일 수도 있다. 수전 손택은 "모든 예술에 대한 논평의 목적은 우리에게 예술 작품을 —유추와 경험을 통해—더 현실적으로 다가오도록 하는 것"이어야 한다고 말한다. 모든 제품 디자인에서도 마찬가지다. 예술로서 제품 디자인은 영향력의 진정성을 제시하고 산출물—술병과 향수병, 일본의 화장품 제조업체 키오라에서 제조하는 모든 제품, 맥카페에서 제공하는 카푸치

노(커피의 거품에 맥도날드의 상징인 아치형 곡선이 그려진다)까지—을 치장한다.

건축물처럼 그 자체로 예술 작품인 산출물은 더 현실적인 듯하다. 마이클 베네딕트는 이렇게 말한다. "미디어가 범람하는 이 시대에 건축은 현실성의 미적 체험을 직접 제공하는 데 가장 많은 관심을 기울여야 한다." 프랭크 게리가 설계한 스페인 빌바오의 구겐하임 박물관이나 로스앤젤레스의 월트 디즈니 콘서트홀, 예른 웃손이 설계한 시드니의 오페라하우스, 심지어 존 저드가 설계한 라스베이거스의 벨라지오를 생각해보라. 저드는 자신의 의도를 이렇게 밝힌다. "우리의 목표는 인간의 정신을 고취하고 환기시키는 체험적 장소를 건설하는 것이다." 특히 벨라지오는 라스베이거스에서도 가장 돋보이는데, 그것은 조각가 데일 치홀리의 〈피오리 디 코모〉부터 컨서버토리앤드보태니컬 가든, 라스베이거스 최초의 미술 갤러리, 벨라지오 분수쇼, 카지노의 디자인, 상점들이 운집한 거리, 수많은 복도와 방들, 그리고 시르크 뒤 솔레이유, 즉 〈태양의 서커스〉 공연까지 온갖 예술과 예술 체험으로 가득하기 때문이다.

〈태양의 서커스〉는 인간의 육체가 물리적·미적·서정적으로 연출할 수 있는 무한한 가능성을 보여준다는 측면에서 그 자체로 영향력의 진정성에 호소한다. 이것은 완전히 새로운 예술의 형식으로 연출자 기 랄리베르테와 그의 공연단은 이제껏 볼 수 없었던 독특한 방식으로 거리 공연과 서커스와 라이브 극장을 조합한다. 따라서 〈태양의 서커스〉는 독창성의 진정성도 내포하고 있으며, 〈시르크 엘루아즈〉와 〈르 그랑드 시르크〉 같은 아류작이 그런 사실을 입증한다.

개인적 열망과 더불어 우리의 집단적 열망과 연계하는 것도 영향력의 진정성에 호소한다. 여기에는 "환경 친화적" 또는 "기업의 사회적 책임"이라는 용어와 결합되거나 관련된 모든 것들이 해당된다. 지역적 차원에서 미니애폴리스의 갤락틱 피자는 자사 피자를 "양심을 담은 피자"라고 지칭하며, 웹사이트에는 "영속적이고 조화로운 지구의 비전"을 게재했다. 이 회사는 오직 끊임없이 재생되는 풍력만을 매장의 전력원으로 사용하고 배달도 (날씨가 허락한다면) 100퍼센트 전기 차량만 사용한다. 이런 태도를 다른 비즈니스에도 홍보하기 위해 두더라이싱닷컴dotherightthing.com은 "기업들이 세계에 영향을 미치는 방식에 대한 정보를 배우고 공유하는 공간"을 제공하는데, 그곳에선 누구라도 "정보를 공유하고", "기업들의 활동에 대해 배우고", 심지어 "기업들의 사회 공헌까지 검색할 수 있다."

많은 사람들은 관광을 통해 인간성의 열망을 충족하려고 한다. 1989년에 설립된 글로벌 익스체인지의 리얼리티 투어는 다음과 같이 말한다. "우리는 여행이 국제 관계에 교육적이고 즐거우면서 긍정적인 영향을 미칠 수 있다는 취지에서 설립되었다. (…) 우리의 관광 상품은 매스미디어를 통해 전달되는 사실을 초월한 문제들을 이해하고, 미국의 외교정책을 바라보고 영향을 미치면서 새로운 관점을 얻을 수 있는 기회를 제공한다. 여행자들은 여러 단체 및 활동가와 연계되는데 (…) 그들은 긍정적인 변화를 위해 노력하는 이들이다." 그동안 2만 명 이상의 "시민 외교관들"이 5개 대륙으로 "파견" 여행을 떠났다. 리얼리티 투어의 책임자 마일라 에버렛은 이런 여행이 대부분의 환경친화적 관광과 모험을 위한 여행의 범주를 넘어서는 이유를 설명한다. "에콰도르의 아마존 관광은 정글 하이킹, 강 유람, 원주민들과의 교류 같은 평범한 일정을 포함하지만, 아마존 분지의 기름 유출로 인한 영향과 그 영향으로 인한 생활의 참상을 직접 목격하는 오염 관광 역시 포함한다." 가장 이상적인 경우는 집으로 돌아온 여행객들이 직접 눈으로 본 현실을 지속적으로 홍보하는 것이다.

남아프리카공화국의 서던크로스〔남십자자리〕익스피리언스는 사파리, 문화, 유적 관광에서 개인적·집단적 열망을 절묘하게 조화시킨다. 이 회사의 사명은 다음과 같다. "아프리카에 맞춤화된 여행 체험의 활용을 통해 우리는 문화, 야생, 환경, 자연보호에 대한 심층적 이해를 홍보하는 데 앞장선다."

이런 개인적·집단적 열망의 조화는 방목한 닭free-range chicken, 돌고래에게 피해가 가지 않도록 잡은 참치dolphin-safe tuna, 음지에서 재배한 커피shade-grown coffee, 무농약 과일pesticide-free fruit, 통밀빵whole-grain bread, 저탄수화물 다이어트low-carb diet, 무결점 다이아몬드conflict-free diamond 같은 소위 "세 단어 산출물"에서도 이루어진다. 이 같은 조건을 제시한 산출물을 접할 때면 소비자들은 제조자의 의도, 즉 자신의 산출물이 영향력의 진정성을 갖춘 것으로 인식되기를 바란다는 것을 확신할 수 있다. 미래학자 롤프 옌센은 그의 조국 덴마크에서는 "방목한 닭들이 낳은 달걀이 시장의 50퍼센트를 점유했다"면서 그 이유를 "소비자들이 암탉이 작고 협소한 닭장에 갇혀 지내기보다 땅과 하늘을 접하면서 살기를 원하기 때문"이라고, "소비자들은 달걀에 숨은 사연을 위해 기꺼이 15~20퍼센트의 비용을 추가로 지불한다"고 지적한다. 그런 사연은 사람들을 감동시키면서—제품에 내재된 취지에 동조하도록 이끌면서—지갑을 열도록 유도한다. 자기 이미지에 부합하는 구매가 되는 것이다. 공정거래 인증을 받은 차茶 제조업체 클리퍼 티의 공동 설립자 마이클 브레메는 이렇게 설명한다. "우리가 소비하는 것은 그 누구도 아닌 우리 자신을 대변한다." 우리가 먹고 마시는 것이 바로 우리 자신이다.

많은 기업들이 공익을 제시하며 영향력의 진정성에 호소해서 어느 정도 성공을 거두기도 하지만, 실제적인 차별화를 이루는 것이 더 큰 호소력을 발휘한다. 『기업 이미지를 팔아라Cause Marketing』에서 컨설턴트 조 마코니는 말한다. "많은 집단에서 사회적 책임이라는 용어는 공상적 자선가—사회에 공헌하면서 이따금 공헌자로 인정받는 것이 유일한 목표인 사람—와 동의어가 되었다. 사실 진정한 사회적 책임은 양적·질적으로 모두 평가될 수 있는 혜택을 창출하는 것에서 드러난다." 예를 들어 에소스 워터는 모든 물병의 라벨에 회사의 취지를 명확히 밝히고 있다. "아이들을 돕는 것이 물을 깨끗이 하는 것입니다." 뉴먼스 오운, 더바디샵, 벤앤드제리스 같은 "사회적 책임"을 내세우는 다른 브랜드와 달리 에소스는 에티오피아나 방글라데시에서 실시하는 워터 프로그램처럼 자선의 노력을 구체적 계획과 특정한 장소에 연계한다. 2500원짜리 물병에 담긴 모든 생수 가격의 5퍼센트는 저개발 지역에서 워터 프로젝트를 진행하는 데 사용된다.

스타벅스는 2005년에 에소스 워터를 매입하면서 곧바로 "내가 본 바로는The Way I See It"이라는 문구와 함께 도발적인 인용구들을 컵에 인쇄해 넣기 시작했다. 대변인 오드리 린코프에 의하면 사람들은 그 인용구들을 보며 대화를 나눈다. "인터넷이 등장하기 전의 카페를 생각하면, 카페는 대화를 나누는 장소였다. 그것은 커피 문화가 한 세기 이상 이어져온 이유 중 하나다."

『목적이 이끄는 삶The Purpose driven Life』의 저자 릭 워렌은 이렇게 말한다. "당신은 하느님에 의해, 하느님을 위해 창조되었지만 당신이 그것을 이해할 때까지 삶은 결코 이치에 닿지 않을 것이다." 종교에 대한 이런 몰입은 비록 실제로 추구하지 않더라도 우리에게 삶의 궁극적 의미를 생각하도록 유도하면서 영향력의 진정성에 호소할 수 있는 또다른 수단을 제공한다. 댈러스에 위치한 포터스 하우스의 사제인 T.D. 제이크스 주교는 대규모 기독교 행사를 진행하는데, 그중 2004년과 2005년에 애틀랜타에서 열린 메가페스트MegaFest에는 10만 명 이상이 참여했다. 더 많은 사람들이 참여한 다른 기독교 모임도 있었지만 메가페스트에는 코카콜라, 뱅크오브아메리카, 아메리칸 항공, 글락소 스미스클라인을 비롯한 여러 후원 기업들도 참여했다. 마찬가지로 토요타 사이언은 사흘간 열리는 익투스 기독교 뮤직 페스티벌을 후원했고 존스 소다도 일리노이 부시넬에서 열리는 얼터너티브 기독교 록뮤직 페스티벌인 코너스톤 페스티벌을 후원했다. 존스 소다의 설립자 피터 반 스토크는 이렇게 설명한다. "이것은 종교에 관한 것이 아니다. 우리는 이 행사를 지켜보며, 우리가 자신의 열정적 관심사를 즐기는 수많은 아이들과 한 공간에서 소통할 수 있는 기회를 갖는다는 것을 그리 어렵지 않게 알 수 있다." 반 스토크에게 이런 개인적 열정은 종교적 해방구, 즉 점점 더 진실성을 잃어가는 이 세상에서 많은 사람들이 의미를 찾는 곳이 마땅히 필요하다고 생각하는 이유이다.

컨설팅 회사인 스톤 맨틀의 설립자 데이브 노튼은 이렇게 지적한다. "오늘날 의미 있는 체험에 참여하는 것은 미국인들의 가장 충족되지 않은 욕구를 보여준다. (…) 경제적 자산보다 더 소중한 것은 종교, 국가, 예술, 가족, 교육과 같은 문화적 자산이다. 그것들은 우리에게 삶의 목표에 따라 차별화를 이끌어내도록 독려하는 더없이 소중한 원천이다." 스티브 딜러, 네이선 셰드로프, 대럴 리는 『의미 만들기Making Meaning』에서 이 주제를 채택한다. "전 세계적으로 소비자들은 점점 더 의미를 통해 연계하고 자신들의 세계관과 부합되는 제품과 서비스를 찾는다." 이 세 저자는 사람들이 점차 가치를 두는 의미의 목록을 제시하는데, 자칫 중요도에 대한 오해를 일으키지 않기 위해 임의로 순서를 정했다. 이처럼 의미 있는 개념들에 대해 생각하는 것은 영향력의 진정성에 호소할 수 있는 방법을 찾기 위한 아주 좋은 자극제가 될 것이다.

- **성취** 목표를 달성하고 스스로 뭔가를 이루는 것, 생산성·집중력·재능·지위에서 비롯되는 만족감
- **아름다움** 감각이나 정신에 즐거움을 제공하는 자질에 대한 인식
- **사회** 다른 사람과의 유대와 다른 인간과의 총체적인 연대
- **창조** 새롭고 독창적인 것을 생산하는 감각과 그런 활동에 수반되는 영속적인 공헌
- **의무** 책임에 대한 자발적인 지원
- **계몽** 논리나 영감을 통한 명확한 이해
- **자유** 강제적인 구속이 없는 삶에 대한 감각
- **조화** 자연이든 사회든 개인이든 전반적으로 안정되고 즐거운 관계

- **정의** 공정하고 비편향적인 대우의 보장

- **통일** 모든 것들에 대한 일치된 감각

- **구원** 과거의 실수나 타락으로부터의 속죄나 면제

- **안전** 손실에 대한 걱정으로부터 해방

- **진리** 정직과 무결에 대한 헌신

- **인정** 존중을 받을 자격이 있는 소중한 개인으로서의 자신에 대한 인식

- **경이** 인간의 이해 범위를 초월한 창조물을 향한 경외

표 4-5 영향력의 진정성의 원칙

개인적 열망에 호소하라	개인들의 어떤 열망을 충족시키는 데 도움을 줄 수 있는가?
집단적 열망에 호소하라	소비자들의 어떤 공통된 열망을 달성하는 데 도움을 줄 수 있는가?
예술을 수용하라	어떻게 일상적인 비즈니스에 예술을 접목할 수 있는가?
대의를 홍보하라	어떤 사회적 대의를 열정적으로 홍보하면서 그 대의의 목적에 기여할 수 있는가?
의미를 부여하라	산출물에 어떤 의미 있는 목적을 고취할 수 있는가?

　　의미를 부여하는 방식은 이 장에서 다루었던 다섯 가지 원칙 중 마지막으로 그 내용은 아래 표에 요약되어 있다. 최고 수준에서 영향력의 진정성에 호소하려면, 억지나 강요가 없이 산출물에 의미를 첨가하고 소비자들을 더 높은 목표로 이끌어라. 유연한 태도를 보여라. 그 누구도 억지로, 내키지 않는 대의에 헌신하는 것을 좋아하지 않는다. 당신의 관점에서 가치가 있다고 여겨지는 것이 자연스럽게 소비자들의 열망과 자기 이미지와 일치해야 한다.

다섯 가지 영역의 진정성의 적용

사람들은 진정한 것을 갈망하지만 점점 더 진실성이 결여되는 세상에서 가치를 창조하는 것은 결코 쉬운 일이 아니다. 첫째, 자신이 어떤 비즈니스에 종사하는지, 그리고 다섯 가지 경제적 산출물(상품, 제품, 서비스, 체험, 변용) 중에서 어떤 것을 판매하는지 이해해야 한다. 둘째, 소비자들이 진정한 것으로 여길 수 있는 산출물을 연출하기 위해 다섯 가지 영역의 진정성(자연성, 독창성, 특별함, 연관성, 영향력) 중에서 하나 이상을 적용해야 한다. 그저 특정한 영역의 진정성에 호소하려 노력한다고 해서 잠재 고객들이 산출물을 진정한 것으로 여기리라는 보장이 없다는 사실을 깨달아야 한다.

기업들은 진실성을 갖추기 위한 수단으로 다섯 가지 진정성의 영역 중 단 하나에만 주력해도 충분할지도 모른다. 이런 기회는 적잖이 존재하는데, 우주여행(진정한 미지의 자연을 탐사하는 개척자), 예술(독창적인 작품이 여전히 창조되는 분야), 대량 맞춤화(소비자들에게 효율적으로 특별함을 제공하는 유일한 플랫폼), 가상 세계(삶의 형태에 연관성을 창출하는 디지털 기술), 보건 의료(개인의 건강한 삶에 미치는 영향력) 등이 해당된다.

한편 당신은 산출물에 다섯 가지 진정성의 영역 중 다수 혹은 모두를 적용할 수 있는지 검토할 수 있다. 물론 이것은 항상 가능하지도 않으며 오히려 바람직하지 않을 수도 있다. 이따금 하나의 영역을 향한 확실한 집중이 최고의 경쟁력을 이끌어내기도 한다. 하지만 너무 자연스러워서 원래부터 야생인 것으로 인식되거나, 너무 독창적이어서 유일무이한 것으로 인식되거나, 너무 특별해서 완벽히 수행된 것으로 인식되거나, 너무 연관성이 강해서 저절로 경외심을 일으키는 것으로 인식되거나, 너무 영향력이 강해서 심오한 의미를 지닌 것으로 인식되기란 대단히 어렵다는 것을 깨달아야 한다. 따라서 대부분의 산업과 비즈니스에서는 특정 소비자들과 그들의 진정성에 대한 욕구를 충족시킬 수 있는 수단을 조합해서 동시에 여러 영역의 진정성에 호소해야 한다.

- 과거의 산출물과 행동으로 인해 특정한 영역의 진정성에 호소하기가 어려워지고 있는가? 자칫 그 영역에 호소하려는 노력은 허사가 될지도 모른다.
- 어떤 영역의 진정성이 직감적으로 최선의 선택이라고 느껴지는가? 그 영역을 우선적으로 철저히 검토하라.
- 당신의 비즈니스와 연계할 수 있는 특정한 장소나 천연자원 혹은 부지가 있는가? 만약 그렇다면 자연성의 진정성에 적용할 수 있는지 검토하라.
- 어떤 영역의 진정성이 직관적으로 가장 가능성이 없다고 느껴지는가? 그것을 독창성의 진정성을 실행하기 위한 반反직관적 수단으로 검토하라.
- 산업에서 표준화된 업무의 목록을 철저히 작성하라. 특별함의 진정성에 호소하는 수단으로 활용할 수 있는 독특한 사항이 눈에 띄는가?
- 당신의 비즈니스 역사에서 장소, 사물, 인물, 행사, 아이디어 중 가장 중요하게 부각되는 것이 있는가? 만약 그렇다면, 영향력의 진정성을 면밀히 검토하라.
- 비즈니스 관심사의 이면 혹은 그 중심에 내재된 더 큰 목표가 있는가? 만약 그렇다면 그 목표를 위해 영향력의 진정성에 호소할 수 있는 방법을 검토하라.

마지막으로, 비즈니스 세계에서 진정성이 갖는 진정한 의미를 완전히 이해한다면 진정성의 우위를 점할 수 있다. 어떤 산출물을 제공하고 어떤 영역의 진정성에 호소할 수 있을지 이해하기 위해서는 경제적 만물 이론을 수용하는 것만으로는 부족하다. 그런 이해를 어떻게 적용할지에 대한 통찰력도 지니고 있어야 한다. 그러려면 철학적 주제로서 진정성의 본질을 파악해야 한다. 그것이 경제적 주제로서 비즈니스와 연관되기 때문이다.

제5장

가짜, 가짜, 완전히 가짜

산출물은 왜 진정성을
갖추어야 하는가?

우리가 네덜란드에서 체험 경제로의 전환에 대해 말한다면 틀림없이 누군가 특정한 질문을 던지고 많은 사람들이 고개를 끄덕일 것이다. 물론 그것은 질문이라기보다 비난에 가깝다. 그리고 항상 두 단어로 시작된다. "당신네 미국인들은……."

그들은 말한다. "당신네 미국인들은 인위적이고 인공적이고 가식적인 디즈니랜드 체험을 좋아하죠. 우리 유럽인들은 진실하고 자연적이고 진정한 체험을 좋아해요." 이런 이유에서 그들은 신중하게 대답할 만한 가치가 있는 진정한 문제를 제기한 것이다.

네덜란드 vs 디즈니랜드

첫째, 허위적인 체험 같은 것은 존재하지 않는다는 것을 이해하라. 체험이란 우리 내면에서 일어나며, 우리 주위에서 벌어지는 사건들에 대한 우리의 내적 반응이기 때문이다. 특정한 장소에서 벌어지는 사건에 반응하는 것은 자신의 정체성, 과거의 경험, 당시의 감정, 주변의 사람들에 따라 달라진다. 그 누구도 결코 똑같은 체험을 할 수 없다. 이런 본질적인 특성을 지니기 때문에 체험은 근본적으로 개인적인 것이다.

물론 체험을 위한 자극의 역할을 하는 환경은 다소 인위적일 수도 있고 자연적일 수도 있다. 어쩌면 미국민 대부분이 유럽인, 특히 네덜란드인에 비해 더 인위적으로 발생하는 감각을 선호할지도 모르지만, 디즈니랜드를 질색하는 많은 미국인이 스타벅스를 쳐다보지도 않고 패스트푸드도 혐오한다. 일부 미국인은 해변에서 유기농 야채와 천연 생수로 점심을 즐긴다. 반면 유럽인 상당수가 매년 파리에 위치한 디즈니랜드를 방문하고 매주 맥도날드에 들르거나 매일 스타벅스를 찾는다.

더욱이 어떤 장소에서의 체험적 자극도 결코 순수하게 자연적인 것이 아니다. 항상 인위적인 요소들이 포함되고 돈을 벌려는 몇몇 사업들이 진행된다. 심지어 숲으로 산책을 나갈지라도 그곳까지 타고 간 자동차, 착용한 옷과 신발, 혹은 길을 잃을 경우를 대비해 가져간 휴대폰은 전혀 자연적인 것이 아니다. 당신이 자연성을 지닌 숲에 있다는 사실은 그다음이다. 디즈니 애니메이션에서 밤비의 엄마가 말했던 음산한 경고를 상기하라. "이 숲에 사람이 머물렀다."

오직 진실성, 자연성, 진정성을 향한 이런 공공연한 열망은 네덜란드가 모든 면에서 디즈니랜드처럼 건설되었다는 점을 감안하면 대단히 역설적이다! 네덜란드에서 바다를 개척하지 않았거나 원래부터 그 자리에 있었던 것처럼 보이도록 옮기고 개간하고 정리하지 않은 토지는 단 1제곱미터도 존재하지 않는다. 심지어 "하느님은 세상을 창조했지만 네덜란드인들은 네덜란드를 창조했다"라는 속담도 존재한다. 단지 숲을 산책하더라도 나무들이 완벽히 열을 맞추어 늘어선 모습을 보게 될 것이다.

이런 식으로 네덜란드와 디즈니랜드를 비교하는 것은 네덜란드인에게 실제로 두 곳 모두 인위적이고 인공적이고 가식적이라는 불편한 인식을 유발한다. 조경사 야네마리에 더용어는 네덜란드의 전원田園을 "에코디즈니"라고 지칭한다. 그녀에 따르면, 시골에 사는 그녀의 친구들은 풀을 뜯는

젖소들이 있는 들판을 일종의 "낭만적인 야외 극장"으로 여기면서, 더불어 젖소들에게서 경제적으로 넉넉히 우유가 생산되기를 원한다고 한다.

물론 사람들이 디즈니랜드와 네덜란드를 바라보는 방식에는 엄청난 차이가 존재한다. 만약 우리가 상대적인 진정성 순위 조사를 실시한다면 분명히 인위적인 공원을 갖춘 전원이 인위적인 전원을 갖춘 테마파크에 압도적인 우위를 차지할 것이다. 하지만 실제로 두 곳 모두 완벽한 자연성을 지니고 있는 것은 아니다. 한 곳은 거주자들에게, 다른 한 곳은 관광객들에게 즐거움을 증대하기 위해 건설되었다.

베네치아 vs 베니션

우리는 네덜란드인만 부각하고 싶지는 않다. 베니션(라스베이거스에 인공적으로 건설한 호텔과 카지노)과 베네치아(아드리아해에 인공적으로 건설한 수상도시)의 비교도 요점을 훌륭히 입증한다. 해마다 점점 더 많은 베네치아인들이 다소나마 고지대인 이탈리아 타 지역으로 떠나면서 베네치아에는 거주민과 관광객의 비율이 급격히 역전되고 있는데, 이런 현상을 《뉴욕타임스》는 "일종의 순수예술 디즈니랜드"라고 지칭한다. 점점 더 관광 수입에 생계를 의존하는 완고한 거주민들은 더 많은 관광객들을 유치하기 때문에 다른 거주민들이 떠나더라도 간혹 이런 베네치아의 변화를 환영한다. 파올로 코스타 시장은 지속적인 이탈 현상을 걱정하며 "마치 윌리엄스버그에 와 있는 것 같다"고 말한다. 《월스트리트저널》의 건축평론가 에이다 루이즈 헉스터블은 그의 표현을 확대해서 콜로니얼 윌리엄스버그를 이렇게 설명한다. "섬세한 건축, (…) 그곳에서 사람들은 다소 낭만적으로 미화된 역사를 배우고 현실과 비현실을—그리고 과거와 현재를—혼동하며 아주 즐거운 시간을 보낼 수 있다." 평가의 핵심은 다음과 같다. 콜로니얼 윌리엄스버그는 "시간이 멈추어져 있어" 마음대로 시간을 되돌릴 수 있다.

하지만 그것으로는 이미 베네치아를 설명하지 못하지 않았는가? 이 꿈의 도시는 인위적으로 과거에 기반을 두면서 관광객들을 유치하고 그 때문에 거주민들이 이탈하고 있다. 베네치아인들은 14세기부터 도시의 수위를 관리하기 시작했다. 베네치아를 수면보다 높게 유지하기 위한 모세 프로젝트의 수석 기사 알베르토 스코티는 이렇게 지적한다. "보다시피 베네치아에는 더 이상 회복할 수 있는 자연환경이 존재하지 않는다. 이곳은 수백 년에 걸쳐 사람들에 의해 변화되었다." 디즈니랜드와 네덜란드처럼, 베네치아도 완전히 인위적으로 건설된 것이다. 건축가 데이비드 메이어닉은 『영원한 도시들Timeless Cities』에서 베네치아와 관련된 장을 다음과 같은 결론으로 마무리한다. "정치적으로든 관습적으로든 건축학적으로든 어떤 도시도 베네치아만큼 극적이고 열정적이고 일관적이고 의식적으로 조성되지 못했다."

스틴 에일러 라스무센은 『건축 체험Experiencing Architecture』에서 "베네치아는 그 자체로 마치 신기루나 꿈의 도시처럼 보인다. 이런 비현실적인 인상은 입구에 다다를 때까지 지속된다"고 지적한다. 하지만 이 도시는 확실히 이런 비현실성을 초월하여, 세계에서 가장 사랑받는 장소 중 한 곳으로 존재한다. 메리 매카시는 여행서 『베네치아 탐방Venice Observed』에서 말한다. "그런데 왜 베네치아가 아름다운 걸까? 베네치아는 왜 내부 상황과 관계없이 매력적일까? 한 가지는 모순에 직면하는 듯하다. 오직 돈을 위해 살아가는 상업적인 사람들이 어떻게 꿈이나 동화처럼 환상적이고 사랑스러운 도시를 창조할 수 있었을까? 그것은 베네치아의 가장 큰 미스터리다."

한편 라스베이거스는 해마다 사업체의 이전이 증가하면서 관광객 대비 거주민의 비율이 꾸준히 상승하고 있다. 현재 미라지호텔 건너편에는 베니션호텔이 자리하고 있다. 소유주 셸던 애덜슨은 베니션호텔이 사람들에게 사랑받는 이유가 바로 사공들이 "노를 저어" 곤돌라를 움직이면서(그들은 테마파크의 놀이기구처럼 궤도를 왕복한다) 이탈리아 노래로 공연하는 모습이 진정한 베네치아를 상징하기 때문이라고 믿는다. 베니션호텔이 한창 건설되던 당시에 애덜슨은 《카지노 저널》에서 말했다. "우리는 '가짜' 베네치아를 건설하지 않을 것이다. 우리는 본질적으로 진정한 베네치아를 건설할 것이다." 베니션호텔의 건축 책임자 클링스터빈스 건축 사무소의 W. 이즐리햄너는 이렇게 설명했다. "실제로 베네치아에 가볼 기회를 누릴 수 없는 수백만 명의 사람들은 베니션호텔을 방문하면 최소한 베네치아의 낭만을 체험하고 여러모로 그 우수함을 엿볼 수 있다. (…) 다른 테마 리조트들과 달리 대리석도 진짜고 기둥과 외관도 사실적이며 모든 체험이 독특하다."

많은 관광객들이 두 곳을 모두 방문하는데, 일부는 진짜 베네치아보다 오히려 가짜인 베니션호텔을 선호한다. 브랜드전략가 폴 닐은 베네치아를 여행하던 도중에 우연히 부부 관광객이 유명한 수로를 놓고 나누던 대화를 들었다고 한다. 남편이 아내에게 "어때?"라고 묻자 다음과 같은 대답이 돌아왔다. "잘 모르겠어. 라스베이거스의 수로만큼 멋진 것 같지는 않아." 희극작가 P. J. 오루크는 다음과 같이 물으며 두 장소의 진정성을 비교했다. "베니션호텔이 '본질적으로 진정한 베네치아'인가? 지난해 엉뚱한 대륙의 사막 한복판에 건설된 베네치아에서 베니션호텔은 놀랄 만한 진정성을 지니고 있다. 일례로 베니션호텔의 종탑은 가짜인데, 실제 베네치아의 종탑도 가짜다. 본래의 종탑은 1173년에 완공되었다가 1902년에 무너졌고 복원물이 그 자리에 세워졌다."

이처럼 명백한 사실에 대한 오루크의 설명도 대부분의 사람들에게 베네치아가 베니션호텔만큼 허위적이라는 것을 거의 납득시키지 못한다. 더욱이 베니션호텔이 베네치아만큼 진정성을 지닐 수 있다는 주장에 대해서는 말할 필요조차 없을 것이다. 사람들은 이 두 곳이 단순히 정도의 차이가 아닌 유형의 차이라는 것을 알고 있다. 하지만 베니션호텔을 진정하다고 생각하는 사람들은 오늘날 베네치아가 독특한 방식으로 과거의 베네치아를 예찬하는 것처럼, 비록 라스베이거스의 독특한 방식을 활용하지만 베니션호텔도 연관성을 내세워 베네치아를 예찬한다고 생각한다. 방문객들은 항상 베니션호텔만의 특징을 접하는데, 그곳은 너무나 단조롭고 천편일률적인 일상생활에서 벗어나기 위해 라스베이거스를 찾은 사람들로 북적댄다. 그들에게 베니션호텔은 아주 진정한 것으로 느껴진다. 정말 그럴까? 정말 그렇다.

자연과 양육

적어도 자연은 정말 진정한 것이 아닌가? 『자연의 보존자들Nature's Keepers』에서 과학 저술가 스티븐 부디안스키는 자신이 집 밖에서 산책하던 상황을 상세히 묘사했다.

오늘 아침에 내가 본 모든 것들은 가짜였다. 내가 순수하고, 가공되지 않고, 길들여지지 않은 자연의 산물이라고 생각하며 지나쳤던 모든 것들이 사실은 그저 교화된 인간의 작품들이었다. 일단 내 정원의 풀들부터 외래종이다. 큰조아재비, 새포아풀, 붉은토끼풀은 17세기에 영국 정착민들이 더 좋은 건초를 만들기 위해 미국으로 들여온 것이다. 배설물로 토양을 기름지게 만드는 양과 말과 소도 역시 외래종이다. 그 가축들이 끊임없이 풀을 뜯어먹고 해마다 건초기계가 가동되기 때문에, 내 방 창문에서 언덕 아래 관목 숲까지 이어진 드넓은 평원은 불과 몇 년이면 가시나무와 연필향나무만 남고 말 것이다. 하지만 이런 현상조차 자연적인 과정이라고 할 수 없을 것이다. 황폐한 농장들에 숲을 되살리는 것은 자연의 천부적인 권리를 요구하는 것이 아니라 오히려 자연을 더 망가뜨리는 길로 빠져들게 할 뿐이다. 이제 연필향나무는 무난하게 황폐한 목장들을 장악했는데, 가축을 방목하면서 연필향나무보다 생존력이 월등한 떡갈나무 같은 단단한 나무들이 부자연스럽게 고사되었기 때문이다. 지금 연필향나무의 득세는 외래종 가축들이 선호하는 사료로 인해 발생한 인공적인 결과다.

달리 말해 자연이 양육되는 것이다. 인간은 사실 숲에서 살아왔다. 하지만 우리의 모든 행동은 무심코 자연을 침해하면서 경관을 변화시킨다. 남아프리카공화국 케이프타운의 환경정책 조정관 그레그 오엘로프스는 언급한다. "자연에 영향을 미치지 않고서는 자연과 교류할 수 없다. 우리는 만물에 영향을 미치고 있다. 단지 그 방식을 모를 뿐이다."

오늘날 우리는 숲, 늪지, 우림, 심지어 대양까지도 "원시 야생"으로 간주하곤 하지만 실제로는 항상 완벽히 합리적인 욕구에 맞추어 환경을 변경하고 조성해왔다. 그 예로 사냥과 채집 위주의 토착문명을 파괴하고 인디언들이 거주하던 자연지를 정복했던 1492년 서구문명의 아메리카 진출의 재현은 이제 흔한 일이 되었다. 하지만 이것도 낭만적인 야외극장일 뿐이다. 1868년에 태어난 오글라라 수우족 추장 루터 스탠딩 베어는 이렇게 선언했다. "우리는 드넓은 대평원, 능선이 아름다운 언덕, 구불구불 흐르는 강물을 '야생'이라고 생각하지 않았다. 오직 백인들에게만 자연이 '야생'이었고 오직 그들에게만 대지가 '야생'동물과 '야만'인들로 '득실거리는' 것이었다. 우리에게 자연은 길들여진 것이었다."

이처럼 인디언들에게 길들여진 지역 중 하나인 요세미티는 미국에서 가장 아름다운 지역으로 널리 인정받고 있다. 앤슬 애덤스의 아름다운 사진들 덕분인데, 이는 미국인들의 상상력에 심대한 영향을 미쳤다. 애리조나 주립대학의 미술학 교수 마크 클레트는 언급한다. "우리가 애덤스의 사진에서 본 바는 다음과 같다. '이것이야말로 자연이다. 그리고 그것이 아름다운 이유는 당신이 거기에 있지 않기 때문이다.'" 이 발언은 자연성의 진정성에 대한 호소를 가장 솔직하게 인정하는 것이다. 《뉴욕타임스》의 한 저널리스트는 다음과 같이 보도했다. "자연은 좋다. 사람들은 나쁘다. (…) 문제는 (애덤스에게) 영감을 주었던 자연이 (…) 부분적으로 사람들에 의해 창조되었다는 것이다. 이 서구의 에덴은 영토를 확장하려던 국가에게 창조주의 선물처럼 보였을지 모르지만 실제로는 거북하게도 달갑지 않은 인디언들의 작품이었다." 작가 찰스 만에 따르면, 이 인디언 정착민들은 "워낙 탁월하게 자신들의 의지를 자연에 주입했기 때문에, 결국

1492년의 콜럼버스는 철저히 인간에 의해 장악된 반구에 발을 내디뎠던 셈"이라고 지적하는데, 이 글은 오늘날 우리가 훼손되지 않은 "야생"으로 여기는 것이 실상은 전혀 그렇지 않음을 명시한다. 어떻게 그럴 수 있었을까? "주요한 도구는 불이었다. 그리고 주변의 덤불을 제거하고 사냥에 적합한 탁 트인 초원을 조성했다. 인디언들은 고기를 얻기 위해 짐승을 사육하기보다 고라니, 사슴, 들소가 번성하도록 생태계를 재정비했다."

원시적 자연의 활용은 네덜란드와 북아메리카뿐만 아니라 인간이 정착한 모든 곳에서 이루어졌다. 점점 더 많은 학자들이 사라져가는 자연의 상징이자 열렬한 환경주의자들의 우상인 아마존 열대우림조차 인공적임을 지적하는데, 한 고고학자는 "지구상에서 가장 섬세한 예술 작품"이라고까지 말한다. 영국박물관의 인류학관 큐레이터 콜린 매큐언은 "우림 지역은 간혹 사람의 출현이 지극히 드문, 본질적으로 훼손되지 않은 자연환경으로 간주되지만, 실상은 엄청난 면적의 우림 지역이 수천 년 동안 인간에 의해 점유되고 조성되었다"고 말한다. 심지어 아마존의—'자연적' 비옥함으로 대단히 소중하게 여겨지는—테라 프레타, 즉 검은 흙도 천 년에 걸친 인간의 활동으로 생성된 유기적 인공물이다.

찰스 만은 이렇게 언급한다. "아메리카 원주민들은 자신에게 적합한 방식으로 대륙을 관리했다. 현대 국가들도 똑같은 방식을 적용해야 한다. 만약 그들이 자연경관을 1491년과 가까운 상태로 되돌리기를 원한다면, 그것은 세계 최대의 정원을 창조하는 것임을 깨달아야 할 것이다." 이 문제에는 논란의 여지가 있다. 우리는 이미 세계 최대의 정원을 지니고 있으며 우리는 자연이라고 부른다. 캘리포니아 대학교 데이비스 캠퍼스의 조경학 교수 딘 맥케널은 이렇게 주장한다. "자연과 원시와 과거를 보존하고 진정하게 표현하려는 모든 순수한 노력은 정반대의 성향을 유발한다—현재는 과거보다 더 통합적이고 자연을 더 통제하면서 만들어지고 있기 때문에 역사의 산물로서 그 의미가 퇴색되고 있다."

문화 분석가 마거릿 킹은 이 문제를 멋지게 요약한다. "인류 역사의 시작부터 우리는 욕구와 꿈을 충족하기 위해 자연을 완벽히 재구성했다. 그 결과 우리는 지구를 인간의 가치를 선보이기 위한 3차원의 무대장치로 변형시켰다. 아무리 '자연적으로' 보일지라도 지구상에서 인간을 위해 활용되지 않은 지점은 거의 존재하지 않는다." 그녀의 견해는 다음의 사항들에 완벽히 적용된다.

- 우리 주위를 둘러싼 자연은 결코 자연적이지 않으며 사실은 인간에 의한 인공물이다.
- 베니션호텔은 진정한 베네치아가 아니라 실제 베네치아에 갈 수 없는 많은 사람들을 위한 무대장치에 불과하다.
- 베네치아는 불멸의 도시의 자연적 계승지가 아니라 관광객을 위해 인공적으로 유지되는 도시다.
- 디즈니랜드는 진정한 장소가 아니라 완벽히 가공되고 조성된 환상의 공간이다.
- 네덜란드는 풍부한 자원을 지닌 자연적인 대지가 아니라 네덜란드인을 위해 훌륭히 재창조된 무대장치다.

가짜, 가짜, 완전히 가짜들뿐이다.

우리의 세계관과 그에 대한 이해

사물은 항상 그 속성이 유지되지는 않는다. 우리는 환경·대화·행동·체험(우리가 영위하는 바로 그 삶)을 형성하기 때문에, 만물(특히 우리가 비즈니스를 통해 창출하는 경제적 산출물)은 우리가 조성하는 진실로 구성된다. 오늘날 유료 체험의 세계에서 진정성을 향한 사람들의 열망이 아무리 크더라도 비즈니스계는 아무 근거도 없이 진정성을 조성할 수는 없다. 제품 포장에서 "진실성"과 "진정성"을 주장해도 비즈니스에서 비롯된 모든 것들은 실제로 진정성을 지니지 못한다. 모든 것이 인위적이고 인공적이고 가식적이다. 비록 비즈니스계가 진정성의 다섯 영역에 호소해서 소비자에게 산출물의 진정성을 인식시킬 수 있지만, 그런 시각도 단순한 진실성의 인식에 불과할 뿐이다.

이것은 다소 과감한 표현이다. 우리가 이런 세계관에 이르게 된 과정을 이해하려면 진정성에 대한 철학적 견해를 간략히 살펴보아야 한다. 대체로 철학자들과 사회비평가들은 고독한 인간의 관점에서 진정성을 논의한다. 우리도 똑같은 관점에서 그 개념을 이해하고 그것을 비즈니스 세계에 적용해야 한다. 물론 이 개념에 뒤따르는 진정한 리더십에는 여러 견해들이 존재한다. 경영자들, 관리자들, 직원들이 새로운 소비자 감각에 대처하기 위해 무엇을 수행하고 있는지도 이해해야 하지만, 그보다 더 큰 문제에 집중해야 한다. 바로 경제적 산출물 자체와 그것을 제조하는 비즈니스, 더 나아가 그것이 제공되는 장소의 진정성이다.

리오넬 트릴링은 『성실성과 진정성Sincerity and Authenticity』에서 진정성은 "모든 문화적 상위구조에서 모든 활동이 끝나고 시작되는 지점까지 이어지는 하향운동을 의미한다"고 언급한다. 이것은 현대 인간의 자아 개념의 알파이자 오메가로, 트릴링이 "성실성의 개념"부터 "진정성의 이상"까지 논의한 담화에서 인정한 것이다.

트릴링은 "고결한 야만인"을 찬양했던 18세기 철학자 장자크 루소가 어쩌면 진정성의 이상에 대해 완벽히 표현한 최초의 인간일지도 모른다고 장시간에 걸쳐 설명한다. 트릴링은 루소에게 진정성이란 "그저 허위적이지 않은 상태"에 존재하는 것이라고 판단한다. 실제로 이런 부정법은 니체부터 키에르케고르, 사르트르, 카뮈에 이르는 철학자들에게 진정성을 규정하는 방식의 근간이 되었다. "모두가 진정성의 긍정적 정의는 자가당착이라는 원칙에 동의한다."

우리는 이 철학자들이 진정성을 부정적으로 정의하는 세 가지 방식을 선별했다.

- **인간에 의하지 않은 것**. 트릴링은 말한다. "우리는 인간의 존재를 곡해하고 인간의 진정성을 파괴하는 사회의 규정인 선험先驗을 이해한다." 이것은 루소의 주요한 견해로서 "우리는 그에게서 우리의 진정성을 파괴하는 것이 사회라는 사실을 배웠다—존재에 대한 우리의 감각은 다른 사람의 의견에 의해 좌우된다." 달리 말하면, 사회의 기준으로 개인의 선택을 제한하는 것은 허위성을 유발한다.
- **기계에 의하지 않은 것**. 트릴링은 "기계적 원리 (…) 그것은 존재의 적이자 허위성의 원천으로 느껴졌다"고 말한다. 『허위적 문화Inauthentic Culture』에서 제이 뉴먼은 비인간화를 "실존철학의 핵심 주제"라고 지칭하면서 "메커니즘에 대해 우리가 실존의 통찰력을 지니는 순간에 다른 인간들을 돌아보고, 곧 자신도 돌아볼 수 있

는 방법을 알게 되고, 창조, 촉진, 문화적 산물의 전용을 비롯한 인간의 활동이 기계적 일상이 되어버린 것에 아연실색하게 된다"고 언급한다. 달리 말해, 기계를 통해 자연의 질서를 변경하는 것은 허위성을 유발한다.

- **자본에 의하지 않은 것.** 트릴링은 말한다. "요컨대 돈은 인간이란 존재에게 허위성의 근원이다." 샤르트르는 진정성을 살펴보는 자신의 궁극적인 목표가 "돈을 수단으로 여기는 현대사회에 저항하는 '목적의 왕국'을 알리기 위한 것"이라고 말했다. 커뮤니케이션 이론가 코리 안톤은 『이기심과 진정성Selfhood and Authenticity』에서 "돈은 본질적으로 교환과 대용의 체제로서 작용하기 때문에, 진정성은 상징적 자본이나 금전적 자본으로 이룰 수 없다"고 말하면서 샤르트르의 견해를 강조한다. "그리고 대용은 (…) 특수성, 독창성의 특징과 반대된다." 딘 맥케널은 이것을 간단히 설명한다. "진정한 구조와 허위적 구조의 경계선은 바로 상업적 영역이다." 달리 말하면, 어떤 활동을 상업화하는 것은 허위성을 유발한다.

물론 돈과 기계는 모두 인위적 장치로서 사회 내부에서 사회를 위해 고안된 것이기 때문에 마지막 두 가지 부정은 첫 번째 부정에 뒤따르는 것이다. 이 세 가지(인간, 기계, 돈) 허위성의 모델로부터 우리는 다음과 같은 결론을 이끌어낼 수 있다. 모든 비즈니스에서 제공되는 것은 허위적이다. 그것은 인간과 기계와 돈에 의해 창출되기 때문에 완전히 인공적이고 가식적이다. 만약 당신이 어떤 것에 돈을 지불해서 상업적 영역에 들어서게 한다면, 그것은 일종의 산출물이 되기 때문에 진정성을 지닐 수 없다. 반면 당신이 사랑의 노동으로 여겨지는 어떤 것을 판매해서 안타깝게도 상업적 영역으로 전향한다면, 그것은 명백히 허위적인 것이 된다.

가짜, 가짜, 완전히 가짜다! 우리는 많은 독자들이 이런 결론을 좋아하지 않을 것이며 일부 독자들은 이 결론에 동의하지 않으리라는 것을 알고 있다. 심지어 반발하는 독자들도 있을지 모른다. 하지만 이는 그저 자신을 위해 조성하거나 저절로 조성되지 않고 사람, 기계, 돈에 의해 조성된 것이 허위성을 지니게 되는 과정을 지적하는 철학적 사상에 따른 논리적 결론이라는 사실을 이해해야 한다.

진정성의 모순

절망하진 말자. 이 장의 도입부에서 했던 말을 기억하자. 체험은 우리의 내면에서 일어나기 때문에 허위적인 체험 같은 것은 존재하지 않는다. 따라서 우리는 모든 경제적 산출물에서 체험의 진정성 여부를 자유롭게 판단할 수 있다. 더불어 경제적 산출물을 제공하는 비즈니스들도 의도적이든 우연하게든 진정성의 인식을 얻을 수 있다. 이 프로세스를 가장 잘 설명할 수 있는 단어는 바로 연출이다. 비즈니스는 허위적인 산출물에 진정성을 연출할 수 있다. 그러기 위해서는 다음의 필연적 모순을 수용해야 한다. 모든 인간의 사업은 존재론적으로 가식적이지만(바로 그 존재 자체가 허위적이지만) 그 사업의 결과물은 현상학적으로 진실할 수 있다—즉 결과물을 구매하는 개인들에게는 진정한 것으로 인식될 수 있다.

이러한 진정성의 모순은 비즈니스에서의 진정성에 대한 올바른 사고를 갖추기 위한 핵심이다. 개인들은 진정성을 갈망하지만 그것을 얻는 방법을 찾기란 쉽지 않다. 비즈니스계는 진정성을 판매해서 소비자의 욕구를 충족시키기를 갈망하지만 실제로 진정성을 제공하지는 못한다. 하지만 소비자는 본질적으로 허위적인 많은 산출물들을 진정한 것으로 인식한다. 따라서 경영자는 산출물에 진정성을 연출하는 방식을 배워야 한다.

앞서 3장에서 리얼리티 프로그램이 제작자, 시청자, 비평가 모두에게 "리얼리티"라는 상표에 동의할 만큼 공공연한 가식을 연출하기 위해 진실을 한정하고, 변경하고, 상품화했던 과정을 상기하라. 이런 프로그램들은 낯선 환경과 상황을 부각하고, 정통적이지 않은 카메라 앵글과 촬영 기술을 구사하고, 행동 기준을 활용하고, 특히 극적인 드라마로 편집함으로써 진실성을 연출한다. 비록 온통 가식으로 가득할지라도 기업은 일부 인위적인 산출물을 다른 산출물보다 더 진정성을 갖춘 것처럼 연출할 수 있다.

이제 진정성의 모순이 명백히 드러났기에 우리는 비로소 진정성의 원칙을 완성할 수 있다. 앞서 3장의 후반부에서 살펴본 세 가지 사항을 상기하라.

- **원칙1** 당신이 진정하다면, 굳이 자신이 진정하다고 말할 필요가 없다.
- **원칙2** 스스로 진정하다고 말한다면, 진정한 모습을 보이는 것이 좋다.
- **원칙3** 스스로 진정하다고 말하지 않는다면, 진정한 모습을 보이는 것은 더 쉽다.

여기에 두 가지 항목을 추가하려 한다.

- **원칙4** 산출물이 허위적이라는 것을 인정한다면, 그 산출물에 진정성을 연출하기가 더 쉽다.
- **원칙5** 산출물에 진정성을 연출한다면, 그 산출물이 허위적이라고 말할 필요가 없다.

마케팅을 비롯한 다른 어떤 수단으로도 비즈니스나 산출물의 진정성을 주장할 수 없다. 오직 연출이라는 행동을 통해서만 진정성의 인식이라는 특권을 얻어야 한다.

진정성의 문화

진실성이 없는 것이 어떻게 진실한 것으로 인식되는 걸까? 어떻게 이런 상황을 의도대로, 심지어 일종의 규율처럼 실현할 수 있을까? 그것은 오늘날 진정성의 문화에 대한 보다 깊은 이해에서 시작된다. 보수 성향 학자 디네시 더수자는 『미국이 그토록 위대한 이유What's So Great about America』에서 참신한 관점에서 진정성을 논의하면서 진정성이 미국 문화의 근간을 이루게 되었다고 주장한다.

더수자는 미국의 "문화를 폄하"하고 "미국식 기술적 자본주의 체제"의 문제를 비난하는 비평가들에게 반박한다. 그는 아메리칸 드림이란 개념에 내재된 진정성이 정치·경제·언론·종교의 자유를 위해 헌신한 초창기 건국자들에 의해 표현되었다고 판단한다. 또 그는 이렇게 지적한다. "미국의 건국자들이 제창한 자유의 목록에 루소는 새로운 요소인 내면의 자유를 추가한다. (…) 여기서 루소는 진정성과 자아에 대한 충실성의 개념을 표현하고 있다."

가장 중요한 것은 더수자가 동료 보수주의자들에게 이런 이상에 대한 그의 우상을 수용하도록 촉구한다는 사실이다. "모히칸 헤어스타일에 귀걸이를 걸고, 이마와 혀에 피어싱을 장식하고, 군데군데 문신을 새긴 채" 카운터 뒤에서 일하는 "스타벅스 직원." 그는 앨런 블룸, 팻 뷰캐넌, 빌 베넷, 로버트 보크 같은 보수주의자들이 자신에게 괴짜라는 꼬리표를 붙이고 자신을 체포하라고 하거나 불구가 된 자신의 육신에 내재된 윤리를 비난하는 상황을 상상한다.

더수자는 보수주의자뿐만 아니라 비즈니스맨에게도 현재 문화에서의 진정성의 중요성을 보여준다. "스타벅스 직원은 이상주의자이며 그 이상주의를 짓밟는 태도는 잘못된 것이다." 그는 설명한다. "더욱이 진정성의 윤리는 그의 정신을 에워싸고 있다. 그것을 근절하려는 시도가 과연 얼마나 현실적일까? 보수주의자에게 훨씬 더 좋은 방법은 진정성의 이상의 정당성을 인정하면서 스타벅스 직원이 그보다 약화된 양식을 채택했다는 근거를 입증하는 것이다. 스타벅스 직원은 독창성을 지니기를 원하며 그것은 바람직한 현상이지만, 스타벅스 매장을 찾는 고객 4명 중 1명은 그와 비슷한 외모이기 때문에 독창성을 지니는 데 실패했다는 점을 지적해야 할 것이다!" 이것은 중요한 교훈을 제시한다. 오늘날 진정성은—단지 미국뿐만 아니라 선진세계의 전반에 걸쳐—모든 윤리와 현실에 워낙 깊숙이 파고들었기 때문에 진정성이 지극히 전통적이라는 주장은 전혀 설득력이 없다. 흔히 언급되는 것처럼 비국교도보다 더 독실한 국교도는 없다. 더수자는 스타벅스 직원조차 "사회제도(상업, 가족, 지역사회, 윤리)에 반항하는 그의 대담한 태도가 일종의 겉치레라는 사실을 깨달아야 한다"고 명확히 밝혔다. "실제로 그의 태도는 자신의 기준에서도 실패한 것이고, 따라서 그것은 허위적이다."

아마도 1960년대에 유년기를 보냈던 독자들은 스타벅스 직원과 동질감을 느끼면서 자신들의 자유분방한 기질과 현재의 직업을(거대 자본주의 기업에서 근무하든, 그런 기업을 경영하든, 소유하든) 조화시키는 것을 다소 거북하게 생각할지도 모른다. 우리는 이런 거북함이 소규모의 성공한 자본주의 기업에서 일하려는 최근의 관심을 일으켰다고 생각한다. 보 벌링엄의 『스몰 자이언츠가 온다Small Giants』, 세스 고딘의 『이제는 작은 것이 큰 것이다Small Is the New Big』, 마이클 슈먼과 빌 맥기븐의 『소형마트 혁명 The Small-Mart Revolution』 같은 비즈니스 서적들의 인기가 그것을 입증한다. 오늘날 많은 반기업 활동가들은 전혀 다른 직장, 특히 세상을 변화시키기 위해 이윤 추구를 최소화하거나 축소한 벤처들을 찾으라고 조언한다. 이는 양자택일의 상황이 아니다. 우리는 그저 자본주의에 대한 관점을 바꾸라고 조언하는 것이다.

진정한 자본주의에 대한 간략한 변론

진정성에 대한 새로운 소비자 감각은, 모든 기업들—지역 기업부터 글로벌 기업, 중소기업부터 대기업, 비영리단체부터 수익단체까지—에게 개인이 사생활 전반에 걸친 모든 선택, 특히 자신이 구매하는 것으로부터 진정성을 열망하는 세계에서 성공해야 한다는 것을 의미한다. 코리 안톤은 이렇게 언급한다. "진정으로 '이 순간'을 살아간다는 것은 우리의 존재 전반에 비추어 선택한다는 것을 의미한다. (…) 우리는 (그 안에서) 의연하게 미래를 기대하면서 아련하게 과거를 추억하며 간직한다." 달리 말하면, 우리가 지금 여기서 내리는 선택은 우리를 이미 결정된 과거와 장차 다가올 미래의 가능성에 동시에 연결한다.

안톤은 경제학자들이 '비교우위의 법칙'이라고 부르는 것을 철학적으로 재해석하며 이렇게 설명한다. "나는 다양한 가능성들이 이미 과거의 업적들에 의해 축적된 세계를 접한다." 애덤 스미스의 『국부론』에서 윤곽을 드러내고 데이비드 리카도의 『정치경제학과 과세의 원리Principles of Political Economy and Taxation』에서 완성된 이 법칙은, 각 나라가 최고의 분야를 전문화할 경우에 부가 극대화되며 그 분야를 통해 다른 국가들이 지닌 최고의 분야와 교역한다고 말한다. 바로 이것이 자유무역의 근간이다. 개인들도 마찬가지다. 개개인이 최고의 분야를 전문화할 경우에 부가 극대화되며 그 분야를 통해 다른 개인이 지닌 최고 분야와 교역하는 것이다. 안톤이 지적한 것처럼 이것은 개인적 진정성의 근간이다.

돈은 단지 교역을 가장 용이하게 만드는 수단일 뿐이다. 달러는 인간의 노력을 환산한 단위다. 스스로 뭔가를(자신이 추출한 상품, 자신이 생산한 제품, 자신이 제공하는 서비스, 자신이 부각하는 체험, 자신이 주도하는 변용을) 창출하지 않고 다른 것을 구매하려는 사람은 자기 노동의 결실을 다른 사람들의 결실과 교역하는 방법을 선택하는 것이다. 따라서 자본주의의 근간으로서 돈은 각 개인에게 자신의 지능, 기술, 기호에 따라 과거를 추억하며 간직하고(구매를 통해) 의연하게 미래를 기대하면서(투자를 통해) 선택의 순간을 진정하게 살아갈 수 있게 한다. 모든 자본주의의 옹호자들은 통화의 형태로서 인간의 노력을 실증하는 인위적인 메커니즘을 개탄하기보다 자본주의의 정신과 관습을 수용해야 한다. 미래학자 조엘 코트킨은 이렇게 결론을 내린다. "근본적인 자본주의 사회에서 고유성과 진정성을 지탱하는 가장 중요한 힘은 시장 그 자체가 될 것이다."

인식과 진정성

물론 시장의 진가는 그 구성에—애덤 스미스의 '보이지 않은 손' 덕분에 다른 어떤 수단보다 훨씬 탁월한 자원의 배치를 이끌어내는, 개인적 결정을 내리는 수많은 고유한 개인들에—내재한다. 진정성이 시장에서 작용하는 방식도 마찬가지다. 개인들은 저마다 고유한 결정을 내리면서 문화 전반에 걸쳐 진정성의 인식을 배치한다.

실제로 모든 경제적 산출물의 진정성을 결정하는 유일한 요소는 그 산출물에 대한 개인적인 인식이다. 이를 진정성의 모순의 결과라고 지칭하려 한다. 체험은 우리 내면에서 일어나고 우리는 자신에게 진정한 것을 결정하는 유일한 심판관이 되기 때문이다. 어떤 사람에게 진정한 체험이 다른 사람에게 허위적인 체험이 되고 또다른 사람에겐 어중간한 체험이 될지도 모른다. 제이 뉴먼은 문화적 산물은 좀처럼 "흑백의 형태"로 존재하지 않는다고 말한다. "진정성과 허위성은 수많은 단계를 허용하기 때문에 우리는 무수한 회색의 그늘에 직면하게 된다는 것을 깨닫는다."

이런 유형의 문화적 산물로 컨트리 뮤직이 있다. 리처드 피터슨은 『컨트리 뮤직 창조하기Creating Country Music』에서 미국의 전형적인 음악 장르에서 진정하게 여겨졌던 것이 시간의 흐름에 따라 어떻게 변화하는지를 보여준다. 각 단계에서 프로듀서들은 정통적인 형태의 공연을 펼치며—지미 로저스의 초창기 음악성부터 그랜드 올 오프리의 힐빌리 음악과 진 어트리 같은 카우보이 음악을 거쳐 그 후로 모든 사람들이 추종하는 모델인 행크 윌리엄스까지—매번 새로운 세대를 위한 진정성을 가공할 수 있는 아티스트를 찾았다. 하지만 피터슨은 "사람들이 진정하다고 말하는 사물이나 사람이나 공연에 진정성이 내재되어 있지 않다"고 명확히 밝힌다. 오히려 "진정성은 사물이나 사람이나 공연에 의해, 혹은 그들을 위해 조성되어 그와 관련된 다른 사람들에게 인정받거나 거부되는 자격이다."

피터슨은 "진정성은 사회적으로 형성된다"고 덤덤하게 언급한다. 하지만 이것은 사회적으로 형성된 진실과는 다르다. 우리가 체험하는 대상은 그 자체의 정체성을 지니지만 우리는 스스로 체험하는 현실로 진정성을 판단하는 당사자들이다. 달리 말하면, 진정성은 개인적으로 결정되는 것이다. 이는 바로 진정성이 사람에 의한 것이 아니며, 사회의 관점에 의해 강제되지 않는다는 견해에서 비롯된다. 제이콥 골롬은 이 부분을 명확히 밝힌다. "진정성에 이르는 유일하고 확실한 길은 존재하지 않는다. 진정성을 지닌다는 것은 개인의 고유한 생활방식을 개발한다는 것을 의미한다." 그는 딱 잘라 언급한다. "우리는 저마다 진정성을 창조한다. 진정성은 높은 권위로 전달되지 않는다." 그 권위가 CEO의 경영권이든, 마케팅 책임자의 권한이든, 브랜드매니저의 지위든, 광고대행사의 힘이든 어떤 경우라도 마찬가지다.

하지만 찰스 테일러가 『진정성의 윤리The Ethics of Authenticity』에서 경고한 것처럼 사람들이 "더 이상 자신들을 더 큰 체제의 일부로 여기지 않으면서" 오늘날 진정성에 대한 관심은 더욱 깊어졌다. 테일러의 이론은 자기중심성을 초월하면서 이기심을 극복하고 자기책임을 발휘하기 위한 참고 자료로 가득하다. 다른 많은 실존철학자들과 달리 그는 사회적 규범을 저버릴 만큼 극단적이지 않고 루소의 '고결한 야만인'에 의해 대표되는 "자결적 자유"에 이르지 않는, "내가 자결적 선택에서 존중해야 한다고 가

정하는 어떤 경계도 재구성하지 않고 그 한계까지 치닫는" 신중한 태도를
유지한다.

《리즌》의 편집자였던 버지니아 포스트렐은 진정성을 철학의 영역에서
일상적인 소비자 행동의 영역으로 이끌어냈다. 그녀는 우리가 "자신의 목
적에 부합하는 진정한 것을 스스로 결정할 수 있다"고 설명하면서, 개인적
으로 결정되는 진정성을 생각하는 데 유용한 개념을 소개한다. "나는 그것
을 좋아한다. 나는 그것을 추구한다." 그녀는 레게머리를 예로 들어 설명
한다. 본래 종교적 상징이었다가 후일 파괴의 상징이 된 이 헤어스타일은
시간이 흐르면서 "레게 음악, 아프리카 중심주의 혹은 무종파주의(래스터
패리언의 반대)의 상징이 되었다. 지난 10년 동안 레게머리를 한 사람들이
증가하면서 이런 상징주의는 훼손되었다." 마침내 이 스타일은—헤어스타
일 및 스타일링 서비스의 부수적인 산출물과 더불어—그저 자신들이 예술
적이라고 주장하고 싶어하는 많은 사람들과, 어느 정도 차별화된 스타일
을 표현하고 싶어하는 많은 사람들에 의해 채택되었다. 이 과정에서 사람
들은 다른 사람들의 레게머리를 쳐다보면서 스스로 "나는 저것이 좋아"라
고 인정할 수 있게 된다. 심지어 일부는 그 스타일을 택하면서 다른 사람들
에게 "나는 저것을 추구한다"고 주장한다. 따라서 이 상징은 아무리 본래
의 취지에서 벗어난 것이라고 할지라도 그들에게 진정한 것이 된다. 자기
이미지에 부합하고 그들의 고유한 정체성을 나타내기 때문이다.

이 과정은 사람들이 내리는 모든 개인적 결정과 경제적 구매에서도 동
일하게 이루어진다. 진정성의 인식은 개인적으로 결정되며 조직에 의해
좌우되지 않는다. 당신은 소비자들이 진정성을 당신과 똑같은 방식으로

이해할 것이라고 생각해선 안 된다. 당신의 산출물("나는 그것을 좋아한다")과 소비자들의 자기 이미지("나는 그것을 추구한다")를 일치시키기 위해서는 그들의 내면을 간파해야 한다.

이처럼 비즈니스에 의해 연출된 진정성이 필요한 이유는 바로 개인적으로 결정된 진정성이 모든 산출물과 모든 브랜드, 심지어 모든 비즈니스로 확장되기 때문이다. 유명한 마케터 데이비드 울프는 한 회의에서 "진정한 소비자 중심의 마케팅은 소비자들이 브랜드를 규정하도록 하는 것"이라고 언급한다. 한 시장 조사자는 몹시 놀라며 답한다. "그것은 지금까지 들었던 것 중에서 가장 어처구니없는 주장이다. 소비자들이 브랜드를 규정하도록 해선 안 된다." 하지만 브랜드는 항상 소비자들의 마음속에서만 존재했으며, 그런 브랜드의 진정성이 가장 중요해지는 시기에 이 사실을 이해하는 것이 무엇보다도 중요하다. 울프는 이렇게 결론을 내린다. "기업은 법률적인 소유주일지 모르지만, 소비자들은 브랜드의 실질적인 소유주이다."

물론 소비자는 독재자가 아니다. 그들은 영향을 받을 수도 있고 영감을 받을 수도 있으며 당신이 산출물에 진정성을 연출할 경우에 자발적으로 진정성을 발견할 수도 있다. 우리는 이미 수많은 기업들이 다섯 가지 진정성의 영역을 통해 그런 성과를 거두는 방식을 살펴보았다. 이 책의 나머지 부분에서는, 당신이 진정성을 연출하기 위해 어떤 수단을 활용하더라도 소비자들의 마음을 사로잡을 수 있도록 이끌어줄 비즈니스에서의 진정성을 제시할 것이다.

제6장

진실한/
가식적인 진실성

산출물은 어떻게 진정성을
지니게 되는가?

"진실한가, 진실하지 않은가?" 이것은 펜실베이니아 오크스에 위치한 SEI 인베스트먼트의 〈진실성 부각하기: SEI의 웨스트 컬렉션 사진〉 전시회의 아치에 게시된 질문이었다. 입구의 간판에는 2002년 전시회의 두 가지 추세가 적혀 있었다. "자연스럽게 보이도록 아티스트가 연출한 사진들, 그리고 직접 촬영했지만 배경에서 인위적인 느낌을 주는 사진들." 일례로 로이스 레너의 〈퍼 메트로폴리스Fur Metropolis〉는 사실적으로 보였지만 "빈에 위치한 그의 스튜디오에서 정밀하게 모사한 것"이었다. 반면 스페시의 〈스타미루Starmyru〉는 산 앞의 들판에 세워진 두 대의 가솔린 펌프를 포착했다. 길도 없고, 도로도 없고, 표지판도 없고, 심지어 주유소도 없어 마치 포토샵으로 처리한 작품처럼 보이지만 그것은 실제 "아이슬란드에 있는 주유 탱크"를 묘사한 것이었다.

유니버시티 오브 아츠에 부설된 로젠왈드 울프 갤러리의 책임자 시드 색스는 SEI 컬렉션을 두고 언급했다. "실제 장소가 깜짝 놀랄 만큼 비현실적으로 보이고 연출된 공간이 간혹 대단히 사실적으로 보인다. 따라서 초실재와 시뮬라크르가 사실적인 것과 모사된 것의 경계를 모호하게 만든다." 진실과 가식의 인식을 제어하는 측면에서 아티스트들은 "관람객들에게 사회적 가설, 계급, 특권의 조성에 대한 궁금증을 유발한다."

이처럼 비현실을 현실로 연출하고 현실을 비현실로 연출하는 능력은 비즈니스와 상업에서 진실성의 특성을 나타내는 역학관계를 예시한다.

진실한가, 진실하지 않은가? 일부 소비자들이 진실한 식품보다 진실하지 않은 식품을 선호하는 것처럼 비현실적인 사진을 현실적인 사진보다 높이 평가하는 일부 예술 애호가들도 있지만, 이 문제는 대단히 중요하다.

진실해야 하느냐 진실하지 않아야 하느냐, 그것이 문제로다

윌리엄 셰익스피어의 『햄릿』에서 폴로니우스는 아들 레어티스에게 조언한다.

> 무엇보다 네 자신에게 충실하라.
> 그러면 밤이 낮을 따르듯,
> 너는 다른 사람에게도 충실해질 것이다.

비록 진부하고 상투적인 내용일지라도 폴로니우스의 조언에 담긴 심오함은 바로 셰익스피어의 천재성을 나타낸다. 그 안에서 우리는 진정성의 두 가지 기준을 찾을 수 있다.

①자기 자아에 충실하라
②다른 사람들에게 말한 자신의 정체성을 유지하라

우리는 진정성이 사고와 행동이라는 두 가지 원칙에서 비롯된다고 믿는다. 더불어 그것들은 자칫 무형의 구도로 치부될 수도 있는 것에서 진실성을 확인할 수 있도록 도와준다. 첫째로, 진솔하고 일관되고 자발적인 모습은 자아의 인식에 초점을 둔다. 둘째, 신뢰성 있고 정직하고 동정심 있는 모습은 다른 사람들에 대한 태도에 초점을 둔다.

둘의 비중이 서로 다를 수 있겠지만 개인과 기업은 두 가지를 동시에 추구해야 한다. 오늘날 사람들은 자기계발 서적, DVD, 워크숍에서 워낙 흔히 접하기 때문에 첫 번째 기준을 왜곡하고 두 번째 기준을 간과하는 경우가 허다하다. 마이클 슈레이지에 의하면, 이 두 가지의 "근본적인 메시지는 아주 구체적"이다. "당신이 다른 사람이었다면 훨씬 더 좋은 사람이었을 것이다."

진실/가식의 상호작용

『언리얼 아메리카The Unreal America』에서 에이다 루이즈 헉스터블은 우리 주변을 둘러싼 만물의 비현실성을 인정하면서 "가식적인 가짜에서 진실한 가짜를 구분하기가 점점 더 어려워진다"고 언급한다. "모든 가짜들은 분명히 똑같지는 않다. 좋은 가짜들과 나쁜 가짜들이 존재한다. 그 기준은 더 이상 진짜와 가짜가 아니라 모방의 상대적인 장점에 있다. 좋은 가짜들이 더 좋아지는 이유는 그것들이 진실성을 개선하기 때문이다."

우리의 구조 지향적 자아에 충실하기 위해 앞의 단어들에서 비롯된 행렬을 살펴보아야 한다. 만약 진실한 가짜와 가식적인 가짜가 존재한다면, 가식적인 진짜와 진실한 진짜도 존재해야 한다. 이처럼 네 개의 항목이 있지만 그것을 구분할 축이 없기 때문에 우리는 이 단어들이 어떤 차원에서 비롯될 수 있는지 질문을 던졌다. 그리고 그 두 축은 우리가 제시한 진정성의 기준이 되어야 함을 깨달았다.

표6-1 진실/가식 도표

	자아에 충실하지 않음	자아에 충실함
자체적으로 말한 정체성과 일치	진실한 가짜	진실한 진짜
자체적으로 말한 정체성과 불일치	가식적인 가짜	가식적인 진짜

그 결과로 탄생한 위의 진실/가식 도표는 산출물에 진정성을 연출하는 방법을 이해할 수 있는 심리 모델과 규칙을 제공한다. 가로축은 회사와 산출물 간의 자기주도적인 관계를 나타낸다. 즉 당신이 제공하는 산출물은 그 자체로, 그리고 회사에도 충실한가? 세로축은 회사와 소비자 간의 상대적 초점을 둔 관계를 나타낸다. 즉 당신은 스스로 말한 산출물을 제공하고 그것은 어떤 소비자에게도 거짓되지 않은가? 비즈니스에서 진정성을 연출하려면, 기업은 반드시 자사에서 제공하는 모든 상품, 제품, 서비스, 체험, 변용에 이 두 가지 기준을 적용해야 한다. 이것을 폴로니우스 테스트라고 지칭하려 한다.

①산출물은 자체적으로 충실한가?
②산출물은 자체적으로 말하는 정체성과 일치하는가?

그 대답은 진정성의 네 가지 항목(진실한 진짜, 진실한 가짜, 가식적인 진짜, 가식적인 가짜)으로 이루어지며, 각 항목은 소비자들이 앞서 헉스터블이 지적했던 것처럼 점차 줄어드는 비현실성의 정도를 통해, 다양한 산출물을 진실하거나 진실하지 않은 것으로 인식하게 되는 방식을 나타낸다.

다시금 강조하지만 이 책에서 우리는 산출물을 더 진정하게 연출하는 데 기여하는 게 아니라면, 탁월한 리더나 성실한 직원의 이상형을 제시하려고 하는 것이 아니다. 왜냐하면 이것은 기업의 산출물에 진정성을 연출하는 것이고 어떤 의미에서는 기업 자체에 진정성을 연출하는 것이기 때문이다. 물론 우리는 인간의 특성("자기 자아에 대한 충실성"과 "자신이 말한 정체성")을 생명이 없는 산출물("자체적인 충실성"과 "자체적으로 말한 정체성")에 연계하면서 비즈니스 산출물을 의인화한다. 이런 관점에서 모든 산출물들은 그것을 제공하는 비즈니스에 충실할(혹은 충실하지 않을) 수 있으며 그 산출물은 비즈니스에서 말한 정체성과 일치할(일치하지 않을) 수 있다.

많은 기업들은 폴로니우스 테스트를 통과하지 못하는데, 바로 임원들이 폴로니우스처럼 상투적인 진부함을 초월하지 못하기 때문이다. "우리의 비전은 세계적 수준이 되는 것이다", "우리는 모든 면에서 품질을 위해 노력한다", "우리는 사회에 환원한다", "소비자가 우선이다", "우리 직원들은 가장 소중한 자산이다." 분명히 소비자, 주주, 월스트리트 분석가, 특히 직원은 이런 구호가 얼마나 가식적인지 알고 있다. 당신도 그런가? 유럽 경영기술대학원의 교수 에르베 라로시는 "강한 책임감, 진지한 동기, 폭넓은 공감대, 핵심적인 가치, 확실한 충성심 등을 요구하는 조직에서 가식성은 운영의 기준이 된다고 지적한다." 모든 사람들이 그런 행동을 하고 모든 사람들이 그것을 알고 있다. "중간 간부들은 오직 가식적인 경우에만 적극적으로 참여하려고 한다. 그들은 상사들에게 가식적인 모습을 보일 것이며 다른 사람들, 특히 부하직원들이 그런 태도를 답습하리라고 예상할 것이다."

이륙을 알리며 소리치는 항공 승무원들, 콜센터와 텔레마케터의 전화 멘트, 소프트웨어 컨설턴트의 세일즈 문구, 재무설계사의 조언에 대해 생각해보라. 심지어 혼자 웹사이트를 방문하는 경우도 가식적인 의식에서 예외가 되지 않는다. 당신은 고객이나 공급업자의 웹사이트를 방문할 때 "도입부 건너뛰기"를 하지 않는가?

당신이 정말 진정하다고 여기는 특정 기업들의 산출물에 대해서도 우리의 두 가지 기준을(자체적으로 충실한지, 자체적으로 말한 정체성과 일치하는지) 테스트해보면 연관성을 찾을 수 있을 것이다. 마찬가지로 당신이 정말 허위적이라고 여기는 산출물도 똑같이 테스트해보면 두 가지 기준에 모두 미치지 못할 것이다. 그것들은 자체적으로 충실하지도 않고 다른 사람들에게 주장한 것과도 일치하지 않는다.

다른 사람들에 대해서도 상당히 많은 연습이 필요하다. 이제 자신을 테스트해보라. 당신의 비즈니스와 경제적 산출물은 진실/가식 도표에서 어디에 위치하는가? 당신은 어떻게 이 두 가지 진정성의 기준을 더 완벽하게 충족시킬 수 있는가?

폴로니우스처럼 연출하기

엘리자베스 시대에 대부분의 배우들은 폴로니우스와 레어티스의 장면을 "진실한 조언, 가식적인 아버지"로 연기했다. 이제 반대로 "가식적인 조언, 진실한 아버지"로 생각해보자. 그것은 2000년에 상영된 마이클 알메레이다 감독의 영화 〈햄릿〉에서 빌 머레이가 표현한 폴로니우스의 모습이었다. 《뉴욕타임스》의 영화평론가 A. O. 스콧은 머레이가 보여준 연기의 중요성을 인식했다. "누군들 셰익스피어를 즉흥적으로 풀어낼 수 있을까 싶지만 머레이는 바로 그것을 해내고 있다. 그는 엘리자베스 시대의 희극언어를 자연스럽고 인간적으로 풀어낼 수 있는 극소수의 배우 중 하나다. 그 결과로 그의 캐릭터와 연기는 전혀 새로운 색깔을 드러낸다." 스콧에 따르면, "머레이의 폴로니우스는 자신의 언어가 부적절하지만 자신이 말할 수 있는 언어가 오직 그뿐이라는 것도 알고 있다는 결론을 내린다. 그는 극중에서 가장 심각한 가짜지만 자신의 가식을 인식하는 듯한 유일한 인물이기 때문에 가장 정직한 인물도 된다."

이것은 산출물을 더 진정하게 연출하기 위한 첫 단계다. 만약 산출물의 가식성을 인식하고 있다면 그에 대해 솔직하게 말하라. "그것은 완전히 가짜다"라고 인정하라. 마술사 듀오 펜앤드텔러에서 구연을 담당하는 펜 질레트는 이렇게 설명한다. "우리는 관객들에게 완전한 속임수라고 말하기 때문에 우리 공연에는 윤리적 기반이 내재한다." 모든 행동이 연기와 거울을 통해 이루어진다는 것을 인정함으로써 펜앤드텔러는 자신들의 마술을 관객들 앞에 더 진정하게 연출한다.

비즈니스 종사자를 위한 조언으로 우리는 중세 역사가이자 법학교수인 윌리엄 이언 밀러가 『속임수Faking It』에서 언급한 내용을 강조한다. 밀러는 기도문부터 이성을 유혹하는 말에 이르기까지 모든 문구를 살펴보면서 "우리의 쾌활하고 무의식적인 '자연성'을 저해하는 불쾌한 감정이라는 자의식의 문제를 제기하는데, 그것은 그저 자기도 모르게 '자연스럽게 행동하는 것'일 수도 있다"고 말한다. 그는 또 이렇게 지적한다. "속임수를 쓰는 기분은 우리에게 자신에 대한 기만이 우리의 '진정한' 자아라는 것과 우리가 수행하는 역할 간에 내재하는 괴리를 인식하도록 강제한다."

개인이든 비즈니스든 진정성을 연출해야 할 필요성을 자각하지 못할 때 진실한 모습을 보이기가 더 쉽다. 이런 자각은 우리의 '자연스러운' 사고과정과 인간적 행동을 저해한다. 하지만 우리는 이미 자각하고 있고 모든 경제적 산출물이 완전히 가짜라는 것을 알고 있다. 왜 우리는 이것을 반복하는 걸까? 빌 머레이의 폴로니우스처럼 당신도 확실히 가식을 자각하게 되면서 더 이상 그런 가식에 주의를 기울이지 않기 때문이다. 비즈니스맨으로서 우리에게 가식은 삶의 운명이다. 밀러는 이렇게 요약한다. "좋든 싫든 간에 우리는 가식에 몰두하고 있다."

또한 우리는 모든 산출물의 진실/가식 지위에 대한 유일한 중재자로서 소비자에게 충실해야 한다. 왜냐하면 진정성은 개인적으로 결정되기 때문이다. 소비자들은 스스로 당신이 판매하는 것이 그 자체로 충실한지, 자체적으로 말한 정체성과 일치하는지 여부를 결정한다. 이런 판단은 각 개인의 자기 이미지와, 그 이미지를 통해 당신이 제공하는 산출물과 그 산출물에 대해 말한 내용을 수용하거나 무시하거나 여과하거나 해석하는 방식에서 비롯된다. 하지만 당신의 회사에서 지속적으로 취하는 행동은 소비자의 결정에 상당한 영향을 미친다.

진실/가식 평가하기

여러 기업들이 진실/가식 도표상의 네 가지 조합을 활용해 어떻게 진정성을 연출하는지를 파악하기 위해, 우리는 ESPN 존부터 데이브 앤드 버스터스, NBA 스토어, 나이키타운에 이르는 뉴욕 타임스스퀘어에서 서로 가까운 거리에 있는 네 개의 매장을 살펴보기로 한다. 여러분은 각 매장을 어떻게 분류하는가?

ESPN 존

입구 근처의 작은 매점은 식사와 게임을 모두 즐길 수 있는 ESPN 존에서 지극히 일부에 해당한다. 커다란 서랍들은 메인 스튜디오 그릴이며 스크린실의 8.5미터에 달하는 대형 스크린과 앞줄의 가죽 좌석은 MVP 클럽 회원들을 위한 것이다. 그 옆쪽에서 단골고객들은 개인용 "스카이박스"를 한 시간 단위로 요금을 내고 빌릴 수 있다. 모든 스포츠 용품과 스포츠를 주제로 한 작품 중에서 가장 돋보이는 것은 여러 양키즈 선수들의 톱스 베이스볼카드로 만든, 베이브 루스의 거대한 모자이크 초상화다. 위층의 게임존은 아케이드 게임의 느낌을 초월한다. 사용자들은 동전이나 토큰이 아닌 스마트카드를 사용하면서 실제 풋볼을 던지고 퍽(아이스하키에서 쓰는 공)을 때리며 농구공을 던진다. 예를 들어 "ESPN 홉스 히스테리아" 농구스테이션은 실물 크기의 백보드와 림을 갖추었고 사용자의 누적 자유투 성공률이 표시된다.

단순한 스포츠 레스토랑을 넘어선 ESPN 존은 자체적으로 충실하고, 스스로 말한 대로 세계 최고의 종합 스포츠 네트워크라는 정체성과도 일치한다. 무려 150개가 넘는 스크린에서 각종 스포츠 생중계와 스포츠 하이라이트, 그리고 다른 스포츠 엔터테인먼트를 보여주는 이곳은 정말 ESPN답다. 이것은 우리에게 진실한 진짜라는 인식을 주는 듯하다.

데이브앤드버스터스

이 레스토랑 겸 유원지에는 '바스켓볼'을 비롯한 여러 아케이드 게임들이 있다. '바스켓볼'을 하려면, 먼저 림으로 던질 공들이 일렬로 굴러 나오도록 스마트카드를 삽입하고 사용자의 위치에서 림의 거리를 가깝거나 멀게 조절하는 여러 단계 중 하나를 선택해야 한다. 게임에 사용되는 공은 실제 농구공보다 작고 림은 다소 높으며 골을 성공할 때마다 1점씩만 올라간다. 이 게임은 농구와 유사하지만 결코 농구는 아니다. 이것은 자체적으로 말하는 정체성과는 다르다.

그래도 농구를 소재로 한 아케이드 게임으로서 '바스켓볼'은 그 자체로 충실하고 데이브앤드버스터스의 다른 유료 게임 체험 게임기들과도 조화를 이룬다. 하지만 "그 자체"의 정체성을 살펴보면서 이곳의 본질을 생각해보라. 데이브앤드버스터스는 무엇인가? 레스토랑인가? 아케이드인가? 유원지인가? 이 모든 것 혹은 그 이상이기도 하고 그 어느 것도 혹은 그 이하에도 해당되지 않는다. 이런 특성의 결여는 자체적으로 말한 것과 무관한 모든 것들을 제공할 수 있게 한다. 데이브앤드버스터스는 고전적인 스키볼(가식적인 진짜 볼링)부터 댄스 댄스 레볼루션(가식적인 진짜 에어로빅) 같은 최신의 "댄스 시뮬레이터"에 이르기까지 우리가 가식적인 진짜라고 부르는 체험을 제공한다.

NBA 스토어

이 매장의 디자인에서 핵심적인 요소는 마치 농구공이 림 주위를 빙글빙글 도는 것처럼 나선형으로 아래쪽까지 이어지는 51미터에 달하는 목재 통로다. 그 주위의 하프코트 농구장 아래로 바람이 덜 채워진 농구공들이 담긴 커다란 상자들이 놓여 있다. 표지판에는 "농구공은 전시용입니다. 상자에서 꺼내지 마세요"라고 적혀 있다. 흑판에 부착된 또다른 표지판에는 "여기서는 부디 덩크슛을 삼가주세요"라고 적혀 있다. 하지만 상품이 진열된 선반들이 농구 코트를 뒤덮고 있어 드리블이나 덩크슛 자체가 불가능하기 때문에 이런 표지판은 불필요한 듯하다. 방문객들이 즐길 수 있는 유일한 농구 게임은 데이브앤드버스터스와 마찬가지로 아케이드 게임뿐이다.

NBA 스토어는 NBA 상품들로 가득한 실제 상점이라는 측면에서, 자체적으로 말한 정체성과 일치한다. 실제로 리그의 유일한 독립 아울렛인 NBA 스토어는 NBA 본사 근처에 위치하고 있다. 하지만 NBA 스토어는 자체적으로 충실하지 못하다. 덩크슛은 NBA 경기와 NBA 마케팅의 핵심적인 매력이고, 이곳에 사람들이 매력을 느끼는 주요한 요인이기 때문이다—환상적이고 경이로운, "이 게임을 사랑해I love this game", 슬램덩크. NBA 스토어는 우리에게 진실한 가짜라는 인상을 준다.

나이키타운

NBA 스토어와 마찬가지로 나이키타운도 유려한 디자인과 흥미로운 인테리어에 감각적인 구성을 갖추고 있지만 그 본질은 상점이다. 이곳에서는 마을도, 농구 코트도, 운동과 관련된 장소의 외형도 찾아볼 수 없다. 또한 뉴욕의 스포츠 프랜차이즈들이나 나이키가 후원하는 뉴욕에 소속된 스포츠스타들과 관련된 것도 전혀 없다(실제로 미국의 12개 나이키타운 매장 중 지역 팀이나 선수와 연계를 맺기 위해 노력하는 매장은 없다). 더욱이 나이키는 운동을 하는 것을 전혀 제공하지 않는다.

나이키타운은 자체적으로 말한 정체성과 일치하지 않으며, 나이키의 내부 모토인 "진정한 운동능력authentic athletic performance"에도, 대외적 모토인 "저스트 두 잇Just do it"에도 충실하지 못하다. 나이키는 이런 정신을 나이키타운 아울렛으로 확장하려는 노력을 전혀 하지 않는다. 이처럼 운동과 전혀 무관하기 때문에 나이키타운은 가식적인 가짜인 것이다.

진실한/가식적인 행동 하기

위의 내용을 보면서 당신은 이미 자신의 비즈니스가 진실/가식 도표에서 어디에 속하는지 생각하고 있을지도 모른다. 어떻게 이 도표를 활용해서 더 두드러지게 진정성을 연출할 수 있을까? 다음의 단계들은 가장 시급한 행동방침을 제시한다. 각 단계를 차례로 설명하고 난 후에 우리는 어떻게 이 과정이 ESPN 존, 데이브앤드버스터스, NBA 스토어, 나이키타운에서 진정성을 더 두드러지게 연출하도록 도움을 줄 수 있는지 살펴볼 것이다. 그리고 여러분의 환경에서 적용할 수 있는 광범위한 접근법을 제시할 것이다.

1단계, 현재 자신의 상태를 평가하라

현재 당신의 비즈니스와 산출물이 무엇인지, 또 그 비즈니스와 산출물의 정체성을 어떻게 말하는지 파악하라. 자체적으로 충실한 것과 자체적인 정체성을 유지하는 것에 무엇이 이로우며 무엇이 해로운가? 솔직하게 판단하라. 진실/가식 도표에서 당신의 현재 상태를 가장 잘 설명하는 항목은 무엇인가? 냉정하게 판단하라. 이 세상에 완전히 진실한 진짜 산출물이란 존재하지 않으며, 비즈니스에서는 자체적으로 충실하지 못하고 자체적으로 말한 정체성을 충족시키지 못하는 자아의 일부 차원이 항상 존재한다.

이 단계를 충실히 따르게 되면 자신의 허위성에 대한 인식도 증대되고 주위의 동료들과도 활발한 토론을 나눌 수 있게 될 것이다. 현재 당신이 진실/가식 도표에서 어디에 속하는지 파악하라.

2단계, 현재의 상태를 자신의 운명으로 받아들여라

새로운 비즈니스는 진실한 진짜로 연출하기가 가장 쉬울 수 있는데, 그것은 참신하게 시작하기 때문이다. 소비자들은 그 비즈니스를 두고 연출된 듯한 인상을 거의 혹은 전혀 갖지 않는다. 하지만 이런 지위를 얻지 못한 채 오랫동안 지속된 믿음과 태도에 고착된 비즈니스의 경우, 진실한 진짜로 변모하려는 시도는 자칫 그 두 가지 차원에서 모두 완전한 가짜로 인식될 위험이 존재한다.

이론적으로 모든 비즈니스의 목표는 오직 진실한 진짜를 제공하는 것이지만, 현실적으로 진실/가식 도표의 네 가지 항목은 어떤 것이든 진정성을 연출하기 위한 합리적인 기반을 제공한다. 당신이 어떤 항목에(심지어 가식적인 가짜에) 해당될지라도 무조건 진실한 진짜가 되기 위해 노력하지 말고 현재 자신의 자아를 유지하라.

- 만약 가식적인 가짜라고 생각된다면, 자신의 허위성을 밝히고 전혀 진실성을 주장하지 않았다는 것에 기뻐하라. 당신에게 성공의 기회는 인조 모피(혹은 빌 머레이의 폴로니우스)처럼 의도적이고 공개적이고 영리하게 명백한 가식적인 산출물을 생산하는 것에 있으며, 당신은 아주 솔직하게 가식적인 가짜가 되면서 진실성을 연출할 수 있다.

- 가식적인 진짜라고 생각된다면, 자신의 허위성을 감추고 자신의 말과 행동의 불일치를 드러내지 않는 산출물을 생산하라. 당신의 과제는 매력적이고 그럴듯한 환상의 영역, 가상 세계, 테마 환경, 혹은 다른 현실도피성 산출물(예를 들어 영화)을 창출하는 것인데, 그것은 진실성과의 괴리를 줄이면서 소비자를 위해 창출된 진실한 가치를 강조한다.

- 진실한 가짜라고 생각된다면, 간접적인 암시든 직접적인 인정이든 간에 자신의 허위성을 인정해야 한다. 특정한 산출물이 다른 곳에서 진정한 자아와 차이가 난다는 것을 인정한다는 증거를 소비자에게 제시하라. 공장형 아울렛과 일반 도매점에서 구입하는 산출물에는 품질과 가격의 차이가 발생하는 것처럼 말이다.

- 진실한 진짜라고 생각된다면, 자신의 허위성을 초월해야 한다. 기존의 긍정적인 인식을 저해하는 행동을 피하고 진정성의 인식을 강화하는 추가적인 요소를 더하라. 항상 주의를 기울여야 한다. 일말의 가식적인 징후라도 순식간에 증폭되어 좀처럼 회복하기 어려워질 수 있기 때문이다. 2007년 밸런타인데이에 동부 해안에서 눈보라가 발생했을 당시 제트블루 에어웨이가 고객들을 냉대했던 일을 생각해보라.

다시금 강조하지만 우리는 너무 성급하게 자신의 비즈니스와 산출물을 진실한 진짜라고 여기지 말 것을 당부한다. 이것을 진정성의 세번째 원칙과 연계해서 생각해보라. 만약 당신이 진실한 진짜라고 생각하지 않는다면, 진실한 진짜가 되는 것은 더 쉽다.

3단계, 가식을 극복하라

이 단계에서는 진정하게 인식되어야 할 차원에만 집중하라. 가식적인 진짜라면, 자아에 충실하는 일에 주력하라. 진실한 가짜라면, 자체적으로 말한 정체성에 주력하라. 당신의 산출물이 적절한 기준에 미달되도록 만드는 요인은 무엇인가? 당신의 비즈니스와 산출물에서 일말의 허위성이라도 유발하는 요소들을 정확히 포착해서 제거하거나 보완하거나 변형시켜라. 앞서 4장에서 언급한 자연성·독창성·특별함·연관성·영향력의 진정성을 연출하기 위한 원칙을 다시 살펴보라. 혹시 현재의 허위적 태도를 개선할 수 있는 확실한 해결책이 제시되어 있지 않은가?

물론 진실한 진짜를 추구한다면 이 모든 사항을 수행해야 한다. 하지만 가식적인 가짜에 만족하더라도 예외일 수는 없다. 여기서 산출물이 지나치게 자아에 충실하고, 자체적으로 말한 정체성에 과도하게 치중하는 영역을 찾도록 하라.

4단계, 진실을 나타내라

마지막으로 진정성의 네 가지 항목에서 어디에 해당되든 간에 비즈니스 요소들(재료, 특징, 산출물, 장소, 접촉, 사연 등) 중 그 자체로 당신이 원하는 것을 최대한 드러내는 것을 생각하라. 소비자들에게 자신을 나타내는 방식에서 어떻게 그 부분을 극대화할 수 있는가? 진실한 진짜, 진실한 가짜, 가식적인 진짜, 혹은 가식적인 가짜의 어떤 요소들이 경영진의 관심과 숙련된 디자인을 거쳐 세상에 자신을 나타내는 방식에 특별함을 더할 수 있는가? 사실상 무결점이나 다름없는 인조가죽, "실화에 근거한 영화"라는 홍보 문구, 공장형 아울렛의 품질 결함에 대한 경고문, 언론을 통해 여러 문제들이 공개된 직후 제트블루 에어웨이가 발표한 고객의 기본 권리에 대해 생각해보라. 이런 특화된 요소들을 확립할 수 있는 방법을 찾아라. 비즈니스와 산출물에 진정성을 연출하는 데 큰 효과를 발휘한다.

재평가

이제 앞서 살펴보았던 뉴욕의 4개 매장을 다시 방문하도록 하자. 일단 각 매장이 현재 상태를 평가한다고, 그 상태를 허위성의 근원을 극복하고 진정성의 특화된 요소를 강조하기 위한 운명으로 수용한다고 가정해보자. 각 기업은 어떻게 진정성을 더 연출할 수 있는가?

ESPN 존

ESPN 존은 스스로 진실한 진짜라고 평가할 수 있지만 시간이 지날수록 차츰 그 지위를 침해할 수 있는 자체적인 행동을 재편성해야 한다. 첫해 ESPN 존은 1호점인 볼티모어 매장의 스크린실에서 고객에게 특별 입장료를 받고 ABC의 〈먼데이 나이트 풋볼〉을 중계하며 크리스 버먼이 이끄는 중계진의 하프타임 해설을 방송했다. 하지만 이 차별화된 서비스는 불과 한 시즌 만에 중단되었다. 또 ESPN 존은 실제 하프코트에서 심판이 슈터에게 농구공을 패스해주며 슛을 던지게 하는 서비스도 운영했다. 하지만 이 진실한 진짜 활동도 데이브앤드버스터스에서 운영하는 것과 아주 흡사한 기계에 의해 대체되고 말았다.

진실한 진짜로 남으려면 ESPN 존은 반드시 경쟁업체들보다 우위를 점유하면서 시간이 흐르면서 잠식해오는 가식적인 요소들을 극복해야 한다. 그 일환으로 한동안 중단했던 농구 하프코트를 재설치하고 매장의 채널에서 탁구, 당구, 다트 같은 기계적 요소가 최소화된 스포츠를 중계해야 한다. 더불어 스코어 편성이 특징인 자아에 충실하기 위해 스마트카드에 모든 고객들의 성적을 검색하는 기능을 추가해야 한다. 대부분의 다른 기계들이 높은 점수만을 검색하지만 ESPN이 모든 스포츠 종목의 점수를 총괄하는 것처럼 ESPN 존은 모든 기계에서 최고 점수를 검색하고 그것을 다른 모든 매장들의 점수와 비교할 수 있다. 이런 진실한 진짜 능력은 ESPN 존에 특화된 요소를 제공할 것이다.

진정한 독창적인 산출물이라면 처음을 강조해야 한다. 10주년, 25주년, 40주년 등 기념일을 축하하는 시기가 돌아올 때마다 이를 활용하고 더 나아가 진실한 진짜 방식의 체험을 보강해야 한다. 이 획기적인 기회를 최대한 활용하지 못한다면 결국 진정성의 인식을 저해하는 태도를 보이게 될 뿐이다.

데이브앤드버스터스

데이브앤드버스터스는 레스토랑 느낌에 대형마트 체험을 연출하면서 게임 아케이드 레스토랑이라는 영역에 성공적으로 이름을 새겼다. 이런 가식적인 진짜의 상태를 활용하려면 데이브앤드버스터스는 능숙하게 허위성을 감춰야 한다. 지금까지는 이런 엄청난 규모를 유지하면서 고객들에게 깊은 인상을 남겼다. 하지만 체인으로서 장차 더 많은 지역으로 확장하려면 더 지역적인 외형과 느낌을 전달해야 할 것이다.

데이브앤드버스터스는 대형 게임장이 아닌 지역 프랜차이즈, 경기장 혹은 신체활동을 테마로 삼아 다양한 공간이 공존하는 단일 공간을 창출할 수 있다. 이처럼 테마를 적용하는 것은 게임에 내재하는 비현실성에 대한 고객들의 관심을, 장소 안의 장소로 조성된 현실성으로 돌리는 효과를 발휘할 것이다. 집에서 플레이스테이션이나 엑스박스를 즐길 때는 느낄 수 없는 감각이다.

데이브앤드버스터스는 마스코트(가식적인 진짜 체험의 본질적인 요소)를 도입할 수 있는데, 미키마우스나 척 E. 치즈Chuck E. Cheese 같은 캐릭터가 아닌 지역적인 색채를 드러내는 "데이브"(실제 데이비드라는 이름을 지닌 인물)와 "버스터"(누군가의 별명일 수 있다)가 되어야 한다. 심지어 〈아메리칸 아이돌〉처럼 해마다 지역별 경연대회를 (데이브와 버스터 부문으로 나누어 별도로) 개최할 수도 있다. 어떤 방식을 선택하든 이 두 가지는 모두 데이브앤드버스터스의 진실성을 나타낼 것이다.

이 회사에서 자아에 충실하지 못한 하나는 상금을 처리하는 방식이다. 이 때문에 가식적인 진짜의 단점이 부각된다. 상금은 경쟁의 정점이 되어야 한다. 데이브앤드버스터스는 축하와 기념을 위한 기회를 마련할 수 있고 상금은 그 자체로 특화된 지위를 얻어야 한다. 싸구려 장식품이 아닌 지역의 자선단체들에 현금 기부를 할 수 있는 상환 포인트를 상상해보라. 이런 자선 포인트 상환제도를 도입한다면, 데이브앤드버스터스는 지역사회에 상당한 영향력을 행사할 수 있다.

NBA 스토어

진실한 가짜라는 상태를 수용한다면, NBA 스토어는 NBA 자체와 대비되는 허위성을 인정해야 한다. 이곳은 상점이기 때문에 당연히 상점처럼 행동해야 한다. 문자 그대로 NBA 스토어이기 때문에 농구 용품 전문업체인 딕스 스포팅 굿즈 같은 형태가 아닌 고유한 NBA 스토어여야 한다.

현재 NBA 스토어의 특화된 디자인 요소는 나선형 통로 아래에 위치한 농구 코트지만, 그곳은 고객들이 농구를 할 수 없다는 점에서 자체적인 허위성의 근원이기도 하다. 따라서 NBA 스토어는 모든 고객들이 덩크슛을 해볼 수 있는 진실한 가짜 메커니즘을 창출해야 한다. 예를 들어 조절이 가능한 림이나 트램펄린을 활용해서 덩크슛을 할 수 있는 서비스를 제공하고 덩크슛 비디오도 판매하는 것이다. 이미 NBA 경기에서는 하프타임에 이런 공연을 실시하는데, 바로 이것이 NBA 스토어에서 농구 코트가 진정성을 갖출 수 있는 방식이다. 실제 경기보다 짧지만 타임아웃 시간도 주고 농구 코트에서 하프타임 쇼를 펼치는 것이다.

매일 영업시간 중간에 객석 조명을 낮추고, 스포트라이트를 현란하게 비추고, 음악을 크게 틀고, 직원들이 치어리더로 분장하고, 라이벌 팀들의 마스코트를 소개하고, 선택된 고객들을 눈 가리고 슛 던지기 같은 행사에 참여시키는 특별한 쇼타임을 시작할 수 있다. 영업시간 내내 직원들은 마치 NBA 경기의 휴식시간에 전광판을 통해 팬들의 모습을 보여주는 것처럼 매장의 대형 스크린에 실시간으로 고객들의 모습을 보여주면서,

나선형의 통로 양쪽에서 티셔츠를 비롯한 다른 경품들을 나눠주는 짧은 타임아웃 행사를 개최할 수도 있다(순수주의자들은 농구와 무관한 이런 모든 활동들이 NBA 경기와 대비하면 허위적이라고 주장할지도 모른다. 물론 그것은 사실이지만, 진실한 가짜에 속하는 NBA는 오래전에 이런 식의 활동을 수용했다! 그것들은 이제 NBA 정체성의 일부가 되었다).

NBA 스토어의 홍보 문구는 "하나의 매장, 모든 팀들, 그 모든 것을 체험하라"이다. 하지만 단순히 유니폼, 셔츠, 모자, 다른 상품들만으로는 문구에서 언급한 내용을 충족시키기 힘들 것이다. 하프타임과 타임아웃 체험은 NBA 스토어를 더 진실한 가짜 산출물로 연출할 것이다.

나이키타운

나이키는 나이키타운 산출물들이 가식적인 가짜라는 것을 인정해야 하지만 굳이 진실한 진짜가 되기 위해 노력할 필요는 없다. 예를 들면, 나이키타운을 진정한 "저스트 두 잇" 운동 클럽으로 변모시켜야 할 이유가 없는 것이다. 오히려 현재 허위성의 근원을 생각해야 한다. 나이키타운은 자체적으로 말하는 정체성(타운, 즉 마을)과 일치하지도 않고 자아에 충실하지도 않다("저스트 두 잇"과 전혀 관련성이 없다). 나이키타운은 가식적인 가짜의 사고방식을 활용해서 정말 마을 같지는 않지만 이색적인 상점으로서, 쇼핑만을 유일하게 제공하는 활동으로 삼아야 한다. 마치 쇼핑이 경쟁이 치열한 스포츠로 여겨지도록 말이다—뉴욕에서 흔히 그런 것처럼.

나이키타운은 그날 다른 쇼핑을 하고 온 고객들에게 아무것도 하지 않고 편안하게 휴식을 취하도록 배려할 수 있다. 그러려면 매장을 회복을 위한 단순한 테마로 구성해야 하는데, 무엇보다 모든 개선 작업은 회복을 위한 휴식에 초점을 맞춰야 한다. 나이키타운 쇼핑 체험은 고객들을 쇼핑에 따르는 지루한 걷기와 서 있기에서 해방해주면서 관리 서비스를 강조해야 할 것이다. 나이키는 신발을 맞춤화하는 온라인 프로그램인 나이키 아이디를 활용한 디자인 라운지를 설치해서 고객들이 카운터에 서 있지 않고 편하게 쉬며 직접 신발을 디자인하는 시스템을 구축할 수 있다.

ESPN과 마찬가지로 나이키도 처음을 강조해야 한다. 나이키는 자사의 매장을 체험 마케팅을 위한 공간으로 활용한 최초의 제조업체다. 1988년에 "저스트 두 잇" 캠페인을 최초로 도입했고 1990년에 포틀랜드에 나이키타운 1호점을 개장했다. 어쩌면 기존 이미지보다 훨씬 더 가식적인 가짜로 연출하는 것이 가장 좋은 방법일지도 모른다.

* * *

유의할 점이 있다. 유효성 증대, 비용 절감, 품질 개선을 위한 추가적인 결정은 자칫 기존의 진정성의 인식을 잠식하거나 진실성의 평판을 얻을 수 있는 기회를 저해할 수 있다. 여기에 소개된 기업들뿐만 아니라 모든 기업들은 진정성을 새로운 비즈니스 규범으로 관리해야 하는데, 일단 진실/가식의 기준에서 비즈니스를 솔직하게 평가하고 그 상태에서 진정성을 연출해야 한다.

앞에서 소개한 네 단계에서 다음의 네 가지 접근법을 도출해낼 수 있는데, 이는 진실/가식 도표의 각 항목을 통해 더욱 진정성을 연출할 수 있는 방법이다.

① **인조화하라** 가식적인 가식성을 과감히 수용하면서 허위성을 알려라.

② **믿음을 창조하라** 부차적이지만 믿을 만한 진실성을 포괄적으로 창조하면서 허위성을 숨겨라.

③ **가식성을 드러내라** 자아에 충실하지 못한 부분을 확실히 입증하면서 허위성을 인정하라.

④ **진실해져라** 모든 면에서 열정적이고 끊임없이 진실한 진짜를 추구하면서 허위성을 초월하라.

이제 우리는 이 접근법을 자세히 살펴볼 것이다. 네 번째 접근법은 대단히 어렵기 때문에 후반부의 세 장에서 소개된 골자들을 완전히 이해하고 수용하고 적용할 경우에만 가능하다.

인조화하라

진정성이 새로운 소비자 감각으로 부상하면서 "가식fake"은 자칫 조롱의 단어가 될 수도 있다. 하지만 우리가 명백히 허위적인 것을 좋아한다면 그것은 가식이 아니라 인조인 것이다. 프랑스어로 "거짓fake"을 의미하는 단어를 영어에서 사용하는 것은, 우리가 가식을 바람직하고 더 진실하다고 여긴다는 것을 의미한다. 기업들이 산출물을 인조라고 지칭하면서(이런 행동은 진정성의 다섯 번째 원칙에 위배되지 않는다)가식적인 가짜로 인정하는 것은 그 산출물의 진실성을 연출하는 데 도움이 된다. 이런 투명성은 진정성에 대한 소비자들의 기대를 인정하고, 동시에 산출물의 진정한 본질을 알리면서 명백히 가식적인 가짜를 인조적 진정성fauxthentic이라고 부를 수 있는 산출물로 연출한다.

인조화는 오늘날 호황을 누리는 많은 산업들의 원동력이다. 먼저 인조 모피에 대해 심도 깊게 살펴보자. 소매업체들에서 양털 코트(겉감과 속감 모두 천연 양가죽과 양털로 제조한다)는 수백만 원에 판매되고 인조 양털(겉감은 돼지가죽, 속감은 인조 양털로 제조한다)은 약 120만 원에 판매되며 "인조적인 인조" 양털(겉감과 속감 모두 폴리에스터로 제조한다)은 25~37만 원에 판매된다. 이처럼 인조적인 인조 제품은 단순한 인조 양털보다 몇 배나 비싼 가격으로 판매된다. 더 실제적이고 더 유연하고 더 보기 좋기 때문이다.

이런 인조 산출물은 가식성의 정도에(그리고 암암리에는, 진실로서 인식되는 정도에) 차이가 있을 수 있다. 심지어 명백한 가짜 손목시계조차 노점상이나 암시장이 아닌 합법적인 유통경로를 얻을 수 있을 만큼 인조적 진정성을 지닐 수 있다. 간혹 공항의 아울렛에서도 판매되는 불루가, 꾸르띠에, 몰도바 같은 손목시계 모조품들은 모두 발음은 유사하지만 결코 부로바, 까르띠에, 모바도 같은 명품 브랜드가 아니다. 이런 인조 브랜드들은 자신과 무관한 부분을 명확히 언급하면서 정체성을 밝힌다("우리 시계는 까르띠에에서 제조되지 않으며 절대로 모조품이 아니다. 우리는 까르띠에와 전혀 무관하다"). 그 가격(한 개에 1만5000원, 두 개에 2만5000원)이라면 명백한 가짜이기 때문에 구매자조차 꾸르띠에를 진정한 꾸르띠에로 여길 수 없을 것이다. 물론 진정한 까르띠에로 여길 수도 없다.

비즈니스계는 모든 종류의 산출물에서 투명하게 가짜를 인정해서 비록 대다수는 아닐지라도 많은 소비자들에게 인조적 진정성의 인식을 이끌어낸다.

- **가정용품** 인조 벽난로, 인조 가구, 인조 식물, 조화, 인조 마감재
- **미용제품** 인조 눈썹, 인조 손톱, 염색약, 가발, 보톡스
- **식품** 인공 감미료, 인조고기(콩 햄버거)
- **건강** 인공 관절, 인공 조직, 심장 스텐트
- **오락** 가상 뉴스, 일회용 문신
- **도서** 타블로이드 신문, "비망록"

어떤 상황에서 사람들은 이런 명백한 가짜 산출물을 선호하는 것일까? 대체로는 진짜 산출물이 다음처럼 세 가지 비즈니스 규범을 제대로 충족시키지 못할 경우가 그렇다. 첫째, 가식적인 가짜 산출물의 유효성이 진실한 진짜 산출물보다 월등히 앞서는 경우다. 예를 들면, 인조 유리는 진짜 유리가 성장하기 힘든 지역에서 성공을 거둔다. 둘째, 가식적인 가짜의 가격이 진실한 진짜 산출물보다 훨씬 저렴한 경우로, 특히 진실한 진짜 산출물이 희귀할 경우에 두드러진다. 마지막으로, 이따금 가식적인 가짜 산출물의 품질이 진실한 진짜 산출물보다 우수한 경우다. 예를 들어 선탠은 워낙 고르게 타지 않고 시간도 많이 걸릴 수 있기 때문에 많은 사람들이 선탠 로션(더바디샵의 '페이크 잇!' 로션)과 "완벽한" 선탠을 위한 미용실(뉴욕의 폭스 클로 에어브러시 태닝 살롱)을 찾는다. 그들은 이런 산출물의 가식적인 가식성을 인정할 뿐만 아니라 찬사를 보내기까지 한다.

비즈니스계는 가식적인 가짜 자아에 충실하고, 완전한 허위성 이외에 다

른 어떤 가식도 덧붙이지 않으면서 솔직하게 정체성을 밝힐 때마다 가식적인 가짜 산출물에 인조적 진정성을 연출할 수 있다. 만약 명백히 가식적인 가짜 산출물을 진정하게 연출할 수 있다면, 덜 허위적안—가식적인 진짜와 진실한 가짜로 여겨지는—산출물도 진정하게 연출할 수 있을 것이다.

믿음을 창조하라

가식적인 진짜 산출물을 진정하게 연출하는 방법을 배우려면, 이러한 산출물의 상징적인 사례인 디즈니랜드(올랜도)를 살펴보아야 한다. 많은 사람들은 월트 디즈니가 건설한 그 장소와, 그곳이 아메리카의 문화적 구도에 미친 영향을 폄하한다. 에이다 루이즈 헉스터블은 정문 안의 첫 번째 공간인 메인 스트리트 USA를 지적하면서 "어떤 건축가나 역사학자라도 그 명백한 건축학적 싸구려 복제물들보다 나은 건축물을 만들 수 있을 것"이라고 말한다. "얼마나 소중한 기회를 놓친 것인가!" 역사학자 대니얼 부어스틴은 미국 최초의 테마파크에 찾아온 방문객들이 "원조"가 아닌 "3차원의 복제품"을 접한다고 말한다. 장 보드리야르는 디즈니랜드를 "모든 무질서한 시뮬라크르의 완벽한 모델"이라고 지칭했다. 건축가 마이클 소킨은 그곳을 항상 "다른 곳 '같다'"고 말한다. "시뮬라시옹의 연관 대상은 항상 다른 곳에 있지만 그 대체물의 진정성은 아무리 희미할지라도 그곳에 존재하지 않는 원형의 지식에 의존한다." 움베르토 에코는 디즈니랜드를 그저 "완벽한 가짜"라고 지칭한다.

그들의 견해는 전적으로 옳다. 디즈니랜드는 스스로 말하는 정체성과 일치하지 않는다. 당신의 가족을 알고 당신의 마지막 방문을 기억하는 상점

주인들이 있는 진정한 메인 스트리트 USA가 아니다. 물레 바늘에 손가락을 찔리면 진정한 사랑의 키스를 받을 때까지 잠에서 깨지 못하는 진정한 잠자는 숲속의 미녀가 있는 성이 아니다. 작은 요정이 하늘을 날아서 다른 별까지 데려다주는 진정한 매직 킹덤(디즈니랜드의 테마파크)도 아니다.

하지만 디즈니랜드는 자체적으로는 물론 사람들에게, 행복과 지식을 찾아주기 위한 곳이라는 창설자의 비전에 충실하다. 그곳은 대문자로 시작하는 매직 킹덤Magic Kingdom이 아닐지 모르지만 소문자로 시작하는 마법의magical 공간이다. 향수를 자극하는 건축물부터 구식 놀이기구까지, 기계적으로 행동하는 등장인물부터 정교하게 다듬어진 바닥까지, 회사에서 조화롭게 삽입한 수많은 물리적 신호부터 방문객들이 받는 다양한 인상까지, 디즈니랜드 내부의 모든 것들은 자아에 충실하다. 이런 이유에서 저널리스트 톰 카슨은 이렇게 적었다. "어떤 각도에서 보더라도 어느 것도 가짜처럼 보이지 않는다. 인공적인 것은 사실이지만 가식적인 것은 아니다. 디즈니랜드는 모조물이 아니다. 그 자체로 창조물이다." 건축학 교수 찰스 무어는 "캘리포니아 남부의 진정한 심장"이라고 지칭하면서 이렇게 덧붙인다. "정말 놀라운 사실은 디즈니랜드가 우리에게 심오한 진실에 대한 통찰을 풍부하게 제공한다는 것이다. 사람들은 가끔씩 디즈니랜드를 손쉬운, 피상적인, 가식적인 같은 단어들의 동의어로 사용하는데 (…) 믿을 수가 없다. 이 다양한 환경 체험은 사회, 진실성, 개인적 기억, 주거를 비롯한 모든 중요한 부분에서 전반적인 건축학적 교훈뿐만 아니라 유사성과 편성에 대한 일부 기술적 교훈도 제공한다."

따라서 디즈니랜드는 가식적인 진짜 산출물이다. 분명히 정체성과 일치하지 않지만 명백히 자아에 충실하기 때문이다. 여기에 내재하는 장점을 다른 모든 비즈니스에 적용할 수 있는 방식으로 소개하자면, 가식적인 진실성을 창출해서 허위성을 감추는 방법이다. 이러한 산출물을 창출하면 시인 새뮤얼 테일러 콜리지의 유명한 문구에 나오는 "자발적인 불신의 보류"를 지니게 된다. 사람들은 실제 그것의 실체(허위성)를 제쳐두고, 그것이 말하는 정체성을 믿는다. 하지만 실제로는 반드시 그런 것만은 아니다. 『매트릭스로 철학하기The Matrix and Philosophy』에서 사라 워스는 이렇게 적고 있다.

우리가 가상의 세계로 들어가거나 가상의 세계가 우리의 상상으로 파고들어올 때 우리는 "자발적으로 불신을 보류하지" 않는다. (…) 우리는 시각이나 다른 모든 감각이 전혀 다르게 반응해도 밖에 눈이 온다고 믿을 수 있을 정도가 되기 전까지는 어떤 것도 자발적으로 믿거나 믿지 않겠다고 결정하지 못한다. 가상의 세계에서 우리는 비판적 기능을 보류하는 것이 아니라 창조적 기능을 수행하는 것이다. 우리는 적극적으로 불신을 보류하지 않고 적극적으로 믿음을 창조한다.

따라서 가식적인 진짜가 되려면, 소비자들에게 산출물의 진정성을 자발적으로 믿고 싶도록 만들어야 한다. 요컨대, 믿음을 창조해야 하는 것이다. 가식적인 진짜에 특화된 체험에는 디즈니랜드, 데이브앤드버스터스, 키자니아 같은 환상의 영역, 세컨드 라이프나 〈월드 오브 워크래프트〉 같은 가상 세계, 베니션호텔이나 캐니언 랜치 스파처럼 특정 테마를 살린 환경, 영화, 연극, 서적을 비롯한 실제 세계에서 다른 장소나 시간으로 벗어날 수 있는 도피처 등이 포함된다.

서적은 이런 도피처를 제공하지만 그 자체로는 체험이 아닌 제품이다. 마찬가지로 요세미티 국립공원의 원시 야생이나 이른바 칠레산 농어로 불리는 진정한 비막치어 같은 상품도 가식적인 진짜 산출물을 예시할지도 모른다. 또한 아마존닷컴의 추천장이나 홀마크Hallmark의 안내장처럼 당신의 실제 정보에 근거한 것이 아니라, 기업이 당신의 요구를 파악하여 산출물과 연계하는 시스템을 통해 가치를 제공하는, 맞춤화된 고객관계관리CRM 메시지 같은 가식적인 진짜 서비스도 존재한다. 인위적인 환경을 창조해서 사람들을 일상에서 벗어나 더 나은 사람이나 팀이 되는 과정으로 이끄는 롱아일랜드의 아웃워드 바운드나 온타리오의 무스코카 우즈 스포츠 리조트, 에퀴녹스 피트니스 클럽 같은 장소들은 변용 산출물이다.

이런 산출물들은 진실하든 인위적이든 간에 모두 그 환경의 허위성을 감추면서 산출물 자체와 효과에 대한 믿음을 창조해서 고객들의 눈에 가치를 창출한다. 인위적인 세계를 조성하는 방법을 알고 있는 J. R. R. 톨킨은 자신의 능력을 "매혹"이라고 지칭하면서 그 방법에 대해 간략히 소개했다. "실제로 일어나는 것들은 그 작가가 성공적인 '하위 창조자'임을 입증하는 것이다. 그는 또다른 세계를 창조한다. 그 안에서 그가 연계하는 것은 '진실'이며 그 세계의 법칙과 일치한다. 따라서 그 세계에 있는 동안 당신은 그것을 믿고 있는 것이다."

가식적인 진짜가 되기 위한 다음의 두 가지 원칙을 적용해서 톨킨의 방식을 따르도록 하라. 절대로 산출물의 가식성을 지적하면서 믿음의 테두리를 깨뜨리지 마라. 그리고 가식적인 가짜로 인식되지 않도록, 항상 당신을 자아에 충실하도록 이끄는 내적 자아의 일관성을 유지하라.

가식성을 드러내라

디즈니랜드가 가식적인 진짜의 상징을 제시한다면, 로스앤젤레스를 찾은 관광객들과 그 지역의 주민들에게 디즈니랜드의 라이벌인 유니버설 시티워크는 진실한 가짜의 상징을 제시한다.

1990년대 초반 유니버설 스튜디오는 로스앤젤레스 시내가 내려다보이는 언덕 위의 스튜디오 근처에 시티워크를 건설했다. 시티워크는 산책, 쇼핑, 식사, 업무, 놀이, 배움을 위한 대규모 메인 스트리트를 중심으로 구성된다. 설계를 맡은 건축가 존 저드는 시티워크를 "로스앤젤레스를 이루는 이미지와 특성의 콜라주"라고 지칭한다. 시티워크는 로스앤젤레스의 상징적인 건축물들을 전혀 모방하지 않고 "진정한 거리의 특성"을 창출하면서, 무형의 특성인 로스앤젤레스 거리 생활이라는 분위기를 고스란히 재현한다. 대부분의 건축 비평가들이 저드의 작품에 상당한 의문을 제기하지만 헉스터블은 저마다 "실제 목적"을 지닌 "실제 음식", "실제 서점", "실제 에스프레소", "실제 건물들과 공간들"을 갖춘 이곳이 "자체적인 목적을 위해 활용되는 방식"을 좋아한다. 디즈니랜드가 모든 인위적인 것들을 감추려고 한다면, 시티워크는 실제 건물들의 밝고 화려한 가식적인 면을 살펴보고 그 건물들을 유니버설 스튜디오의 다른 부분들, 그리고 실제 로스앤젤레스 시내와 비교할 수 있도록 하면서 자체적인 가식성을 드러낸다. 시티워크는 자체적으로 말하는 정체성과 일치한다. 그저 산책을 하면서 여러 가지 명물을 즐길 수 있는 훌륭한 장소인 것이다.

하지만 시티워크는 자아에 충실하지 못하다. 《로스앤젤레스 매거진》
의 에드 리버위츠는 저드의 디자인에 대한 일반적인 비평을 이렇게 요약
했다. "그의 건축은 모든 다양성과 복잡성을 배제한 채 도시를 패러디한
것이다." 특히 그것은 어디서도 아무도 산책을 하지 않고 건물과 거리가
모두 비인간적이고 무미건조한 로스앤젤레스 자체에 충실하지 못하다.
시티워크는 바쁘게 달리는 차창 너머가 아닌 천천히 움직이는 보도에서
체험할 수 있는 실물 크기의 재미나고 밝은 면들로 가득하다. 리버위츠는
이것을 "쇼핑몰이기를 거부하는 쇼핑몰"이라고 지칭한다. 모든 것들이 쏟
아져나오고 넘쳐흐른다. 저드는 시티워크를 "로스앤젤레스가 지향해야
할 위대한 시뮬라크르"라고 말한다. "그것은 우리가 이루지 못했던 로스
앤젤레스이지만 우리가 이룰 수도 있었던 로스앤젤레스이다. 바로 본질
적이고 이상적인 로스앤젤레스인 것이다."

리버위츠는 "토요일 밤이면 시티워크는 로스앤젤레스에서 가장 활기찬
대중 공간일지도 모른다"고 저드의 말을 인용하면서 다음과 같이 언급한다.

로스앤젤레스 전역에서 여기로 모여든 사람들은, 좀처럼 이 도시 자체에서
는 보기 드물게도 서로의 차이를 초월한 대규모 인파를 형성한다. 시티워
크의 보도에 마련된 분수대 이곳저곳에서 어린아이들은 울음을 터뜨린다.
살바도르인, 아르메니아인, 한국인, 흑인, 백인들은 바닥에 숨겨진 배수관
에서 물이 뿜어져 나와 온몸이 흠뻑 젖으면 소리를 질러댄다. 시티워크를
집합소로 삼은 수백 명의 십대들은 서로서로 어울리며 모카 아이스크림을

빨아 먹는다. 엔시노부터 동부 로스앤젤레스에서 온 수많은 가족들은 활짝
웃으며 음식을 먹고 밝은 불빛을 내비치는 첨탑들을 바라본다.

명백히 가식적인 유니버설 시티워크가 이처럼 성공을 거두는 이유는
진실성을 포장하려는 모든 요소들을 버리고 가식성을 그대로 드러내는
진실한 가짜이기 때문이다.

다른 모든 항목과 마찬가지로 성공적인 진실한 가짜 산출물은 경제적
산출물의 전반에 걸쳐 찾아볼 수 있다. 헝가리의 건축가 어론 로손치가
개발한 투명 콘크리트(콘크리트지만 일반 콘크리트와 다른 효과를 발휘한다)
같은 상품, 가스로 작동되는 벽난로(벽난로지만 실제 나무를 태우지 않는다)
같은 제품, 허츠 #1 골드(당신의 이름이 부각되지만 다른 사람들과 똑같은 기
본 자동차가 제공된다) 같은 서비스, 크로스골프(골프 클럽이지만 실제 코스
에서 즐기지 못한다) 같은 체험, 크러시패드의 '와인 제조자 되기' 산출물(당
신에게 맞춤화된 와인이지만 당신의 포도 농장에서 생산되는 것이 아니다) 같은
변용이 여기에 해당된다.

물론 가식적인 진짜와 진실한 가짜는 자칫 혼동을 유발할 수 있을 만큼
그 차이가 미묘하다. 만약 위에서 소개한 각 항목에 "자체적으로 말하는
정체성과 일치하지만 자아에 충실하지 못하다"라는 식의 설명을 덧붙이
지 않는다면 대부분의 독자들은 그 산출물이 진실한 진짜가 아니라고 생
각하면서도 각 산출물이 진실/가식 도표의 어디에 해당되는지 확실히 분
간하지 못할 것이다. 가식적인 진짜 산출물에서 인식된 진정성은 그 자체
에 충실한가(우리는 때로 이것을 간략히 줄여서 "자아에 대한 충실성" 축이라고

지칭하곤 한다) 여부를 나타내는 자기주도적인 관계의 축에 귀속된다. 따라서 산출물이 그 산출물 자체와 그것이 제공되는 장소, 비즈니스의 본질과 내적 일관성을 얼마나 잘 유지하는지 여부에 중점을 두어야 한다. 진실한 가짜 산출물에서 인식된 진정성은 자체적으로 말하는 정체성과 일치하는지 않는지를 나타내는 상대적 초점의 축에 귀속된다. 따라서 산출물의 존재가 그 산출물과 그것이 제공되는 장소, 비즈니스에 대한 다른 사람들의 직접적인 인식과 외적 일관성을 얼마나 잘 유지하는지에 중점을 두어야 한다.

진실한 가짜가 되려면, 가식적인 진짜와 마찬가지로 결코 허위성을 숨기지 말아야 한다. 유니버설 시티워크처럼 실제 건물을 노출한 건물의 정면을 통해서건, NBA 스토어처럼 사람들이 실제 농구를 할 수 없는 농구 코트를 통해서건, 공장형 아울렛처럼 소비자들에게 최고급 제품을 기대하지 말라는 문구를 통해서건, 어떻게든 가식성을 드러내야 한다.

진실해져라

진실한 진짜가 되는 것은 대체로 문화의 일부로 정착하기까지 수십 년 혹은 그 이상의 기간이 소요되기 때문에 네 가지 접근법 중에서 가장 달성하기 어렵다. 우리는 오직 산출물이 우리보다 더 오랜 세월 존재했을 경우에만 진실한 진짜로 간주하곤 한다. 사람들에게 어떤 기업을 진정한 진짜로 인식하느냐고 질문하면, 그 대답에는 흔히 애플, 더바디샵, 코카콜라, 에비앙, 할리 데이비슨, 록시땅, 파타고니아, 레이REI, 사우스웨스트 항공, 스타벅스, 티파니, USAA, 홀푸드 같은 기업들이 포함된다. 간혹 앤스로폴로지, 어니스트 티, 러시, 리스토레이션 하드웨어 같은, 연혁이 고작 몇십 년에 불과한 신생기업들이 대열에 합류하기도 한다.

지위를 확보했다 해도, 진실한 진짜는 그다음의 행보에 따라 가장 쇠락하기 쉬운 항목이기도 하다. 진실한 진짜 기업들은 고객들, 언론, 학자들의 기대에 맞추어 높은 기준을 유지하거나 모범적인 사례가 되어야 한다. 진실/가식 도표의 어떤 측면에서든 일말의 허위성도 무심코 간과되지 않을 것이다. 하지만 허위성은 불가피하다. 비즈니스에서는 언제나 완벽히 충실할 수 없는 자아의 측면이 일부 존재하고, 비즈니스계가 산출물을 두고 말하는 정체성 중 일부는 완벽히 충족시킬 수 없기 때문이다. 더욱이 진정한 브랜드로 인식되면 감시의 대상이 되면서 진정한 브랜드가 아닐 수도 있다는 의혹을 받게 되는데, 진정성에 대한 열망을 과시하는 사람들이 유난히 그런 성향을 강하게 나타낸다.

따라서 진실한 진짜가 되는 것을 목표로 삼기 전에 신중하게 생각해야 한다. 특히 당신이 현재 스스로의 비즈니스와 산출물을 가식적인 진짜, 진실한 가짜, 혹은 가식적인 가짜라고 생각한다면 더욱 신중해야 한다. 만약 진심으로 진실한 진짜가 되기를 원한다면, 일단 산출물을 진정성의 기준인 자아에 대한 충실성과 정체성과의 일치성에 위배되도록 만드는 허위성의 근원부터 파악하라.

만약 가식적인 진짜라면, 다음과 같은 조치를 통해 직접적으로 정체성을 일치시켜라.

• 기업의 정체성과 일치하도록 산출물과 비즈니스의 명칭을 변경하라.

- 마케팅 방식과 소비자들의 인식을 일치시켜라.
- 산출물과 비즈니스의 본질에 더 잘 어울리도록 매장을 단장하거나 아울렛을 옮기거나 유통 경로를 변경하라.
- 당신이 말하는 비즈니스에 종사하는 이유(결국 소비자들이 산출물을 구매하는 이유)와 실제 비즈니스에 종사하는 동기 사이에 어떤 단절도 일어나지 않도록 하라.
- 정체성을 훼손하지 않으면서 물리적으로 산출물을 나타낼 수 있는 다양한 방법을 개발하라. 당신이 전달하려는 사항을 훼손하는 모든 징후를 발견할 수 있도록 하향식 감사를 실행하라.

만약 진실한 가짜라면, 자아에 충실해야 하는 문제를 직접적으로 처리하라.

- 비즈니스의 본질을 정확히 반영할 때까지 지속적으로 산출물을 보완하라.
- 소비자들이 지니는 산출물의 인식과 사용방식을 당신이 의도하는 산출물의 인식과 사용방식과 일치시켜라.
- 어떤 것도 기업의 유산에 어긋나는 방식으로 제공하지 마라.
- 기업의 목표를 촉진하지 못하는 산출물이나 요소를 제거하라.
- 산출물, 마케팅, 당신을 비롯한 직원들의 행동에서 기업의 가치가 명확하게 드러나도록 하라.

만약 가식적인 가짜라서 자아에 대한 충실성과 정체성과의 일치성이 모두 부족하다면, 위에서 언급한 조치들을 철저히 검토해야 한다. 하지만 추가적인 변화는 효과를 발휘하지 못할 것이다. 당신은 기업으로서의 정체성에 대한 탁월한 감각을 갖추고, 기업의 정체성과 일치하는 행동을 하도록 조직의 판매 변화를 실행하고, 진정성을 연출하기 위해 산출물을 대폭 수정해야 한다. 지금 당장 시작해야 한다. 매번 시간이 지나고, 결정이 이루어지고, 산출물이 개발될 때마다 진실한 진짜를 얻기란 훨씬 더 어려워지기 때문이다.

마지막으로 현재의 자신을 진실한 진짜라고 여긴다고 해도 결코 안심할 수 없다. 오히려 위의 조치들을 더 적극적으로 수행하면서 자칫 부족한 부분이 없는지 확인해야 한다. 일말의 실수도 허용될 여지가 없다. 7장에서는 이 과정을 쉽게 진행할 수 있도록, 앞에서 언급한 가식적인 진짜와 진실한 가짜를 위한 각 조치와 연계되는 진정성의 열 가지 요소를 살펴볼 것이다. 이 요소들을 통해 여러분은 목표로 삼은 항목에 도달하는 것을 방해하는 어떤 허위성이라도 현미경으로 들여다보는 것처럼 찾을 수 있을 것이다. 8장에서는 산출물이 소비자들에게 진정한 것으로 인식되도록 마케팅을 수행하는 방식을 소개하면서 진실/가식 도표에서 자체적으로 말하는 정체성의 차원을 중점적으로 살펴볼 것이다. 그리고 9장에서는 지속적으로 진정성의 인식을 유지하기 위한 전략적 구조를 제시하면서 진실/가식 도표에서 자아에 대한 충실성의 차원을 중점적으로 살펴볼 것이다.

제7장

진정성 분석

비즈니스를 어떻게
평가해야 하는가?

대학을 졸업한 후에 우리 중 한 명은 IBM에 입사해서 10년을 넘게 근무했다. 그는 "기본 신념"이라고 불리는 IBM의 가치에 워낙 깊이 빠져든 탓에 한때 (역시 IBM에서 근무했던) 아버지에게 "세뇌"되었다는 핀잔을 들을 정도로 뼛속까지 IBM 직원이었다.

- 개인에 대한 존중
- 고객을 위한 서비스
- 최고의 추구

이것은 창업주의 아들이자 1956년부터 1971년까지 CEO로 재직했던 토머스 J. 왓슨 주니어가 1962년에 확립한 IBM의 가치다. 그는 이 가치를 직접 고안하지 않았고, 단지 그와 부친을 비롯한 CEO들이 IBM의 성공과 IBM 정체성의 핵심이라고 생각했던 것을 성문화했을 뿐이다. 당시 왓슨은 이렇게 말했다. "나는 어떤 조직이든 변화하는 세계의 추세에 적절히 대응하고자 한다면, 자체적으로 이런 신념을 제외한 모든 것들을 바꿀 준비가 되어 있어야 한다고 믿는다."

왓슨은 IT 업계의 어떤 변화 속에서가 IBM의 기본 신념을 지속시키려는 의도였지만, 향후 40년 동안 얼마나 많은 변화가 일어날지 예상할 수는 없었다. IBM은 그런 변화 속에서 리더십을 유지하는 데 곤란을 겪은 나머지 1993년에 최초로 외부인 출신의 루이스 V. 거스트너 주니어를 CEO로 임명하게 되었다. 거스트너는 IBM 시절에 대한 글에서 회사의 가치의 지속성에 대해 언급하며 기본 신념의 잘못된 해석이 시장의 현실과 얼마나 큰 괴리를 유발하게 되었는지 지적했다. 거스트너에 따르면, 최고의 추구가 "완벽에 대한 집착"으로 변질되어 허울만 좋은 문화와 신속한 업무를 늦추는 복잡한 의결 단계로 이어졌고, 고객을 위한 서비스는 끊임없이 변화하는 비즈니스에 진정한 관심을 기울이기보다 "고객들의 의견에 따라 우리의 기계들을 서비스하는 것"을 의미하게 되었으며, 개인에 대한 존중은 "직원들이 거의 혹은 전혀 책임을 지지 않고도 엄청난 권한을 행사"할 수 있는 "권리의 문화를 초래"하게 되었다. 회사를 안정시킨 거스트너는 2002년 평생 IBM에 몸담아온 새뮤얼 J. 팔미사노에게 CEO 자리를 인계했다. 팔미사노는 회사의 가치를 점검하면서 IBM의 기본 신념도 변해야 한다는 결론을 내렸다.

> 기업과 같은 유기적 체제는 적응력을 갖추어야 한다. 우리는 기업의 가치(현재 IBM에선 그렇게 부르지만 "신념"이나 "원칙", "지침", 심지어 "DNA"라고도 지칭할 수 있다)가 적응력을 이끌어주는 원동력이라고 생각한다. 그것은 제품부터 전략, 비즈니스 모델에 이르기까지 모든 것을 바꿀 수 있도록 이끌면서도 기업의 핵심, 기본 업무, 정체성에 충실하다.

CEO에 취임한 이듬해 팔미사노는 기존의 기본 신념 같은 새로운 가치를 확립하는 작업에 착수했는데, 그것은 "경제 주기와 지정학적 변화 속에서도 회사를 이끌어주고 제품, 기술, 직원, 리더의 교체와 변화를 초월하는 지속성을 갖춘 것이었다."

팔미사노는 1000명의 직원들에게 사흘간 인트라넷에서 실시하는 밸류잼 설문에 참여하도록 지시했다. 직원들은 무려 1만 건 이상의 의견을 제출했다. 처음에 제기된 업무 자체에 대한 비판은 마침내 회사의 가치, 경영진, 직원들의 긍정적 측면과 부정적 측면에 대한 건설적인 토론으로 이어졌다. 그 결과 2003년 11월에 팔미사노는 새로운 기업의 가치를 공표했다.

- 신뢰와 모든 관계에서의 개인적 책임
- 모든 고객들의 성공을 위한 헌신
- 우리 회사와 세계를 위해 중요한 혁신

밸류잼은 기존의 기본 신념을 폐기하지 않고 그 본질을 현재로 옮겨왔다. 개인에 대한 존중은 그 범위를 폭넓은 대인관계로 확장했고, 고객을 위한 서비스는 단순히 노력이 아닌 결과에 중점을 두었으며, 최고의 추구는 혁신을 위한 노력을 독려했다. 따라서 IBM의 본질(정체성)은 재정립된 이 기본 신념에서 부각되었다.

이 새로운 가치가 과거의 기본 신념과 같이 IBM에 공헌할 수 있을지는 오직 시간만이 말해줄 것이다. 우리는 앞서 팔미사노가 적절히 표현했던 것처럼 불확실한 미래에도 회사를 이끌어주면서 현재 회사가 충실해야 하는 "본질"을 더 효과적으로 반영하는 가치로의 변화와 그 필요성을 인식한

IBM의 리더십에 찬사를 보낸다. 실제로 그는 IBM이 세월의 변화에 따라 스스로를 색다르고 적절하게 표현해야만 성공할 수 있음을 인식했다.

더욱이 그는 수많은 CEO들이 위기 상황에서 간과하는 것을 깨달았다. "CEO는 직원들에게 '모두 정렬해서 나를 따르라'거나 '내가 여러분의 가치를 결정했다'고 말할 수 없다." 그보다는 새로운 가치를 개발하고 촉진해야 하는데, 현재 직원들이 회사의 가치를 어떻게 생각하는지 파악하고 발전시키기 위해 노력한 팔미사노는 수십 년 동안 유지해온 IBM의 정체성에 변화가 필요하다는 것을 확실히 인식했다. 더 나아가 그는 이 새로운 가치를 2003년 10월에 회사의 인트라넷을 통해 전 세계 32만 명의 직원들에게 전달했고, 2004년 4월에는 연례총회에서 주주들에게 보고했으며, 세일즈 전화와 웹사이트를 통해 고객들에게도 설명했고, 위키피디아에 등재된 회사 정보를 통해 세계 전역에까지 공표했다.

진정성의 기준 확립

모든 회사들은 자체적인 정체성을 이해하기 위해 노력해야 한다. 당신의 회사와 산출물이 충실해야 할 자아는 무엇인가? 당신의 가치에서 비롯되는 본질은 무엇이며, 그 가치는 지난 세월 동안 어떻게 변화했는가? 단순히 당신의 업계에 국한하지 않고 전 세계적으로 당신의 회사를 다른 회사들과 차별화하는 두드러진 특성은 무엇인가? 당신은 이 정체성으로 어떻게 자신의 회사를 표현하는가? 이 모두를 빠짐없이 알지 못한다면, 자아에 대한 충실성의 인식을 통하여 진실/가식 도표의 오른쪽 축에 남기를 기대할 수 없다(175쪽).

마찬가지로 정체성과의 일치성에 대한 인식을 통해서 진실/가식 도표의 위쪽 축에 있도록 유지하려면, 당신이 비즈니스와 산출물에 대해 말하는 바를 숙지하고 그것이 어떻게 사람들이 접하는 현실과 일치하는지 이해해야 한다. 당신은 비즈니스의 정체성을 어떻게 말하는가? 다른 사람들이 그것을 믿게 하는 요인은 무엇인가? 정체성이 말과 행동을 통해 어떻게 드러나며, 비즈니스와 산출물을 어떻게 나타내는가?

이처럼 진실/가식 도표의 네 가지 항목(진실한 진짜, 가식적인 진짜, 진실한 가짜, 가식적인 가짜)을 이끌어내는 진정성의 두 가지 기준(자아에 대한 충실성, 정체성과의 일치성)은 많은 요소들에 의해 규정된다. 우리는 각 기준별로 소비자 인식에 가장 직접적인 영향을 미치는 다섯 가지 요소를 제시한다—물론 특별히 당신의 비즈니스에만 적용되는 다른 요소들이 있을지도 모른다. 당신이 자아에 대한 충실성의 다섯 가지 요소에 얼마나 충실한지, 당신이 자체적으로 말하는 정체성의 다섯 가지 요소와 소비자들이 실제로 당신을 접하는 방식이 얼마나 일치하는지 분석하라. 이 열 가지 요소는 진실한 진짜를 연출하는 길을 제시한다.

당신이 가식적인 진짜를 운명으로 선택한다면, 당신의 비즈니스가 자아에 더 충실할 수 있는 방법에 초점을 맞추도록 하라. 마찬가지로 당신에게 진실한 가짜가 최상의 선택이라면, 스스로 말하는 정체성과 가식적인 자아를 효과적으로 나타내는 방법에 초점을 맞추어야 한다. 만약 당신이 인조화를 원한다면, 이 열 가지 요소를 활용해서 가식적인 가짜로서 인조적 진정성을 연출할 비즈니스와 산출물의 허위적인 차원을 파악하라.

정체성의 언급

자아에 충실하기 위해 노력하려면, 일단 당신이 충실해야 할 자아부터 알아야 한다. 자아에는 수많은 차원이 존재하지만, 다음의 다섯 가지 범주는 비즈니스의 진정한 정체성을 판단하는 데 도움이 될 것이다.

①**기업의 핵심** 당신의 핵심은 무엇인가

②**산출물의 본질** 당신은 다른 사람들에게 무엇을 제공하는가

③**유산의 영향** 언제, 어디서 현재의 당신이 비롯되었는가

④**목표 감각** 당신은 왜 비즈니스에 종사하는가

⑤**가치 체계** 당신의 정체성은 어떻게 드러나는가

각 항목을 읽으면서 당신의 비즈니스에 대해 전반적으로 생각해보면 자신의 정체성을 파악할 수 있을 것이다. 당신의 비즈니스가 얼마나 자아에 충실한지, 즉 소비자들이 각 항목을 얼마나 진실하게, 혹은 가식적으로 인식하는지 평가하라.

기업의 핵심=실체+기풍

당신의 핵심은 무엇인가? 여기서 핵심이란, 법적 설립 허가서 등의 수단을 통해 다른 기업들과 구별되는 형태로서 형성된 실체의 유형, 그리고 특정한 방향으로 행동을 유도하는 기풍으로 이루어진다.

당신은 소비자 혹은 비즈니스를 상대로 세일즈를 하는가, 양쪽 모두에게 세일즈를 하는가? 당신은 대기업, 법인, 파트너십, 소매점, 자영업 혹

은 다른 실체들 중 어디에 속하는가? 당신은 지역적, 국가적, 다국적, 혹은 전 세계적으로 운영하는가? 소비자들이 여러 장소에서 당신을 체험한다면, 그들을 거의 동일하게 대하는가(갭Gap), 독특하게 대하는가(주아 드 비브르 호텔), 그 중간 정도인가(스타벅스)? 당신의 대답은 정체성을 명확히 규정하는 데 도움이 될 것이다.

비즈니스 모델에서도 마찬가지다. 당신은 기능(혹은 발명) 위주인가, 조직 위주인가? 당신은 어디에서 현재 진행하는 모든 것을 유기적으로 살피는가? 대량생산을 통해 동일한 산출물을 반복적으로 공급하는가? 지속적인 개선을 추진하는 부서는 모든 수행에서 나아지기 위해 노력하는가? 당신은 비용 절감, 고품질, 개인 맞춤화를 제공하면서 대량 맞춤화를 실행하는가? 물론 대기업이라면 다수의 모델을 두루 복합적으로 운영할 것이며, 어쩌면 네 가지 모두를 운영할 수도 있다. 하지만 경영자들은 하나의 비즈니스 모델에서 통용되는 기술을 다른 비즈니스 모델에 속하는 조직에 적용하는 경우가 너무나 흔하다. 예를 들어 6시그마 같은 지속적인 개선 기술을 연구개발 부서의 발명 기술에 적용하는 것이다. 이것은 허위적인 행동인데, 특히 자신들의 프로세스가 이런 프로세스 강화 수단을 적용할 수 있을 만큼 한정적이고 반복적이지 않다는 것을 알고 있는 연구개발 부서 직원들에겐 납득하기 어려운 일이다.

소유형태와 지배구조도 정체성에 영향을 미친다. 공기업이 매입을 통해 사기업이 되는 경우, 기업이 기반 비즈니스를 프랜차이즈로 만들거나 핵심 기능을 아웃소싱에 의존하는 경우, 한 기업이 다른 기업에 인수되거나 합병되는 경우는 모두 기업의 자아에 어느 정도 영향을 미친다. 그 영향력이 미미한 경우도 있지만 심대한 경우가 더 많다. 변화는 이따금 정도의 차이가 아닌 유형의 차이를 유발하는데, 한 실체가 다른 실체에게 흡수될 때가 이에 해당된다. 예를 들어 넷스케이프는 사실상 AOL 내부로 사라졌다. 반면 긱 스쿼드는 베스트바이에 인수된 후에도—대규모 도매 업체인 베스트바이가 원했던 것처럼—고유한 자아를 유지하는데, 그것은 바로 컴퓨터 특수부대의 기풍 덕분이다.

우리는 이 책의 주 독자층을 기업체의 구성원들로 예상하지만 자선단체, 정부기관, 교육기관, 종교단체 등 다른 단체에 소속된 독자들도 상당히 많을 것이다. 이 단체들에는 정도의 차이가 아닌 유형의 차이가 있기 때문에, 독자들은 앞서 2장에서 논의했던 존재의 이유에 충실할 수 있도록 자신과 관련된 비영리단체의 본질의 측면에서 이 비즈니스적 조언을 신중하게 고려해야 한다.

당신의 기업이 지닌 실체+기풍에 대해 생각해보자. 그동안 무엇이 변화하고 무엇이 유지되었는가? 당신의 기업은 모든 기업들이 그러하듯 시간이 흐르면서 변화되었을 것이다. 하지만 당신이 반드시 유지해야 할 실체의 핵심(당신의 본질)에 내재하는 것은 무엇인가? 당신의 업계에서 대체로 흡사한 모습을 보이는 다른 기업들과 구별되는 고유한 기풍은 무엇인가? 이런 고유함을 이해한다면 당신이 추구하는 모든 영역에서 진정성을 연출하는 데 도움이 될 것이다. 고유한 산출물을 생산하고, 고유한 유산을 보존하고, 고유한 목표를 수행하고, 고유한 가치를 유지하는 데 실패하는 모든 기업들은 무관심 속에서 쇠퇴하다가 사라지고 말 것이다. 그것이 바로 허위성의 대표적인 표본이다.

산출물의 본질=생산물+의무

당신이 다른 사람들에게 무엇을 제공하는가? 산출물의 범주, 종류, 등급과 그 산출물을 획득하는 데 따르는 계약상의 의무(특히 가격)는 무엇인가?

먼저 당신이 어떤 비즈니스에 종사하는지 판단하라. 상품을 채취한다면 산출물의 본질은 가공되거나 정제되지 않은 것에 가까울 것이고, 제품을 생산한다면 산출물의 본질은 가공되고 포장되는 것에 가까울 것이다. 서비스를 제공한다면 산출물의 본질은 순간적이고 참여적인 것에 가까울 것이고, 체험을 부각한다면 산출물의 본질은 독특하고 극적인 것에 가까울 것이다. 마지막으로 변용을 이끌어낸다면, 산출물의 본질은 자기성찰적이고 중재적인 것에 가까울 것이다.

구매자나 판매자로서 당신의 계약상·법적 의무도 자아에 대한 충실성의 요소에 상당한 영향을 미친다. 상품은 운임 포함 여부에 따라 차이가 난다. 제품은 얼마나 쉽게 조립할 수 있는지, 혹은 구매자가 처음 구입한 제품을 사용하기 위해 (배터리 같은) 별도의 제품을 구매해야 하는지에 따라 차이가 발생한다. 서비스는 서비스가 제공되는 장소에서 차이가 나며, 체험은 주최자가 고객들의 모든 순간을 세심하게 주도하고 통제하는지, 혹은 고객들에게 유동적으로 시간을 활용할 수 있도록 해주는지에 따라 차이가 난다. 변용은 변화를 위한 촉매 역할을 담당하는 사람이 도출자(수술)인지 지원자(피트니스센터)인지에 따라 차이가 생긴다.

투입물의 근원은 점차적으로 산출물의 본질에 영향을 미치는 성향을 나타낸다. 예를 들어 일종의 "농장 체험" 장소에 해당하는 많은 "체험" 농장들은 간혹 가을 수확기에 맞추어 마치 그곳에서 직접 재배한 것처럼 보이기 위해 호박을 수입한다. 일부 농장주들은 그 지역의 생산량으로 수요를 충족시키지 못한다고 솔직히 인정하지만, 다른 농장주들은 안전과 편의를 위해 호박을 미리 수확한 것이라고 허위로 주장한다. 정직성은 판매자가 갖추어야 할 최소한의 의무이며 더욱이 오늘날 인터넷 시대의 투명성으로 인해 부정직한 기업들은 허위성을 오랫동안 은폐할 수 없다.

인터넷을 비롯한 다양한 네트워크 모바일 장치도 산출물의 본질에 영향을 미친다. 생산물의 디지털화가 가능한가? 디지털 산출물의 본질은 소비자가 그 산출물을 얼마나 진실하게 여기는지에 영향을 미친다. 언제부터 온라인 간행물이 신문 칼럼이기를 포기하고 팬시 블로그가 되었는가? 블로그의 즉시성, 블로거들 간의 상호연결, 편집되지 않은 콘텐츠, 관련된 기사로의 링크가, 숙련된 솜씨로 편집되고 다듬어진 블로그 간행물보다 더 진실하게 연출하는가? 비형식성, 독특함, 개인성을 갖춘 크레이그스리스트[미국의 온라인 중고거래 사이트]가 형식을 갖추어 편성된 다른 모든 신문의 광고란보다 더 진실한 것처럼 보이는가?

산출물은 기업의 핵심을 반영해야 한다. 만약 당신이 소비자의 요구와 주주의 기대에 부응하지 않거나 예의 바른 행동을 하지 않고 자아에 대한 진정한 감각에서 산출물을 만들지 않는다면, 진정성의 인식을 얻기가 힘들 것이다. 팬들에게 모든 콘서트를 녹화할 수 있도록 허락하고 비평가의 찬사나 지독한 상업주의에 굴하지 않고 꿋꿋이 자신들의 음악을 연주했던 그레이트풀 데드를 떠올려보라.

《뉴욕타임스 매거진》의 저널리스트 롭 워커는 특정한 젊은 제품 디자이너들을 오늘날의 "브랜드 언더그라운드"로 지칭하면서 "어떤 거창한 하위문화도 비주류의 진정성을 기업적·물질적 성공으로 활용하는 것을 그토록 적극적으로 추구하지 않았다는 점에서, 그들의 진정한 중요성을 찾을 수 있다"고 설명한다. 리처드 브랜슨도 마찬가지 성향을 나타낸다. "내게 비즈니스란 양복을 입거나 주주들을 흐뭇하게 해주는 것이 아니라, 자아와 아이디어에 충실하면서 본질적 요소에 집중하는 것이다."

플리트우드 맥의 로커 믹 플리트우드도 자신만의 대담한 자아를 지니고 있다. 이제 열렬한 와인 애호가가 된 그는 자기 이름을 내세운 와인을 생산해서 판매한다. 단순히 자신의 이름만을 빌려주는 다른 많은 유명인사들과 달리 플리트우드는 비용이나 수량에 관계없이 와인 제작에 사용할 포도를 선택하는 작업과 특정 변종의 혼합을 결정하는 모든 과정에 직접 관여한다. 그는 우리에게 와인의 특성을 결정하는 유일한 요소는 자신의 개인적 취향이라고 말했다. "각각의 블렌딩은 내게 특별하다. 나는 내기호를 알고 있으며 다른 사람들의 생각에 대해 걱정하지 않는다. 나는 그들이 내 와인을 마시는 체험을 좋아할 거라고 기대한다. 내 말을 오해하지는 마라. 모든 와인은 단순하면서 진정하고, 내 스타일과 내 인생을 담고 있다."

마지막으로 산출물에 요금을 부과하는지의 여부도 산출물의 본질에 영향을 미친다. 소비자들이 값을 치를 필요가 없다면, 그 생산물은 경제적 산출물이 아니다. 따라서 생산물+의무의 관계를 면밀히 검토해야 한다. 무엇이 무료이고, 무엇에 요금이 부과되는가? 무엇에 요금을 부과하는지가 당신을 말해준다. 소비자의 시간과 노력을 절감해주는 것에 요금을 부과하지 못하는 이유는 무엇인가? 생각이 여기까지 미쳤다면, 요금을 받는 모든 생산물에 대해 질문을 던져야 한다. 요금을 부과할 것인가, 아니면 받지 않을 것인가?

유산의 영향=기원+역사

현재의 당신은 언제 어디서 비롯되었는가? 기업과 산출물이 비롯된 장소와 시간을, 그리고 나서 오늘날 당신이 누구인지 이야기를 만들어낸 장소와 시간의 역사를 생각하라.

기업도 사람과 마찬가지로 자연과 양육의 산물이다. 초기 환경은 근본적인 정체성을 형성한다. 기업이 존재하는 과정은 현재와 미래의 정체성으로 이어진다. 창업자는 누구였는가? 어디서 창립되었는가? 왜 창업했는가? 그 당시 지역적, 국가적, 세계적으로 무슨 일들이 일어났는가? 이 모든 요소들은 기업과 산출물의 유산을 정의하는 데 도움이 된다.

기업이 형성되고 난 후에 일어난 모든 일들도 마찬가지다. 지속적으로 순이익을 창출한 지 얼마나 되었는가? 성공적인 기업이 될 수 있는 원동력은 무엇이었는가? 초창기에 합류한 직원들은 어떤 사람들이며 그 후에는 어떤 사람들이 들어왔는가? 회사에 중대한 영향을 미친 획기적인 사건과 가슴 아픈 결정은 무엇이었는가? 직원들이 회사를 두고 말하는 신화는 무엇인가? 그동안 어떤 의식들이 형성되었는가? 이 모든 요소들은 현재 기업의 실체와 활동을 형성한다.

사람들은 흔히 "기업 DNA"라는 용어를 사용해서 회사의 핵심을 표현한다. 하지만 그 표현은 단순히 회사의 탄생과 연관된 "유전자"(자연)뿐만 아니라 회사의 결정과 활동의 총체(양육)를 나타내는 데도 사용된다. 그것은 현재 회사의 모습—기원에서 비롯된 유산의 결과물로서 나타나는 실체—을 묘사한다.

213쪽에 언급된 다섯 가지 요소 중에서도 유산은 자아에 대한 충실성을 판단하는 데 있어 가장 중요하다. 이로 인해 많은 기업들은 유산을 소중히 여기며 브랜드 랜드brand lands, 테마월드, 체험적인 브랜드 센터, 브랜드 인기 상품 등을 개발해서 자사의 유산을 소비자와 연계한다. 아일랜드 더블린의 기네스 스토어하우스, 미국 애틀랜타의 월드 오브 코카콜라, 디트로이트의 포드 루지 팩토리, 오스트리아 바텐스의 공장 외부에 위치한 스와로브스키의 크리스털벨텐(크리스털을 체험할 수 있지만 비밀 공장을 둘러볼 수는 없다)이 여기에 해당된다.

이곳들은 모두 소비자에게 회사의 역사와 산출물을 소개한다. 자칭 유행 탐사자인 크리스티안 미쿤다는 이렇게 말한다. "산업혁명 이전에 제품의 '제조'는 사람들이 즉시 접할 수 있는 것이었다. 사람들은 구두수선공이 신발을 수선하는 모습과 장인이 제품을 제작하는 모습을 지켜볼 수 있었다. 이런 '실제성'은 신뢰성과 접근성을 창출하면서 새로운 것을 구입하거나 서비스를 활용하려는 사람들의 욕구를 이끌어냈다. 그 이후로 전체 생산 프로세스는 오직 공장에서만 이루어졌다. (…) 현재 이 기능은 기업의 부지에 마련된 영구 전시장이 담당하게 되었다."

이러한 장소들은 대부분 제품의 유산을 기념하지만, 심지어 상품조차 같은 대우를 받을 수 있다. 앞서 소개했던 뉴질랜드 로토루아의 아그로돔(구식 샤프트로 작동되는 전단기를 갖춘 진정한 1950년대 오두막에서 진행되며,

완전한 오락적 요소를 포함해 실제 농장 체험을 부각한 "체험 가축농장")과 미국 사우스다코타 미첼의 콘 펠리스 관광청(미첼 시청은 1000년간 옥수수를 재배해온 이 지역을 기념하기 위해 매년 옥수수 궁전을 장식한다)같이 유산을 기념하는 장소를 생각해보라.

캐나다 서스캐처원에 있는 사슴의 턱 터널, 밴쿠버 개스타운의 스토리움과 같은 새로운 부류의 문화유산 센터들도 부상하고 있는데, 이 둘은 캐나다의 히스토리컬 익스피리언스에서 개발했다. 심지어 보안이 극도로 민감한 이 시대에 미국 연방정부는 워싱턴 DC의 모든 중요한 정부 건물을 유산 관광으로 제공한다. 나스닥은 서비스 제공자로서 타임스스퀘어 전면에 세계에서 가장 큰 LCD 화면으로 마켓사이트 체험을 권한다. 체험 부각자experience stager들도 유산을 활용한다. 월트 디즈니 컴퍼니는 디즈니-MGM 스튜디오에서 "월트 디즈니: 한 남자의 꿈"이라는 주제로 창업주를 기린다. 스포츠 팀들도 월드 오브 아약스(네덜란드의 명문 축구단 AFC 아약스)나 패커스 명예의 전당(미국 풋볼팀 그린베이 패커스)과 같은 특별한 기념관을 건설한다. 뉴욕 쿠퍼스타운에 위치한 메이저리그 명예의 전당과 박물관, 토론토에 위치한 하키 명예의 전당, 플로리다 세인트오거스틴에 위치한 세계 골프 명예의 전당도 각 스포츠의 기원과 역사를 모두 기념한다.

그러면 당신의 기원+역사가 언제 어디서 비롯되었는지 신중히 생각해보라. 과거부터 이어져온 진정한 자산 중 기념하고 축하할 만한 것은 무엇인가? 현재 강조해야 할 자산 중 드러나지 않은 것은 무엇인가? 반대로 과거의 관행이나 산출물 중 현재 기업의 유산을 경시하거나 훼손하는 것은 무엇인가? 지금까지 드러나지 않은 자산 중 과대평가된 것은 무엇인가? 기업의 유산에 속하는 관행 중 단지 타성에 젖어 지속되는 것은 무엇인가? 미래를 신중하게 생각하라. 자신에게 질문을 던져라. 미래에 어떤 성과들이 사람들에게 기억되기를 바라는가? 일관된 유산을 지속하면서 성취할 수 있도록 행동하라.

목표 감각＝의도+이해관계

왜 비즈니스에 종사하는가? 단순히 이익을 실현하는 것을 넘어 왜 비즈니스가 존재해야 하는지를 포괄하는, 당신이 회사를 설립한 의도, 그리고 그 목표를 달성하기 위해 단합하는 기업과 직원들의 이해관계를 생각하라.

비즈니스의 존재 이유는—포괄적인 의미에서 사회적 책임도 포함하여—주주들과 직원들의 권익, 더 나아가 공익을 위해 이윤을 추구하는 것이다(선행을 하는 것이 아니라 가급적 이윤을 추구하는 것이며 이윤이 없으면 누구에게도 권익을 주지 못한다). 하지만 그것이 진정한 동기인가? 기업은 단순한 이윤 추구를 초월한 목표를 지녀야 한다. 그것이 업무에 의미를 부여하고 사업이 프로세스의 축적과 직원들의 집합을 초월한다는 근거를 규정하며, 직원들을 공동의 목표로 이끈다. 영국 어센틱 비즈니스의 창립자 닐 크로프츠는 "이윤을 초월한 목표"는 비즈니스를 진정하게 만드는 가장 중요한 요소라고 믿는다. 그것은 "행동의 모든 측면을 통해 빛을 발한다. (…) 이런 식으로 그 비즈니스를 접하는 모든 사람들은 목표의 진실성을 체험하게 될 것이다. 그것은 바로 자체적으로 말하는 목표·사상·믿음·행동의 완벽한 일치성이다."

스스로의 일치성에 대해 질문해보라. 우리는 무엇을 위해 존재하는가? 진지하게 생각해보자. 이 짧지만 어려운 질문에 대한 대답은 직원들과 회사의 이해관계를 일치시킬 수 있는, 당신의 실체에 내재하는 의도를 일깨울 것이다. 지금은 고인이 된 피터 드러커는 『경영의 실제The Practice of Management』(1954)에서 이렇게 말하고 있다.

기업의 목표가 직원들에게 이윤 추구로 인식되면, 직원들은 자신과 회사의 이해관계에 근본적인 차이가 있다고 확신하게 될 것이다. 더불어 생산이 이윤을 창출한다는 낡은 미신을 믿게 될 것이다. 달리 말해 그들이 이윤을 창출한다고 믿게 되는 것이다. 하지만 기업의 목표가 고객을 창출하는 것이라면, 갈등이 아닌 조화가 이루어질 것이다. 판매가 없이는 일자리가 있을 수 없지만 일자리가 없어도 판매는 있을 수 있기 때문이다. (…) 이를 위해서는 직원이 수익을 공급하고 회사가 직원에게 얻는 것에서, 시장이 공급하고 회사와 직원 양측이 똑같이 필요로 하는 것으로 전환해야 한다. 그러면 직원들은 회사의 번영과 자신들의 이해관계가 일치한다고 생각하게 된다. 더불어 양측이 모두 수익성을 필요로 한다는 것을 이해하게 된다.

물론 고객을 창출한다는 것은 모든 기업들의 본질적인 목표다. 여기서 문제는 고객이 창출되고, 이해관계가 일치되고, 결정이 이루어지고, 행동이 취해지고, 수익이 발생될 당신의 회사에서 추구하는 구체적인 목표다. 일리노이 다우너즈 그로브에 위치한 서비스마스터 본사 로비의 대리석 벽면에는 거의 30센티미터 높이의 글씨로 회사의 목표 네 가지가 새겨져 있다.

- 우리의 모든 행동에서 하느님을 경배한다
- 사람들이 발전하도록 돕는다
- 최고를 추구한다
- 수익을 증대한다

서비스마스터의 전임 회장이자 CEO였던 윌리엄 폴라드는 저서 『서비스의 달인The Soul of the Firm』에서 이렇게 말한다. "첫 두 가지 목표는 목적을 위한 목표다. 다음 두 가지는 수단을 위한 목표다. 이 목표들을 비즈니스 운영에 적용하기 위해 노력하는 과정에서, 그것들은 우리에게 올바른 행동을 행하고 잘못된 행동을 지양할 수 있는 지침이 된다. 우리는 사람들 사이의 차이를 수용하는 포괄적인 환경을 유지하고 있지만 통일된 목표를 제시하는 공동의 기준을 확립하고 있다." 서비스마스터의 목표가 다른 기업들과 어떻게 구별되는지 주목하라.

다분히 내부에 초점을 맞추는 조직의 DNA와 차별화하기 위해 폴라드를 비롯한 많은 사람들은 기업의 목표를 기업의 "영혼"이라고 지칭한다. 인디애나 대학의 운영관리학 명예교수 로버트 홀은 『기업의 영혼The Soul of the Enterprise』에서 "기업의 목표는 직원들 사이에서뿐만 아니라 사회에서도 희생할 가치가 있는 것이라고 인정되는 공감대"라고 언급한다. 톰스 오브 메인의 창업주이자 『비즈니스의 혼The Soul of a Business』의 저자인 톰 채플은 "내 말을 오해하지 마라. 나는 돈을 벌기 위한 비즈니스에 종사하고 있다"라고 선언한 바 있다. "하지만 그것이 유일한 목표는 아니다. 오직 주주들의 이익을 극대화하는 데만 주력하는 전통적인 방식은, 번영을 추구하는 우리 자신의 욕구를 박탈한다고 믿는다. 우리 내면의 무언가는 지속적인 수익을 초월하고자 하는데, 그 무언가가 바로 우리의 영혼이다."

모든 직원의 이해관계를 하나의 공통된 의도와 일치시키는 회사의 목표를 작성하고 공표하라. 우리는 전반적인 의도가 이타적인 경우에도 기업과 직원이(주주들과 경영자들도 예외는 아니다) 편협한 이해관계를 지닌다는 것을 부정할 수 없다. 모든 대규모 조직에서 사람들에게 공동의 목표의식을 고취하고 그에 따라 행동하도록 유도하기란 대단히 어려운 일이다. 조직에서 온갖 상투적인 구호로 일치시키려는 노력을 기울일 경우에 특히 그러하다. 진부한 구호는 나태한 경영진에 의해 제시되기 때문에 조직적 단결을 달성하는 데 실패한다. 그런 단결이란 과감한 전략을 추진하고 더 큰 경제적 가치를 창출하는 목표를 신중히 확립하고 공표함으로써 비로소 이루어지는 것이기 때문이다.

목표를 공표한다는 것은 당신이 충실해야 할 자아의 핵심적 요소를 강화할 뿐만 아니라 자아의 정체성을 성문화한다는 것을 의미한다. 따라서 누군가에게 말한 정체성을 유지하기 위해, 공표된 목표에 따라 행동해야 한다. 대외적인 공표는 정체성과의 일치성에 해당하는 차원이기 때문에 우리는 이 장의 후반부에서 그 내용을 다루면서 별도로 자세히 논의할 것이다.

당신의 의도+이해관계를 솔직히 검토하라. 회사의 목표 감각을 형성하는 것은 무엇인가? 회사의 영혼을 구성하는 것은 무엇인가? 일부는 처음부터(자연) 형성된 것이고, 다른 일부는 시간이 지나면서 형성된 것이 분명하다. 또다른 경우 회사의 목표는 회사의 유산에서 직접 비롯되어 회사의 가치로 곧장 연결되기도 한다. 당신의 목표를 평가하는 과정에서 수단과 목적을 구별하는 것은(서비스마스터의 폴라드가 그랬던 것처럼) 대단히 중요하다. 이 두 가지를 구분하는 데 실패한다면, 의미 있는 목표를 도출하는 것은 불가능해진다. 당신은 어떻게 이 세상을 더 좋은 곳으로 만들 것인가? 왜 그것이 당신과 직원들에게 중요한가? 당신의 행동이 세상에 미치는 영향을 무시하는 이해관계는 다른 사람들에게 당신의 동기를 비열한 것으로 여기고 당신의 의도를 허위적인 것으로 간주하게 만든다.

가치 체계=신념+태도

당신의 정체성은 어떻게 드러나는가? 즉 어떤 목표가 전달되고, 결정이 내려지고, 행동이 실행되는 데 근거가 되는 신념을 고려하고, 다른 사람들(특히 소비자들)이 직원들의 행동을 보며 인식하는 회사의 본질을 생각하라.

모든 조직은 내부적인 목표에서 비롯되는 가치체계를 지닌다. 그것은 명시적인 것일 수도 있고(IBM이 확립한 기존의 기본 신념과 새로운 기업 가치처럼) 공개적으로 발표되거나 논의되지 않거나 심지어 인식조차 되지 않은 묵시적인 것일 수도 있다. 어떤 경우이든 가치는 회사의 정체성을 나타내는 건전한 규칙으로 구성된다. 회사의 결정과 행동에 영향을 미치고 태도를 형성하며 결국 수익을 창출하기 때문이다. 미국경영자협회의 전

국제부장 프레더릭 하몬은 이렇게 지적한다. "모든 회사의 진정한 수익원은 수많은 직원들의 개별적인 행동이다. 이런 행동에 가치가 추가되면 그만큼 수익은 증대된다. 기업의 가치를 추구하는 목표는 모든 행동에, 항상, 그 가치를 더하는 것이다."

이 요소를 통해 기업은 외부에 가장 확실하게 정체성을 드러낸다. 모든 사람에게 공유되는 이런 가치체계는 회사의 정체성에서 절대적인 부분을 형성하는데, 테런스 딜과 앨런 케네디는 그것을 '다른 모든 조직들과 구분되는 한 조직의 근본적인 성격과 태도', 즉 기업문화라고 지칭한다. 『조직문화와 리더십Organizational Culture and Leadership』에서 에드가 셰인은 문화를 "집단이 외적 적응과 내적 통합의 문제를 해결하면서 공동으로 습득한 기본적인 가정으로서, 타당하고 합리적이라고 간주될 만큼 효과적이기 때문에, 새로운 구성원들에게 그런 문제들을 인식하고 생각하고 판단하는 올바른 방식으로 교육되는 것"이라고 규정한다. 그는 기본적인 가정에 대해서는, 사람들이 조직의 가치라고 말하는 것의 내면에 존재하며 워낙 당연하게 여겨지기 때문에 그 문화의 내부에서 변이된 형태를 찾을 수 없다고 지적한다. 실제로 이런 가정이 집단에서 강력하게 지지된다면, 구성원들은 다른 전제에 근거한 태도는 상상조차 할 수 없다고 여길 것이다.

하지만 이런 신념은 정확히 포착하기가 어려울 수 있다. 그것은 간혹 조직에서 말하는 목표와 차이를 나타내기 때문이다. 하버드 경영대학원의 교수 크리스 아지리스는 "사람들이 자신의 삶을 관리하는 방식으로 지지하는 신념과 가치체계"를 '채택된 행동이론'이라고 지칭하지만, "실제 그들이 신념을 관리하는 데 활용하는 규칙"은 그들의 '실용이론'이라 한다. 채택된 행동이론은 강력한 지지를 받는다면 겉으로 드러나지 않은 채 좀처럼 논의되지 않는다. 이런 이유에서 아무리 훌륭하거나 원대한 것일지라도, 그것을 변화시키거나 채택된 가치와 일치시키기란 어렵다.

칙필레Chick-fil-A를 생각해보라. 패스트푸드 업계에서 일요일은 가장 판매량이 많은 날이지만 칙필레의 모든 매장은 일요일에 열지 않는다. 회사는 왜 이 같은 방침을 세웠는가? 조직의 모든 구성원의 태도에 영향을 미치기 위한 창업주 트루엣 캐시의 신념에서 직접적으로 비롯된 것이다. 캐시는 회사의 웹사이트에 "칙필레 레시피의 일부"라고 부르며 이를 명시해두었다. "칙필레의 모든 직원이 주말에 예배를 가거나 가족, 친구들과 시간을 보내거나 그저 편하게 쉴 수 있는 기회를 누리게 하고 싶었다. 이 방침은 정해질 당시에도 의미가 있었고 지금까지도 의미가 있다."

일요일이 그저 또다른 하루에 불과한 사람들에게 칙필레의 정책은 기묘하고 어리석게까지 보일지도 모른다. 하지만 일요일이 성스럽고 특별한 날인 사람들에겐 칙필레가 진정한 회사로 보일 뿐만 아니라 주중에 더 자주 칙필레 매장을 찾게 되는 이유가 될 수도 있다. 그것은 바로 회사의 신념과 태도가 소비자의 신념과 태도에 부합되기 때문이다. 이처럼 자사의 가치가 소비자들의 자기 이미지와 일치하는 회사는 간혹 열성적인 애호가들을 탄생시키면서 알렉스 위퍼퍼스가 "(소비자에 의해) 하이재킹된 브랜드"라고 지칭하는 브랜드가 되기도 하는데, 이런 브랜드는 자아에 충실해야 할 뿐만 아니라 "시장의 핵심적인 신념과 가치체계에서 벗어나지 않아야 하며 (…) 소비자들이 지닌 고유한 가치에도 충실해야 한다."

이러한 브랜드 중 하나가 바로 스타벅스다. 하워드 슐츠 회장은 『스타

벅스: 커피 한잔에 담긴 성공신화『Pour Your Heart into It』에서 이렇게 말한다. "진정성은 우리가 지향하는 목표다. 그것은 우리 정체성의 일부다. 만약 우리가 정체성을 포기하고 더 높은 수익과 타협한다면, 과연 우리가 무엇을 이룰 수 있을까? 모든 소비자들은 결국 우리 정체성을 파악하게 될 것이다." 만약 회사가 자사의 가치를 포기하고 더 높은 수익과 타협한다면, 소비자들은 분명히 그것을 파악하고 회사가 변했다는 사실을 알게 될 것이다. 하지만 2007년 2월 슐츠는 스타벅스의 경영자들과 직원들이 더 이상 자사의 신념에 따라 행동하지 않는다는 것을 파악했다. 경제지들에 누설된 CEO 짐 도널드에게 전달하는 메모에서 그는, 에스프레소의 제조과정을 자동화한 것과 갈아낸 커피를 향미보존flavor-lock 용기에 포장하는 등의 경영 결정이 "스타벅스 체험의 약화와 브랜드의 상품화라고 불릴 상황을 야기했고" 그런 결정은 "전통과 유산을 지닌 우리 매장을 훼손하면서 더 이상 과거의 영혼이 없는 매장으로 변질시켰다"고 적었다. 그는 호소했다. "핵심을 되찾자."

그렇다면 당신의 핵심에서 비롯되는 신념+태도는 어떤가? 당신의 회사는 신념에 대한 명확한 견해를 지니고 있는가? 이런 신념은 채택된 가치 이상의 효과를 발휘하는가? 다시 말해 실제로 그것이 결정에 영향을 미치고, 행동을 독려하고, 태도를 형성하고, 수익을 창출하는 실용 가치처럼 드러나는가? 일부 기업들은 그저 말만 앞세울 뿐 전혀 행동하지 않는다. 이런 경우에 해당한다면 자신에게 솔직해져야 한다. 회사에서 주요 방침으로 채택되었지만 실제는 무의미한 행동으로 드러난 것은 무엇인가? 반면 당신과 동료들이 이런 문제를 좀처럼 논의하지 않는다면 과감히 부딪쳐보라. 회사가 진정으로 지향하는 것은 무엇인가? 또 회사가 지양하는 것은 무엇인가? 공식적으로 발표된 원칙이라도 일치된 태도가 뒤따르지 않으면 허위성을 초래하고, 지속적인 행동이라도 확실한 원칙에 근거하지 않으면 허위성을 모면할 수 없다.

* * *

당신의 정체성이 드러나는 방식을 지지하는 것(회사의 직원들이 지니는 실제 가치체계는 그들이 말하는 정체성과 차이가 날 수도 있다)은 자아에 대한 충실성의 다른 요소들을 지지한다. 당신의 목표 감각(당신이 비즈니스에 종사하는 이유)은 최고경영진이 말하는 목표와 일치하지 않을 수도 있다. 당신이 지닌 유산(현재의 당신이 비롯된 장소와 시간)의 영향은 사람들이 그 유산에 대해 말하는 것과 다를 수도 있으며, 그들이 배우고자 하는 교훈은 조직 전체에서 교육되어왔다. 당신이 생산하는 산출물의 본질(다른 사람들에게 제공하는 것)은 처음 시장에 출시되었던 당시와 똑같지 않을지도 모르며 당신이 현재 산출물을 두고 소비자들에게 말하는 방식과 일치하지 않을지도 모른다. 심지어 회사의 본질(당신의 핵심적인 정체성)이 당신이 생각하는 정체성과 일치하지 않을 수도 있기 때문에, 당신이 스스로에 대해 소비자, 직원, 주주, 더 나아가 전 세계인들에게 말하는 방식과 일치하지 않을 수도 있다.

자신의 발언을 확인하라

진실/가식 도표의 두 번째 차원을—다른 사람들에게 말한 자신의 정체성과 일치되는 것을—살펴보기 전에, 당신이 스스로에 대해 말하는 바를 명확히 목록으로 작성해야 한다. 회사가 자사를 드러내는 방식은 아주 장황하게 작성할 수도 있지만, 다음의 다섯 가지 범주는 비즈니스에서 자아에 대해 말할 수 있는 가장 중요한 방식의 모델을 구성한다.

①**부여된 이름** 당신은 자신을 무엇이라고 부르는가

②**표현된 소개** 당신을 자신을 어떻게 설명하는가

③**정해진 장소** 어디서, 언제 당신과 접할 수 있는가

④**공표된 동기** 당신은 왜 비즈니스에 종사하는가

⑤**보이는 외형** 당신은 자신의 모습을 어떻게 보여주는가

이 다섯 가지 요소는 자아의 충실성에 대한 다섯 요소에서 비롯된다. 이름, 즉 명시적으로 선택된 단어는 공식적인 지정을 통해 실체를 요약하고, 소개는 기업과 산출물에 대한 정보를 직접적으로 전달한다. 장소는 가시적인 현재를 통해 계승된 과거를 증명하고, 동기는 회사의 목표 감각을 제시하며, 외형은 단순한 언어적 의사소통을 초월하는 방식으로 가치를 상징한다.

물론 자아에 대한 충실성의 요소와 정체성과의 일치성이라는 요소 사이에는 단순한 일대일 대응 이상의 관계가 존재한다. 이 새로운 요소들은 각각 앞선 모든 다섯 가지 요소들과 연관된다.

- 이름은 기업뿐만 아니라 산출물, 유산, 목표, 가치에도 지정된다.
- 소개는 산출물뿐만 아니라 기업, 유산, 목표, 가치에 대해서도 이루어진다.

- 장소는 기업의 유산을 나타낼 뿐만 아니라 산출물을 나타내고, 목표를 드러내며, 가치를 구체화한다.
- 동기는 목표의 요소와 가장 밀접한 관계가 있지만 다른 모든 요소들이 인식되는 맥락도 제시한다.
- 외형은 자아의 모든 요소를 드러낸다.

달리 말해 정체성과의 일치성의 각 요소들은 자아의 다양한 측면(실체, 산출물, 유산, 목표, 가치)을 나타내는 다른 방식을 분명히 하며, 당신은 그 다양한 측면을 각각 특정한 방식으로 지정, 표현, 확립, 선언, 표출할 수 있다.

하나의 총체로서 그것들은 브랜드를 형성하는 집단이 "정체성" 혹은 때로 "브랜드"나 "기업"이라고도 지칭하고자 하는 것을 구성한다. 하지만 이런 사용은 "실질"과 "표상"의 혼동을 유발한다. 기업, 장소, 산출물은 단지 정체성의 표현(자아가 진정한 것으로 여겨지기 위해 정확히 반영해야 할 표상)이 아닌 실질적인 정체성(진정한 것으로 인식되기 위해 충실해야 할 자아)을 지닌다. 광고업계에는 좋은 광고만큼 나쁜 제품의 실패를 가속화하는 것은 없다는 격언이 내려온다. 이제 브랜딩 업계에도, 브랜드를 조성하려는 진실한 노력을 물거품으로 만드는 데 가장 빠른 것은 가식적인 제품이라는 말을 추가해야 할 것이다. 이런 가식성은 회사의 실질적인 정체성의 진실성과 동떨어진 표상에서 비롯된다.

케리골드와 베일리스 오리지널 아이리시 크림을 비교해보자. 《비즈니스위크》에 실린 「진정성의 신화」라는 기사에서 프리랜서 저널리스트 알리샤 클레그는 두 개의 아이리시 브랜드가 스스로를 표현하는 방식을 비교한다. "(케리골드는) 케리에서 생산되는 사금을 통해 치즈를 암시하는 상표명을 지니고 있다. 포장은 일부 시장에 맞게 개량되었지만 웹사이트는 (⋯) 수다스러운 문체로 겉만 번지르르한 민속학적·문화적 전형을 내세우며 뻔뻔하게 '아이리시'라고 허세를 부린다." 반면 "그 구성요소로 판단할 때 베일리스는 스스로 말하는 정체성인 아이리시와 일치한다. 생산지가 아일랜드이고 우유를 공급하는 목장도, 젖소들도 아일랜드에 있으며 (⋯) 상표의 켈트족 테마도 확실히 오래전의 과거를 암시한다. (⋯) 손으로 쓴 서명인 R. A. 베일리는 마치 창시자의 존재에 대한 모든 의심을 불식하려는 듯 화려함이 강조되고 있다. 상표명도 전혀 진부함 없이 완벽히 아일랜드풍이다." 물론 두 브랜드는 모두 근래(케리골드는 1960년대, 베일리는 1974년에)에 조성된 신화이며 완전한 가식이다. 하지만 그런 것은 상관없다. 하나는 자체적으로 말하는 정체성을 통해 스스로 진정성을 연출하고 있고, 다른 하나는 그렇지 못하다.

진실/가식 도표의 이 차원에 대해 우리는 비록 자세하지는 않지만 상대적으로 시장에서 당신의 정체성을 나타내는 임무의 본질을 이해하는 데 도움이 되는 다섯 가지 핵심적인 요소들을 설명한다. 다음 내용을 읽는 동안 당신의 비즈니스가 무엇인지 기억하라. 당신이 정체성에 대해 말한 바가 얼마나 진실한지 가식적인지 여부를 판단하지 말고, 그저 다른 사람들에게 정체성에 대해 말한 바를 살펴보면서 당신의 발언을 확인하라.

부여된 이름=차원+칭호

당신은 스스로를 어떻게 부르는가? 특히 당신의 회사, 브랜드, 개별 산출물에 지정하는 이름(자아의 다양한 차원을 나타내기 위해 사용되는 공식적인 칭호)은 무엇인가.

부모가 지어주는 개인의 이름과 달리 모든 비즈니스 이름들은—즉석에서 지어지든 오랜 기간의 조사와 연구에 걸쳐 만들어지든—한 가지 이상의 정체성의 차원을 나타내기 위해 선택된다. 『최고의 브랜드 네임은 어떻게 만들어지는가The Making of a Name』의 저자들은 "좋은 이름은 회사, 제품, 혹은 서비스의 진실성과 특수성을 전달한다"고 강조한다. 의미 있는 브랜드 이름들(슬렌더와 메트리컬, 다이하드와 델코, 버짓과 에이비스, 스프린트와 MCI)은 기억에 남는 인상의 측면에서 본질적인 우위를 지닌다. 유니버설 시티워크와 사우스데일 쇼핑센터, 홀푸드 마켓과 세이프웨이 스토어, ESPN 존과 애플비즈의 경우도 마찬가지다.

의미 있는 이름은 뚜렷한 인상을 남길 뿐만 아니라 진정성을 손쉽게 암시하기까지 한다. 대표적으로 시시어스로벅앤드, J. C. 페니, 포드 자동차, E. I. 듀퐁 드 느무르, 켈로그, 할리 데이비슨, 리바이스같이 창업주의 이름을 채택한 회사들이 유명하다. 이런 명칭은 그 실체를 존재하게 만들었던 한 명 혹은 그 이상의 실존 인물과 연계하면서 회사의 기원을 설명한다. 월트 디즈니 컴퍼니, 휴렛팩커드, 메리케이, 칼슨 컴퍼니처럼 회사가 창업주와의 영구적인 관계를 적극적으로 홍보한다면 상당한 힘을 얻으며, 월마트, 디어앤드컴퍼니, 메리어트 인터내셔널, 오길비앤드마더처럼 회사가 창업주의 원칙을 따르기 위해 노력할 때는 그 힘이 더욱 강해진다. 멜버른대 경영대학원의 마케팅 교수 마크 릿슨은 "창업주들이 바로 그 브랜드이며 그들의 존재는 다른 어떤 마케팅 수단도 흉내낼 수 없는 진정성을 부여한다"고 언급한다.

사람들은 특별한 장소를 이름으로 선택한 회사도 진정하다고 인식한다. 앞서 샹파뉴와 고르곤졸라의 사례에서 장소·이름에 대해 논의했던 것을 생각해보라. 장소에 근거한 이름은 랜드 오레이크스, 윌리엄스 소노마(창업주 척 윌리엄스와 캘리포니아의 미식가들이 즐겨 찾는 계곡이 합쳐진 이름)처럼 지역에서 비롯될 수도 있고 보이스 캐스케이드, 스미스필드 푸즈처럼 도시에서 비롯될 수도 있으며 심지어 색스 피프스 애비뉴(뉴욕), 스테이트 스트리트 코퍼레이션(보스턴), 새빌 로우 컴퍼니(런던)처럼 도시의 특정한 장소에서 비롯될 수도 있다. 물론 특정한 장소와 연계되었다는 모든 회사가 실제로 그 장소와 연계된 것은 아니다. 예를 들어 인터넷을 검색해보면 미주리 세인트루이스의 새빌 로우 커스텀 클로디어스와 플로리다 디어필드 비치의 새빌 로우 클로디어스를 찾을 수 있다(만약 당신이 맞춤옷 비즈니스에 종사하면서 전 세계에서 남성용 맞춤옷으로 가장 유명한 거리의 이름인 "새빌 로우"를 사용한다면, 당신이 말한 정체성을 일치시킬 수 있는 기대를 갖고 맞춤옷 비즈니스를 운영하는 것이 좋다. 물론 기성복을 판매해선 안 된다).

이름은 삶이 지금보다 단순하고, 여유롭고, 진정해 보이던 시기를 나타낼 경우에도 진정성을 연출하는 데 도움이 된다. 많은 회사들이 이런 이유에서 "메인 스트리트"라는 명칭을 이름에 사용한다. 대표적인 사례가 세계 최대의 T.G.I. 프라이데이스 가맹 사업체인 메인 스트리트 레스토랑

그룹이다. "체인 스트리트 레스토랑 그룹"이라는 이름이 이 회사의 진정한 자아를 더 정확히 반영할지도 모르지만, 비즈니스의 본질에 대한 이런 진실한 가식성의 인정은 체인과 연관되어 자주 발생하는 허위성의 오점을 극복하는 데 도움이 될 수 있다.

일부 회사들은 "크래프트craft"(농업경제)나 "워크work"(산업경제)처럼 과거의 경제 시스템을 연상시키는 단어를 이름에 사용해서 마치 모든 산출물이 소규모 작업장이나 공장에서 숙련된 장인에 의해 수공으로 제작되는 듯한 인상을 준다(흥미로운 사실은 장차 그런 시기가 도래하겠지만 아직 서비스 경제의 용어들—예를 들어 "포스force"나 "센터center"—은 이런 진정성의 지위를 얻지 못했다는 것이다). 렌즈크래프터스, 이미지크래프터스, 빌드어베어워크숍, 배스앤드바디워크스, 게임워크스, 포토워크스 등을 생각해 보라. 이것은 디자인, 광고, 건축처럼 창조적인 분야의 회사들이 특히 선호하는 방법인 듯하다.

또다른 회사들은 실제로 존재하지 않는 유산, 인물, 장소를 나타내는 이름을 사용한다. 대표적인 사례는 1961년에 루빈 매터스가 뉴욕 브롱크스에서 창업한 회사인 하겐다즈이다. 매터스는 하겐다즈로 프리미엄 아이스크림 시장을 개척하며 아이스크림 사업에 평생을 바쳤다. 그의 창의성을 기리기 위해 회사의 웹사이트에서는 "매터스가 자신이 소중히 여기는 구세계의 전통과 장인정신의 분위기를 전달하기 위해 스칸디나비아풍의 이름을 지었다"고 밝힌다. 초창기 포장에는 덴마크 지도도 삽입했다. 그 방법은 효과적이었다(우리는 이처럼 "소비자를 우롱하려는" 방법은 추천하지 않는다).

새로운 회사, 브랜드, 산출물에게 이름을 부여하는 일은 점차 어려워지게 되었다. 비단 진정성을 암시하는 이름만이 아니라 아무 이름이나 선택하는 경우도 마찬가지다. 《월스트리트저널》은 기업들이 기업명과 브랜드명을 점차 신조어에 의존하면서 모든 사실적인 이름이 사라지고 있다고 주장했다. 그 결과로 가식적인 브랜드명을 지닌 가식적인 기업들이라는 인식이 생겨났다. 물론 두문자어나 축약어도 진정성을 떨어뜨린다. 무엇보다 그것들은 실제 단어가 아니기 때문이다.

진정성을 소멸시키는 가장 나쁜 방법 중 하나는, 최근 스포츠 경기장처럼 광고 가치를 지닌 장소에서 많이 볼 수 있는 명명권naming rights 판매이다. 어떤 사업이라도 이런(비즈니스를 처분하기에 적절한) 행동을 한다면 그 건물의 진정성에 대한 사람들의 인식이 자동적으로 저해된다. 이런 결정은 비즈니스가 자체적인 정체성과 고유한 유산을 증명하는 것보다, 빠르게 돈을 벌어들이는 것에 더 관심을 둔다는 사실을 명확히 나타낸다. 따라서 병원과 대학, 다른 비영리단체들은 건물이나 시설에 기부자의 이름을 붙이는 일에 대해 신중해야 한다. 그것은 제외된 조직, 유산과 밀접하게 연관된다. 이런 태도는 방문객 대부분에게 금전의 문제를 최우선으로 드러내고, 그들은 이런 태도가 허위적이라고 인식할 것이다.

작명자가 실제적인 장소로 인식되기를 원하는 실제적인 이름의 진실한 산출물은 어떤가? 미니애폴리스와 세인트폴 교외의 레이크빌에서 진행되었던 새로운 주택사업에 대해 생각해보자. 《세인트폴 파이오니어 프레스》의 기자 밥 쇼에 따르면, "1조 원 프로젝트의 이름으로 '브랜드첸 팜'은 두 가지 단점을 지녔다. 하나는 '브랜드첸'이라는 단어였고 다른 하나

는 '팜'이라는 단어였다." 200만 제곱미터(약 61만 평)가 넘는 대지에 2000
채 이상의 주택을 짓는 이 사업은 실제로 1930년대에 독일 이민자의 아들
로 인쇄기 발명가인 헨리 A. 브랜드첸 시니어가 설립했던 원조 브랜드첸
팜의 부지에서 이루어졌다. 개발업자 롭 웍홀츠는 오밀조밀한 구획, 나무
가 늘어선 좁은 거리, 보도와 가까운 현관, 뒤편의 차고, 자전거 도로와 골
목길을 상상했다. 그는 "진정성이 프로젝트의 핵심일 것이라고 판단하면
서 진정한 이름을 짓기 위해 고심했다." 하지만 그의 동료들과 컨설턴트
들은 대부분 반대하고 나섰다. 작명 책임자 토드 볼린은 간단히 말했다.
"과거에 집착해서는 안 된다." 마침내 과거를 이끌어내 현재로 이어줄 적
절한 이름이 탄생했다. 바로 '스피릿 오브 브랜드첸 팜'이었다.

　비즈니스계는 진정성을 회사, 브랜드, 산출물의 이름을 선택하는 유일
한 범주로 사용하지 말고 무엇보다도 이름을 자신의 정체성을 규정하는
것으로 인식해야 한다. 따라서 당신의 차원+칭호를 반영해야 한다. 기업
의 핵심을 정확하고 적절하게 전달하지 못하는 잘못된 명칭이 있는가? 모
든 칭호—회사, 브랜드, 산출물, 직위, 장소, 광고, 혹은 기업의 어떤 차원
이든 간에—는 그것을 더 진정하게 연출할 수 있는 기회를 제공한다는
것을 기억하라.

표현된 소개＝미디어＋메시지

　당신은 자신을 어떻게 설명하는가? 어떤 미디어(광고, 마케팅, 세일즈 자
료, 웹사이트, 공개 성명을 비롯한 다른 모든 수단)를 통해 자아에 대한 메시지
를 전달하는가?

대부분의 회사는 광고를 통해 표현한다. 광고에서 당신이 말하는 내용이, 진정성에 대한 의견을 형성하는 데는 상당한 시간이 소요된다. 따라서 회사들은 점차 광고를 하면서 산출물의 진정성을 연출하는 데 주력한다. 광고대행사 로우 월드와이드의 뉴욕 지사장이자 광고책임자인 마크 우넥은 멋지게 포장하는 광고는 한물갔고, "새로운 대세는 진정성"이라고 말한다. 2005년에 공개된 짐 빔의 첫 번째 텔레비전 광고는 세월의 흐름에 따라 변하는 작업장과 일꾼들의 모습을 보여주며 성우의 목소리가 흘러나온다. "변화가 좋다고 말했던 사람들은 모두 버번을 제조하는 과정에 대해 전혀 모릅니다. 210년 동안 7세대를 거치며 우리는 원조 빔 가문의 제조법을 충실하게 지켜왔습니다. 여기에 그 고집이 있습니다." 절호의 기회를 놓치고 싶지 않았던 모회사 포춘 브랜드는 표현된 소개를 위한 또다른 전통적인 수단인 보도자료를 활용해서 선전했다. "짐 빔 버번은 최초의 국내 텔레비전 광고 캠페인에서 210년의 진정성을 획득했다."

또다른 중요한 사례는 도브의 "진정한 미를 위한 캠페인"으로, 이 광고는 "진정한 여성들은 진정한 곡선을 지닌다" 같은 문구와 함께 뚱뚱한 여성들이 등장해 미에 대한 고정관념(날씬함, 금발, 젊은 여성)에 반박한다. 심지어 유니레버는 타임스스퀘어의 대형 광고판에 96세의 아이린이란 이름의 여성의 사진을 게시하기까지 했다. 유니레버 홍보팀은 2005년 말에 "총 미디어 노출량"이 6억5000만 회를 넘었다고 말했다. 유니레버에서 오직 광고에 등장한 여성들이 진정하다고 했을 뿐, 결코 도브가 "진정하다"고 말하지 않았던 방식에 주목해야 한다.

많은 기업들은 "말한 대로 실천한다"는 것과 그에 따라 소비자와의 모든 상호교류에서 회사가 말한 정체성을 유지한다는 것을 입증하기 위해, 광고를 통해 잠재 고객뿐만 아니라 직원들까지 겨냥한다. 마스 마스터푸즈의 미국 지사는 직원들이 브랜드의 모든 것을 이해한다는 사실을 입증하기 위한 페디그리 애견 사료의 광고 캠페인에 무려 25억 원을 투자했고, 마케팅 부서와 무관한 직원들까지 동원해서 내부 프로그램을 개발했다. 마케팅 담당 부회장 크리스 존스가 말했던 것처럼 직원들은 인위적인 프로그램을 "꿰뚫어볼" 것이다. 이것은 "진실하고 순수하다"고.

진정성에 직접적으로 호소하기 위해 광고를 사용할 때는 신중해야 한다. 회사가 말한 것은 그 회사의 실제, 더 정확히 말하면 소비자들이 인식하는 실제와 일치하지 않을 수도 있기 때문이다. 바로 이런 이유에서 진정성에 호소하는 많은 기업들이 흔히 정체성을 언급하는 다른 수단을 사용하는 것이다. 예를 들면 스타벅스는 좀처럼 산출물을 선전하는 광고를 내보내지 않는다. 오히려 회사의 자아를 홍보한다. 왜 그럴까? 아주 구체적으로 말하지 않으면서 회사의 진정성을 주장하기 위해서다. 스타벅스의 모든 광고는 항상 엉성한 형식을 취한다. 위쪽에 모두 대문자로 표시된—"인간이 소유하고 인간이 운영하는", "무엇이 탁월한 커피를 만드는가?" 따위와—자극적인 질문이나 문구가 제시되고 4분의 1 페이지 분량의 문장과 더 많은 정보를 제공한다는 웹사이트를 가리키는 화살표가 이어지면서 아래쪽에 한 건물과 중첩되는 세이렌 여신의 로고가 배치되는 식이다.

스타벅스는 팸플릿, 플래카드, 전단지 및 다양한 인쇄물과 같은, 표현된 소개를 위한 다른 매체를 광범위하게 활용하기도 한다. 당신은 모든 매장에서 많은 팸플릿들을 볼 수 있을 것이다. 그중 하나는 소비자만족 조사("우리가 얼마나 잘하고 있습니까?")이고 일부는 주로 편의적 장치("당신의 음료로 만드세요: 스타벅스 음료 가이드"나 "스타벅스 이력: 안식처를 창조하세요")이며 대부분은 철저한 마케팅 수단("알려지지 않은 음료의 세계", "스타벅스 듀에토 비자카드를 신청하세요", "스타벅스를 집에서 체험하세요: 우리의 커피 세계 가이드")이다. 하지만 이런저런 방식으로 진정성("원조에 대한 헌신", "우리의 가치 실현하기", "스타벅스와 공정거래", "커피의 땅에서 보내는 시")에 중점을 두는 팸플릿도 상당히 많다. 모든 것들은 회사의 정체성과 회사의 지향점을 정확히 입증하는 근거를 제시한다.

웹사이트는 모든 규모의 비즈니스에서 효과적이고 필수적인 요소가 되었고 스타벅스를 비롯한 많은 기업들은 웹사이트를 통해 자사의 정체성을 표출한다. 구글은 "우리가 누구인가", "우리가 무엇을 하는가", "우리가 그것을 어떻게 하는가"라는 세 가지 문구의 조건을 모두 충족시키는 웹사이트 35만 개를 나열한다.

연례 보고서와 다른 공식 성명에서도 유사한 형식을 찾아볼 수 있다. 일례로 커뮤니케이션 서비스그룹인 WPP의 2004년 연례 보고서와 회계 보고서를 살펴보자. 이 보고서는 자세한 재무정보를 공개하기 전에 먼저 "우리가 누구인가", "우리가 왜 존재하는가", "우리가 무엇을 하는가", "우리가 무엇을 생각하는가", "누가 WPP를 운영하는가", "우리가 어떻게 행동하는가", "우리가 어떻게 수익을 거두는가"에 대해 소개한다.

많은 기업들은 연례 보고서와 규칙으로 제정한 다른 문서 외에도 기업의 사회적 책임CSR에 대한 보고서를 자발적으로 발간한다. 이런 보고서들이 필수요건이 된 것은, 정치 활동가들이 기업들에게 주주들을 제외한 다른 사람들에게도 책임을 지닌다는 것을 발표하도록 강력히 요구하기 때문일 뿐만 아니라, 소비자(그리고 투자자)가 기업의 사회적 책임을 세계가 직면한 문제에 대한 진정한 대응으로 간주하기 때문이다. 하지만 형식적인 대응은 대단히 위험하다. 만약 어떤 기업이 그저 다른 기업들이 모두 발간한다는 이유에서, 혹은 정치 활동가들의 관심을 다른 곳으로 돌리기 위한 목적으로 CSR 보고서를 발간한다면 그 기업과 산출물은 가짜로 인식될 것이다.

이런 인식을 피하기 위해 기업들은 점차 다양한 인증 수단에 의지하여 어떤 것이 자체적으로 말한 정체성과 일치하는지 확인한다. 1935년 이래로 프랑스는 원산지, 조달법, 제조법에서 일정한 범주를 충족시키는 식료품에 원산지 명칭 통제AOC를 실시했다. 미국심장협회는 협회의 건강기준을 충족시키는 식품에 붉은색과 흰색의 하트 마크를 표시한다. 펩시코는 건강에 도움이 된다고 간주되는 산출물에 자체적인 "스마트스팟" 기호를 표시한다. 이처럼 진정성을 인증하는 진정화의 또다른 사례로, 홀푸즈는 빅 트리 팜스 핸드크래프티드 발리니즈 시솔트처럼 "전통적인 기법을 활용해서 정갈한 식품을 수공으로 제조하는 소규모 가족 기업의 상품"에 자체 개발한 "진정한 식품 장인" 봉인을 부착한다. 인증마크는 점점 더 감각적이고(겟휴먼은 고객이 어떤 회사로 전화를 걸면 그 회사가 겟휴먼의 표준을 준수한다는 것을 나타내는 알림음을 개발했다) 초현실적으로(마이스페이스는 '100퍼센트 입증된 셀럽'이라고 불리는 표시로 유명 인사의 프로필이 실제라는 것을 인증한다) 변하고 있다.

CEO 자서전은 문학평론가 제프리 하트먼이 "일종의 자아인증"이라고 지칭하듯 회사들이 자아를 표현하는 방식으로 더욱 인기를 얻고 있다. 하트먼은 이렇게 언급한다. "허위성에 저항하는 개인들의 투쟁은 자전적 회고에서 뚜렷하게 증가하고 있다. (…) 이것은 1인칭 화자와 묘사되는 자아의 수렴 혹은 일치로까지 여겨진다." 과거에 CEO 자서전은 주로 개인에 관한 것으로 여겨졌지만 이 새로운 형태—윌리엄 폴라드의 『기업의 영혼』, 톰 채플의 『비즈니스의 혼』, 하워드 슐츠의 『스타벅스: 커피 한잔에 담긴 성공 신화』 등—의 자서전은 1인칭 창업주와 기업의 융합을 나타낸다. 일부 비즈니스 리더들은 이미 경영자이자 기업으로서의 자아를 나타내기 위한 새로운 미디어를 활용하고 있는데, 일례로 선 마이크로 시스템즈의 회장이자 CEO인 조너선 슈워츠는 블로그를 운영하기도 한다.

미디어+메시지의 활용에 대해 생각해보라. 당신은 회사, 산출물, 소비자, 직원, 공급업자를 어떻게 소개하는가? 그런 소개에 대한 진정성의 인식을 강화하거나 훼손할 수 있는 미디어(미디어가 메시지를 특정한 방향으로 조정하고 수정한다는 마셜 매클루언의 말을 기억하라)를 어떻게 선택하는가? 소비자들이 실제로 체험하는 것과 반대되는 메시지는 당신에게 허위성의 낙인을 남기게 된다는 것을 명심해야 한다.

정해진 장소=현장+이벤트

어디서, 언제 당신을 접할 수 있는가. 다른 사람들과 당신을 차별화하는 당신의 장소(지리학적 영토와 지역뿐만 아니라 그 안에서의 특정한 구역과 부지)와 물리·가상의 영역에서 당신의 자아가 시작되고 전달되고 전시되는 이벤트를 생각해보라.

갈수록 더 많은 기업들이 자신을 해당 지역과 동일시하는 것은, '부여된 이름'에서 살펴보았던 것처럼 진정성에서 장소의 중요성을 보여준다. 이런 기업의 사례는 한 바디케어 비즈니스에서 찾을 수 있다. 록시땅 앵 프로방스의 이름은 회사의 출신지인 프랑스 남부 지방 프로방스와 그 지역의 언어인 옥시땅을 강조한다. CEO 레이놀드 가이거는 "'진정성, 섹시함, 존중'이 브랜드의 콘셉트를 차별화한다"고 주장한다. 그것을 입증하기 위해 매장의 직원들은 회사의 상품이 어디서, 어떻게 생산되는지 설명하면서 록시땅의 슬로건에서 주장하는 것처럼 그 내용이 모두 "진실한 스토리"라는 것을 강조한다. 1960년대 중반에 회사를 창립한 올리비에 보상은 "내 역할은 스토리를 전달하는 것"이라고 말한다. 회사의 이름을 자사의 출신지와 유산에까지 연계했던 록시땅은 웹사이트를 통해 "프로방스에 뿌리를 둔 록시땅은 프랑스 남부 지방의 색깔, 향기, 전통을 전 세계와 함께 나눈다"고 홍보한다.

특정한 장소로까지 감각을 확장하며 **뿌리**를 강조하는 것은 이처럼 지역에 기반을 둔 기업들의 핵심이다. 런던의 뉴 이코노믹스 재단의 데이비드 보일은 "뿌리를 두다"를 자신이 말하는 뉴리얼리즘의 아홉 가지 기준 중 하나로 간주한다. "뉴리얼리즘에서 리얼은 뿌리를 둔다는 의미를 지닌다. (…) 그것은 때로 전통에 뿌리를 둔다는 의미를 나타내기도 하지만, 단순한 제조자보다는 근원지 같은 지역적인 뿌리를 둔다는 의미인 경우가 더 많다. 간혹 그 장소가 어디인지는 중요하지 않으며 (…) 중요한 것은 특정한 장소에서 특정한 사람에 의해 만들어졌다는 것이다." 농산물 시장, 지역의 토산물을 제공하는 레스토랑과 식료품점, 단순한 와인 이상의 의미로 쓰이는 프랑스어 '떼루아terroir'가 부상하고, 진정성의 인식 측면에서 수많은 체인들이 쇠락하는 것도 이런 이유이다. 소규모 지역기업은 글로벌 대기업이나 다국적기업보다 출신 지역을 강조하기가 훨씬 용이하다. 대기업은 흔히 근원지가 불분명한 것처럼 여겨지고 체인들은 어디서나 똑같은 것으로 인식된다.

이런 운명을 피하려면 일반적인 공간을 특정한 장소로 전환해야 한다. 프로젝트 포 퍼블릭 스페이시즈의 창업주 프레드 켄트는 이렇게 말한다. "우리가 점점 더 많이 듣게 되는 것은 진정성에 대한 요구다. 사람들은 편안한 장소, 다른 사람들과 교류할 수 있다고 느껴지는 장소를 원한다." 리처드 플로리다는 "창조적 계층"은 일부에서 "대중적"이라고 폄훼하는 장소들을 기피한다고 지적한다. "진정한 장소는 고유하고 독창적인 체험을 제공한다. 따라서 체인점, 체인 레스토랑, 나이트클럽으로 가득한 장소는 진정하지 않은 것이다. 그런 장소들은 어디서나 똑같아 보이며 당신이 어디서든 접할 수 있는 똑같은 체험을 제공한다." 플로리다는 어떤 장소를 두고—지역이든 건물이든 사무실이든 매장이든—사람들이 진정하다고 인식하는 근거는 두 가지 요소에 의해 결정된다고 단언한다. 바로 주위 환경의 모습과 느낌, 그리고 그곳에서 실제로 일어나는 일이다. 우리의 용어로 바꾸자면, 장소의 확립은 '현장'과 '이벤트'를 모두 필요로 한다.

이런 이유에서 캔자스시티의 카운티클럽 플라자(이 부문의 원조), 클리블랜드 교외의 크로커파크 앤드 래거시 빌리지, 노스캐롤라이나 윌밍턴의 메이페어 타운센터, 플로리다 웨스트팜비치의 시티플레이스, 로스앤젤레스의 그로브 같은 "라이프스타일 센터"가 부상하는 것이다. 이런 장소들은 야외에 조성되어 느긋한 걷기가 체험의 중요한 부분을 차지한다. 예를 들어 그로브는 인근에 위치한 1930년대 농산물 시장에서 유기적으로 분화된 것처럼 보인다. 카루소 어필리에이티드의 창업주이자 CEO인 릭 J. 카루소가 건설한 그로브는 한쪽 끝에서 출발하는 이륜 전차가 그곳 전체를 순환하고 반대쪽 끝에는 "로스앤젤레스의 정령" 동상이 세워져 있으며, 그 사이로 고풍스러운 가로등과 나무, 벤치, 독특한 상점이 늘어선 넓은 보행로가 길게 뻗어 있다. 이곳에는 보데가 초콜릿, 서프시티 스퀴즈, 아마데우스 스파 같은 지역 업체들과 앤스로폴로지, 퀵실버 보드라이더스 클럽, 록시땅 같은 고유한 기업들, 갭, 반스앤노블, 크레이트앤배럴을 비롯한 몇몇 체인점들이 두루 섞여 있다. 하지만 이처럼 다양한 국적의 기업들도 이 고유한 장소에 맞추어 매장 디자인을 바꾸었다.

미주리 캔자스시티의 HOK 스포츠 베뉴 이벤트는 주위 환경과 잘 어우러져 실제로 인식된 진정성이 발산되는 스타디움, 컨벤션센터를 비롯한 공공집회장소를 설계한다. HOK 스포츠는 도시의 환경에 근거한 전통적인 도시형 야구장 디자인과 현대적 게임 체험 시설을 성공적으로 조화시킨 최초의 야구장인, 캠든야드의 오리올 파크로 명성을 굳혔다. 그 후로 HOK가 설계한 거의 모든 시설—클리블랜드 제이콥스 필드부터 부시스타디움 인근에 건설된 세인트루이스 카디널스의 새 야구장은 물론, 노스캐롤라이나의 더럼 볼파크, 버지니아 노퍽의 하버파크, 플로리다 잭슨빌의 베이스볼 그라운드 같은 마이너리그 야구장까지—은 과거 훌륭한 야구장의 요소들을 수용해서 새로운 야구장을 세울 지역에 접목하는 방식을 통해 진정성에 직접적으로 호소한다. 조 스피어 사장은 우리에게 이렇게 말했다. "사람들이 그토록 우리의 성과물을 진정하다고 여기는 것은 절대로 우연이 아닙니다. 우리는 새로운 프로젝트마다 그 야구장에서 벌어질 스포츠 행사의 전통과 그곳을 홈구장으로 사용할 팀의 유산, 장차 그곳이 차지하게 될 역사를 면밀히 검토하고 그 모든 것을 우리의 디자인에서 표출할 주요한 요소로 활용합니다."

비록 고유한 장소를 확립하지 못했다 해도, 당신의 산출물이 판매되는 매장이나 경로의 선택은 당신에 대한 인식에 영향을 미친다. 스타벅스처럼 자사의 인식된 진정성을 명확하게 관리하는 기업도 드문데, 그만큼 스타벅스가 유나이티드 항공과 기내에서 커피를 제공하는 파트너십을 체결한 이유는 많은 궁금증을 유발한다. 부실한 체험을 제공하는 항공사나 다른 '정해진 장소'에 정체성의 표출을 맡기는 것은 대단히 위험한 전략이기 때문이다.

자아에 대한 충실성의 요소에서 '정해진 장소'는 다섯 가지 요소 중 세 번째인 유산과 연관된다. 이것은 자체적으로 말한 정체성의 핵심으로, 8장에서 집중적으로 다루려 한다. 당신의 기업 구도에서 모든 현장+이벤트를 철저히 조사하라. 더 진정한 장소로 연출하기에, 부각된 이벤트가 부족한 곳이 어떤 현장인가? 어떤 이벤트들이 부적합한 현장들에서 실행되고 있는가? 무엇보다도 당신은 언제 어디서 자신의 이름과 소개가 허위적으로 인식되는 위험을 감수하는가? 그것이 언제든 어디든지 간에 효과적으로 연출된 장소를 확립하는 데 주력하라.

공표된 동기=이상+인센티브

왜 당신은 비즈니스에 종사한다고 말하는가? 단지 돈을 벌기 위한 목적을 초월하는 공공의 이상과, 그 이상을 독려하기 위해 존재하는 내적·외적 인센티브가 있는가?

자체적으로 말한 정체성을 구성하는 모든 요소 중 '공표된 동기'는, 자아에 대한 충실성에서 대칭되는 요소(목표 감각)와 가장 본질적인 연관을 맺고 있는 듯하다. 그 이유는 두 요소가 모두 가장 어려운 질문에서 비롯되는 데 있다. 더욱이 고유한 동기를 이해하는 것도 어렵지만—우리는 이미 감정적으로 결정했던 것의 사후 검정을 하며 쉽게 합리화하곤 하기에—강력하고 설득력 있는 방식으로 성문화하는 것은 훨씬 더 어렵다.

'공표된 동기'의 한 가지 형태는 기업의 자아에 대한—어떻게 기업의 자아를 설명하는지, 누가 그것으로 직원들을 이끌고 독려하면서, 외부인에게 홍보하거나 영향을 미치기 위한 목표로 삼는지에 관한—임원진의 노력이 빚은 직접적인 산물이다. 이것은 기업의 목표를 기록하고 기업의 이상을 설명하고 직원들에게 그 이상에 따라 행동하도록 인센티브를 제공하는 공식적인 소개(신조, 성명, 선언)다.

가장 오래된 공식적인 소개 중 하나는 존스앤드존슨의 리더로 장기간 재직했던 로버트 우드 존슨이 1943년에 작성한 한 페이지 분량의 유명한 신조다. 그것은 존슨앤드존슨을 지난 60년 이상 훌륭히 뒷받침했는데, 특히 "타이레놀의 공포"가 대두되던 1982년과 1986년에 두드러진 효과를 발휘했다. 고급 호텔 리츠칼튼도 아주 쉽게 기억되는 유명한 신조를 지니고 있다. 그 신조는 기업의 목표로 시작된다. "리츠칼튼호텔은 고객을 위한 진정한 관심과 편안함을 최고의 사명으로 삼은 곳이다."호텔 매니저들은 직원들에게 날마다 이 신조를 철저히 준수하도록 독려한다.

미군의 임무수행에서도 유사한 상황이 펼쳐진다. 지금은 전역한 육군 대학원의 전 총장 로버트 아이바니 소장이 쓴 아래 글은 지휘관의 의도, 즉 미군이 병사들에게 전투임무를 완수하도록 동기를 부여하는 데 활용하는 메커니즘에 대해 설명한다.

지휘관들은 신속함이 요구되는 작전에서는 부하들의 주도권이 필요하다는 것을 깨닫고 모든 작전의 최우선 목표를 설명하는 간략한 서술문을 작성하기 시작했다. 장교 특유의 어조에 짧은 문장으로 작성함으로써 지휘관은 자신이 달성하기를 원하는 것을 향한 "감정"을 제시했다.

구체적인 명령이 없는 상황에서 모든 하급 지휘자들은 전반적인 목표나 그 작전에 대한 "지휘관의 의도"에 따라 행동해야 했다. 그들에겐 명령 대기가 아닌 주도적인 움직임이 권장되었다. 곧 모든 명령에서 "지휘관의 의도" 선언이 요구되었다. 그것은 팀이 성공하기 위해 반드시 해야 하는 일에 대한 명확하고 간결한 선언으로 활용되었다.

순간의 통보에 따라 전장의 상황이 변하고, 모든 가능한 상황을 아우를 수 있는 상세하고 구체적인 지침이 전혀 존재하지 않기 때문에, 이런 선언은 미군의 성공에 결정적인 역할을 한 것으로 입증되었다. 직원과 소비자 간에(역시 순간의 통보에 따라 변하는 관계) 고도의 현장 교류가 이루어지는 모든 비즈니스에서도—기업의 사명, 즉 기업의 전반적인 목표에 대한 이유를 설명하면서 직원들에게 어떤 특정한 상황에 대응하는 방식에서 최대한 행동의 자유를 제공하는—"매니저의 의도" 선언을 개발할 수 있다.

콜로라도 키스톤에 위치한 체험 디자인 회사 스타리존은 보다 장기적인 변용 프로젝트의 요구에 대처하기 위해 자체적인 방법론의 핵심으로서 모든 고객을 위한 성명 혹은 선언을 개발한다. 이 선언은 『성공하는 기업들의 여덟 가지 습관Built to Last』에서 제임스 콜린스와 제리 포라스가 "생생한 묘사"를, "활기차고 구체적이고 흡인력 있는 표현"을 통해 목표를 "사람들의 마음속에 명확히 각인하는" 방법으로 논의한 것에서 착안했다. 스타리존은 고객팀에게 간혹 의견 차이가 일어나지만 항상 토론을 통해 그들이 창출하고자 하는 체험의 운영상 테마와 전략적 의도(회사의 목표감각)를 파악하도록 돕는다. 그 과정은 모든 사람들의 언어와 아이디어를, 그룹에 강력한 영향을 미치는 통일된 선언으로 이끌어낸다. 이것은 사람들을 격려하는 구조와 의도를 생생하게 설명하고 감정을 움직이는 언어를 통해 모두의 개별적인 생각을 하나의 공통된 목표로 융합한다. 의뢰인 고객들의 노력이 결실을 맺는 순간에 그들의 눈에서 눈물을 흘리는 모습을 보는 것은 그다지 낯선 광경이 아니다. 스타리존의 선임 체험 담당관 게리 애덤슨은 우리에게 이렇게 말했다. "자신에 대해 설명하는 것으로, 선언보다 더 강력한 방법은 없다. 또 자신의 의도를 충족시키는 것으로, 운영상의 모든 결정을 그 선언이 제시한 기준에 따르는 것보다 더 강력한 방법은 없다. 무엇보다도 선언의 목표는 '명확하게 하는 것'이다."

스타리존의 선언은 내적 독려와 운영상의 지침을 위해 개발된 것이다. 외적으로 동기를 발표하는 것은 대단히 위험할 수 있다. 목표를 공표하면 사람들은 당신의 태도와 행동이, 당신이 말한 동기의 이면과 일치하는지 주목하게 된다. 구글과 그들의 유명한 모토인 "악해지지 말자Don't be evil"에 대해 생각해보라. 구글은 그것을 점점 더 복잡해지는 상황에 적용하기 위해 노력한다—성공하든 실패하든 그 "노력"은 허울뿐인 말만 하는 것보다 좋다는 것을 나타낸다. 하지만 구글은 중국 공산당이 "인권"과 "민주주의와 관련된 것들" 같은 단어의 검색 결과 표시에 반대했을 때, 그들과 싸웠지만 졌다. 전직 헤지펀드 매니저이자 현재 테크놀로지 저술가로 활동하는 앤디 캐슬러는 그 결정에 대해 구글의 "냉정함"이 사라졌다고 말하며 그것을 "훼절"이라는 단어에 비유했다.

유니레버의 '진정한 미를 위한 캠페인'에서 도브의 웹사이트는 "이 캠페인의 목표는 현재의 상태를 변화시키기 위한 것이며 더 광범위하고 건전하고 민주적인 미의 관점을 제시하기 위한 것"이라고 밝힌다. 바로 "모든 여성들이 날마다 소유하고 즐길 수 있는 미의 관점" 말이다. 이런 이상을 달성하기 위해 도브는 '도브 자부심 펀드'와 하버드 대학 에스테틱 웰빙 프로그램을 포함한 일곱 가지 독특한 활동을 진행했다. 단순히 진정한 미를 위한 것이라고 말하는 차원을 넘어 실제로 진정한 미를 위해 실천하는 태도를 보인 것이다.

유니레버가 실천한 것은 이게 전부가 아니었다. 명확한 사실을 강조하는 것은 회사의 동기에 의혹을 제기하지 않으며, 소비자들에게 더 많은 제품을 구입하도록 하는 유인을 만들어낸다. 마케팅 컨설턴트 메리 로우 퀸란은 두 가지 관점을 간략히 제시한다. "여성으로서 나는 도브의 광고가 좋다고 생각하지만, 마케터로서는 알아야겠다, 돈이 어디에 있는지."

다양한 문화행사와 자선활동을 기념한 타깃의 광고도 유사한데, 타깃은 선홍색 로고 바로 옆에 "매주 25억 원 기부, 매일 진정한 변화 창조"라는 문구를 제시했다. 이 광고들의 문구에는 "진정한 스토리, 진정한 전통, 진정한 정신"과 "진정한 관용, 진정한 친절, 진정한 희망" 같은 내용도 포함되었다. 2005년 크리스마스 시즌에는 "진정한 크리스마스 정신"이라고 말하며 독자들에게 홈페이지target.com/salvationarmy에 방문해서 타깃의 아이템을 구입해 구세군에 기부하도록 독려했다. 여기서 우리는 적어도 그 돈이 어디에 있는지 알고 있다. 바로 타깃에서 구매를 독려한 모든 자선물품들 안에 있다(회사는 친절하게도 기부자들에게 세금 감면의 혜택을 공지한다). 더욱이 이 행사는 세간에 널리 알려진, 타깃의 모든 매장에서 구세군 직원을 쫓아낸 사건이 벌어진 이듬해에 진행되었기 때문에 온전히 이타적인 동기에서 비롯된 것이 아님을 엿볼 수 있다.

비즈니스 혹은 개인으로서 우리가 자선활동을 홍보한다면 어떤 상황이 벌어질까? 우리가 다른 사람들에게 (허리케인 카트리나의 피해자를 위한 특별 이벤트든 단지 기부를 통한 일반적인 자선활동이든 간에) 불우한 사람들을 위해 얼마나 많은 기부를 하는지 말하면서, 그들에게도 기부하도록 독려한다면 어떤 상황이 벌어질까? 그것은 순수한 자선이 아니다. 제이미 폭스가 NAACP 행사에서 자신이 허리케인의 피해자들을 돕기 위해 뉴올리언스로 갔던 이유에 관한 언급은 단지 유명인사뿐만 아니라 기업들에게도 적용된다. "당신이 이 일을 해야 하는 것은, 사람들에게 당신이 진정하다는 것을 알려야 하기 때문이다."

다시금 명확히 밝히고 넘어가자. 그 배경에 다른 동기가 감추어져 있고 이따금 표면으로 드러난다는 점을 지적하는 것은, 비즈니스 업계가(또는 개인이) 제공하는 진정한 도움이나 도덕적 이상을 폄훼하는 것이 전혀 아니다. 하지만 소비자들이 이것을 이타주의를 표방한 마케팅이나 진정성을 연출하려는 동기로 인식할 경우, 자칫 가식의 낙인이 찍힐 수도 있는 위험이 뒤따른다. 진정성의 연출이라는 측면에서 자선활동은 공개하지 않는 것이 더 현명할지도 모른다. 오늘날 인터넷 시대의 투명성은 어떤 식으로든 결국 당신을 파헤칠 것이기 때문이다!

이제 당신의 전반적인 목적을 위한 이상+인센티브에 대해 생각하라. 당신은 비즈니스에 종사하는 내적·외적 이유를 무엇이라고 선언하는가? 당신이 공개적으로 지지하는 이상은 무엇이며 모든 사람들에게 그 이상을 납득할 수 있도록 제시하는 인센티브는 무엇인가? 이 질문들에 대한 적절한 대답이 진정성의 인식을 얻는 데는 오랜 시간이 필요하다. 마지못한 자세(인센티브가 없는 이상)나 공허한 자세(이상이 없는 인센티브)는 허위성에 이르는 확실한 길로 인도할 것이다.

보이는 외형=표상+인식

당신은 다른 사람들에게 당신의 모습을 어떻게 나타내는가? 즉 로고, 상징, 색깔, 포장 및 사업과 산출물을 묘사하는 다른 표상들을 포함하여, 텍스트를 초월해 전달되는 자아의 특성을 어떻게 나타냄으로써 다른 사람들에게 자아에 대한 특정한 인식을 도출하는가?

정체성과의 일치성의 마지막 요소는 가장 중요한 산출물의 "첫인상"을 창출해서 잠재 고객에게 구매를 독려하는 물리적 신호를 제공하는 그래픽 디자이너의 영역으로 이루어진다. 앞서 3장에서 다루었던 내용을 되새겨야 할 것이다. 포장지에 "리얼"이나 "어센틱"이라는 단어를 남발하지 말고, 그러한 표상을 연출해서 진정성의 인식을 이끌어내야 한다. 예를 들어 크래프트의 포스트 시리얼은 포스트 셀렉츠 블루베리 모닝의 포장지를 변경하면서, 이전의 문구를 삭제하고 오직 "집에서 구운 블루베리 아몬드 머핀의 맛을 살린"이라는 문구와 함께 시리얼 보울 옆에 손수 집에서 만든 듯한 머핀의 이미지를 삽입했다. 더 이상 "리얼"을 강조하지 않으면서 더욱 진정성을 연출한 것이다.

2006년에 H. J. 하인즈 컴퍼니는 진정성을 암시하려는 목적으로 자사의 로고와 상표를 재디자인했다. 월리스 처치 어소시에이츠의 창립자인 롭 월리스는 하인즈를 "세월의 흐름에 따라 변하지만 (⋯) 항상 본질에 충실한" 소수의 "아이콘 브랜드" 중 하나라고 칭한다. 그의 팀은 "19세기 후반의 전통과 21세기 초반의 감각을 효과적으로 접목한" 새로운 상표를 디자인했다. 이 상표는 하인즈의 "쐐기돌" 모양과 글자를 즉시 알아볼 수 있는 디자인을 유지하지만, 진정성을 즉시 인식할 수 있는 맥락에서 회사의 창립년도인 "1869"를 전면과 중앙에 배치하고 제품을 제조하는 데 사용되는 모든 자연작물—케첩에는 토마토, 렐리시에는 피클, 식초에는 각종 야채들—을 바깥쪽에 배치한다.

'보이는 외형'은 특히 장소에 대한 진정성을 결정하는 핵심적인 요소가 될 수 있다. "워낙 터프해서 죽지 않는 마을" 애리조나의 툼스톤을 생각해보라. 이곳은 "새로이 지어진 건물들의 가식적인 외관, 시대착오적인 색깔, 위조된 날짜"로 인해 국립 사적지라는 지위를 상실할 위기에 처했다. 지역의 한 숙박업소 주인은 이렇게 비난한다. "이곳은 진정한 서부시대의 마을이 아니라 할리우드 세트장처럼 변해가고 있다." 주 정부의 문화재 담당관 제임스 게리슨은 "거주민들에게 각못(마을에서 1890년까지 유일하게 사용할 수 있었던 못)을 주의하라고 당부했다. 만약 각못이 박힌 것을 발견하면 무엇이든 그대로 놔두어야 한다. 그것은 툼스톤의 진정한 뼈대이다."

이런 장소뿐만 아니라 모든 체험 부각자들은 특히 딘 맥케널이 "표지 marker"라고 지칭하는 '보이는 외형'에 집중해야 한다. 그는 『관광객The Tourist』에서 이렇게 지적한다. "여행자가 어떤 경관에서 갖는 첫 접촉은 경치 자체가 아니라 경관에서 비롯되는 어떤 표상이다." 반스앤노블의 창문에 걸린 "다음 출구에 경치가 보임"이라고 쓰인 투명한 도로 표지판이든, 스타벅스 매장의 차양에 길게 늘어진 3차원 로고든, 오하이오 뉴어크의 롱거버거의 홈오피스 같은 아이콘 형태의 건물(수공으로 제조하는 이곳의 바구니를 거대한 형태로 부풀린 것처럼 보인다)이든, 이 표지들은 모두 그곳이 체험할 만한 가치가 있는 장소라는 것을 나타낸다.

어떤 것이라도 표지가 될 수 있다. 맥케널은 그 용어를 광범위하게 다루는데, "여행책자, 박물관 안내서, 여행객들의 사연, 미술사 서적과 강의, 학술논문 등을 포함한 경치에 관한 모든 정보"를 아우른다. 맥케널의 연구는 많은 부분에서 그가 "진정성의 문제"라고 지칭하는 것과도 연관된다. 이런 이유에서 우리는 "경치sight"라는 용어의 범위를 모든 경제적 산출물로 확장하고, "표지"라는 용어를 사람들이 산출물의 진정성을 판단할 수 있는 모든 표상을 의미하도록 적용한다. 실제로 이것은 사람들이 언급하는 트레이드마크, 서비스마크, 브랜드마크 등과 같은 의미다.

정체성을 아주 훌륭히 표시하는, 절대로 간과해서는 안 되는 하나의 표상이 있다. 바로 웹사이트다. 많은 사람들은 이 가상의 장소에서 처음 산출물을 알게 된다. 따라서 웹사이트는 사람들이 실제로 산출물에서 접하는 것과—단지 표현된 소개뿐만 아니라 표출된 외형, 전반적인 모습과 감각까지—일치해야 한다. 베일리스(www.baileys.com)과 케리골드(www.kerrygold.com)의 홈페이지를 비교하면서 어떤 사이트가 브랜드를 더욱 진정하게 연출하는지 살펴보라. 'www.whatmakescoffeegood.com'을 방문해서 스타벅스가 커피 제조법을 자사의 가치와 연계하는 방식을 살펴보라. 록시땅이 자사의 철학을 알리는 방식을 살펴보고 'www.loccitane.com'에서 회사의 진정한 사연 중 하나를 찾아보라. 이제 당신의 웹사이트에 접속해서 당신의 회사와 산출물을 얼마나 진정하게 연출하는지 살펴보라.

마지막으로 당신의 '보이는 외형'에서 모든 고유한 표상+인식에 대해 재차 생각해보라. 당신의 사업, 산출물, 그 산출물이 제공되는 장소를 나타내기 위해 어떤 묘사를 하는가? 기존 고객들과 잠재 고객들은 그런 표상의 총체를 어떻게 인식하는가? 진정성의 연출의 궁극적인 목표는 사람들에게 산출물을 진정한 것으로 인식시키는 것이다. 진정성은 개인적으로 결정되기 때문에 이런 인식은 다른 어떤 요소보다 '보이는 외형'에 많은 영향을 받을 것이다. 사람들은 당신의 이름을 많이 생각하지 않을 수도 있고, 당신의 소개를 간과할 수도 있으며, 당신의 장소를 싫어할 수도 있고, 당신의 동기를 고려조차 하지 않을 수도 있다. 하지만 그들은 당신의 외형을 수용하고 그에 대한 개인적인 인식이 당신에 의해 결정된다고 생각할 것이다.

물론 이런 사실이 정체성과의 일치성의 다른 네 가지 요소들의 중요성을 격하하지는 않는다. 공표된 동기(당신이 비즈니스에 종사하는 이유)가 공개되었기 때문에 당신의 행동이 어긋나거나 모순된다면 그 사실은 모두에게 알려질 것이다. 정해진 장소(당신을 접하는 장소와 시간)는 항상 표상이 구현되고 인식이 형성되는 환경을 제공하기 때문에 진실성이나 가식성의 모든 판단이 이루어진다. 표현된 소개(당신에 대해 설명하는 내용)는 그 자체로 더 이상 해석의 여지를 남기지 않기 때문에 당신이 그 내용과 일치하는 모습을 보여야 한다. 부여된 이름(당신을 지칭하는 칭호)은 정체성의 총체적인 부분이기 때문에 잘못된 선택은 자칫 다른 모든 측면들을 가려지게 하는 반면, 올바른 선택은 나머지 정체성과의 일치성을 훨씬 용이하게 만들 것이다. 하지만 이 모든 것은 바로 당신의 보이는 외형(당신의 모습을 나타내는 방식)을 통해 개별 소비자의 마음속에서 어우러진다.

당신이 말한 정체성에 충실하라

『미학적 마케팅 미학Marketing Aesthetics』에서 번 슈미트와 알렉스 시몬슨은 "표현"과 "인상"을 다음과 같이 구분한다.

소비자들은 조직이나 브랜드의 문화, 사명, 전략, 가치, 조직이나 브랜드의 "개인적 자아"―조직이나 브랜드의 표현―에 직접적인 접근을 하지 못한다. 이런 공적 측면은 다수의 정체성 요소들을 통해 다양한 스타일과 테마로 투영된다. 그것은 결코 총체로서 보이지 않지만 다양한 인식은 조직이나 브랜드에 대한 전반적인 소비자 인상으로 통합된다.

개별 소비자들에 의해 형성된 인상은 당신이 얼마나 훌륭하게 진정성을 연출했는지를 결정한다. 슈미트와 시몬슨은 이따금 그런 인상이 당신의 표현과 충돌한다고 지적하면서 이런 불일치를 "투영의 격차"라고 지칭한다. 이것은 가식성에 해당하는 학술적 용어로서, 기업이 진정한 모습을 나타내지 못할 때마다 사람들이 갖게 되는 인식을 말한다.

아마도 당신이 자신의 모습을 보여주는 방식을 두고 소비자들이 당신의 직원들과 상호교류를 나누는 장소보다 더 좋은 경연장은 없을 것이다. 『체험의 경제학』에서 우리는 직장이 극장이라고 주장하며 직원들이 소비자들 앞에 설 때마다 그들은 연기를 하는 것이라고 설명했다. 그들이 알든지 모르든지, 잘 하든지 잘 못하든지, 그들은 연기하는 것이며 관객들, 즉 체험의 소비자들의 마음을 사로잡을 수 있도록 연기해야 한다. 우리가 진정성에 대해 말할 때면 간혹 누군가 연기에 대해 말하며 그것이 얼마나 가식적인지 반문한다. 하지만 그런 견해는 연기에 대한 오해에서 비롯된 것이다.

연기는 진실할 수 있다. 하지만 비즈니스에서 간혹, 어쩌면 대부분의 경우에 연기는 진실하지 않다. 진실한 연기에 반대되는 가장된 연기는 직장이 진정한 극장이 아닌 단순한 연극일 경우, 명백한 드라마가 아닌 과도한 드라마일 경우에 일어난다.

시애틀의 파이크 플레이스 피시마켓에 대해 생각해보라. 생선장수들은 많은 도매업자들과 고객들이 몰려드는 야외 시장에서 생선과 여러 해산물을 얼음 위에 놓는다. 직원들은 날마다 사람들이 천천히 오가는 동안 많은 '거리 무대'를 둘러보지만 가장 중요한 순간은 오직 누군가 구매를 하는 시점에 일어난다. 한 직원이 주문을 받고 소리치면("연어 한 마리가 미네소타로 갑니다!") 모든 동료들이 일제히 똑같이 소리치고 그 직원이 연어를 집어서 5미터 정도 떨어진 카운터로 던지면 카운터 직원이 능숙하게 포장하면서 거래를 마무리한다.

파이크 플레이스 피시마켓은 차트하우스 러닝 코퍼레이션에서 제작한 교습용 비디오 〈피시!〉를 통해 불후의 명성을 갖게 되었다. 이 비디오는 직장에서 펼쳐야 할 연기의 네 가지 원칙을 다룬다.

- **연기하라** 무대에 있는 상황이라는 것을 인식하고 그 과정에서 재미를 이끌어내라. 업무가 고역이 되어서는 안 된다.
- **즐겁게 하라** 소비자는 공연의 관객이다. 그들 자체와 그들의 요구에 집중해야 한다.
- **그곳에 있어라** 연기 테크닉의 기준으로서 "그 순간에 그곳에 있어라"는 다른 모든 것들을 잊고 그 순간에 함께 있는 사람에게 집중하라는 뜻이다.
- **자신의 태도를 선택하라** 연기는 근본적으로 선택에 관한 것이며 이 순간을 적절히 묘사하기 위해 자신의 어떤 부분을 선택하는 것이다.

우리 모두는 다른 환경에서 다른 사람들—자녀, 배우자, 부모, 친척들, 친구들, 이방인, 동료, 소비자, 부하직원, 상사 등—과 어울리며 다르게 행동한다. 이런 자아의 연기는 우리가 인식하든 인식하지 못하든 그 순간에 그 사람들에게 자아의 어떤 부분을 드러낼지에 대한 우리의 선택을 반영한다.

이 연기가 경제적 산출물의 일부가 될 때 그 연기도 완전한 가짜가 된다. 하지만 직장에서의 연기는 부득이한 허위성을 유발하지만 동시에 진정성을 연출할 수도 있다. 따라서 비즈니스에서 연기가 진정한 것으로 인식되기 위해서는 앞 장에서 소개한 두 차원을 예증하고, 자아에 대한 충실성의 자발적인 과제와 다른 사람들에게 말한 당신의 정체성을 유지하는 상대적 초점을 둔 과제로 확장해야 한다. 파이크 플레이스의 직원들은 그날의 일당과 개인적인 자아에 충실한 역할에 정직하면서 즐겁게 일과를 수행하는 진정한 생선장수들이다. 긱 스쿼드의 스페셜 에이전트, 더블 에이전트, 카운터 인텔리전스 유닛의 경우도 마찬가지다. 긱 스쿼드는 진정한 전문가들(심지어 능력을 입증하는 테스트도 치른다)을 고용하기 위해 심혈을 기울이기 때문에 그들에게 진정한 전문가로서의 특정한 역할을 부여할 수 있다. 광고에 항상 전문배우가 아닌 자사 직원들을 출연시키는 사우스웨스트 항공은 집단 합숙을 통해 직원을 채용하기 때문에, 항공승무원들과 게이트 사무원들이 역할을 수행하는 데 전혀 문제가 없다.

하지만 대부분의 기업은 직원들에게 행동을 지시하지 않는다. 직원들(접수원, 매장점원, 콜센터 안내원 등)이 자신들의 정체성을 유지하는 동안에는 상호교류가 원활히 이루어질 수 있다. 하지만 그들에게 적절한 도구—충족시킬 테마, 특성화된 역할, 연습할 시간, 연기할 무대—가 주어지지 않는 경우가 워낙 흔하기 때문에 그들에겐 충실해야 할 기업의 자아가 없고 결국 가짜로 인식될 가능성이 대단히 높다.

직장에서의 연기 비결은 셰이커교의 금언에서 드러난다. "당신의 가식적인 모습을 보여주고, 당신의 진정한 모습을 연기하라." 이 말은 직장에서뿐만 아니라 모든 경제적 산출물에도 적용된다. 특히 당신이 진정한 진짜로 인식되기를 원한다면 당신이 말한 정체성에 충실해야 한다. 그것은 당신의 진정한 비즈니스 자아와 당신이 말한 그 자아의 정체성을 우리가 이 장에서 소개한 열 가지 요소를 통해 이해해야 한다는 것을 의미한다.

표7-1 열 가지 요소들

자아에 충실	그 자신에 대해 말한 사항
기업의 핵심=실체+기풍	지정된 이름=차원+칭호
산출물의 본질=생산물+의무	표현된 소개=언론+메시지
유산의 영향=기원+역사	확립된 장소=현장+이벤트
목표 감각=의도+이해관계	선언된 동기=이상+인센티브
가치 체계=신념+태도	표출된 외형=표상+인식

이제 위의 표에 제시된 열 가지 요소를 통해 당신의 비즈니스를 점검해야 할 시간이다. 소크라테스는 "너 자신을 알라"고 간단히 말했다. 소크라테스의 말처럼 당신의 자아에 대해 파악했다면 당신의 비즈니스와 산출물에서 자아와 일치하지 않는 부분을 제거함으로써 자아와 부합하는 부분은 강화할 수 있다. 다음 두 장에서는 이를 실천할 수 있는 새로운 방법을 제시할 것이다.

제8장

마케팅에서
공간 조성까지

자신이 말한 정체성과
일치시키기

2001년에 미국광고연맹에서 "광고, 위대한 브랜드가 위대한 브랜드에 이르는 방식"이라는 캠페인을 시작한 이유가 무엇일까? 그것은 광고가 더 이상 예전만큼 효과를 거두지 못하기 때문이다. 현재 소비자 시장과 비즈니스 시장에 속한 기업들은 광고에 더욱 더 많은 비용을 지출하고 있지만, 가정과 기업의 의사결정자에게 광고가 도달하는 정도는 점점 더 줄어들고 있다.

온라인, 영화 스크린, 스포츠 유니폼, 차량 옆면, 휴대폰 등 광고는 도처에 널려 있다. 심지어 런던에 기반을 둔 에이전시 커닝은 사람들, 주로 대학생들에게 보수를 지급하며 의뢰업체의 광고와 로고를 일회용 문신으로 이마에 새기도록 권유하기까지 한다.

소니 모바일은 "가짜 여행객"이라 불리는 배우들을 고용했다. "요청자들leaners"이라 불리는 이 배우들이 맡은 임무는 관광객들이 자주 방문하는 곳(뉴욕의 엠파이어스테이트 빌딩, 시애틀의 스페이스 니들 전망대 등)에서 휴대폰으로 여행객에게 사진을 찍어달라고 부탁하면서 촬영 기능을 갖춘 휴대폰을 홍보하는 것이다. 이 회사는 모델들을 고용해 나이트클럽에서 모바일 앱 비디오콜러 ID와 쌍방향 게임을 선전하기도 했다. DVC 익스피리언셜 마케팅은 "통근자들"이 의뢰업체의 광고를 볼 수 있도록 러시아워 열차에 신간 잡지를 비치하고 있다. 그들은 도어맨을 고용해 마치 건물의 입주민들이 아직 가져가지 않은 것처럼 연출하면서 로비에 카탈로그 판매자의 "패키지 상품"을 전시하기도 한다. 《뉴욕타임스 매거진》의 소비자 칼럼니스트 롭 워커는 이렇게 지적한다. "광고대행사들은 소비자에게 호소하는 가장 강력한 토론의 장이 텔레비전 광고나 광고판이 아니라 우리가 일상적으로 나누는 대화라고 결론지었다."

잡지 《버즈》의 기자들은 자연발생적인 소문과 '버즈 마케팅'을 구분했다. "버즈 마케팅은 소문을 창출하는 행동을 각본에 따라 활용하는 것이다. 이것은 의도적 마케팅이다. 버즈 마케팅이 다른 형태의 마케팅과 차별화되는 요소 중 하나는 마케터가 눈에 보이지 않는다는 것이다. 진정성이 주요한 원동력이다!" 물론 주요 원동력이 진정성이라는 데는 의심의 여지가 없지만 그 때문에 소비자들이 등을 돌리는 일은 허다하게 벌어진다. 그런 행동은 자체적으로 말한 정체성과 일치하지 않기 때문에 가식성의 인식을 유발한다.

의류업체 갭의 사례를 살펴보자. 지난 10년 동안 라인댄서와 유명인사들을 등장시킨 갭의 광고는 여러 가지 역효과를 초래했다. 첫째, 회사에서 표현하는 이미지와 자신들의 이미지 사이에 차이가 있다고 생각한 많은 소비자들이 갭을 멀리하게 되었다. 갭은 더 이상 그들의 자기 이미지를 따르지 않았다. 《월스트리트저널》의 주장에 따르면, 이런 광고가 거듭될 때마다 소비자들은 점점 더 "유행에 싫증을 내게 되었다." 둘째, 광고에 비해 매장의 전시가 고작 립서비스 수준에 불과했다. 현실에서 고객을 상대하는 세일즈 담당자들의 태도는 광고에서 보여준 에너지와 열정에 한참 못 미쳤다. 셋째, 갭이 소유한 올드네이비 매장에서 본질적으로 동일한 제품을 더 저렴한 가격에 판매했다. 갭의 한 전직 임원은 《뉴욕타임스》에서 이렇게 말했다. "갭 경영진의 머리가 제대로 돌아가지 않았다. 그들은 초점을 잃었다. 쇼핑몰에서 갭 매장 바로 옆에 올드네이비 매장을 배치하며 제 살을 깎아먹는 세일즈를 했다." 결국 수천 개에 이르는 모든 갭 매장이 천편일률적으로 보이게 되었다. 갭이 수익을 증대하는 프로세스—즉 매장을 추가하면서 광고를 늘여가는 방식—는 시장에 동일성의 인식을 확산시키면서 브랜드를 죽이는 프로세스가 되었다. 갭의 광고에서는 "독특하다"고 말했지만 매장에서의 체험은 광고에서 말한 정체성에 한참 미치지 못했다.

이것은 광고의 근본적인 문제점이다. 바로 허위성을 창출한다는 것이다. 광고에 등장하는 햄버거와 실제 매장에서 접하는 햄버거를 생각해보라. 혹은 항공사나 호텔, 병원을 생각해보라. 만약 광고에 나온 대로 예약을 할 수 있다면 아주 흡족한 체험을 할 수 있을 것이다. 하지만 현실의 공간에서는 광고에 훨씬 못 미치는 체험을 하기 십상이다. 자체적으로 말한 정체성과의 일치성이라는 진정성의 기준에서 보면, 가짜로 인식되기 가장 쉬운 방법은 자신의 실체와 다른 모습을 광고하는 것이다. 업계에 만연한 이런 관행은 광고가 새로운 산출물의 유효성을 촉진할 수 있는 경우나, 비용의 측면에서 장점을 선전할 수 있는 경우, 혹은 품질의 특성을 상세히 설명할 수 있는 경우에 효과적일 수 있다. 하지만 오늘날 광범위한 유효성, 저비용, 고품질은 워낙 흔해졌으며 소비자들이 무엇보다 원하는 것은 진정성이 되었다.

지금 기업들에게 필요한 것은 자체적으로 말한 정체성과 일치시키면서 수요를 창출하는 새로운 접근법이다. 건축가 존 저드의 유명한 말을 빌리면, 바로 공간 조성placemaking의 원리라 할 수 있다. 공간은 기존 고객과 잠재 고객에게 정체성을 입증할 수 있는 주요한 수단을 제공한다. 공간 조성을 수용한 기업들은 진정성으로 경쟁하기 위한 기본적인 원리, 곧 체험은 마케팅임을 이해하고 있는 것이다. 다시 말해, 어떤 산출물이든 수요를 창출하기 위한 최고의 방법은, 기존 고객과 잠재 고객에게 어떤 장소에서 산출물을 아주 매력적으로 연출해서 관심을 유발하고 구매로까지 이끄는 체험을 제공하는 것이다. 광고를 통해 당신의 산출물을 말하려 하지 말고, 사람들이 당신의 산출물과 사업의 실체를 체험할 수 있는 공간 —영구적 공간이든 일시적 공간이든, 물리적 공간이든 가상의 공간이든, 유료 공간이든 무료 공간이든—을 창출해보라.

공간 조성의 효과

금세기 들어 소매로 가장 큰 실패를 겪은 두 기업이 있다. 실패의 이유는 명확한데, 자신들이 만들어낸 장소를 자신들의 정체성과 일치시켜야 할 필요성을 인식하지 못한 탓이었다. 월트 디즈니 컴퍼니와 타임워너는 테마파크, 영화, 음악, 웹사이트를 망라한 비즈니스에서 탁월한 업적을 쌓은 세계 최고의 체험 부각자들이다. 하지만 그들은 사랑받는 카툰과 캐릭터를 취급하는 많은 매장을 폐쇄했다. 디즈니의 경우, 디즈니 스토어와 워너 브로스를 제외한 다른 모든 매장들을 매각했다. 현재 그 매장들은 소매업계에서 완전히 자취를 감추었다. 아마도 소매 현장의 디자인에 그들의—체험 부각자로서의—정체성을 투영하지 못한 이런 산출물이 제 살을 깎아먹는 경쟁을 할 것이라고 우려한 탓일지도 모른다.

이제 장난감 비즈니스의 경쟁업체로, 인형 제조사인 아메리칸 걸의 사례를 살펴보자. 전직 교사 출신인 창업주 플레전트 로랜드는 카탈로 그 직판을 초월해서 자신이 확립한 체험의 현장을 개장했다. 바로 시카 고 미시건 애비뉴의 과거 디즈니 스토어 근처에 위치한 아메리칸 걸 플레이스였다.

엄마와 딸들(할머니들은 제법 눈에 띄지만 남자들은 거의 보이지 않는다)은 아메리칸 걸 플레이스 극장에 들어가 함께 시간을 보낸다. 그들은 70분 분량의 공연 〈아메리칸 걸스 레뷔American Girls Revue〉와 〈서클 오브 프렌 즈Circle of Friends〉를 구경하며 1인당 3만4000원씩 지불한다. 또 "어른의 식사 체험"을 위해 카페를 방문해서 브런치에 2만5000, 점심식사에 2만, 음료에 2만7000, 저녁식사에도 2만7000원을 쓴다. 소녀들은 표지에 자신 의 사진이 실린 '아메리칸 걸 매거진American Girl Magazine'을 집으로 가져 가기 위해 3만 원을 내고 사진을 찍는다. 심지어 인형의 머리를 손질하기 위해 1만2000원(간단한 포니테일 머리)에서 2만5000원(기존 스타일로 복구) 사이로 미용실을 예약하기까지 한다.

가족들은 아메리칸 걸 플레이스를 방문해서 아무것도 구입하지 않고 20만 원 정도를 지출했다. 물론 체험에 따른 기념품으로 책, 인형, 가구, 의류, 액세서리 등을 더 사서 집으로 돌아갈 것이다. 이 장소는 워낙 매력 적으로 연출되어 고객들이 평균 4시간 이상을 머무른다. 더 많은 시간을 보낼수록 더 많은 돈을 지출하는 것은 당연한 결과다.

아메리칸 걸(1998년에 마텔이 인수)은 디즈니나 타임워너와 같은 허위성 의 행동을 저지르지 않고 있다. 디즈니와 타임워너는 체험에 기반을 둔 캐릭터를 채택해 매장에서 상품으로 판매하면서도 자신들이 말한 정체성과 일치시키지 못했던 반면, 아메리칸 걸은 자사의 고급 인형 컬렉션을 아메리칸 걸 플레이스 내부의 적절한 체험 환경으로 확장해 자신들이 말한 정체성을 유지했다. 그들은 2003년에 뉴욕 5번가에 두 번째 매장을, 2006년에는 로스앤젤레스의 그로브에 세 번째 매장을 열었다.

기업들은 아메리칸 걸의 사례를 본받아 고객들이 유사한 환경에서 산출물을 체험하도록 유도해야 한다. 앞서 7장에서 언급한 정체성과의 일치성에서 확립된 장소의 요소를 상기해보라. 확립된 장소에 해당하는 현장+이벤트는 어디서, 언제, 어떻게 고객들이 기업을 접하는지 정의한다. 이런 공간 조성 활동은 수요 창출을 위한 주요한 수단으로서 광고를 효과적으로 다른 것으로 대체하는 방식을 통해, 사람들로 하여금 진실/가식 도표의 이 차원에서 기업을 진정한 것으로 인식하도록 해준다.

무엇보다도 사람들은 자신들을 겨냥한 메시지에 어느 정도 면역성을 갖게 되었다. 따라서 그들이 진정성을 인식하는 체험, 즉 마케팅 체험을 창출해서 기존 고객과 잠재 고객에게 다가가야 한다. 피터 드러커는 "마케팅의 목적은 판매를 불필요하게 만드는 것이다"라고 적절히 지적했다. 덧붙여 말하면, 공간 조성의 목적은 광고를 불필요하게 만드는 것이다. 점차 효과도 감소하고 사실과 다른 경우도 허다한 모든 조작된 메시지를 제거하라. 대신 당신이 말한 정체성과의 일치성을 입증하는 공간과 시간에서, 당신의 산출물을 이해하고 이용하고 즐기면서 근본적으로 체험할 수 있는 장소를 제공하라.

아메리칸 걸 같은 제조업체들은 소매업체보다 적극적으로 새로운 공간 조성 방식을 수용하는 듯하다. 아마도 기존의 소매 시스템에 집착하지 않기 때문일 것이다. 네슬레의 퓨리나는 세인트루이스 외곽에 퓨리나 팜스를 개장했고, 고객들에게 반려견 콘테스트센터에서 개최하는 훈련 경연과 미용 실연을 통해 반려동물 관리와 더불어 퓨리나 제품에 대해 많은 것들을 배울 수 있도록 했다. 월풀은 애틀랜타에 인스피리언스 스튜디오를 설립해 고객들에게 연출되지 않은 환경에서 자사의 제품을 테스트할 수 있는 여건을 마련했다. 삼성은 맨해튼의 타임워너센터에(안타깝게도 이곳에는 워너 브로스 스튜디오를 체험할 수 있는 공간이 전혀 없다) 삼성 익스피리언스를 개장해서 잠재 고객들에게 제품을 마음껏 사용할 수 있는 기회를 제공했다. 스타인웨이앤드선즈는 회사의 외부에서 공간 조성을 체험할 수 있는 기회를 마련한다. 판촉 기간에 그랜드피아노를 구입하는 고객은 집에서 콘서트를 개최할 수 있다. 회사에서 전문 콘서트 피아니스트를 고용해 새로 구입한 피아노를 친구들과 이웃들에게 자랑할 수 있는 기회를 제공하는 것이다. 이 사실을 내게 처음 말해준 사람은 보스턴의 한 은행 부사장인데, 그의 집에서 열린 콘서트에 참석한 친구 중 두 명이 얼마 후 같은 피아노를 구매했다고 말했다.

서비스 제공 업체도 효과적인 수요 창출을 위해 공간 조성을 활용한다. ING 다이렉트는 은행업이 극도로 범용화되었다는 것을 깨닫고 전혀 색다른 장소에서 독특한 은행 체험을 통해 수요를 창출하기로 결정했다. 그것은 바로 ING 다이렉트 카페라 불리는 유럽풍 커피하우스였다. 그곳에서는 숙련된 금융전문가들이 바리스타 역할을 수행하면서 고객들을 금융과 관련된 대화로 이끌고 결국 돈을 예치하도록 유도한다. 그저 커피

한잔 마시는 잠깐 사이에 말이다. 회사의 보도자료에 따르면, 2002년에 미국에서 처음으로 연 두 지점(뉴욕과 필라델피아)에서 고객들이 한 해 동안 개설한 계좌의 총액은 3600억 원을 웃돌았다. 그 후 회사는 미국에서 다이렉트 카페 몇 군데를 추가로 열었다.

체험 부각자들은 자신들의 핵심적인 산출물로 수요 창출을 위한 공간 조성 체험을 수행할 수 있다. 라스베이거스의 카지노들은 그 방면에 특화되어 중심 거리인 스트립에 늘어선 표지들을 그들만의 독특한 체험으로 변화시켰다. 스티브 윈이 미라지호텔에서 폭발하는 화산으로 이 방식을 처음으로 시도했고, 뒤이어 트레져 아일랜드호텔에서 해적선쇼(라스베이거스가 가족친화적 성향에서 멀어지고 본래의 '죄악의 도시'로 회귀하면서 음란한 "보물섬의 사이렌Sirens of TI"쇼가 되었다)를 도입했고, 마지막으로 벨라지오호텔에서는 워터쇼를 시작했다. 행인들이 이런 표지들을 체험하게 되면서 그것들이 가리키는 카지노로 발걸음을 향할 가능성도 더 높아졌다. 한편 원조 카지노 다운타운—1905년에 라스베이거스가 탄생한 곳—은 라스베이거스 스트립으로 유입되는 차량의 물결에 대응하기 위해 협회를 구성하고, 사람들을 끌어들이는 공간 조성 체험을 창출하기 위해 벨라지오호텔을 설계한 저드를 고용했다. 그 결과물이 바로 프리몬트 스트리트 체험이다. 그곳에선 매일 밤 1200만 개의 LED로 뒤덮인 아치형 차양과 55만 와트의 출력을 뿜어내는 수백 개의 스피커를 통해 '비바 비전'이라는 전자조명과 사운드 쇼가 펼쳐지고 있다.

변용 도출자(transformation elicitor, 고객들이 자신의 소망을 달성할 수 있도록 이끄는 사람)들도 이런 접근법을 활용해서 수요를 창출할 수 있다. 예를 들어 보건의료 분야에서, 마크 스콧은 오리건 댈러스에 위치한 미드컬럼비아 메디컬센터의 CEO를 역임하던 시절에 사람들을 병원으로 이끄는 탁월한 의료 체험을 창출했다. 그는 환자 위주의 의료(개별화, 인간화, 계몽화)를 펼치는 플레인트리 철학을 미드컬럼비아의 운영 테마로 정했다.

그는 이사회 차원에서 이루어지는 모든 의사결정이 더 개별화되고 인간화되고 계몽화된 의료 체험을 지향한다고 공표했다. 그 결과 환자들은 자신의 의료기록에 접근할 수 있었고 병실의 분위기도 호텔처럼 아늑해졌으며 환자와 가족들은 질병과 치료과정에 대한 광범위한 정보를 얻을 수 있었다.

환자를 진정한 관리가 필요한 인격체로 대우하면서 병원의 재정은 대폭 증대되었다. 더욱이 미드컬럼비아는 충분한 자금을 확보해 셀릴로 암센터까지 건립할 수 있었다. 이 암센터는 환자들의 안정과 스트레스 경감을 위해 폭포와 미로, 온천은 물론 장례시설까지 갖추고 있으며 직원들은 환자들과 가족들이 가장 힘겨운 진료를 잘 받을 수 있도록 세심한 배려를 기울인다. 암센터가 운영되기 시작한 첫 해에 입소문을 타고 7개주에서 암환자들이 몰려들었다. 2007년 초에는 27개주에서 환자들이 찾아왔다.

이런 변용 도출자, 체험 부각자, 서비스 제공자와 상품 제조자들은 체험이 곧 마케팅이라는 공간 조성의 원칙을 이해하고 활용한다. 상품 기업들도 마찬가지다. 예를 들면, 노스다코타 농민조합은 조지타운에서 아그라리아 레스토랑을 개업하면서 조합원들이 생산한 식자재를 진열했다.

다시금 월드 페이머스 파이크 플레이스 피시마켓에 대해 생각해보자. 소유주인 존 요코야마는 1965년에 회사를 인수했지만 이 회사가 문자 그

대로 "월드 페이머스"가 되기까지는 20년의 세월이 걸렸다. 이 '공표된 동기'는 직원들이 고객들의 관심을 끌기 위해 활용하는 독특한 작업 방식을 창출하는 기반이 되었다. 월드 페이머스의 의미에 대한 질문에 요코야마는 이렇게 설명했다. "진정으로 사람들과 함께하며 인간적인 관계를 맺는 것을 의미한다. '우리는 장사를 하고 당신은 손님이다'라는 통상적인 관계에서 벗어나 의도적으로 바로 지금 이 순간에 인간 대 인간으로 그들과 함께하는 관계를 형성하는 것이다." 그는 장래의 모방자들에게 다음과 같이 조언했다.

사람들은 우리를 모방하고 싶어한다. (…) 우리가 실행하는 것을 따라 하고 싶어한다. 우리는 그들에게 누차 강조한다. "우리가 실행하는 것을 그대로 모방한다고 성공이 보장되는 것은 아니다. 성공에 이르는 길은 당신 나름의 방식을 찾는 것이다. 우리가 수행하는 것을 따라하지 마라. 당신이 해야 할 일을 하라. 당신이 말한 정체성과 일치시키기 위해 노력하라는 의미다. 그렇게 행동하고, 그렇게 생각하고, 그렇게 보이고, 그렇게 느끼고 말하라! 당신은 자신이 해야 할 것을 실천하면서 나름의 방식을 개발할 수 있다. 우리의 성공 비결은 우리가 말한 정체성과 일치시키기 위해 노력한 것에서 비롯된다. 바로 그렇게 하라. 당신의 과제는 당신이 원하는 "바로 그 모습" 이 되는 것이다.

요코야마의 조언은 그의 수단을 모방하지 말라는 것이다. 당신이 정한 장소에서 고객들에게 당신의 산출물을 체험하도록 하는 독창적인 방식을 발견해서 당신이 말한 정체성과 일치시켜야 하는 것이다.

대표지

당신이 창출한 장소는 진정성의 인식을 쉽사리 급감시키는 단순한 마케팅 체험의 공간이 아닌, 고객들을 매료시키며 추억을 만들게 하는 독특한 체험의 공간으로 취급되어야 한다. 대담하게 행동하라. 당신의 존재를 세상에 정확히 알릴 수 있는 대표지flagship location를 선정해야 한다. 네덜란드의 하이네켄은 암스테르담 중심지에 위치한 옛 공장 내부를 하이네켄 체험 공간으로 조성하고 약 1만 원의 입장료를 받으며 운영한다. 독일의 자동차 업체 폭스바겐은 볼프스부르크에 위치한 공장 외부에 지역 명소로 손꼽히는 아우토슈타트를 설립했다. 입장료를 낸 고객들은 회사에서 다양한 방식으로 관리하는 여덟 개의 브랜드를 모두 체험할 수 있다. 폭스바겐은 이 시설에 무려 4900억 원가량을 투자했지만 대단히 만족하고 있다. 연간 방문객이 애초에 추정한 100만 명에서 2.5배 이상 초과했기 때문이다. 왜 그들은 관광지도 아닌 볼프스부르크를 선택한 것일까? 이유는 간단하다. 그곳이 바로 회사가 설립된 장소이자 원조 비틀(딱정벌레)의 공장이 위치한 장소이기 때문이다. 즉 폭스바겐의 유산인 것이다.

심지어 공공시설도 나름의 대표지를 창출하거나 대표지가 될 수 있다. 캘리포니아 세리토스 시립도서관 사서로 있다가 퇴직한 웨인 피어슨은 인터넷의 발달로 인해 도서관이 시대에 뒤처지게 되었다는 말에 진저리치고 있었다. 그래서 도시의 재원을 정비해서 새로운 세리토스 공공도서관을 설립했다. 그가 "세계 최초의 체험 도서관"이라고 지칭하는 이 도서

관은 도심에 솟아오른 번쩍이는 티타늄 구조물(미국에서 최초로 티타늄을 사용한 건물)로 시간여행을 테마로 내세운다. 도서관 내부에 배치된 각각의 구역은 다른 시대의 건축학 참고자료들로 디자인되었는데, 고전 시대부터 근대 시대, 아르데코 시대, 심지어 미래 시대까지 둘러볼 수 있다. 어린이 구역은 선사시대를 소재로 해서 실물 크기의 티라노사우루스 렉스 모형을 설치하기도 했다(개관시간과 폐관시간에도 이런 테마를 활용해서, 개관시간 30분 전에 시계로 카운트다운을 하며, 폐관시간에는 짧은 영화를 상영해 흥분한 관람객들을 모여들게 한다).

2002년 3월 17일에 개관식을 거행한 지 불과 6개월 만에 도서관의 이용실적은 2.5배나 증가했다. 이곳은 세리토스의 모든 시민들을 위한 대표지가 되면서 도시의 실질적인 중심지로 자리를 잡았다. 도시 인구의 평균 7퍼센트가 날마다 이 도서관을 방문하고 있다.

B2B 기업들도 대표지를 구축할 수 있다. 케이스 컨스트럭션 이큅먼트는 자사의 근거지인 위스콘신의 북부 삼림지대에 케이스 토마호크 체험센터를 설립하고 잠재 고객들에게 편안한 분위기에서 거대한 장비를 테스트할 수 있는 야외 공간을 제공한다. 케이스는 토마호크 체험센터에서 창출된 관계가 자사의 계약률을 현저히 끌어올린다는 것을 알게 되었다. 엔지니어링 기업인 TST는 콜로라도 포트콜린스에서 자사의 사무실들을 엔지니어리움, 즉 다른 엔지니어링 기업들과 달리 고객들과 함께 프로젝트를 개발하는 공간으로 변모시켰다. TST는 그 공간 전체에 "나무, 물, 흙, 돌"—이 회사가 부동산 개발을 위해 전환시키는 요소들—의 테마를 배어들게 했다. 각각의 사무실은 고유한 목적과 명칭, 테마에 맞는 적절한 요

소들을 갖추고 있다. 이런 방식이 효과가 있을까? 물론이다. 고객들이 정해진 약속이나 특별한 이유가 없이도 단지 그곳에서 시간을 보내기 위해 방문하고 있으니 말이다.

경영진브리핑센터EBC, Executive Brifing Center는 많은 기업들에게 자사 사무실의 공간을 제공해서 평범한 고객들이 수요 창출 체험에 참여할 수 있도록 한다. EBC에서 B2B 기업들은 프레젠테이션을 통해 자신들의 정체성을 말할 수 있을 뿐만 아니라 감각적인 방식으로 자신들의 정체성을 명확히 입증할 수도 있다. 예를 들어 밀워키에서 개최된 존슨 컨트롤스 쇼케이스는 프레젠테이션 도중 고객들에게 겨울철 정전사태를 재현하기 위해, 춥고 어두운 환경을 조성해 자사의 기술이 그러한 상황을 방지한다는 것을 체험할 수 있는 기회를 제공한다. 노스캐롤라이나 리서치 트라이앵글 파크의 노텔 네트워크 EBC에서는 고객들에게 노텔의 기술을 체험할 수 있도록 시설과 장비를 단계에 따라 안내하는 스마트카드를 제공한다. 잠재 고객들은 최신의 체험기술—가상현실도 포함해—을 활용한 개별화된 프레젠테이션에 몰입하게 되는데, 그것은 노텔의 첨단 노하우가 어떻게 그들의 비즈니스에 직접적으로 적용될 수 있는지를 입증한다.

소비자와 거래하든 기업과 거래하든 당신의 정체성이 존재하고 고객들에게 실제로 당신이 말한 정체성과 일치한다는 것을 보여주는 이런 대표지를 창출하는 방법을 생각해야 한다. 대표지 체험은 당연하게도, 자아에 대한 충실성의 핵심적인 요소와 회사의 유산이 배어 있는 지역—회사가 설립된 장소, 본사가 위치한 장소, 회사의 역사에서 일어난 중대한 사건으로 유명해진 장소—이나 인근의 단일한 장소여야 한다.

공간 조성 포트폴리오

많은 고객들에게 회사와 산출물을 체험하도록 유도하기 위해서는 하나에서 다른 하나로 이어지는 조화된 공간들에 대한 풍부한 포트폴리오를 구축해야 한다. 이런 포트폴리오는 전반적으로 교차수요를 양산하고 새로운 수익 형태를 창출하며 기존 산출물의 매출을 촉진하고 당신의 정체성과 일치되는 장소를 제공해야 한다. 아웃도어 소매업체인 레크리에이셔널 이큅먼트REI는 회사의 근거지인 시애틀에 설립한 대표지를 통해 (산악등반, 자전거 트랙, 보행 산책로, 다른 체험시설들을 완벽히 갖추고 입장료를 받으며) 고객들이 자사의 상품을 체험하면 그 상품을 구매할 가능성도 높아진다는 것을 입증했다. 얼마 후 그곳은 연간 200만 명 이상의 방문객이 찾는 시애틀 최고의 관광지가 되었고 REI는 다른 지역들에도 추가로 체험 공간을 개장했다. 그중 미네소타에 위치한 한 시설은 크로스컨트리 스키트레일에 둘러싸여 있고, 덴버의 한 강가에 위치한 또다른 시설은 카약타기 체험을 제공한다. REI는 이런 공간 조성 포트폴리오를 50여 개에 이르는 소매환경 전반으로 확장했는데, 이 소매점들은 구매자에게 확실히 "매장"으로 인식되지만 독특한 건축법, 분위기, 교육 강좌, 장소에 특화된 클리닉 덕분에 체인처럼 느껴지지 않는다.

바이킹 레인지 코퍼레이션은 자사의 리조트 호텔을 필두로 더 다양한 포트폴리오를 창출한다. 미시시피 그린우드에 위치한 바이킹의 본사 얼루비언은 바이킹 요리학교의 수강생들이 머무는 곳이다. 이 회사는 북미 전역에 바이킹 요리기술센터 네트워크를 구축했고 샌프란시스코 만에 바이킹 홈셰프 스튜디오를 설립했다. 그리고 "맛의 세계" 요리투어를 주최해서 미시시피 델타, 멕시코 중부, 스페인, 이탈리아, 인도, 베트남처럼 다양한 요리를 자랑하는 지역들로 유료 고객들을 안내한다.

40년의 역사를 지닌 운동화 제조업체로 스케이트보드나 장애물 경마를 비롯한 익스트림 스포츠 애호가들에게 특히 인기가 있는 반스는 아주 색다른 체험 포트폴리오를 개발했다. 패션 소매업체들은 항상 반스의 신발을 판매하지만, 반스는 기업으로서 정체성을 입증할 수 있는 독특한 쇼핑 체험을 제공하는 고유한 소매환경을 창출했다(현재 170여 개 지역에서 잠재적인 유통망 충돌을 방지하는 반스 브랜드의 강점이다). 반스는 1998년에 캘리포니아 남부에 반스 스케이트파크를 개장하면서 반스 체험의 첫 걸음을 내딛었고 이후 올랜도에 두번째 스케이트파크를 개장했다. 그곳에서 아이들은 1만6000원 정도를 지불하고 두 시간 동안 스케이트보드 강습을 받는다.

하지만 스케이트파크가 반스의 대표지로 운영되는 것은 아니다. 스케이트보드를 타고 빠르게 달리는 고객들을 기반으로 하는 회사답게 반스는 이동성을 갖춘 모바일 대표지를 개발했다. 매년 20여 개 도시를 순회하는 반스 워프트 투어가 바로 그것이다. 얼터너티브 스포츠맨들을 위한 얼터너티브 록콘서트 이상의 의미를 지닌 이 새로운 체험은 뮤직 페스티벌과 스케이트보드 묘기를 조합한 것이다. 반스는 한 걸음 더 나아가 반스 트리플 크라운이라는 스포츠 이벤트를 개최해 자사 고객들에게 텔레비전을 통해 전국적으로 방송되는 체험을 제공하기도 한다(다른 기업에서 제작한 프로그램을 방해하는 방송광고가 아니다). 또한 열성적인 애호가들을 위해 반스 스케이트파크를 비롯한 다른 장소에서 스케이트보드 캠프와 스노보드 캠프도 개최한다. 그 결과 회사는 스케이트보더와 반스 고객에게 현장에서 자체적으로 말한 정체성을 입증할 뿐만 아니라, 고객들의 정체성을 온전히 대변하고 그들의 정체성을 유지하기 위한 장소까지 제공할 수 있었다.

바로 여기에 공간 조성의 위력이 내재한다. 전통적인 마케팅을 거부하고 자체적으로 말한 정체성과 일치시킬 수 있는 장소를 확립해서 진실/가식 도표의 두 번째 차원인 정체성과의 일치성을 완벽히 실행하는 것이다. 물론 마케팅 체험을 창출하기 위한 당신만의 공간 조성 포트폴리오를 전개하기 위해서는 장소를 가리지 않고 아무 선택이나 해서는 안 된다. 다음 피라미드 그림에 제시된 것처럼 물리적 체험의 다섯 단계 모두를 최대

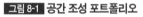

그림 8-1 공간 조성 포트폴리오

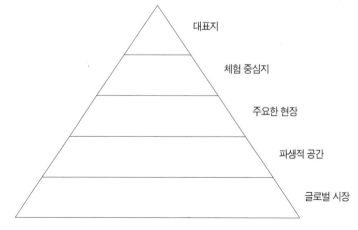

- 대표지
- 체험 중심지
- 주요한 현장
- 파생적 공간
- 글로벌 시장

한 활용할 수 있는 방법을 조사한 후에 투자를 시작해야 한다. 다섯 단계의 가장 윗부분에 대표지가 위치한다. 그 아래로 네 종류의 공간 조성이 자리한다.

전설적인 은행 강도 윌리 서튼은 은행을 턴 이유를 물었을 때 아주 유명한 대답을 남겼다. "그곳에 돈이 있기 때문이죠." 기업들이 체험 중심지에 접근하는 방식도 마찬가지다. 그곳에 사람들이 있기 때문이다. 도시 전체, 독립된 구역, 특정한 지역 등 많은 장소들이 자연환경, 유적, 쇼핑 명소 혹은 다른 흥미로운 체험 등을 기반으로 수많은 소비자들을 끌어들인다. 미국의 라스베이거스, 올랜도, 타임스스퀘어, 매그니피선트 마일뿐만 아니라 전 세계적으로 암스테르담, 런던, 시드니, 도쿄, 홍콩, 상하이에 이르기까지 많은 명소들이 소매관광을 주도하고 있다.

아랍에미리트의 두바이와 미국의 캔자스시티는 아주 유망한 체험 중심지다. 휘황찬란한 신축 호텔과 여러 관광지를 갖춘 두바이는 점차 유명세를 떨치면서 점점 더 많은 방문객들을 유치하고 있다. 물론 아직까지 우리가 체험 중심지로 지정하는 연간 방문객 1000만 명에는 미치지 못한다. 캔자스시티는 어떨까? '스타 본즈'라고 불리는 오펜하이머앤드코퍼레이션의 릭 워너가 개발한 독특한 금융체제 덕분에 이 도시의 북서부에 위치한 빌리지 웨스트 디벨롭먼트는, "레전드"라고 불리는 라이프스타일센터, 카벨라스와 네브래스카 퍼니처마켓, T-렉스 카페와 데이브앤드버스터스, 그레이트 울프 로지, 캔자스 스피드웨이, T-본즈 마이너리그 야구장 같은 체험을 위한 본거지가 되었다. 더욱이 대규모 성장을 위한 다른 계획들도 이미 가시화되고 있다.

그중에서도 체험 중심지를 대표하는 쇼핑몰 두 개가 있다. 연간 4000만 명이 넘는 방문객을 유치하는 미네소타의 몰 오브 아메리카(경영진의 주장에 따르면 디즈니월드, 그랜드캐니언, 그레이스랜드의 방문객을 모두 합한 수치를 넘는다)와 그 선구자격인 웨스트 에드먼턴 몰이 바로 그곳이다. 우리는 여기에 암스테르담의 스키폴공항을 추가한다. 이 공항은 시 바이 플라이 숍See Buy Fly shop과 많은 레스토랑과 바, 홀란드 카지노, 암스테르담 국립미술관 출장소, 다양한 휴식 공간을 포함해 사람들이 도시에서 체험하고 싶어하는 거의 모든 시설들을 구내에 갖추고 "에어포트 시티"라는 테마를 완벽히 실행한다.

당신의 비즈니스에 따라 중심지 네트워크에도 차이가 있을 수 있다. 만약 당신이 요리 분야에 종사한다면, 샌프란시스코나 나파밸리, 뉴욕, 파리, 토스카나 등을 고려할 수 있다. 자동차업계에 종사한다면, 디트로이트, 인디애나폴리스, 데이토나비치, 슈투트가르트를 확인할 것이며 소비자들이 아닌 B2B 고객들을 상대한다면 아마 보너빌 호도 검토할 것이다. 대학생을 대상으로 판매를 시도한다면 봄방학 기간에 학생들이 몰려드는 플로리다나 칸쿤, 갤버스턴, 레이크 파월, 라스베이거스를 찾아가야 할 것이다.

체험 중심지에서 공간 조성은 일반적으로 대표지의 경우보다 더 집중적이다. 하지만 일부 기업들은 모든 부분을 체험적인 것들로 변모시킨다. 예를 들어 REI는 미네소타와 덴버 중심지를 아웃도어 스포츠 체험으로 구성했고, 뉴욕, 로스앤젤레스, 사우스비치, 런던, 샌프란시스코의 유행 중심지에 위치한 모건호텔은 모든 호텔 산출물을 독특한 체험으로 전환시켰다. 패션과 밤문화의 주도지를 찾는 이들을 위한 전략적 선택이다.

주요한 현장

주요한 현장은 대다수 기업들의 공간 조성 포트폴리오에서 "핵심"을 차지한다. 기업들은 많은 사람들의 거주지와 인접한 곳에 중요한 아울렛을 설립한다. 주요한 현장은 다음과 같이 대규모 인구가 충분한 수요를 창출할 수 있는 장소에 위치해야 한다.

- REI처럼 대도시를 아우르는 드넓은 야외 공간
- 경쟁업체인 배스프로숍과 카벨라스처럼 사냥과 낚시에 적합한 지역
- 애플스토어나 노키아 쇼룸처럼 예술적인 취향의 고객들의 관심을 이끌어내는 감각적인 장소
- 음향과학과 거실 및 주방 전시장, 극장쇼가 완벽히 조화된 보스 코퍼레이션의 체험 현장처럼 근사한 쇼핑몰의 구내(판매원들은 거대한 스피커 패널에서 울려퍼지는 웅장하고 풍부한 음악 소리가, 실은 작지만 결코 작지 않은 보스 스피커에서 흘러나온다는 사실을 공개한다)

온라인 여행사 익스피디아는 여행업계의 두 가지 주요한 현장인 공항과 호텔에 물리적 장소를 확립했다. 새너제이San Jose, 로스앤젤레스, 캔자스시티 등의 공항에 마련된 익스피디아 카페는 여행객들에게 비행기에 탑승하기 전에 가볍게 음식을 먹으며 인터넷을 사용할 수 있는 공간을 제공하고 있다. 또 50개 이상의 대형 호텔에 마련된 익스피디아!펀 Expedia!Fun 센터에서 기존 고객들은 향후 일정을 세우고 지역의 다양한 명소들을 예약할 수 있으며, 잠재 고객들은 일대일 상담을 통해 익스피디아

의 여행 서비스를 접할 수 있다. 서비스 담당 부사장 제이미 맥도널드는 이렇게 말한다. "우리가 기대하는 것은 처음 익스피디아 브랜드를 체험한 사람이 그곳을 다시 방문하게 될 때 일종의 부메랑 효과를 거두는 것이다."

주요한 현장들은 고차원적인 체험의 반향을 일으키고 서로 간의 경쟁 없이 그 중요성을 입증해야 한다. 이런 식으로 주요한 현장은 고객들에게 전반적인 공간 조성 포트폴리오의 체험을 제공하며 수요를 촉진한다. 예를 들어 케이스 컨스트럭션 이큅먼트는 자사의 B2B 대리점들에서 건설 장비 경연대회를 개최하여, 1등에게 상품을 지급한다. 고객들은 즐거운 분위기에서 장비를 조작하며 며칠간 진행되는 토마호크 대표지의 체험을 하루에 느껴볼 수 있다.

파생적 공간

네 번째 단계는 다른 현장이나 이벤트에 별도의 공간을 마련하는 방식으로 대표지, 중심지, 주요한 현장의 핵심을 추출할 뿐만 아니라 주변 환경에서도 가치를 이끌어내는 장소 안의 장소와 관련된다. 자동차 제조업체들은 이 분야에 특화되어 있다. 제너럴 모터스는 앱콧EPCOT에 테스트 트랙을 제공하고, 아우디는 배우들에게 아카데미 시상식에 타고 갈 고급 승용차를 협찬한다. 토요타는 툰드라 픽업을 전시하면서 많은 84 럼버 매장에서 시승 행사를 진행한다. 토요타의 마케팅 책임자 짐 팔리는 말한다. "우리는 더없이 멋진 광고를 선보일 수 있지만 그것으로 사람들의 마음을 바꿀 수는 없을 것이다. 고객의 마음을 움직일 수 있는 유일한 방법은 그들과 직접 대면하는 것이다."

프록터앤드갬블의 차민Charmin 담당부서는 한 해 동안 주와 카운티에서 벌어지는 전시회와 축제를 비롯한 각종 행사들을 찾아다니며 차민 포티 팔루자 체험을 진행한다. 방문객들은 간이 트레일러 내부에 설치된 각각의 "최고급 차민 화장실"에서 최고의 휴대용 변기를 체험할 수 있다. 견목 마루, 수돗물이 흐르는 세면대, 거울, 청결한 변기를 갖추고 차민 울트라 화장지까지 비치한 화장실은 사람들에게 전혀 상상하지 못한 새로운 체험을 안겨줄 것이다. 이 시도로 소비자들에게 자사의 화장지를 노출하는 측면에서 엄청난 성공을 거둔 덕분에(현장에서 화장지를 사용한 방문객들에게서 매출이 14퍼센트나 증가했다) 차민은 이 파생적 공간에서 한 걸음 더 나아가, 2007년 크리스마스 시즌 내내 체험 중심지인 타임스스퀘어에 차민 NYC 화장실을 설치해 엄청난 찬사를 받으며 미디어에 소개되었다. 차민의 체험 대행사인 자이전다 그룹에 의하면, "국내외 모든 주요 일간지들을 통해 무려 4억6460만 회 이상 보도되었고 (…) 주요 텔레비전 네트워크에서 수차례에 걸쳐 방송되었다." 언론과 경영서 저자들이 당신의 장소를 소개하고 수백만의 잠재 고객들이 그곳과 당신의 산출물에 대해 입소문을 낸다면 굳이 왜 광고를 하겠는가?

여행사에겐 공항과 호텔이 주요한 현장에 속할 수도 있지만 다른 기업들에겐 파생적 공간에 해당된다. 공항과 호텔은 수요 창출을 위한 훌륭한 공간이 될 수 있다. 수많은 사람들이 "머물며" 체험할 거리를 찾기 때문이다. 많은 공항에서 당신은 보스의 제품이 진열된 매점, 폭스뉴스에서 운영하는 신문 및 잡지 판매대, 폭스스포츠에서 운영하는 간이식당, 버드와이저 브루하우스 레스토랑, 하이네켄 바를 접할 수 있다. 조금 더 큰 규모는 샬럿 더글러스 국제공항의 야드킨밸리 와인바와 댈러스 포트워스 국제공항의 라보데가 와이너리 시음장 같은 와인 제조소에서 직접 운영하는 바도 이용할 수 있다. 스타우드호텔은 자사의 소유지를 다른 기업들에게 중요한 공간으로 전환하려는 계획을 세우고 있다. 다음과 같은 방식으로 다른 기업들이 그 공간에서 투숙객들에게 산출물을 체험할 수 있는 기회를 제공하도록 하는 것이다(이 회사가 자사의 웨스틴 헤븐리 침대를 판매하면서 터득한 방식이다).

- 리복 후원 웨스틴 피트니스 센터
- 야후 제공 쉐라톤 와이파이 라운지
- 밀라노 패션하우스 보테가베네타에서 디자인한 세인트레지스 뉴욕의 스위트룸
- 스타우드의 새로운 고급호텔 브랜드를 위해 리바이스에서 디자인한 유니폼

멕시코시티의 시우다드데로스니뇨스는 많은 기업을 위해 근사한 전시실을 제공한다. 산타페 교외에 위치한 6만3000제곱미터(약 2만 평)의 쇼핑몰 키즈시티는 하루에 2교대로 3600명의 아이들을 수용한다. 테마는 "어른 역할 놀이"인데, 아이들은 의사부터 건설 노동자, 소방관, 배우, 미용사, 아나운서, 고고학자에 이르는 총 70가지의 다양한 역할 중에서 장래에 희망하는 직업을 선택할 수 있다. 입장료는 약 1만5000원이고, 아이들이 운영하는 도시이기 때문에 부모들의 입장료는 아이들의 절반 정도이다. 조부모들은 그보다 더 적다. 입장료를 지불하면 그곳에서만 통용되는 화폐인 '페시토스'가 일정한 액수로 지급된다. 아이들은 물건을 구입하거

나 음식을 만들거나 운전, 등산 같은 활동에 페시토스를 사용할 수 있다. 화폐를 소진한 아이들은 일만 하면 화폐를 벌 수 있다! 심지어 키즈시티는 매달 방문객들에게 페시토스 예금액이 적힌 우편물을 발송하기까지 한다. 물론 이것은 재방문을 독려하기 위한 전략이다.

키즈시티의 목표는 아이들에게 함박웃음을 안겨주는 것이지만 다른 기업들에게 훌륭한 파생적 공간의 기반을 제공하는 수확까지 거두고 있다. 유니레버의 브랜드 폰즈는 미용실을 후원하고, 멕시코의 시멘트 대기업 시멕스는 건축용 부지를 지원하며, 브리지스톤과 퀘이커 스테이트는 공동으로 F1(포뮬러 원) 경주로를 협찬하고 3M은 연구소를 지원한다. 각각의 후원기업은 키즈시티에서 아이들을 주인공으로 만드는 적절한 체험을 개발할 수 있도록 보조하고 지속적인 유지와 관리에 필요한 자금을 제공한다. 더불어 그들은 기존 고객들은 물론 잠재 고객들과 미래의 고객들이 놀이공간에서 자사의 산출물을 마음껏 이용하게 되면서 발생하는 막대한 가치도 챙기고 있다. 이처럼 고유한 포트폴리오를 개발한 키즈시티는 멕시코시티를 벗어나 키자니아라는 이름으로 도쿄, 자카르타, 리스본, 두바이, 몬테레이까지 영역을 확장했다.

글로벌 시장

공간 조성 포트폴리오의 물리적 다섯 단계 중에서, 고객들이 어떤 기업의 산출물을 접할 수 있는 모든 장소를 아우르는 단계가 바로 글로벌 시장이다. 유의할 사항은, 보편성이 동일성을 유발한다는 것이다. 이 단계에 대한 과도한 의존은 자칫 진정성의 인식을 훼손할 수 있다. 의류업체

갭의 사례뿐만 아니라 소매업체, 레스토랑, 호텔, 주유소 등을 비롯해 총체적인 외형을 갖는 사실상 모든 체인에서 이런 현상을 목격할 수 있다. 자연성분의 생활용품 제조업체인 버즈비즈는 공예품 시장에서 판매하던 자사의 유산을 탈피해서 주요한 소매시장으로 경로를 전환했다. CEO 존 리플로글은 핵심적인 고객들의 이탈 위험에 대한 《비즈니스위크》의 질문에 이렇게 대답했다. "우리의 매장이 1만 개든 2만 개든, 심지어 3만 개를 넘든 브랜드의 진정성은 빛을 발할 것이다." 하지만 대부분의 기업들은 진정성의 인식에 대한 관리에 세심한 주의를 기울여야 할 것이다.

스타벅스만큼 꾸준하고 탁월하게 진정성의 인식을 관리하는 기업도 드물다. 스타벅스는 시애틀의 파이크 플레이스 마켓에 위치한 첫 번째 매장을 여전히 유지하고 있지만 대표지를 보유하고 있지도 않고 매일 커피와 차를 마실 수 있는 현장의 범주를 초월하는 특별한 체험도 제공하지 않고 있다. 현재 전 세계에 3만1000개 이상의 매장을 보유하고 있어 진정한 전 세계적인 보편성을 이루어낸 것처럼 보인다. 이런 이유에서 많은 사람들은 스타벅스가 더 이상 진정성을 지닐 수 없다고 생각한다. 하워드 슐츠는 2007년 2월에 작성한 메모에서 이 문제를 직접적으로 언급했다. 현재 스타벅스 매장들은 "동네 매장 같은 편안한 느낌과 대비되는 체인점 분위기를 반영하고 있다."

스타벅스가 오랫동안 그런 느낌을 유지할 수 있었던 비결은 의도적으로 디자인을 강조하는 것이었다. 올랜도에 위치한 브랜드 아키텍처의 라이트 매시는 매장에 투입되는 모든 디자인 요소, 즉 컵, 상품, 보조재료, 매장 그래픽, 조명, 설비품, 가구 등을 모듈화하는 방식으로 스타벅스를 위한 브랜드 구조를 창출했다. 그 결과 스타벅스는 사실상 모든 유형의 공간에 매장을 설치할 수 있었고, 모든 매장이 제각각이었다. 심지어 대도시에 위치한 두 곳의 지점조차 독특한 외형으로 서로 다른 느낌을 주었기 때문에, 사람들은 두 지점 중에서 자기 이미지에 부합하는 곳을 선택할 수 있었다. 기업들은 글로벌 시장에 새로운 경쟁업체들이 끊임없이 진입하는 상황에서 이 부분에 대한 지속적인 혁신을 이루어내야 한다. 콜롬비아의 전국커피생산자연맹(거래업자들이 조직한 이익집단)은 후안 발데스 카페를 개장했고, 이탈리아의 커피 제조업체인 일리는 전 세계적으로 에스프레사멘테 커피 전문점을 개장했다. 더욱이 서비스 제공업체인 맥도날드와 던킨도너츠도 커피의 품질을 개선시켰고, 아침식사용 시리얼 레스토랑인 시리얼리티나 마르스에서 운영하는 에델스 초콜릿 라운지 같은 다른 분야의 카페들도 전혀 새로운 차원의 자기 이미지에 호소하고 있다.

모든 제조업체에게 글로벌 시장으로의 접근은 체험 공간 그 자체뿐만 아니라, 고객들이 거주지에서 자사의 물리적 상품을 사용하는 체험을 제공하는 의미도 포함된다. 세계 전역에서 보편성을 지니게 된 애플의 아이팟이 대표적인 사례다. 서비스 분야에서는 버라이즌의 'V 캐스트'가 스포츠 하이라이트, 연예 동영상, 음악 파일 같은 모바일 체험을 실현하고 있다. 모든 서비스 제공업체에 이 단계는 고객과의 모든 상호교류를 (심지어 환경이 열악한 경우에도) 일종의 체험으로 전환하는 것을 의미할지도 모른다. 예를 들면 프로그레시브 인슈어런스가 사고현장에서 청구 사항을 조정하거나, 긱 스쿼드가 고객들의 집이든 사무실이든 문제가 "포착된 공간"에서 직접 컴퓨터를 수리해주는 것이 바로 그런 경우에 해당된다. '체험이 곧 마케팅'이라는 원칙을 완벽히 이해한 긱 스쿼드의 책임자 로버트 스티븐스는 자신들의 목표가, 고객들에게 출장 직원과의 접촉을 즐거운 시간으로 만들어서 컴퓨터가 고장 나기를 기다리게 만드는 것이라고 말했다. 또한 프로그레시브 인슈어런스의 보험 계약자 중 한 명은 이렇게 말했다. "나는 교통사고를 당하기 전까지만 해도 프로그레시브의 고객이 아니었어요. 그런데 내가 또다시 사고를 당한다면 꼭 그런 대우를 받고 싶네요." 이런 반응은 이 회사의 보험배상 조정관이 사고현장에서 다른 사람들에게 보험계약서에 서명을 받을 때 흔히 나타나곤 한다.

다섯 단계의 공간 조성 포트폴리오를 모두 검토한 후에 당신에게 적합한 단계가 무엇이며 당신이 어떤 유형의 장소를 창출할 수 있을지 결정하라. 스스로 다음과 같은 질문을 던져보라.

- 기업으로서 우리 존재를 확실히 알리기 위해 우리가 창출할 수 있는 특별하고 인상적인 대표지 체험은 무엇인가? 우리의 유산에 근거한다면 어디에 대표지를 설립해야 하는가?
- 우리에게 가장 적합한 체험 중심지는 어디인가? 사람들의 관심을 끄는 장소들 중에서—일시적이든 영구적이든—사람들이 다른 어떤 체험보다도 우리를 체험하기 위해 방문할 만한 장소는 어디인가?
- 어떤 지역의 시장이 공간 조성 체험을 위한 주요한 현장으로 취급되어야 하는가? 이처럼 비용 효율이 높은 장소에서 우리는 어떤 체험을 부각할 수 있는가?
- 다른 장소 중에서 우리 회사와 제휴할 경우에, 우리의 가치를 제공하면서 체험을 위해 그곳을 찾는 방문객들에게 접근할 수 있는, 진정한 적합성을 지니는 곳은 어

디인가? 어떤 유형의 체험이 이런 파생적 공간에서 적합한가?

- 장소를 막론하고 우리를 경험할 준비가 되어 있는 기존 고객과 잠재 고객에게 어떻게 다가갈 수 있는가? 전 세계의 고객들과 나누는 모든 개인적 상호교류를,—전화상 대화든, 직접적인 대면이든, 상품을 이용하든—우리가 그들의 요구에 진심으로 관심을 갖는다는 것을 입증하는 흥미로운 체험으로 만들려면 어떻게 해야 하는가?

이 다섯 단계는 물리적 공간 조성 체험의 계층구조를 구성한다. 하지만 이 내용에 근거해서 포트폴리오 전략을 개발했다고 해도 고작 절반의 과정을 마친 것에 불과하다.

가상의 공간 조성 체험

기업들은 공간 조성을 물리적 장소에 제한하지 말고 가상의 장소를 창출하는 데도 관심을 가져야 한다. 대부분의 기업들은 물리적 장소와 가상의 장소를 통합하여 진정성을 더 확실하게 연출할 수 있다. REI는 자사 웹사이트인 REI.com을 PC가 설치된 매장들과 효과적으로 통합해 사람들을 회사의 웹사이트와 직접 연결할 뿐만 아니라, 온라인 프레젠테이션을 통해 (주문배송 서비스도 포함하여) 사람들을 회사의 매장들과 연결한다. 아메리칸 걸은 매장에서 이루어지는 일대일 상호교류를 활용해서 웹사이트와 카탈로그를 통한 원거리 관계의 수요를 창출하고 있다. 노텔은 개인 판매 미팅을 활용해서 개인이 대표지에서 갖는 기술적 상호교류(개인의 스마트카드에 상세히 기록된다)에 기반을 둔 개인화된 웹사이트를 창출한다. 제화업체 반스는 스케이트파크에서 동영상을 전송하여 아이들이 온라인으로 현장을 지켜보며 스케이트를 타러 갈지를 결정할 수 있도록 한다.

반스의 사례는 캘리포니아 선 밸리의 메타비전 사장 피터 체르넥이 가상의 장소와 물리적 장소를 통합시키기 위해 제창한 한 가지 방식을 적절히 구현하고 있다. 바로 생생한 체험에 대한 "사전 제시pre-show"로서 웹사이트를 활용하는 것이다. 이 용어는 디즈니 놀이시설의 대기 구역에서 해당 기구의 "뒷이야기"를 보여주면서 사용한 것으로, 사람들에게 미리 체험을 예상할 수 있게 한다는 것을 의미한다. 디즈니는 자사의 웹사이트

그림 8-2 공간 조성 포트폴리오 전체

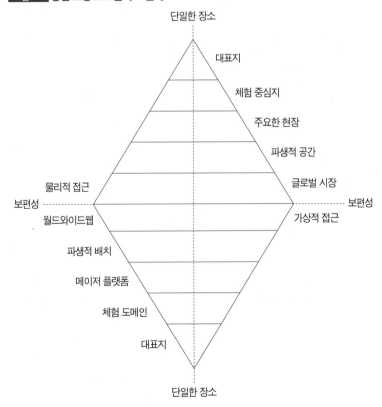

에서 이 방식을 활용해 잠재 고객들이 테마파크에 오기 전에 모든 시설들을 둘러볼 수 있도록 한다. 사람들은 자신이 가장 체험하고 싶은 시설들로 일종의 맞춤 지도를 제작할 수 있으며 디즈니는 이것을 인쇄해서 기념품으로 발송한다.

인터넷은 물리적 장소에서 가상의 장소로 전환하며 극적인 체험의 구조를 온라인으로 확장하는 "사후 제시post-show" 체험의 수단으로도 활용해야 한다. 디즈니는 이 방식으로 포토패스를 실시한다. 테마파크를 이용한 고객들은 집으로 돌아간 후에 웹사이트를 방문해 직원들이 찍어준 사진들을 확인하고, 직접 찍은 디지털 사진들을 업로드해서 선택한 사진들을 화면에 배열할 수 있다. 그러면 디즈니는 전문가 수준의 포토앨범으로 출력하거나 맞춤형 포토무비 DVD로 제작해서 고객들에게 발송하는 것이다. 이 방식은 체험을 대폭 확장하고 재방문을 유도하는 효과를 일으킨다.

지금까지 우리는 다양한 사례들을 통해 정체성과의 일치성의 기준을 충족시키는 가상의 공간 조성 체험을 부각하기 위한 다섯 단계를 면밀히 살펴보았다. 그것들은 계층구조를 이루는 다섯 단계의 물리적 체험을 그대로 반영한다.

대표지

대표지는 인터넷에서 사람들이 회사로서 당신의 정체성과 당신에 대한 소개를 찾을 수 있는 단일한 공간이다. 하지만 너무나 많은 기업들이 웹사이트를 방문할 만한 가치가 있는 체험의 현장이 아닌 단순한 팸플릿 수준—형식적으로 기업의 존재와 활동에 대한 개요를 적는 식—의 홍보

공간으로 취급하는 것은 안타까운 현실이다. 아마도 대표지 온라인 체험에 대한 최고의 사례는 그 자체가 가상의 장소인 게임 사이트일 것이다. 휴스턴의 리테일러 갤러리 퍼니처는 다른 방식을 채택해서 매장에 설치된 다수의 이동 카메라를 웹사이트 방문객들이 조종할 수 있도록 한다. B2B 기업인 워스 글로벌 스타일 네트워크는 홈페이지 wgsn.com를 통해 패션업계의 온라인 공간이 되었다. 이 회사는 밀라노, 파리, 런던, 뉴욕에서 열린 패션쇼를 기록으로 보관할 뿐만 아니라 웹캠을 활용해 실황 동영상을 중계하기까지 한다. 더불어 사진사와 촬영기사를 고용해 각 도시에 위치한 의류점들의 진열창과 패션의 유행 선도자들이 가장 자주 드나든다고 여겨지는 전 세계 약 300개의 레스토랑들과 나이트클럽을 촬영하며 세심하게 조사한다.

어도비의 플래시 제품은 웹 기반 애니메이션 체험의 기준이 되었다. 우리는 너무나 흔한 "도입부 건너뛰기"를 말하는 것이 아니다. 그보다는 플래시 덕분에 기업과 산출물의 진정한 정체성을 구성원들에게 입증하는 새로운 장르의 온라인 체험이 가능해졌다는 의미다. 예를 들어 제너럴 모터스는 수년간 메인 웹사이트에 전 세계에서 열리는 모터쇼를 차례로 견학할 수 있는 플래시 버전의 GM 익스피리언스 라이브를 설치했다. 지금은 누구라도 그곳에서 현재 출시된 차종들과 장차 공개될 콘셉트카에 대한 정보를 얻을 수 있다. 콜로라도 스프링스의 브로드무어호텔은 고객들에게 대표지 웹사이트에서 원-스크린 플래시 세션을 통해 자신의 숙박 방식을 선택해서 온갖 "예상치 못했던 상황들"로 가득한 체험을 극적으로 변화시킬 수 있도록 한다. 마지막으로 어도비는 자사의 대표지 사이트에

"체험이 중요하다"라는 테마로 기업체 고객들에게 자사의 기능과 관련된 교육적인 플래시 체험을 제공하면서 "자체적인 방식을 활용"한다.

수요 창출과 더불어 대표지는 기존 고객과 잠재 고객에게 자신의 정체성을 알려야 한다(실제 장소든 가상의 장소든 다른 단계보다 더 빈도가 잦아야 한다). 시애틀의 의류업체 재즈ZAAZ에서 제작하는 파소나블의 웹사이트는 고객들에게 회사의 연혁을 퍼즐처럼 풀어갈 수 있도록 하면서 50년의 유산을 기념하고 현재의 실체를 명확히 보여준다. 재즈는 대표지 전면에서 온라인으로 진정성을 연출하는 것의 적절한 관점을 제시한다. "당신의 웹사이트는 당신에 대해 설명하는 공간이 아니다. 그것은 곧 당신이다."

체험 도메인

물리적 세계에서 사람들이 체험 중심지들을 축으로 점점 더 모여드는 것처럼 온라인 공간에서도 사람들이 많은 시간을 보내는 체험 도메인들이 점차 증가하고 있다. 아메리카 온라인AOL, 야후, MSN 같은 기존의 유명 포털들은 이러한 도메인을 제공하면서 독특한 가상의 공간 조성 기회를 제공한다. 이런 포털을 통해 정보를 검색하는 수많은 사람들 때문에 이따금 당신은 산출물을 알리기 위해 비용을 지불하고 그들과 관계를 맺기도 한다. AOL에서 당신은 마우스를 클릭해서 즉시 아메리칸 그리팅스의 인사장을 보낼 수 있고 넷플릭스를 이용할 수도 있으며 XM 라디오를 청취할 수도 있다. 야후 홈페이지를 통해서는 수많은 영화의 예고편이나 텔레비전 쇼의 비디오 클립 또는 다양한 제휴업체와 연계되는 도메인 안의 도메인에 직접 연결할 수 있다. 이런 도메인 안의 도메인의 사례로는,

야후의 건강 섹션에 "카페사Capessa"라고 불리는 여성들을 위한 "온라인 커뮤니티"를 만든 프록터앤드갬블을 꼽을 수 있다. MSN은 다양한 기업들이 사이트에 콘텐츠를 제공하거나 후원하지만 홈페이지에서 잘 보이는 자리는 대부분 마이크로소프트 자사의 산출물들을 지원한다.

체험 도메인의 두 번째 부류는 딜리셔스Del.icio.us, 디그, 레딧 같은 소셜 북마킹 사이트, 뉴스 사이트뿐 아니라 유튜브, 마이스페이스, 페이스북, 하이파이브, 중국의 QQ 같은 소셜네트워킹 사이트도 해당된다. 예를 들면 유튜브를 통해 NBA의 브랜드화된 채널에 접속할 수 있고, 페이스북에서 CIA의 채용정보를 얻을 수 있으며, 마이스페이스 전체에서 (메를린 라이센싱 에이전시와의 약정을 통해) 인디뮤직 라벨들을 이용할 수도 있다. 특히 마이스페이스는 '임팩트'로 불렸던, 2008년 대선 레이스에 초점을 맞춘 "채널"을 도입하기도 했다.

체험 도메인의 마지막 유형은 일렉트로닉 아츠의 '심즈 온라인', 마케나 테크놀로지의 '데어닷컴', 린든 랩의 '세컨드 라이프', 베이징에 기반을 둔 '하이파이하이 월드', 술레이크의 '하보호텔(핀란드에 기반을 두고 있지만 25개국에서 독립적으로 운영된다)' 같은 가상 세계들이다. 경제학자 에드워드 카스트로노바는 『가상의 세계Synthetic Worlds』에서 점점 더 많은 사람들이 일상생활에서, 그가 "유비쿼터스 게임하기"라고 지칭하는 것에서 아바타로서 지내는 데 많은 시간을 할애한다고 주장한다. 이미 기업들은 이런 가상의 공간을 활용해 사람들에게 가상의 제품, 서비스, 체험을 제공하고 있다. 사람들은 스스로 온라인 아바타로 변모해서 심즈 온라인의 펩시 자판기, 데어닷컴의 리바이스 청바지, 미국판 하보호텔의 타깃 레드 스카이라운지 등을 이용한다. 세컨드 라이프 안에서 제공하는 산출물은 수없이 많다. 예를 들어 아메리칸 어패럴 매장, 스타우드의 초고층 호텔의 실제 버전, ABN 암로의 가상 은행 지점, 아이들에게 돈 다루는 법을 가르쳐주는 웰스파고의 스테이지코치 아일랜드, 콘서트나 다른 체험을 통해 폰티악 승용차의 판촉을 하는 모토라티 섬, 실제로 가상의 자동차를 판매하는 사이언 대리점, IBM 랜드 등이 있다. 특히 IBM은 IBM 랜드를 고객 모임, 내부 회의, 연수 장소로 활용하며 고객들이 경험하기 전에 미리 컨설팅과 기술적 해결책을 시험할 수 있도록 "비즈니스 프로세스 리허설"을 제공한다.

명백한 것은 가상의 공간 조성이 끊임없이 진화한다는 것이다. 당신의 회사가 물리적 세계에서 정체성을 유지하는 것처럼 가상의 세계에도 똑같은 노력을 기울여야 한다(온라인 팸플릿에서는 그 반대라는 것에 주목해야 한다. 기업들은 물리적 세계에서의 정체성을 가상으로 말해야 한다). 리바이스의 디지털 비즈니스 책임자인 패트리스 바르니는 잡지 《비즈니스 2.0》에서 이렇게 말했다. "내가 옷 입는 방식이 현실 세계에서 스스로를 정의하는 방식의 일부이고 그것을 바탕으로 내 스타일과 브랜드를 선택한다면, 가상 세계에서 똑같은 행동을 하는 것은 논리적인 전환일 것이다." 린든 랩은 비즈니스 고객들을 위해 세컨드 라이프 안에서만 최소한 65개의 회사를 운영하고 있다. 이런 회사들은 대부분 마케팅 에이전시들로 잠재 고객을 위한 전시관이나 유망한 직원들을 모집하는 수단으로 가상 세계의 사무실을 활용한다. 그중 하나인 밀리언스 오브 어스의 대표 루번 스타이거는 이렇게 말한다. "세컨드 라이프는 브랜드를 중심으로 체험을 창출한다는 데서 더없이 완벽하다. '사람들을 현혹하는 것'이 아니라 매료시키고 자극하는 것이기 때문이다."

물리적 체험 중심지와 마찬가지로 주제가 확실한 체험 도메인도 존재하는데, 여성의 라이프스타일 포털인 아이빌리지닷컴iVillage.com, 도서 애호가 사이트인 셸퍼리Shelfari 등이 대표적인 경우다. 네오펫츠는 전 세계 어린이들을 위한 체험 도메인을 제공하고 있다. 3000만 명 이상의 회원들이 1억 마리가 넘는 가상의 반려동물을 키우고 있다. 컴스코어 미디어 매트릭스에 따르면, "네오피언들"은 네오펫츠에서 매달 평균 6시간을 보내면서(방문하지 않으면 가상의 애완동물이 "죽기" 때문이다) 그 사이트를 인터넷에서 두 번째로 "중독성이 강한" 사이트로 만들었다. 페퍼리지 팜의 '골드피시 샌드위치 스낵커스', 럭키참스의 '슈팅 스타!', 맥도날드의 '밀 헌트'처럼 그 사이트의 중독성을 강화하는 아동용 게임도 모두 브랜드화된 체험이다.

메이저 플랫폼

웰스파고가 스테이지코치 아일랜드를 자사의 웹사이트에 옮겨놓은 것처럼, 이제 기업들은 자체적으로 창출한 만한 효율적인 체험 도메인을 찾고 있다. 이처럼 기업의 고유한 가상 세계의 또다른 사례로는 MTV의 가상 라구나 비치, 마텔의 바비걸스 월드, 웹킨즈 월드 등이 있는데, 특히 웹킨즈 월드에는 온타리오의 간츠 코퍼레이션에서 제작한 모든 동물인형과 짝을 이루는 가상의 동물인형이 등장한다. KLM항공은 서로 관심사가 비슷한 단골 승객을 연계하기 위해 클럽 차이나, 클럽 아프리카, 클럽 골프 같은 일련의 소셜 네트워킹 사이트를 개설했다. 시스코의 파이브 어크로스와 넷스케이프의 공동창업자 마크 앤드리슨이 설립한 닝 같은 기업들은 누구라도 개인적인 소셜 네트워킹 사이트를 만들 수 있는 수단을 제공한다. 이와 유사하게 IBM의 로터스 커넥션스도 기업들이 직장동료들이나 비즈니스 고객을 위해 가상의 세계를 구축할 수 있도록 도움을 준다.

기업들이 이런 자원을 활용해서 독특한 웹 도메인을 개설할 때에는 자사 웹사이트의 일반적인 한계와 포털의 범위에서 벗어나 효과적으로 메이저 플랫폼—대표지로부터 분리된 자체적인 URL을 지닌 웹사이트—을 제작한다. 스미노프는 자사의 로우 티 브랜드를 홍보하기 위해 티파티닷컴teapartay.com에서 엉성한 힙합이 얼마나 생뚱맞은지 체험할 수 있도록 한다. 마이크로소프트는 클리어리피케이션닷컴clearification.com을 개설하면서, 코디미언 디미트리 마틴이 유머감각을 발휘해서 윈도우 비스타의 장점을 강조하는 장면을 특징으로 내세웠다. 비컴언앰앰닷컴BecomAnMM.com은 고객들에게 M&M 캔디로 자신의 캐리커처를 직접 디자인할 수 있도록 했고, 커리어빌더의 에이지오메틱닷컴Age-O-Matic.com은 노동을 통해 자신이 어떻게 늙어갈지를 볼 수 있도록 했다. 2006년 크리스마스 시즌에 오피스맥스는 사무직 근로자들에게 요정이나 순록으로 변신하거나 크리스마스 선물의 내용물을 추측하며 시간을 보낼 수 있는 사이트를 무려 20개나 개설했다.

이 분야에서는 특히 영화 스튜디오들이 탁월한 능력을 선보인다. 그들은 거의 모든 새로운 영화를 개봉할 때마다 흥행 가능성을 높이기 위해 온라인 예고편, 게임, 제작현장 비디오와 또다른 디지털 체험을 제공하는 특정한 플랫폼을 제작한다. 뉴라인 시네마는 〈반지의 제왕〉을 진행하면서 영화팬들을 촬영 및 제작과정에 참여시켰다. 시리즈 중 첫 번째 영화를 개봉하기 2년 반 전에, 타임워너의 쌍방향 마케팅 부서 책임자인 고든 패디슨은 피터 잭슨 감독과 로드오브더링스닷넷www.lordoftherings.net을 개설해서 인터뷰, 스틸필름, 예고편, 스크린세이버, 월페이퍼, 맞춤형 커서뿐만 아니라 배역, 스토리, 촬영지, 제작현황까지 제공했다. 개봉 1년 반 전인 2000년 4월에는 단 하루 동안 170만 명이라는 기록적인 인파가 예고편을 다운로드했다. 개봉 전까지 예고편 다운로드 수치는 총 10억 건을 넘어섰다.

한 영화평론가는 이렇게 지적한다. "현재 미국의 극장에서 상영되는 영화는 사실상 그 영화와 관련된 제품에 대한 마케팅 캠페인이나 마찬가지다. 박스오피스에서 손실이 나더라도 진짜 수익은 DVD, 비디오게임, 부가상품, 해외 배급, 주문형 비디오에서 나온다." 이런 식으로 생각해보라. 로드오브더링스닷넷이 영화 〈반지의 제왕〉 시리즈를 위한 프로모션 플랫폼이었고 영화 시리즈가 다시 〈반지의 제왕〉 DVD와 부가상품을 위한 마케팅 체험이었다고 말이다. 이 모든 것은 뉴질랜드에 위치한 촬영지와 세트장에 대한 수요도 창출했는데, 2001년에 뉴질랜드의 수상 헬렌 클라크가 피트 호지슨을 각료급의 '반지의 제왕 장관'으로 임명한 것도 바로 이런 이유에서다. 그의 공간 조성 임무는 물리적 생산지를 주요한 관광지로 바꾸는 것이었고, 그 결과로 뉴질랜드라는 국가 자체가 〈반지의 제왕〉 영화팬들을 위한 대표지가 되었다. 2003년에 이르러 관광산업은 농업을 제치고 뉴질랜드 최고의 외화 수입원이 되었다.

미군은 아메리카스아미닷컴AmericasArmy.com이라는 플랫폼으로 매우 혁신적인 가상의 공간 조성 사례를 창출했다. 이 사이트에서는 누구든 〈아메리카스 아미: 오퍼레이션America's Army: Operation〉이라는 게임에 참여할 수 있는데, 이 게임은 시중의 수많은 1인칭 슈팅FPS 게임과 달리 군대의 실상을 엿볼 수 있는 게임이다. 방문자들은 먼저 가상의 포트베닝〔미군 보병학교〕에서 싱글플레이 게임을 한 후에 초기 테스트를 통과한 다른 사람들과 함께 게임을 할 수 있다. 멀티플레이 게임에 참여해 실제와 같은 작전활동을 펼친다. 목표를 달성하려면 팀워크가 요구되는데, 실제 미군은 팀워크로 유명할 뿐만 아니라 병사들의 생존과 군사적 목표 달성을 위해서도 팀워크를 중요시한다. 2002년 7월 4일에 공개된 이후 9개월 만에 130만 명 이상이 이 게임에 등록했고, 약 50만 명이 매주 게임을 즐기고 있다. 그들 중 대다수는 〈아메리카스 아미: 리얼 히어로America's Army: Real Heroes〉의 실제 병사들로부터 상당한 식견도 얻었을 뿐 아니라, 후속 게임인 〈스페셜 포스Special Forces〉와 〈코얼리션Coalition〉으로 옮겨 갔다. 홈페이지의 기록에 의하면, 2007년 초반까지 800만 명 이상이 이 게임에 등록했다.

미군은 물리적 세계와 가상의 세계를 통합해서 시민들과 병사들이 상금을 두고 경쟁을 벌이는 실제 이벤트도 진행한다. 2007년에는 〈버추얼 아미 익스피리언스Virtual Army Experience〉라는 온라인 게임을 공개하고 미국 전역 35개 장소를 순회했다. 결과는 아주 흥미로웠다. 미군은 이 가상의 게임에서 특출한 능력을 발휘한 참여자들에게 입대를 권유했다. 프로그램 책임자인 케이시 워딘스키 대령에 따르면, 2005년에 육군사관학교에 입학한 신입생도의 20퍼센트와 그해 입대한 신병의 20~40퍼센트가 〈아메리카스 아미〉를 체험했다고 한다.

파생적 배치

가상의 공간 조성 포트폴리오에서 네 번째 단계는 기업들이 다른 기업의 웹사이트에 자사의 사이트를 개설하는 것이다. 이런 디지털 체험의 가장 좋은 사례는 아마존이 자사 산출물의 구성요소들을 올려놓은 수많은 웹사이트일 것이다. 이따금 하나의 링크가 특정한 아마존 웹페이지를 가리키기도 하지만, 때로는 실제 아마존닷컴을 클릭할 때와 마찬가지로 다른 사이트들에서 직접 아마존닷컴의 책 표지, 목록, 리뷰, 주문 및 배송에 대한 정보를 열람할 수 있다. 체험 도메인도 유사한 효과를 제공하지만, 이 단계의 목적은 당신이 유치하려고 하는 특정한 관심사를 지닌 소비자들과 더 긴밀하게 연계된 유명한 도메인들에 비해 덜 알려지고 그만큼 비용도 저렴한 사이트들을 파악하는 것이다.

모든 디지털 게임이 체험 선택의 매개체로서 인터넷이나 컴퓨터를 활용하는 것은 아니며 파생적 배치를 통해 고객들에게 접근하는 또다른 경로를 제공하기도 한다. 예를 들면 플레이스테이션과 엑스박스용 게임인 〈NBA 2006〉에서 가상의 농구선수들은 진정한 농구 체험을 전달하기 위해 실제 NBA 경기에서 뛰는 선수들과 똑같은 농구화를 신고 있다. 이 게임은 "실제 나이키아이디 사이트에서 이용할 수 있는 맞춤화 시스템을 반영해서" 게임 플레이어의 농구화를 맞춤화하는 방식도 제공한다.

이와 유사한 방식으로 게임 플레이어들은 아타리의 〈테스트 드라이브

언리미티드Test Drive Unlimited〉에서 듀카티 슈퍼스포츠 모터사이클을 운전할 수 있고, 몬타나 골드가 제공하는 게임인 〈겟팅 업: 콘텐츠 언더 프레셔Getting Up: Contents Under Pressure〉에서 이 회사의 스프레이식 페인트로 벽에 낙서를 할 수 있으며, 유비소프트의 〈톰 클랜시의 스플린터 셀: 판도라 투모로우Tom Clancy's Splinter Cell: Pandora Tomorrow〉에서는 소니 휴대전화에 대한 정보를 배울 수 있고, 일렉트로닉 아츠의 〈니드 포 스피드Need for Speed〉에서는 캐스트롤 신텍 정비소에서 오일을 교환할 수 있으며, 유비소프트의 〈CSI: 3차원 살인CSI: 3 Dimensions of Murder〉에서는 비자의 위조방지 서비스를 활용해서 범죄를 해결할 수 있다. 비자의 신기술 미디어 플랫폼 책임자인 G. 존 라지는 이런 기술이 "가상 세계의 단순한 광고판" 이상의 의미를 지니는 것으로, 고객들을 "메시지에 진정으로 동참하도록 유도할 수 있는" 체험이라고 말한다.

월드와이드웹

마지막으로 글로벌 시장에서 활용할 수 있는 물리적 보편성은, 기업의 산출물과 밀접한 관련이 있는 모든 웹사이트에서 활용할 수 있는 가상의 보편성에 대응한다. 예를 들어 맥주 회사 아돌프 쿠어스는 자사의 표적 시장인 21세에서 34세 남성들이 자주 방문하는 수많은 웹사이트(스포츠, 연예 사이트 등)에서 매일 오후 정확히 4시 53분에 실버 불릿 열차 경주를 실시하여 그들에게 "4시 53분의 행복을 차지하도록" 독려한다.

앞서 언급했던 뉴라인 시네마는 〈반지의 제왕〉을 위해 자체적으로 메이저 플랫폼을 개발했을 뿐만 아니라 수많은 팬사이트들과 원활히 교류하며 정보와 체험을 공유해서 지속적으로 잠재적인 영화팬들을 끌어들이고 있다. 사이트마다 영화에 대한 기대가 생겨나면서 영화팬들 사이에서 가상의 열풍이 휘몰아쳤던 것이다(구글에서 "반지의 제왕"이라는 단어를 검색하면 무려 2900만 개에 달하는 웹페이지가 끝없이 나열된다).

물리적 공간 조성의 경우와 마찬가지로 가상의 공간 조성 포트폴리오 다섯 단계 중 어떤 것이 당신에게 가장 적합하며 어떤 것을 창출할 수 있을지 검토해야 한다. 다음과 같은 질문을 던져보라.

- 대표지에서 단순히 정보를 제공하는 차원을 넘어 흥미로운 체험을 부각할 수 있는 오락, 교육, 활동, 혹은 환경에는 무엇이 있는가? 단순히 정체성을 말하는 것에 그치지 않고 정체성과 일치하는 모습을 보이려면 어떻게 해야 하는가?
- 포털, 소셜 네트워킹 사이트, 가상의 세계 중 온라인에서 회사를 방문하는 사람들을 위해 가장 적합한 체험 도메인은 무엇인가? 어떤 산출물이 실제 세계의 잠재 고객에게 가상 세계의 가치를 제공할 수 있는가?
- 회사의 어떤 산출물, 카테고리, 메시지, 혹은 구성요소가 온라인의 메이저 플랫폼으로 기능을 발휘할 수 있는가? 그 플랫폼을 우리의 대표지 사이트나 실제의 장소들과 어떻게 연계할 수 있는가?
- 다른 웹사이트에서 어떤 파생적 배치가 우리에게 이상적인 온라인 장소를 제공할 수 있는가? 다른 사이트에서 그 사이트의 가치를 강화하면서 회사에 대한 진정성도 반영하기 위해 어떤 간단한 체험을 창출할 수 있는가?
- 모든 월드와이드웹 사이트는 산출물, 소비자, 회사, 업계, 우리가 직면한 문제와 어떤 관계가 있는가? 그것들을 어떻게 네트워크로 연계해서 사람들을 우리의 통제력

이 미치는 다른 모든 장소로 이끈 뒤, 우리의 정체성을 체험하고 산출물을 구매하도록 할 수 있는가?

이 질문들에 대한 답변을 바탕으로 기존 고객과 잠재 고객에게 당신이 말한 정체성을 입증하는 공간 조성 체험 포트폴리오를 기획할 수 있다.

공간 조성 포트폴리오 기획하기

효과적인 공간 조성 포트폴리오를 개발하려면 건전한 전략적 사고가 필요하다. 모든 기업은 자체적인 상황을 점검하고, 어떤 단계를 점유하고 어떻게 모든 마케팅 체험을 단일한 유형의 장소로 통합할지 결정하여, 포트폴리오 전반에 걸쳐 수요를 창출하면서 산출물과 비즈니스를 진정하게 연출해야 한다.

모든 기업들이 모든 단계에서 장소를 구축해야 할 필요는 없다. 예를 들면, 애플은 대표지를 폐쇄하고 매장들을 오직 전 세계의 주요한 장소들에만 배치해서 제곱미터당 무려 44만 원의 매출을 거두는데, 이 액수는 소매업계의 전국 평균 액수를 훨씬 넘어서는 수치다. 여기서 공간 조성의 구조는 비즈니스의 가능성을 다각적으로 탐색하는 수단으로 취급한다. 하지만 우리는 몇 가지 조언을 제시할 수 있다. 첫째, 가급적 많은 단계에서 최대한 많은 공간 조성 아이디어들을 개념화해야 한다. 둘째, 새로운 유형의 장소를 도입할 때마다 그것을 진정성을 연출할 수 있는 기회로 활용해야 한다. 예를 들어 2006년 10월 긱 스쿼드는 24시간 원격수리가 가능한 시설인 긱 스쿼드 시티를 켄터키 힐뷰에 개장했다. 하지만 그곳을 실제로 방문하는 고객들이 거의 없을 것을 감안하여 성대한 개장식을 비디오로 촬영한 후에 체험 도메인인 구글 비디오에 영상을 게시했다!

각각의 새로운 장소들이 진정성을 연출하는 데 성공한다면, 아마도 더 많은 단계들을 점유할 수 있을 것이다. 현재 덴마크의 빌룬트 레고 시스템 A/S는 열 단계에서 정해진 장소들을 보유하고 있다. 그 결과 지구상의 수많은 아이들의 마음속에 레고 블록과 세트에 대한 수요를 창출하는 공간 조성 체험의 포트폴리오가 생성되었다. 레고를 좋아하는 가족들이 가끔 방문하는 공장에서, 이 회사의 원조 대표지로 변모한 레고랜드 빌룬트 테마파크는 1968년에 개장한 이래로 해마다 100만 명 이상의 방문객들을 유치한다. 레고는 최근에 체험 중심지의 단계로 전환하면서 1996년에 런던 외곽지역에 레고랜드 윈저, 1999년에 로스앤젤레스 교외에 레고랜드 캘리포니아, 2002년에 뮌헨 인근에 레고랜드 도이칠란트를 개장했다. 이 시설들은 어린이들에게 레고 브랜드를 소개하고 브랜드에 대한 감정적인 애착을 유발하며 레고 블록에 대한 수요를 창출한다. 레고랜드 캘리포니아가 개장한 지 6개월 만에 캘리포니아 남부 전체에서의 매출이 15퍼센트 이상 증가했다.

레고는 올랜도에 위치한 다른 체험 중심지인 몰 오브 아메리카와 다운타운 디즈니에 레고 이매지네이션 센터도 개장해서 아이들이 즐거운 분위기에서 서로 어울리며 장난감을 접할 수 있도록 했다. 또한 아이들과 부모들, 선생님들이 관심을 갖는 주요한 장소인 과학박물관과 산업박물관에서 마인드스톰 체험을 제공했다. 이러한 장소들 덕분에 세계 전역의 소매점에서 판매되는 레고의 수요가 증대되었는데, 그중 일부 매장들(타임스스퀘어의 토이저러스Toys "R" Us 매장과, 5번가의 FAO 슈워츠와 NBA 스토어 등)은 기업 그 자체로 테마가 되는 파생적 배치를 수용하고 있다.

레고는 이런 물리적 포트폴리오를 가상의 포트폴리오에도 반영한다. 먼저 레고는 인터넷을 활용해서 아동 사이트의 소비자, 장난감 소매업체, 월드와이드웹의 검색엔진에 접근하고 회사가 전폭적으로 지원하는 국제 레고 사용자 그룹 네트워크 레그넷LUGNET를 통해 그들을 연계한다. 회사는 스타워즈 게임뿐만 아니라 스타워즈닷컴Starwars.com, 해리포터닷컴 HarryPotter.com, 브릭필름스닷컴brickfilms.com(특별히 레고 블록과 캐릭터들로 제작한 스톱액션 애니메이션을 위한 독립적인 플랫폼 사이트) 같은 사이트들에도 파생적 배치를 운영한다. 레고는 자사의 독특한 제품들로 자체적인 메이저 플랫폼을 제공한다. 예를 들어 테마파크를 위한 레고랜드닷컴 legoland.com, 지속적으로 스토리를 제공하는 바이오니클닷컴bionicle.com 등이 있다. 특히 바이오니클닷컴은 많은 캐릭터들이 거주하는 열대섬 마타누이의 스토리를 제공하는데, 고객들은 매달 갱신되는 새로운 에피소드를 통해 이 가상 세계와 캐릭터들에 대해 더 많은 정보를 얻을 수 있기 때문에 그만큼 자주 방문하게 된다.

2005년에 레고는 새로운 플랫폼 사이트인 레고팩토리닷컴legofactory. com을 개설했다. 이 사이트에서 방문자들은 자신만의 독특한 레고 디자인을 고안한 후에 그것을 완성하는 데 필요한 블록을 회사에 주문할 수 있다. 더욱이 레고는 체험 도메인인 MSN(레고 빌더 보츠LEGO Builder Bots나 레고: 칙 부티크LEGO: Chic Boutique 게임 같은 어린이용 콘텐츠를 제공한다)과 AOL(키워드: 바이오니클)의 위력도 활용한다. 2006년에 레고는 마인드스

톰 로봇을 과시하기 위해 세컨드 라이프에 극장을 개장했다. 2010년에는 모든 아바타를 자사의 블록으로 만들 수 있는 대규모 멀티플레이 온라인 게임으로 독자적인 체험 도메인을 공개했다.

또한 대표지 사이트인 레고닷컴에서 스토리 경연대회, 소비자가 제작한 영화 이벤트, 상상의 세계 탐험(회사가 운영하는 열 단계의 모든 장소들을 연계하기 위해 이용하는 산출물들) 등 독특하고 재미난 체험을 제공한다. 레고의 공간 조성 포트폴리오의 궁극적인 목표는 어린이들이 직접 레고 블록으로 자신의 디자인을 만들 수 있도록 흥미를 유발해서 창의력과 상상력을 강화하는 것이다.

물론 공간 조성 체험을 위한 완벽한 포트폴리오가 모든 문제를 해결하는 것은 아니다. 레고는 해마다 점점 더 빠르게 어린이의 변화에 따른 문제들에 대처해야 했다. 비디오게임과 세간의 관심을 끄는 다른 활동과의 경쟁에서 어려움을 겪은 나머지 2005년에 레고랜드 테마파크를 블랙스톤 그룹에 매각했다. 이런 체험은 돈벌이가 되었지만 레고의 핵심적인 제조 분야에서 지속적인 수익을 거두지 못하면서 테마파크를 배제한 다른 투자 모델이 필요했다. 그래도 회사는 블랙스톤과 계약을 체결하면서 테마파크를 레고의 포트폴리오에서 중요한 공간 조성 체험으로 존속시킨다는 조건에 합의했다. 그것이 없다면 레고가 존재할 수 없을지도 모르기 때문이다.

공간 조성 체험의 가치 계산

공간 조성 체험을 부각하는 기업들은 자체적으로 말한 정체성을 입증하기 위한 물리적 혹은 가상의 장소들을 창출하면서 동시에 전통적인 마케팅의 함정을 피한다. 실제로 이것은 점차 분화되는 세계, 즉 기업들과의 관계에서 개인들의 진정성에 대한 요구도 점차 증대되는 환경에서 모든 산출물에 대한 수요를 창출하는 최상의 방법이기도 하다.

이 방식은 확실히 광고보다 효과적이다. 광고의 효율성을 측정하는 일반적인 방식에 대해 생각해보라. 광고를 접한 사람들의 수를 회상률과 곱한 후에 광고비용으로 나눈다. 이것은 다음과 같이 수식화할 수 있다.

$$\text{전통적인 광고의 효율성} = \frac{\text{사람들의 수} \times \text{회상률}}{\text{비용}}$$

소비자들은 시도 때도 없는 광고 세례와 점점 더 심해지는 시간적 제약 속에서 살아가기 때문에 회상률은 바닥 수준으로 떨어졌고 결국 광고의 효율성도 예전 같지 않다.

이제 수요 창출 체험의 부각을 통해 얻는 구체적인 이익을 생각해보라. 아직까지 사람들이 물리적 장소를 방문하거나 가상의 장소를 찾아다니기보다 대규모 광고 캠페인을 접하는 경우가 훨씬 더 많은 것은 당연한 사실이다. 그만큼 광고의 접근성이 용이하기 때문이다. 하지만 그런 장소를 체험한 사람들은 고작 몇 초 동안 광고를 쳐다보기보다 몇 분 혹은 몇 시간씩 할애하며 체험에 몰두한다. 수동적으로 바라보지 않고 모든 관심을 집중해서 장소에 적극적으로 참여한다. 그에 비해 광고는 채널을 휙휙 돌리거나 음료수를 마시거나 잡지를 읽거나 잡담을 나누기도 하면서 아예 무시하기도 한다. 더욱이 사람들은 어떤 체험에서 아주 강한 인상을 느끼고, 이런 인상은 기업의 메시지를 기억에 더 깊이 각인하기 때문에 사람들의 입에 더 자주 오르내리게 된다. 이 현상은 곧바로 더 많은 매출이라는 바람직한 효과로 이어진다. 바로 자신이 창출하고 통제하는 장소에서 자신이 말한 정체성을 입증할 수 있는 방식을 통해 이루어진 결과다. 이 과정을 다음과 같이 수식화할 수 있다.

$$공간\ 조성\ 체험의\ 효율성 = \frac{사람들의\ 수 \times 시간 \times 관심 \times 인상 \times 기억}{비용}$$

광고 같은 전통적인 마케팅은 더 많은 사람들에게 노출할 수 있지만 다른 모든 요소에서 체험의 부각이 훨씬 더 우위를 나타내기 때문에, 투자의 방향을 대규모 광고 캠페인에서 공간 조성 체험 포트폴리오로 선회하는 것이 바람직하다.

우리는 인상이나 기억 같은 요소들을 수치로 측정한다는 것이 대단히 어렵다는 사실을 인정한다. 초창기 품질 관리에 대한 새로운 측정법을 확립하기도 결코 쉽지 않았고 현재 대부분의 마케팅 수단도 마찬가지다. 하지만 최소한 이런 방식으로 당신을 접촉한 사람들의 수는 계산할 수 있기 때문에 시간이 지나면 더 나은 측정법이 등장할 것이다. 이런 이유로 일부에선 처음 두 요소만이라도 측정하는 것이다. 예를 들면 지건다 그룹은 차민 NYC 화장실 체험에 428,328명이 참여해서 평균 22분을 보냈다는 사실을 비교적 정확하게 측정했다. 개장한 지 불과 6주도 지나지 않은 한 장소에서 체험 시간이 15만 시간을 넘어섰다고 생각해보라. 20개의 사이트에서 진행된 오피스맥스 플랫폼 체험은 5주 동안 2600만 명 이상의 방문객을 유치했다. 직원들이 직접 응대했다면 400만 시간의 업무량에 근접하는 수준이다. 2005년에 아메리카스아미닷컴의 책임자 워딘스키 대령은 "1인 시간당 비용cost per person hour"이라는 측정법을 사용해서 미군이 해마다 이 프로그램에 투자하는 30억 원이 "1인 시간당 비용으로 120원인 것에 비해 텔레비전의 경우에는 6000~10,000원에 이른다"고 계산했다.

만약 나머지 요소들을 어림잡아 계산한다면 공간 조성 체험이 유효한지 여부를 파악할 수 있다. 당신이 수십억 원의 광고 예산을 전용해서 연간 수천만 명의 방문객들이 몰려드는 타임스스퀘어, 미시간 애비뉴, 라스베이거스 스트립, 올랜도 혹은 연간 방문객이 4000만 명을 넘는 몰 오브 아메리카 같은 체험 중심지에 새로운 장소를 설립했다고 가정하자. 당신은 수많은 보행자들이 이처럼 광고판 역할을 하는 새로운 장소를 보면서 느끼는 인상뿐만 아니라 미디어에 노출되는 특별한 이익의 가치까지 계산할 수 있다.

그 수많은 보행자들 중에서 얼마나 많은 사람들이 당신의 장소를 방문할 것인가? 그들은 얼마나 오랫동안 머물러 있을 것인가? 평균적으로 그곳에 얼마나 많은 관심을 가질 것인가? 당신이 부각할 수 있는 산출물의 직접적인 체험이 얼마나 강한 인상을 남기는가? 얼마나 오랫동안 그 체험을 기억할 것인가?

이제 광고 캠페인에 사용된 동일한 금액으로 똑같이 계산해보라. 광고에서는 시간이 덧없이 지나가고 관심은 시들해지며 기억은 불확실해진다. 당신이라면 어디에 자금을 투자하는 편이 나을 것 같은가? 만약 체험을 선택한다면, 즉시 모든 광고를 중단하고 그 자금을 수익을 극대화하는 곳에 투자해야 한다. 공간 조성 포트폴리오의 일부로서 수요 창출을 위한 체험을 부각하는 것이다. 이런 체험은 전통적인 마케팅 활동과는 비교조차 할 수 없는 감정적인 연계를 촉발한다는 사실을 기억하라. 많은 체험 부각자들은 거의 광고를 하지 않거나 아예 광고를 배제하기까지 한다. 플레전트 컴퍼니, 스타벅스, 파이크 플레이스 피시마켓, 반스, 레크리에이셔널 이큅먼트REI 같은 기업들은 새로운 고객들을 확보하고 기존 고객들을 활성화하며 산출물에 진정성을 연출하는 주요한 수단으로 이런 체험을 활용한다. 스타벅스의 하워드 슐츠는 설명한다. "대규모 광고는 브랜드를 구축하는 데 도움이 될 수 있지만 브랜드에 지속성을 부여하는 것은 진정성이다." 그리고 인상적인 장소에서 산출물을 체험하는 것은 진정성을 구축하는 근간이다.

물론 "모든 광고를 중단하라"는 것은 너무 지나치다. 대규모 광고는 여러 측면에서 유용한데, 특히 단기간에 수천만 명의 사람들에게 접근해야 하는 상황, 가령 대중의 오해를 전환하거나, 인기가 사라진 브랜드를 부활시키거나, 새로운 산출물을 출시하려는 경우에 효과적이다. 베스트바이는 전국의 매장에서 긱 스쿼드 체험을 제공한다는 것을 효과적인 광고를 통해 지원한다. 만약 효용성이 입증될 때까지 공간 조성 체험에 선불리 전력을 투입하고 싶지 않다면 일단 전통적인 광고와 홍보 예산의 20퍼센트 정도를 공간 조성 체험의 개발과 실행에 투자한 후에 추이를 지켜보도록 하라.

더불어 창조력을 연구개발에 활용해야 한다. 내부의 마케팅 인재나 외부의 에이전시를 오직 마케팅 캠페인에만 사용되는 자원이라고 여기지 말고 산출물에 대한 수요를 이끄는 체험의 설계자라고 생각하라.

상상력은 풍부했지만 효율성이 부족했던 광고들을 생각해보라. 수익을 창출하는 체험 장소를 구상하고 설계하고 출시하는 데 모든 창조력을 발휘한다면 어떤 결과가 발생할까? 이런 기술은 단순히 일시적인 광고 캠페인이 아닌 지속적인 체험을 확립하는 데 사용되어야 한다. 예를 들어 갭의 광고대행사에서 젊은이들이 멋지게 춤을 추는 광고를 제작하는 대신, 젊은이들이 입장료를 지불하면 갭 청바지를 입고 춤을 출 수 있는 근사한 댄스클럽을 구상하고 설계하고 출시하도록 한다면 어떤 결과가 일어날 것인가? 어떤 물리적 혹은 가상의 체험에서 회사 내부의 인재나 에이전시의 능력이 제대로 발휘될 수 있는가?

최고체험책임자 임명하기

어쩌면 세계 최고의 체험 부각자로 손꼽힐 수도 있는 디즈니와 타임워너를 떠올리면서 당신은 그들이 성공하지 못했다면 당신의 회사에 무슨 희망을 걸 수 있을까 걱정할지도 모른다. 당신이 확실한 성공을 원한다면 그 기업들이 이미 실행하고 있는 것을 실행해야 한다. 그것은 바로 최고체험책임자CXO, Chief Xperience Officer를 임명하는 것이다.

최고체험책임자는 진정성이 새로운 소비자 감각으로 부상하는 세계에서 매출과 수익의 새로운 원천을 창출하기 위한 풍부한 공간 조성 체험 포트폴리오를 개발하고 출시하고 관리하는 역할과 책임을 담당해야 한다. 최고체험책임자는 무엇보다 이런 장소들에서 소비자들이 체험하는 것을 기업으로서 당신의 정체성과 일치시키는 막중한 업무를 통해, 진실/

가식 도표의 정체성과의 일치성의 축에서 당신의 산출물과 회사에 대한 소비자들의 진정성의 인식을 이끌어내야 한다.

최고체험책임자 직책을 도입하면서 무작정 마케팅 책임자를 그 역할에 임명하는 섣부른 실수를 저질러서는 안 된다. 브랜드를 구축하고 수요를 창출하는 전통적인 마케팅 활동은 지속하면서 점차 체험적인 측면을 확충해야 한다. 마케팅 조직은 기존의 업무에 꾸준히 최선을 다하도록 독려하면서 체험을 개발하고 진정성을 연출하는 팀을 지휘할 수 있는 적임자를 발굴해야 한다.

모든 기업들에게 새로이 매출을 증대할 수 있는 기회는 기존의 산출물에 대한 매출을 촉진하는 것뿐만 아니라, 소비자들의 지갑을 열 수 있는 장소에 기반을 둔 새로운 체험 산출물을 개발하는 것에도 내재한다는 사실을 기억해야 한다. 그것이 모든 기업들이 최고체험책임자에게 기대하는 역할이다.

입장료 부과

최고체험책임자가 최고마케팅책임자CMO와 차별화되는 중요한 책임 중한 가지는 공간 조성 체험이 입장료의 가치를 지니도록 하는 것이다. 우리의 앞선 저서『체험의 경제학』이 일으킨 가장 큰 논란은 모든 부류—수요 창출을 위해 체험을 활용하는 사람들뿐만 아니라 소매업자, 요식업자, 호텔리어, B2B 공급업자까지—의 체험 부각자들에게 체험에 대한 입장료를 부과해야 한다는 주장에 집중되었다. 우리는 그 주장에 확신을 갖는데, 이는 체험을 독특한 경제적 산출물로 인식하는 논리적 결과다.

입장료를 부과하는 것은 장소가 그 자체로서 산출물로 존재한다는 것을 의미한다. 그것은 광고처럼 어떤 사물의 표상이 아니라 고유한 권리를 지닌 사물이자, 단순한 마케팅이 아니라 입장료를 통해 더욱 진실하게 연출된 실질적인 산출물이다. 더욱이 오직 입장료를 부과하는 경우에만 당신은 입장료의 가치가 있는 체험을 개발할 필요성을 느끼게 될 것이다. 만약 체험이 입장료를 낼 만한 가치가 있다면 고객들은 아무 문제도 삼지 않고 금액을 지불할 것이다.

더불어 입장료는 그 장소가 체험할 만한 가치가 있다는 사실을 알리는 자체적인 표지의 역할도 한다는 것을 깨달아야 한다. 입장료를 부과하지 않는다면, 고객들은 가치를 느끼지 못할 것이다. 이런 이유에서 REI는 애초에 회원들에게 암벽등반 요금을 부과하지 않다가 6000원을 부과했고, 비회원 요금은 6000원에서 1만8000원으로 인상했으며 고객들은 예약을 할 때마다 신용카드로 결제하기 시작했다. 그 전에는 많은 사람들이 예정된 시간에 도착하지 않았다. 그만큼 무료체험에 큰 가치를 두지 않았기 때문이다.

우리는 아직까지 이것이 모든 상황에서 모든 기업에게 적용되지 않는다는 사실을 인정하지만, 무료 체험은 빠른 속도로 감소하고 있다. 입장료를 부과하지 않으면 결국 예산의 압박에 시달리게 될 것이다. 따라서 입장료가 투자수익률 방정식의 수익에 미치는 영향을 정확히 이해해야 한다. 이미 대부분의 최고마케팅책임자들은 이 부분을 간과한 탓에 해고되었고, 최고체험책임자들도 우리의 경고에 주의를 기울이지 않으면 똑같은 전철을 밟게 될 것이다. 표면적으로 모든 마케팅에 대한 투자수익률의 산출은 아주 간단하다.

$$투자수익률 = \frac{매출증가분}{비용}$$

　전통적인 마케팅 캠페인에서 매출증가분을 측정하기란 상당히 어렵지만 비용만큼은 확실히 알 수 있다. 따라서 여기서는 분모에 초점을 맞추도록 하자. 당신이 공간 조성 체험을 부각할 경우에 비용은 유일한 분모의 요소가 아니다. 입장료 부과가 그 자체로 매출을 창출하기 때문이다. 따라서 공간 조성 체험에 대한 투자수익률은 다음과 같다.

$$투자수익률 = \frac{매출증가분}{비용-입장료}$$

　이처럼 입장료는 방정식의 분모를 감소시키기 때문에 투자수익률을 극적으로 상승시킬 수 있다. 만약 진정으로 입장료의 가치가 있는 매력적인 체험을 창출한다면 비용을 벌충할 수 있을 뿐만 아니라 수익까지 거둘 수도 있다. 비록 수치를 공개하지 않을 테지만 아메리칸 걸 플레이스에서 대부분의 체험에는 돈을 내야 하는 듯하다. REI도 암벽등반에 입장료를 부과하고, 반스도 스케이트파크에서 입장료를 받으며 레고도 테마파크 체험에 입장료를 책정한다. ING 다이렉트도 카페에서 커피와 비스코티에 요금을 부과하는데, 이것은 실제 입장료는 아니지만 이 방침은 확실히 고객들에게 장소의 가치를 판단하는 장벽을 형성하면서 회사의 비용을 벌충한다.

탁월한 공간 조성 체험을 제공한다면 당신은 투자수익률 방정식에서 분모를 0까지 줄일 수 있기 때문에 당신이 창출하는 모든 매출증가분에 대해 완전한 투자수익률을 거둘 수 있다. 다음 예산주기 동안에 CEO나 CFO(최고재무책임자)를 찾아가서 당신이 수요 창출 활동—단순한 마케팅이 아닌 진정성을 연출하는 체험이 부각되는 장소의 창출—의 완전한 투자수익률을 달성하게 될 방식을 입증하는 장면을 상상해보라.

이것은 환상이 아닌 현실이다. 기업들은 기존 고객과 잠재 고객을 참여시킬 방법을 창의적으로 생각하고, 어떤 광고도 실현할 수 없는 입장료를 부과하는 체험을 창조적으로 설계하면서 투자수익을 달성하고 있다. 그들은 자꾸만 감소하는 광고의 효율성을 고민하지 않고, 가식성의 인식을 증폭하는 광고의 방식을 버리고 전혀 새로운 수단을 추구했다. 그것이 바로 자신의 정체성을 명확히 입증하고 진정성의 인식을 얻을 수 있는 공간 조성 체험이다.

제9장

전략부터
의사결정까지

자아에 충실하기

2002년에 노라 존스는 음악시장에서 폭발적인 인기를 일으켰다. 데뷔 앨범인 〈컴 어웨이 위드 미Come Away with Me〉가 전 세계적으로 600만 장 이상 판매되었고 그래미상에서 후보에 오른 8개 부문을 모두 석권했다. 그녀의 음악은 오랜 재즈 애호가들에게 특별한 호소력을 발휘했지만 많은 사람들은 존스의 음악을 진정한 재즈라 할 수 있는지 의문을 제기했다. 그녀의 음반은 유명한 블루노트 레코드(현재는 규모도 더 크고 더 팝을 지향하는 버진 레코드가 소유하고 있다)가 정통 재즈의 기조에서 이탈한 최초의 사례였고, 일부 전통주의자들은 이 회사가 〈컴 어웨이 위드 미〉를 발매하면서 자아에 충실하지 못했다고 비난했다.

앨범의 엄청난 성공에 잔뜩 고무된 존스의 프로듀서들은 당시 돌풍을 일으킨 이 23세 스타를 스튜디오로 불러들여 또래들에게 인기몰이를 할 것이라고 기대하며 순수 팝 장르의 앨범을 녹음했다. 하지만 녹음이 끝나자 그녀와 프로듀서들은 모두 이 프로젝트가 실패하리라는 것을 깨달았다. 앨범이 노라 존스의 정체성과 모순될 뿐만 아니라 그녀의 스타일, 그녀의 팬들, 그녀의 성공에도 역효과를 미치게 될 것이라고 예상했기 때문이었다. 물론 엄청난 수익은 확실히 보장하겠지만 그녀의 경력에서 잘못된 시기의 잘못된 후속 앨범일 것이며, 그녀 자신과 음악에 대한 진정성의 인식을 심각하게 훼손할 터였다. 결국 존스는 앨범의 발매를 포기했고, 그녀의 모토는 "나는 오직 내 자아를 추구할 것이다"가 되었다.

이 프로젝트가 중단되면서 노라 존스는 성공적인 경력을 지속했고 그에 따라 수익을 극대화할 가능성도 크게 높아졌다. 그녀는 2004년에야 비로소 두번째 앨범 〈필즈 라이크 홈Feels Like Home〉을 발매했다. 어떻게 말할 수 있는가? 그해 발매되어 스타벅스에서만 독점으로 판매된 노라 존스의 다른 앨범을 생각해보라. 이 앨범은 그녀가 14명의 아티스트와 음악을 선별한 것으로 "그녀에게 중요한 음악"이 반영되었다. 그녀는 앨범 속지에서 선별한 음악에 대해 설명한다. "나는 음악을 들으며 '아! 나도 이렇게 해야 한다'고 생각한 적이 없다. 나는 여러분이 이 음악을 들으면 들을수록 마치 언어처럼 느껴질지도 모른다고 생각한다. 결국 그것은 여러분의 행동에서 드러나지만 나는 단지 그 음악을 사랑하기 때문에 듣는다." 이런 감정의 확장—그녀가 사랑하는 음악을 하는 것—은 그녀의 진정한 정체성과 그녀의 앨범이 지닌 진정한 매력을 반영한다.

노라 존스가 스튜디오에서 자신이 사랑하지 않는 앨범을 녹음하고 결국 발매했다면, 가장 소중한 팬들을 잃고 다시는 그들의 사랑을 회복하지 못했을지 모른다. 팬들은 존스를 타협자로 여겼을 것이다.

물리적 현실의 이해: 민코프스키 공간

상업적 산출물에 진정성을 연출하는 핵심은 '타협 없이 제대로 수행하는 것'에 좌우된다. 여기에는 어떤 순간에 내재된 기회와 위험에 대한 예리한 이해가 필수적으로 수반된다. 특히 자아에 대한 충실성에 의해 강제되는 회사의 전략적 가능성의 한계를 이해해야 한다. 진정성의 기준 중에서 자아에 대한 충실성을 충족하는 방법을 이해하기 위해 우리는 물리학에서 통용되는 이론을 소개한다.

어떤 미립자가 시공간에서 자체의 역사와 현재의 위치에 근거하는 가능성을 이해한다면, 당신의 비즈니스가 당신의 유산과 현재의 포지셔닝에 근거하는 전략적 가능성을 더 명확히 이해할 수 있을 것이다. 그림 9-1에 묘사된 시공간은 '민코스프키 공간'이라고 알려져 있으며 러시아 출신의 수학자이자 물리학자인 헤르만 민코프스키가 제자 알베르트 아인슈타인의 일반상대성이론을 설명하기 위해 고안했다.

여기서 우리는 미립자의 표상을 보게 된다(당신의 비즈니스를 나타내는 것이기도 하다). 세로축은 시간에 따른 미립자의 위치를 나타내고 가로축은 3차원의 공간(길이, 넓이, 높이)을 나타낸다. 미립자가 현재 위치한 장소는 공간 축에서 "여기"로 이어진 세로 점선과 시간 축에서 "지금"으로 이

그림 9-1 민코프스키 공간

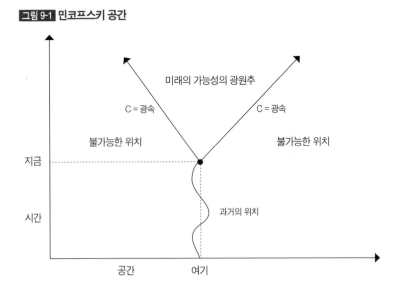

어진 가로 점선으로 표시된다. 미립자의 과거 위치는 구불구불한 곡선으로 표시되는데, 이것은 미립자가 시간에 존재한 이래로 그동안 공간에서 움직인 흔적이다. 한편 미립자가 오직 위쪽으로만 움직일 수 있다는 것에 주목해야 한다. 미립자가 아래쪽으로 움직인다는 것은 시간을 역행한다는 의미이기에 물리적으로 불가능하다.

미립자는 위쪽으로 향한 두 개의 화살표(벡터) 외부의 어떤 지점으로도 움직일 수 없다. 외부로 움직인다는 것은 광속을 초월한다는 의미로 아인슈타인은 그것이 물리적으로 불가능하다는 것을 입증했다.

따라서 미립자는 오직 "광원추"(만약 3차원 공간 전체를 볼 수 있다고 가정할 경우에 그런 모습일 것이라고 예상되는 형태)이라고 알려진 영역인 두 개의 화살표 사이의 지점으로만 움직일 수 있다.

임의의 입자가 미래에 이동할 만한 장소는 지금의 위치에서 바로 위쪽일 가능성이 대단히 높다. 이것은 그 입자가 시간이 흐르거나 관성이 작용해도 멈추어 있다는 것을 의미한다. 그보다 조금 가능성이 낮은 위치는 중앙의 왼쪽이나 오른쪽일 것이며 광원추의 경계에 근접할수록 가능성은 그만큼 더 낮아질 것이다. 물리적 불가능의 한계에 근접한 이 지점에 이르려면 미립자는 방향 전환이 거의 혹은 전혀 없이 점점 더 빠른 속도로 이동해야 한다.

다음 그래프는 시공간에서 어떤 움직임이 어떻게 미래의 가능성을 제거하는지를 나타낸다. 일단 미립자가 움직이면(시공간에선 공간에서 완전히 정지한 상태라도 움직임으로 이루어진다. 시간이 항상 흐르면서 미립자를 위쪽으로 이동시키기 때문이다) 그 광원추는 예전의 "거기와 그때"에서 새로

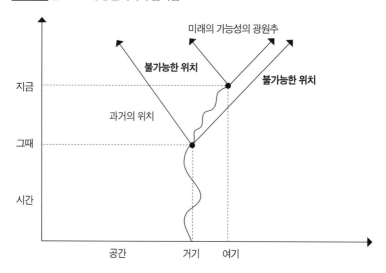

그림 9-2 민코프스키 공간에서의 움직임

운 "여기와 지금"으로 변화된 방향을 따라 위쪽으로 이동한다. 더욱이 움직임은 결코 미래의 위치에 대한 새로운 기회를 창출하지 못한다. 오히려 유일한 장소가 확실히 결정될 때까지 지속적으로 미래의 가능성을 추려 낸다.

비즈니스 현실과의 조우: 여기와 지금의 공간

민코프스키 공간에 대한 이런 기본적인 이해를 바탕으로 비즈니스 현실의 물리적 표상을 살펴보자. 다음 그림에 제시된 것처럼 당신의 비즈니스는 우리가 '여기'와 '지금의 공간'이라고 지칭하는 시공간의 특정한 지점에 머물러 있다. 구불구불한 곡선은 회사의 기원과 함께 시작된 당신의 역사를 나타내며 현재 당신의 정체성으로 이어진다. 당신의 수행영역은 위쪽에 존재하면서 전략적 가능성의 한계를 표시한다. 경쟁을 위한 선택권의 우위는 이 영역의 외부에 존재하는데, 민코프스키 공간에서 전체 우주가 미립자의 광원추 외부에 존재하는 것과 마찬가지다. 이런 경쟁을 위한 포지셔닝은 여기와 지금의 공간에서 전략적으로 불가능하다. 당신은 결코 그 지점에 도달할 수 없고 자아에 충실할 수도 없다. 그것은 당신의 수행영역과 경계를 이루는 완벽한 수행을 표시하는 선의 외부에 존재한다. 여기서 "완벽한"의 의미는 단어 자체의 의미와 정확히 일치한다. 전략적 혼돈도 없고, 형편없는 결정도 없으며, 잘못된 표현도 없고, 능력 발휘를 못하지도 않으며, 당황하지 않고, 우물쭈물하지 않으며, 의심하지 않고, 철저하게 어떤 실수나 착오도 없는 것을 의미한다.

그림 9-3 여기와 지금의 공간

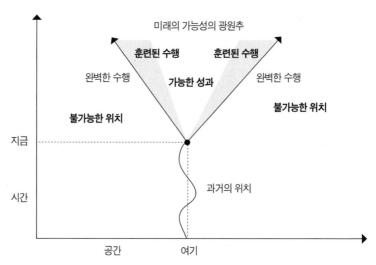

하지만 그 누구도 완벽할 수 없다. 실제로 당신의 현재 전략이 이끄는 지점에서 전략적으로 크게 벗어나려면 훈련된 수행이 필요하다. 하지만 기업들은 시도를 멈추지 않는다. 회사의 임원들은 때로 단순히 어려운 전략이 아닌 기업의 유산과 현재의 상황을 감안할 때 사실상 불가능한 전략을 펼치기도 한다. 직원들에게 달성할 수 없는 목표를 지시하고 고객들이 인식하거나 이해할 수 없는 전략적 포지셔닝을 채택한다.

이런 태도는 자아에 충실하지 못한 것이다. 달성할 수 없는 전략적 포지셔닝을 지향하고, 직원에게 불가능을 실행하도록 요구하고, 소비자에게 전혀 "새로운 당신"을 보도록 강요하는 것은, 여기와 지금의 공간에서 당신의 과거 위치에 의해 창출된, 즉 기업으로서 현재의 정체성에 부합하는 가능성의 영역을 벗어난 목표를 추구한다는 것을 의미한다. 그것은 당신의 자아와 역사 및 유산을 부정하는 것이다. 그것은 허위적이며 바로 그렇게 인식될 것이다. 가장 좋지 않은 사실은 그것이 수익성과 진정성의 인식을 모두 아우르는 가능성이 소멸한다는 의미라는 것이다. 결국 불만을 품은 직원들은 "일시적인" 경영진의 방식에 개탄하고 주주들은 잘못된 전략을 비난하고 소비자들은 자신들이 알고 있다고 생각한 기업에 무슨 일이 생겼는지 의아해하게 된다.

더욱이 시공간의 미립자와 마찬가지로, 여기와 지금의 공간에서 비즈니스의 어떤 움직임은 특정한 가능성들을 제거하면서 다른 가능성들을 더욱 부각한다. 기억하라. 그림 9-4에 제시된 것처럼 당신은 시간에서 앞으로 움직일 수밖에 없는데, 그 과정에서 일부 잠재적 포지셔닝을 제거하면서 다른 포지셔닝들을 부각한다. 기업으로서 당신이 내리는 모든 결정은 당신의 비즈니스가 위치할 유일한 장소가 정해질 때까지 저절로 당신의 가능성을 좁혀나간다. 심지어 아무런 전략적 결정을 내리지 않더라도 수행영역의 둘레에 존재하는 수많은 가능성을 배제하고, 전략적 관성이 확립되면 당신은 시간의 흐름에 따라 끊임없이 새로운 여기와 지금으로 이동한다. 만약 일시적인 방식으로 대안을 추구한다면, 기업은 여기와 지금의 공간에서 앞뒤로 갈팡질팡하고, 그동안 당신은 수익성을 갖추면서 자아에 충실한 새로운 궤도를 찾을 수 있는 소중한 시간을 허비하게 될 것이다.

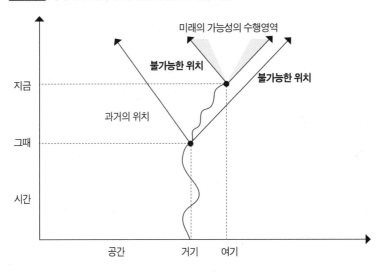

그림 9-4 거기와 그때에서 여기와 지금으로의 움직임

물리학은 이 구조에 영감을 제공했지만 이것은 단순한 비유에 그치지 않는다. 실제로 물리학은 진정성에 대한 철학적 사상에서 직접적으로 비롯된 것이다. 2007년 템플턴상 수상자인 찰스 테일러는 『자아의 원천들

Sources of the Self』에서 이렇게 말한다. "자신의 정체성에 대한 감각을 얻으려면 우리는 어떻게 자신이 생성되었는지, 어디로 가고 있는지에 대한 개념을 확립해야 한다." 그는 정체성을 "물리적 공간에서의 방향성과 유사한 윤리적 공간에서의 방향성"으로 간주한다. 덧붙여 정체성은 단순히 현재 우리가 있는 위치뿐만 아니라 장차 우리가 나아갈 위치까지 포함한 "우리의 삶이 움직이거나 움직일 수 있는 방향"으로 이루어진다. 왜 그럴까? "우리가 항상 변화하고 적응하기 때문이다."

이런 사상은 독일 철학자 마르틴 하이데거의 『존재와 시간』에서 그 정점에 이른 표현을 찾을 수 있다. 그는 자아를, 독일어로 "거기에 있는 존재"를 의미하는 현존재라고 지칭한다. 하이데거는 특히 현존재를 공간과 시간에 연계하면서 "세상에 있는 존재"(민코프스키 공간의 미립자와 여기와 지금의 공간의 기업 모두에 대한 간결하고 명확한 묘사)라고 지칭하고 "현존재가 속해 있는 그 공간에서 현존재가 현재 위치한 '여기'는 (…) 결코 공간에서의 지점을 나타내지 않으며, 오히려 방향성에서 (…) 현존재에게 열려 있는 범위의 여지를 나타낸다"고 적었다. 달리 말해, 현존재는 시간에 앞서 열려 있는 공간에서 일정한 양의—완전한 자유는 아닌—여지를 지닌 특정한 위치에 존재하는데, 그 여지의 본질은 세상에서 현존재가 위치한 현재의 장소와 방향에 의해 좌우된다.

코리 안톤의 『이기심과 진정성』은 영향력의 측면에서 하이데거에 필적하는 철학서로 손꼽히는 동시에, 지금 여기서 언급되는 물리적 현실에 대한 독보적인 시각을 제시한다. 안톤은 이렇게 결론을 내린다. "우리가 완전히 미래와 과거로 접어들 때 우리가 진정으로 '그 순간'에 거주한다는 것은 우리가 존재의 전반에서 선택하고 (…) 과거를 추억으로 간직하면서 의연하게 미래를 대비한다는 것을 의미한다." 치열한 경쟁의 세계에서 현실의 상황에 맞설 준비가 된 모든 기업들은 그만큼 실천을 하면서 존재의 전반에서 장래의 진로를 선택해야 한다.

여기와 지금의 공간에서 운영하기

이런 선택이 어떻게 실제로 효과를 거두는지 이해하려면—디즈니랜드나 디즈니월드도 아니고, 테마파크에서 부각하는 체험도 아니며, 어린이들이나 네덜란드 사람들의 진실성의 인식에 미치는 영향력도 아닌—월트 디즈니 컴퍼니를 생각해보라. 아니, 여기와 지금의 공간에서 한 기업으로서의 월트 디즈니 컴퍼니에 대해 생각해보라.

창업주의 기발한 상상력과 탁월한 기술로 형성된 세계적인 체험의 중추세력인 디즈니는 모든 연령대의 어린이들에게 즐거운 가족 체험을 제공하기 위해 탄생했다. 디즈니는 재미난 만화를 창작하는 회사로 시작해서 가족영화와 텔레비전 쇼를 제작하는 분야에도 진출했고, 그 후로 가족들에게 공통된 체험을 제공하는 테마파크를 설립했다. 여기와 지금의 공간에서 이런 움직임은 회사의 유산과 정체성을 강화하면서 월트 디즈니 컴퍼니를 구성하는 이벤트들이 되었다.

디즈니랜드는 한때 순수한 엔터테인먼트 기업이라는 정체성에서 (창조적으로나 재정적으로나) 크게 확장했지만 회사의 수행영역 안에서도 성공적이었음을 입증했다. 월트 디즈니는 자신과 회사의 유산을 직접적으로 활용해서 테마파크를 관객들이 몰입하는 '3차원 만화'로 개발했다. 그는 회사의 직원들이 놀이공원을 운영한 경험이 없다는 임원진의 지적에도 그곳의 운영을 다른 회사에게 위탁하기를 거부했다. 디즈니는 그들에게 강조했다. 첫째, "이것은 놀이공원이 아니다." 이것은 테마파크다. 둘째, 디즈니랜드는 새로운 확장이지만 "우리는 누구보다도 디즈니랜드를 잘 운영할 수 있다. 여러분에게 필요한 것은 열정적이고 활기차고 친절하고 배우려는 자세를 가진 사람들이다. 그들은 실수를 저지를 수도 있지만 우리는 그들의 실수에서 교훈을 얻을 수 있다. 달리 말해 테마파크는 모든 것이 완벽하게 진행되어야 하는 회사의 수행영역의 경계에 아주 근접하지 않았다. 이 사업이 진행되는 동안에 이해할 수 있는 여지—특히 시간—가 있었다.

디즈니가 세상을 떠난 후에 회사는 어려운 시기에 빠졌고 정체성에 대한 시야를 잃었다. 회사는 마이클 아이스너가 재임하던 시기에 대대적인 부활에 성공했는데, 그는 디즈니의 캐릭터들이 회사의 정체성에서 핵심을 차지한다는 것을 깨닫고 미키마우스와 친구들을 더욱 적극적으로 활용하면서 인어공주 에리얼과 라이온 킹의 심바 같은 완전히 새로운 가족지향적 캐릭터도 개발했다. 심지어 디즈니는 회사의 수행영역에 충실히 부합하는 전략적 합병(예를 들어 곰돌이 푸에 대한 권리)과 전략적 제휴(컴퓨터 애니메이션 영화사 픽사와 함께 우디, 버즈 같은 캐릭터를 제작)까지 실행했다.

하지만 디즈니 컴퍼니는 계속 성장을 갈망한 나머지 전통적인 가족지향적이고 캐릭터 위주의 체험의 범주에서 한참 벗어나면서 다시금 진로를 잃고 말았다. 특히 어떤 텔레비전 채널에서든 어린이들과 부모들에게 최고의 프로그램이 될 수 있는 디즈니 시리즈를 제작하고 배급하는 대신, 1995년에 자체적인 배급사인 캐피탈 시티즈/ABC를 인수했다. ABC는 어떤 회사인가? 〈미녀 삼총사Charlie's Angels〉부터 〈위기의 주부들Desperate Housewives〉에 이르는 시리즈물을 제작한 이 회사는 많은 사랑을 받으며 "T&A 네트워크"로 알려지게 되었다. 심지어 그보다 2년 앞서 디즈니 컴퍼니는 〈애드버킷The Advocate〉과 〈프리스트Priest〉 같은 17세 미만 부모 동반 또는 청소년 관람불가 등급으로 유명한 영화 제작사인 미라맥스 무비스튜디오를 인수했다. 즉 디즈니는 많은 돈을 벌기 위해 타협을 선택한 것이었고, 결국 자사의 유산에서 핵심을 차지하는 관객층을 제대로 배제한 것이었다.

또다른 디즈니 스튜디오인 카라반 픽처스는 아동추행 전과자를 영화 감독으로 고용하면서 엄청난 반발에 시달렸다. 가족적 가치를 지향하는 다양한 단체들이 비단 이 결정뿐만 아니라 반기독교적 성향과 동성애 옹호주의를 거론하며 잇달아 디즈니 산출물에 대한 불매운동을 주장했다. 이런 단체들과 많은 개인들이 디즈니를 여기와 지금의 공간에서 자사의 유산을 저버린 것으로 간주했다. 전략이 효과를 거두지 못하면서 재정실적도 악화되었다. 이유는 간단했다. 많은 부모들이 월트 디즈니 컴퍼니의 산출물들을 더 이상 신뢰하지 않았다. 자아에 충실하지 못한 디즈니는 더이상 진정한 가족 체험의 부각자가 아니었다.

이런 의문을 제기할 수 있다. 월트 디즈니 컴퍼니가 고전한 것이 부분적으로, R등급의 영화와 다른 외설스러운 비즈니스 때문일 수 있다는 것인가? 편협하게 보이지 않으려면 이 문제를 빗겨가는 편이 훨씬 나을 테지만, 그렇다는 것이 우리의 생각이다. 경영진이 사업 전략이 회사의 수행영역—진정성의 인식을 유지하면서 운영할 수 있는 영역—에서 벗어나도록 한다는 것을 이해했다면, 회사의 진정성을 유지하면서 성장도 촉진하는 다른 결정을 내릴 수 있었을 것이다. 여기와 지금의 공간에 대한 적절한 이해가 뒷받침되었다면 디즈니는 다음과 같은 사항을 실행할 수 있었을 것이다.

- 미라맥스 대신 세계 최고 키즈 채널인 니켈로디언을 인수할 수도 있었다. 디즈니는 니켈로디언이 1위에 오른 지 4년 후인 1983년까지 기다렸다가 디즈니 채널을 창립했지만 아직까지 따라잡지 못했다.

- 아메리칸 걸보다 앞서 세계 최초로 어린이들을 위한 유료체험 방식의 테마스토어를 개발할 수 있었다. 그랬다면 1999년에 마텔을 제치고 아메리칸 걸을 인수할 수도 있었다.

- 실수를 통해 교훈을 얻어야 했다. 새로운 산출물을 개량한다는 지난날의 결의(유로 디즈니 리조트와 그 안의 수많은 놀이시설에서 거둔 성공)를 적용해서 클럽 디즈니(독립적인 놀이센터로 현재 사라지고 없다)와 디즈니퀘스트(도심의 테마파크로 현재 올랜도에 한 곳만 남았다)를 성공작으로 만들 수 있었을 것이다.

- ABC를 매각하고 캡 시티즈와 스포츠 중심적이고 가족친화적인 ESPN의 진정한 가치에 집중해야 했다. 디즈니는 점점 더 분열되는, 광고로 후원되는 텔레비전에서 경제적 가치를 손쉽게 창출할 수 있는 케이블에 너무 안주했다. ESPN은 이미 자체적인 3차원 공간 조성인 X-게임즈를 선보였고 곧이어 ESPN 존과 ESPN 스케이트 파크로 확장할 예정이다.

이사회나 주주들이 ABC를 매각하면서 ESPN을 보유하는 데 찬성하지 않았다 해도, 디즈니는 다른 전략적 선택을 할 수 있었다. 회사는 이것을 대등합병으로 취급하고 기업의 실체를 위해 "캐피탈 시티즈"라는 명칭을 유지하면서, "디즈니"는 오직 창업주 월트 디즈니에서 비롯되어 자사의 유산이 깃든 이름으로 적절히 나타낼 수 있는 제국의 일부로만 적용하는 것이다. 이것은 지나치게 단순화된 것처럼 여겨질 수도 있지만 7장에서 살펴보았던 대로 이름을 통해 당신의 정체성을 지정하는 것은 진정성의 연출을 위한 강력한 수단으로, 적절히 실행하지 못한다면 허위성을 연출하게 된다. 디즈니로 알려진 규모가 작은 사업체는 확실히 회사의 수행영역에서 벗어나지 않고 자아에 연계된 정체성으로 여겨지면서 규모가 큰 기업인 캡 시티즈는 디즈니라는 이름으로 생산되는 산출물을 훼손하지 않고도 자유롭게 가족 친화적이지 않은 산출물들을 추구할 수 있다.

물론 어떤 기업의 여기와 지금의 공간에 대한 적절한 이해가 회사의 수행영역에 속한 전략들을 고수한다는 의미는 아니다. 민코프스키 공간의 물리적 미립자와 달리 우리는 여기서 물리적 불가능성을 다루는 것이 아니라 철학적 불가능성을 다룬다. 하지만 당신이 수행영역에서 벗어난 운영을 시도한다면 그 결과적 산출물이 진정한 것으로 인식될 가능성은 대폭적으로 감소할 것이다. 오늘날 월트 디즈니 컴퍼니가 바로 그런 경우에 해당된다. 지난 수십 년 동안 내린 결정들 때문에 (그리고 위에서 우리가 언급했던 행동들을 취하지 않았기에) 디즈니는 대다수의 소비자들에게 더 이상 진정성의 인식을 얻지 못하고 있으며, 미국에 거주하는 가족들의 머릿속에서 과거의 확고한 포지셔닝을 결코 회복하지 못할지도 모른다.

현직 CEO인 밥 아이거는 회사를 재건하면서 이를 최우선 목표로 삼아야 한다. 《파이낸셜타임스》는 아이거가 "창업주의 가장 소중한 방식인 혁신을 통해 친근감"을 회복하고 마라맥스와 터치스톤에서 벗어나 디즈니 브랜드에 충실한 영화들에 재집중할 것이라고 신뢰한다. 다른 관계자들에 의하면, 그는 디즈니닷컴의 이미지를 재창조하고, 디즈니의 세계적 공간 조성 포트폴리오를 재고하고, 미키마우스 클럽을 복원하면서 전 CEO 마이클 아이스너와 당시 경영진의 명예를 지켰다. 아이거가 취한 가장 과감한 행동은 2006년 초반에 픽사를 인수한 것이었다. 디즈니의 애니메이션 사업부는 2000년대 초반 대단히 어려운 시기에 빠져든 나머지, 컴퓨터 기술로 전환하기 위해 수작업 애니메이션 팀을 사실상 해체했다. 하지만 당시에도 디즈니는 픽사와 경쟁이 되지 않는다는 것을 알고 있었다. 픽사는 회사의 수행영역에서 거의 결점이 없는 운영을 실행하며 잇달아 흥행작을 배출했고 한 투자 칼럼니스트에게 "상한가"라는 찬사를 받기까지 했다.

픽사 인수는 디즈니 애니메이션의 궤도를 월트 디즈니의 유산 안에서 확고했던 위치로 되돌릴 것이라고 여겨졌다. 특히 "당대의 월트 디즈니로 알려진" 한 남자를 영입한 것이 결정적이었다. 전임 픽사의 개발책임자이자 현직 디즈니 애니메이션 사업부의 개발책임자인 존 라세터는 애니메이션이 "디즈니라는 열차를 이끄는 심장이자 영혼이자 엔진"이라고 믿는다. 그는 이미 각 영화를 완성할 수 있는 "스토리 창고"를 구축했고, 디즈니의 기원에서 등장했지만 50년 동안 간과되었던 예술 형태인 단편 영화를 되살리고 있다. 애니메이션 역사가 찰스 솔로몬은 라세터의 작품들이 미국의 그 어떤 감독의 작품보다도 고전 디즈니의 영화들이 지녔던 마력을 가장 잘 포착해내고 있다고 언급했고, 라세터와 함께 작업한 한 애니메이터는 "픽사의 스튜디오들은 과거 디즈니의 스튜디오와 아주 흡사하다. 조만간 과거의 영광을 재현할 것이다"라고 말했다.

* * *

우리는 디즈니가 저지른 것과 같은 실수를 되풀이하지 않고 그 실수에서 회복하기 위해 무려 9조 원이나 허비하는 일이 없도록, 회사의 여기와 지금의 공간 안에서 운영하는 여덟 가지 방식을 이해해야 한다고 강조한다.

① 당신의 유산을 연구하라

② 포지셔닝을 확인하라

③ 궤도를 설정하라

④ 한계를 파악하라

⑤ 영역을 확대하라

⑥ 주변을 철저히 조사하라

⑦ 미래를 덧붙여라

⑧ 잘 수행하라

이 원칙들을 바탕으로 지속적이고 강력하고 경쟁력 있는 포지셔닝을 구축하면서 항상 자아에 충실하도록 하라.

1. 당신의 유산을 연구하라

시공간에서 미립자의 현재와 미래가 과거에 의해 결정되는 것처럼, 기업의 현재와 미래의 포지셔닝도 과거에 의해 결정된다. 자아에 대한 충실성을 유지하려면 당신은 유산을 연구해서 고유한 기원과 역사를 통해 당신의 가능성을 규정해야 한다.

앞서 7장에서 살펴보았던 과학에서의 자연과 양육에 대한 논의는 진정성에도 그대로 적용된다. 진정하다는 것은 본래의 자아를 실현하면서 정체성을 유지하는(자연) 것을 의미하는가, 아니면 사회의 관념이 아닌 자신의 신념이 따라 새로운 자아를 창출하는(양육) 것을 의미하는가? 이번에도 그 해답은 양자 모두에 해당된다. 우리는 자연과 양육 모두의 산물이다. 모든 기업들은 자체적인 기원+역사의 산물이다.

완전히 새로운 것은 형편없는 포지셔닝을 벗어날 수 있는데, 그것은 장차 고유하고 소중한 유산을 창출할 수 있기 때문이다(노키아는 미국 국민에게 알려지기 전까지 임산품 산업에 종사했다). 하지만 유산은 기업을 모든 사람들이 공유하는 역사에 정착시키면서 특정한 장소와 시간에 고정시킨다. 따라서 대중과 소비자들의 마음속에 확고한 인상을 심을 만큼 오랜 역사를 지닌 기업들에게, 너무 과감하고 새로운 전략은 효율성도 떨어질 뿐만 아니라 진정성도 발휘하지 못할 것이다. 자신의 과거와 상반되는 행동을 하면서 사람들에게 진정성의 인식을 기대하는 것은 터무니없는 망상이다. 진실/가식 도표의 자아에 대한 충실성의 축에서 살펴보면, 가식성의 인식을 얻는 가장 확실한 방법은 바로 자신의 유산을 거부하는 것이다.

심지어 기업이 경쟁력 있는 움직임의 역사적 벡터를 지속하더라도 디즈니의 경우처럼 다른 분야에서 기업의 유산에 내재한 가치를 부정하면 형편없거나 골치 아픈 결과가 나타나기도 한다. 많은 기업들이 이런 상황을 방지하기 위해 새로운 분야로 진출하면서 소규모 기업을 매입하거나 내부에 스타트업을 출범시킨 후에 자본의 출처를 공개하지 않는 방식을 시도한다. 이때는 투명성의 함정을 조심해야 한다. 진실은 언젠가 드러나기 마련이며 특히 스타트업이 애초의 기대에 부응하며 성공할 경우에는 오늘 감추어진 사실도 내일이면 밝혀지게 될 것이다.

이것은 중소기업이 대기업에게 흡수되는 경우에도 적용된다. 3장에서 언급했던 캘리포니아의 소규모 와인 제조업체 펫저 빈야드를 생각해보라. 이 회사는 광고에서 "진정성을 구현한다. 진정성을 짜내고, 진정성을 숙성시키고, 진정성을 병에 담는다. '펫저. 아메리칸 오리지널'이라고 강조한다. 하지만 펫저는 1992년에 켄터키에 기반을 둔 브라운포먼 코퍼레이션에 매각되었다. 고급 와인을 즐기는 대중이, 캘리포니아의 소규모 와인업체가 잭 다니엘과 100 프루프 서던 컴포트의 이면에 숨겨진 얼굴 없는 대기업의 일부라는 사실을 알게 되면 어떤 일이 벌어질 것인가? 일부는 걱정하지 않을 것이다. 그들에겐 주류업체가 와인업체를 소유하는 것은 합리적인 일이다. 하지만 다른 일부(가족이 소유한 오리지널 와인 농장을 후원한다는 생각으로 이 와인을 구입했던 미국인들)는 펫저를 가식적이고 더이상 자아에 충실하지 못하다고 간주할지도 모른다. 회사를 대기업에 매각한 것은 (적어도 그들의 생각으로는) 가족의 유산을 부정한 것이기 때문이다(광고를 통해 자체적으로 말한 정체성을 일치시키지 않으면 잠재적으로 가식적인 가짜를 연출하게 된다는 점은 굳이 언급할 필요도 없을 듯하다).

펫저는 양심적으로 웹사이트인 펫저닷컴fetzer.com에서 브라운포먼의 자회사라는 사실을 인정한다. 전임 회장 폴 돌런은 모기업의 "지원 덕분에 우리가 품질을 더 빨리 향상시킬 수 있었다"고 밝히기도 했다(하지만 수작업으로 와인을 제조하는 소규모 와인업체가 정체불명의 대량생산 업체보다 품질 면에서 더 뛰어나지 않을까? 기업가 정신을 갖춘 회사가 대규모 그룹보다 속도 면에서도 더 빠르지 않을까?). 물론 회사가 소유권에 대한 문제를 억지로 숨기려고 했다면 상황이 더 심각해졌을지도 모른다. 하지만 중소기업이 흡수되는 일은 항상 벌어지며, 단지 그것 때문에 진정성을 연출할 수 있는 가능성이 박탈되어서는 안 된다.

펫저 같은 기업은 어떻게 해야 하는가? 첫째, 회사는 스스로 진정하다고 말하지 않음으로써 진정성의 첫 번째 원칙을 준수해야 한다. 만약 "진정성"을 주장하지 않는다면 이 경우에 광고는 최고의 효과를 거둘 수 있다. 회사는 공간 조성 포트폴리오의 일부로서 포도 농장 투어를 개발해서 광고를 통해 주장했던 가치를 현장에서 확실히 입증할 수 있다. 더불어 회사의 웹사이트를 통해 소유권 문제도 해결할 수 있다. 일단 와인 비즈니스의 치열한 경쟁 상황을 간략히 언급하면서 회사가 수십 년간 지켜온 포도 농장의 진정한 유산(맛)과 대기업의 자본, 규모, 영향력을 결합한 이유는 바로 자사의 오리지널 와인을 소비자들에게 공급하기 위해서라고 설명하는 것이다.

유산을 연구할 때는 현재의 포지셔닝에 대한 유산의 영향뿐만 아니라 기업의 과거까지 이해하기 위해 노력하라. 과거의 어떤 전략적 결정들이 현재를 넘어 미래에까지 영향을 미칠 것 같은가? 당신의 유산이 미래에 실행할 수 있는 일이나 실행하지 말아야 할 일을 어떻게 암시하는가? 당신의 기원+역사의 장소는 당신이 말할 수 있는 것에 어떤 한계를 지니는가? 대부분의 경쟁자들과 차별화하기 위해 보류했던 진로 중 어떤 진로가 당신의 기업에서 고유한 자아로 지속하는 데 도움이 되는가? 지금까지 선택하지 않았던 진로 중 영원히 가지 말아야 할 진로는 어떤 것인가? 이 질문들에 대한 대답은 당신의 과거를 명확히 이해하는 데 도움이 되며 당신의 현재를 파악할 수 있는 유일한 수단을 제공한다. 과거의 위치를 알게 되면 현재의 위치도 알 수 있기 때문이다.

자아에 충실하기 위해 노력하는 과정에서 저지를 수 있는 가장 큰 실수는 자신이 지금 여기에 있으면서도—자기부정이든, 자기기만이든, 다른 잘못된 판단이든—다른 곳에 있다고 생각하는 것이다. 이런 실수를 방지하기 위해 우리는 많은 기업(리바이스, 포드, 나이키 등)에서 채택하는 아주 실용적인 방법을 추천한다. 기업의 기원을 조사하고 역사를 분석할 수 있는 학자를 고용하는 것이다. 그에게 어떤 움직임이 기업의 유산을 부정할 때마다 최고경영진에게 직접 보고할 수 있는 권한을 부여하면 회사는 신중한 판단을 통해 그 결정을 변경하거나 철회할 수 있다. 뉴욕의 코퍼레이트 컬처 마케팅에서 근무하는 기업 역사가 필리스 바는 우리에게 이렇게 말했다. "기업은 역사의 인물, 대상, 장소, 시기, 이유가 어우러진 결과물이다. 과거에 대한 연구는 기업에게 미래를 준비할 수 있도록 한다."

2. 당신의 포지셔닝을 확인하라

과거는 현재 포지셔닝의 본질에 영향을 미친다. 당신의 주위 환경—당신의 비즈니스를 둘러싼 지금 여기의 환경―을 조사하면 설득력 있는 전략적 방향을 개발하기 위한 중요한 맥락을 파악할 수 있다.

놀랍게도 너무 많은 경영자들이 현재 그들의 업계에서 그들의 비즈니스에 일어나는 상황을 이해하지 못하고 있다. 그리 오래되지 않은 닷컴기업들의 몰락만 돌아보더라도 현재 포지셔닝에 대한 잘못된 판단이 얼마나 치명적일 수 있는지 알 수 있다. 수많은 기업과 투자자들은 자신들에게 실제 재원도 전혀 없고 수익에 대한 전망도 희박하다는 것을 인식하지 못했다. 지금과 마찬가지로 그 당시에도 월드와이드웹이 혁신적인 비즈니스 모델(이베이부터 에버퀘스트에 이르기까지)과 새로운 중간 산출물(아마존부터 자푸Zafu에 이르기까지)을 위한 기반을 제공했다는 것은 의심할 여지가 없었다. 하지만 성공한 기업들은 처음부터 결과물에 요금을 부과할 확실한 방법을 찾았다. 어떻게 그 많은 기업들이 이런 사실을 간과했던 것인가? 그들은 단지 주위 환경을 잘못 해석한 나머지 전략적 포지셔닝을 착각했던 것이다.

특히 신생 기업들은 현재의 포지셔닝을 잘못 해석한 것에 어떠한 변명의 여지도 없다. 일부는 여전히 목적을 달성하지 못하고 있다. 현재에 대한 왜곡된 시각은 쉽사리 미래에 대한 잘못된 진로를 유발하기 마련이다. 심지어 경영진의 실수가 치명적이지 않더라도 특정한 미래 상황(특히 수익을 창출할 수 있는 상황)을 불가능하게 만들면서 그 사업의 가능성을 영원히 위축시킬지도 모른다. 신생 기업들은 시작할 장소와 시기를 선택하는 고유한 호사를 누린다. 하지만 지금(시기)에 대한 잘못된 시각으로 부적절한 여기(장소)를 선택하면 즉시 폐업하게 되는 운명을 맞게 될 것이다.

혁신적일 것이라고 주장했지만 실망스러운 장비로 증명된 세그웨이 퍼스널 트랜스포터PT(1인승 전동 스쿠터)를 생각해보라. 이 장비는 단순하고 훌륭하다. 틸트 센서는 탑승자의 무게중심을 판단해서 장비를 움직이게 한다. 탑승자가 그저 "앞으로"나 "뒤로"라고 생각하면 장비는 출발한다. 발명가 딘 케이멘은 1982년에 DEKA 리서치앤드디벨롭먼트 코퍼레이션을 창립했고 초소형 투석기, 휴대용 인슐린 펌프, 계단을 오르는 휠체어인 아이봇을 비롯한 혁신적인 의료장비를 발명해서 부와 명예를 쌓았다. 특히 아이봇은 회전운동 안정화 기술을 활용했는데, 그 기술을 토대로 케이멘은 "징거"라는 코드명의 개발 프로젝트에 착수했고 언론은 이를 궁금해하며 막연히 "IT"라고 지칭했다. 이 프로젝트의 초창기 콘셉트에서 최종적인 상업화에 이르는 과정은 잘못된 전략적 포지셔닝에 대한 많은 교훈을 제시한다.

케이멘은 다음과 같은 착오를 저질렀다. 첫째, 발명에 대한 특허를 신청하지 않은 채 장비를 제조하고 출시할 회사인 세그웨이를 설립했는데, 이것은 발명가로서 그의 자질과 어울리지 않았다. 둘째, 경영인들의 모임을 주최하고 아마존의 제프 베조스와 애플의 스티브 잡스 같은 유명인사들에게 초기 모델의 시승을 허용했지만, 그들의 열성적인 반응은 케이멘에게 단지 그의 발명이 세계를 변화시킬 위력을 지녔다는 믿음만을 더욱 확고하게 했을 뿐이다. 셋째, 그는 자신과 새로운 장비에 대한 책을 쓰려는 저널리스트 스티브 캠퍼를 회사에서 진행하는 개발 과정에 참관하도록 했다. 불행히도 그 원고가 실수로 누설되면서 세그웨이에 대한 내용이 부풀려졌고 회사의 환경, 특히 주변의 기대치에 큰 변화가 일어났다. 넷째, 케이멘은 기술적인 측면에서 PT가 거의 독점적이라는 견해를 지녔던 탓에 점차 증폭되는 비만에 대한 사회적 우려 같은 수많은 환경적 요소들을 간과했다. 마지막으로 이런 기술 위주의 정책은 상품의 활용에 관한 체험보다 새로운 상품의 기능적 유용성에 비중을 둔 가치제안으로 이어졌다. 세그웨이의 마케팅 담당 부회장 게리 브리지는 이렇게 말했다. "우리는 놀이기구가 아닌 이동수단을 개발한다. 우리는 결코 스노보드를 보고 싶은 것이 아니다."

케이멘이 평소처럼 발명 특허를 제조기술과 마케팅 수완이 뛰어난 다른 회사에 매각했다면 얼마나 많은 잘못된 과정을 피할 수 있었겠는가? 베조스와 잡스를 비롯한 다른 사람들이 그 장비를 볼 수 없었다면 불필요한 과대 홍보를 얼마나 방지할 수 있었겠는가? 제품의 성공적인 출시 전에 작가에게 개발과정의 참관을 허용하지 않았다면 (지금은 사라지고 없는) 인사이드닷컴Inside.com에—징거가 자동차의 경쟁 대상이자 자동차의 대안이 될 수 있는 "새로운 형태의 이동수단의 첫 세대를 대표한다"고 주장하던—사업계획이 공개되면서 조장된 엄청난 투기 열풍은 결코 없었을 것이라고 확신한다.

마침내 세그웨이에서 제품이 출시되자 미디어와 대중은 즉시 그것이 개인용 이동수단의 혁명이 아니라고 간주하면서 "운전이 아닌 보행의 대안으로 설계된" 고급화된 스쿠터라고 평가했다. 미래형 장비로서 PT는 "공항 무빙워크에서 연상할 수 있는 자동 보행자의 느낌"을 자아냈다. 비평가들은 즉시 부정적인 견해를 나타냈는데, 특히 미래학자 폴 사포는 그 장비가 "너무 비싸고 무거울 뿐만 아니라 전적으로 충전에 의존해야 하기 때문에 주류 소비자 시장에 진입하기 어려울 것"이라고 여겼다. 더불어 세그웨이의 보급은 보도의 이용에 관한 지방자치법의 수정을 의미했다. 하지만 여러 도시들은 단지 안전상의 이유뿐만 아니라 PT의 대중화가, 이미 과도한 하중에 시달리는 상황을 더욱 악화시킬 수 있다는 우려 때문에 보도에서 PT의 이용을 금지하기 시작했다. PT는 유통 단계와 법률 시행 같은 악재로 인해 성공에 제약이 따랐고, 현재 사람들은 이 장비를 오직 이벤트를 위해 임대되는 장난감으로만 접할 수 있다. 다시 말해, 케이멘과 브리지가 결코 원하지 않았던 바로 그 상황이 실현된 것이었다.

세그웨이와 또다른 세계 최초의 개인용 이동장치 회사인 저브Zorb의 차이점에 대해 살펴보자. 저브는 한두 명이 들어갈 수 있을 정도의 커다란 플라스틱 구 모양으로, 발명자 앤드류 에이커는 단 한 개의 제품도 판매하지 않았다. 대신 활강 코스와 하프파이프를 비롯한 다양하고 즐거운 저브 체험을 위한 후원자 역할을 한다. 에이커는 우리에게 저브를 처음 체험한 사람들은 모두 순수하고 아이 같은 웃음을 짓는다고 말했다. 세그웨이가 다양하고 독특한 체험을 위한 후원자로서 마케팅을 한다고 상상해보라. 세그웨이 폴로를 생각하는가? 세그웨이 아메리카 횡단은 어떤가? 그밖에도 세그웨이 레이싱, 세그웨이 창 시합, 세그웨이 발레, 혹은 진정한 체험 비즈니스의 기반을 제공할 수 있는 다른 수많은 활동들이 존재한다. 2005년 3월에 마침내 세그웨이는 험로 주행과 골프용 모델을 포함한 승용 체험을 위해 개발된 새로운 모델을 발표하면서 방향을 전환하기 시작했고, 2006년 8월에는 "모험"을 위해 개발된 모델을 생산했다.

세그웨이를 향한 우리의 비판에 모두 동의할 필요는 없다. 단지 당신의 비즈니스에 적용하고자 한다면, 여기와 지금 공간에서 자사의 포지셔닝에 대한 세그웨이의 생각(혁신적인 제품이라는 인식)이 향후의 가능성과 성공 여부에 엄청난 영향을 미쳤다는 점을 인식하는 게 핵심임을 말하고자한다. 마찬가지로 당신의 전략적 포지셔닝을 대표하는 장소와 시간도 미래의 가능성과 성공 여부를 영구적으로 제한한다. 당신의 위치가 당신의 시각에 영향을 미치기 때문이다. 여러 해 전 매주 항공편으로 출장을 다니던 한 동료와 작업한 적이 있었다. 어느 날 그는 클리블랜드에서 뉴어크행 항공기를 휴스턴행으로 착각하고 탑승했다. 그는 모든 안내방송을 듣지 못한 채 엉뚱한 게이트를 통과해 결국 엉뚱한 행선지에 도착하고 말았다. 당신의 회사가 그와 똑같은 실수를 저지르지 않으려면, 지금 당신이 머물고 있는 주변의 세계에 대한 철저한 분석을 통해 자신의 포지셔닝을 파악해야 한다.

3. 당신의 궤도를 설정하라

당신의 역사와 현재의 위치를 완전히 이해했다면 여기와 지금의 공간에서 당신이 이동할 방향과 속도를 결정해야 한다. 이 준비 과정에서는 한쪽으로 이리저리 떠돌면서 도달할 가능성이 전혀 없는 지점으로 향하지않을 수 있다. 다시 말해 주변을 둘러싼 전략적 현실과 동떨어진 궤도를지향하지 않도록 대비해야 한다.

많은 가공식품 대량 생산업체는 웰빙의 추세를 활용하고자 한다. 하지만 일부 기업들은 수십 년 동안 생산해온 제품 때문에 구조적으로 소비자들에게 웰빙에 대한 호소력을 발휘할 수 없다. 만약 오랜 기간 이런 비즈니스를 지속했다면 웰빙에 주력하는 새로운 브랜드를 지향하지 말아야 할 것이다. 일부 기업은 시도할지 모르지만 또다른 기업들은 탄수화물 제로 식품, 유전적 기능성 식품 같은 다른 경로를 통해 건강한 삶에 대한 열망에 부합하는 적절한 진로를 찾을 수도 있다. 이런 전략적 포지셔닝은 여기와 지금의 공간에서 현재의 위치와 궤도를 감안하면 충분히 달성할 수 있지만, 막연히 웰빙의 추세에 묻어가는 식의 포지셔닝은 결코 성공할 수 없다.

여기와 지금의 공간에서 자사의 위치에 대한 지식을 꾸준히 잘 활용하는 기업 중 하나로 아이작 티그렛과 피터 모턴이 공동으로 설립한 하드락 카페 인터내셔널을 꼽을 수 있다. 우리를 포함해 많은 학자들은 테마 레스토랑의 역사가 지난 1971년 6월 14일에 런던에서 개장한 하드락 카페의 첫 번째 매장에서 시작되었다고 간주한다. 처음에는 확장이 서서히 진행되었지만 메카 레저의 투자와 뒤이은 랭크 그룹의 인수로 빠르게 진행되었다. 각각의 독특한 매장을 확립하는 독창적인 방식(근사한 음식, 로큰롤 분위기, 도시에 특화된 티셔츠, 다른 기념물들의 절묘한 혼합 등)은 대단히 성공적이었을 뿐만 아니라 한 도시를 체험의 명소로 만드는 아이콘으로도 입증되었다. 어떤 도시에 하드락 카페가 있다면 많은 사람들은 그 도시를 체험할 가치가 있다고 느낀다.

모든 상황은 소위 "엔터테인먼트" 레스토랑들이 하드락 카페의 방식에 새로운 테마를 적용하기 시작한 1990년대 후반까지 무난하게 진행되었다. 그러나 레인포레스트 카페의 진부함, 플래닛 할리우드의 파산, 다른 대부분 업체들의 침체가 하드락 카페에는 자신들이 일으킨 현상에 매몰되어서는 안 된다는 경고의 신호가 되었다. 경영진은 자사의 비즈니스를 테마 레스토랑으로 생각하는 바람에 회사가 잘못된 전략적 방향으로 나아간다는 것을 인식했고, 회사의 궤도를 기존의 로큰롤 기반과 더욱 조화되도록 그 콘셉트를 재조정해야 한다는 것을 깨달았다. 하지만 회사는 궤도를 변경하지 않고 지금의 궤도에 대해 합리적으로 생각하는 방식을 찾았다.

그 결과 하드락 카페는 여러 방면으로 음악과 관련된 새로운 사업의 개발에 착수할 수 있었다. 후원을 통한 콘서트를 개최하는 하드락 라이브 이벤트를 4개 도시에서 진행하고, 10개 도시에 음악 소리가 쩌렁쩌렁 울리는 라운지를 갖춘 하드락 호텔을 개장하고, 수많은 음악 공간을 갖춘 하드락 카지노를 5개 도시에 개장하고, 최근에 영국 브리스틀에 첫 번째 하드락 바 매장을 개장했다. 회사는 전 세계 40개국의 120개가 넘는 하드락 카페 중 많은 매장들에 음악 프로그램도 추가했는데, 토론토의 두 번째 매장에 도입한 나이트클럽 279가 대표적인 사례다. 현재 하드락 카페는 스쿨 오브 하드락이라 불리는 자사의 내부 연수 프로그램을 B2B 교육 산출물로서 다른 기업들에게 제공한다. 마케팅 책임자 숀 디는 이렇게 설명한다. "우리는 진정한 록 체험을 제공한다. 이 말은 다소 학문적인 표현이지만 우리는 전 세계의 유일한 로큰롤 브랜드라고 자부하며 그곳이 호텔이든 카지노든 리조트든 레스토랑이든 경이로운 고객 체험을 전달하고 싶다." 엔터테인먼트는 제쳐두고 이 리듬 앤드 블루스에 빠져보라!

이 시점에서 전략적 궤도의 설정에 관한 이 항목을 요약하는 로큰롤 가사를 소개하면 아주 적절할 듯하다. 아마도 데이브 매튜스 밴드의 〈라이

브 엣 레드 락스Live at Red Rocks〉 앨범에 수록된 「댄싱 낸시스」가 그것을
가장 잘 표현하리라 생각된다.

정말 궁금하지 않나요

상황이 아주 조금만 달랐더라도

당신은 다른 사람이 될 수 있었어요

정말 궁금하지 않나요…

당신이 오른쪽이 아니라 왼쪽으로 갔다면 당신은 다른 사람이 될 수도 있

었어요

정말 궁금하지 않나요…

내가 될 수 있었을지…

내가 아닌 다른 사람이 될 수 있었을지?

현재 당신의 회사가 지향하는 방향은 여기와 지금의 공간에서 당신의
위치뿐만 아니라 당신의 정체성까지 결정한다. 당신은 올바른 진로에 있
는가, 아니면 진로를 수정해야 하는가? 당신 앞에 어떤 전략적 기회가 열
려 있는가? 만약 당신의 유산과 현재의 포지셔닝에 한결 나아진 이해를
바탕으로 다른 방침을 채택하고 지향점을 수정한다면 어떤 결과가 나타
날 것인가? 현재 당신의 지향점은 가까운 장래의 위치를 결정하며 당신의
위치가 어디든 간에 당신이 도달할 수 있는 지점을 제한한다. 따라서 당
신이 가능성에 대한 판단도 없이 무모하게 전진한다면 어떤 진전도 이루
지 못할 것이다.

4. 당신의 한계를 파악하라

기업으로서 정체성에 충실하려면 반드시 수행영역의 경계를 결정해야 한다. 그 결정을 통해 당신은 미래의 가능성을 규정이 가능하고, 성취가 가능하며, 가치가 있는 범위로 좁힐 수 있다. 실존주의 철학자들은 사람들이 삶에서 어려운 결정을 내려야 하는 이유를 설명하기 위해 "유한성"이라는 용어를 사용한다. 글로벌 비즈니스 네트워크의 제이 오길비가 말한 대로다. "필멸의 삶에서 인간은 거의 모든 것을 이룰 수 있지만 모든 것을 실행할 수는 없다. 시간이 없기 때문이다." 그림 9-3을 다시 살펴보며 당신의 수행영역이 어떻게 형성되는지를 떠올려보라. 먼저 당신의 기원과 역사가 여기와 지금의 공간에서 현재의 위치로 이끌면, 자아에 충실하면서 미래의 위치에 대한 가능성을 제한하는 완벽한 수행의 선이 수행영역을 경계를 이룬다.

항상 자신의 수행영역 외부에 위치한 가식적인 포지셔닝, 즉 과거의 결정을 통해 이미 배제된(비록 당신이 인식하지 못할 수 있더라도) 전략적 선택사항에 명확한 태도를 보여야 한다. 대부분의 일반인에게 허위적으로 인식되는 것은 직원들도 달성할 수 없고 소비자들도 납득할 수 없다. 직원들은 태업을 통해, 소비자는 비난을 통해 적극적으로 반발할지도 모른다. 더욱이 그것에 시간을 허비하면 그림 9-4에 제시된 것처럼 유용한 전략적 선택사항이 줄어들면서 다른 가능성들은 점점 더 사라진다. 예를 들면 인터넷 열풍이 몰아치던 시기에 기업들은 무작정 벤처 투자자들이 투자하는 것들을 쫓아다녔다. 많은 닷컴기업은 수시로 방향을 전환하면서 여기와 지금의 공간을 이리저리 방황한 나머지 기업으로서의 정체성이나 미래의 가능성을 발견하지 못했다.

브랜드 확장은 기업들이 자사의 한계를 알아야 하는 영역이다. 너무 많은 기업들이 과도한 확장을 시도한다. 예를 들어 스케이트보더 토니 호크는 퀵실버가 아닌 콜스에서 의류를 판매하기로 한 계약이 많은 팬들에게 타협으로 비치리라는 사실을 알았어야 했다. 브랜딩 전문 기업인 티핑스 프렁은 매년 브랜드 확장에 대한 조사를 실시하는데, 2006년에 최악의 브랜드 확장으로 각 브랜드의 핵심가치와 부합되지 않는 듯한 제품으로 치토스 립밤, 살바도르 달리 데오도란트 스틱, '영혼을 위한 닭고기 수프' 반려동물 식품, 디젤 청바지 와인 등을 선정했다.

이런 사례들을 제쳐두더라도 기업의 정확한 한계점을 파악하기란 항상 쉬운 것만은 아니다. 2002년에 카이엔으로 SUV 시장에 진출했던 포르쉐를 생각해보라. 카이엔은 엄청난 성공을 거두며 미국에서 포르쉐 차종 중 가장 많이 판매되었다. 하지만 많은 포르쉐 애호가들은 SUV의 발매를 격렬하게 반발했다. 그들은 그것을 허위적인 행동으로 간주했다. 포르쉐 브랜드의 본질은 패밀리카가 아닌 스포츠카이며 아이들이나 화물칸이 아닌 고속주행을 위한 것이기 때문이다. 카이엔이 폭스바겐 공장에서 생산된다는 사실(부품과 설비도 아우디 Q7뿐 아니라 훨씬 저렴한 폭스바겐 투아렉과 공유했다)도 전혀 도움이 되지 않았다. 브랜딩 전문가 마크 리츤은 조심스럽게 언급했다. "포르쉐가 브랜드에 충실했다면 모든 수단을 동원해서 나처럼 가족적인 사람들이 포르쉐를 구입하지 못하도록 했을 것이다." 하지만 그는 이렇게 지적했다. "포르쉐는 브랜드 자산과 일치하지 않는 제품을 개발했지만 그것은 건전한 재정적 이유에서 비롯된 결정이었다."

무엇보다 카이엔은 성능이 탁월하다. 포르쉐가 많은 판매와 수익을 거두었기 때문에 카이엔은 자아에 충실하지 못하더라도 정당화될 수 있는가? 그 위험부담을 알고 있는 회사의 고위 경영진은 확실히 그렇게 생각했을 것이다. 하지만 포르쉐가 새로운 궤도를 채택하면서 중단했던 몇몇 전략적 선택사항들은 이제 영원히 사라져버렸다. 이 허위성의 인식이 장차 포르쉐의 고정적인 수입원인 스포츠카의 판매에 얼마나 많은 영향을 미칠지—혹은 이미 2005년과 2006년에 현저히 감소한 카이엔의 판매에 얼마나 많은 영향을 미쳤을지—는 오직 시간만이 말해줄 것이다.

실행하지 않을 행동의 범주를 형성해서 자신이 달성할 수 있는 영역의 경계—신속하게 움직이는 기업일 경우의 이론적 한계에 가까운 영역이든, 천천히 움직이는 기업일 경우의 평소 위치에 더 가까운 영역이든—를 형성할 수 있다. 그 영역은 당신이 실행하지 않을 행동이거나, 개발하지 않을 산출물이거나, 추구하지 않을 시장이거나, 활용하지 않을 경로이거나, 설립하지 않을 비즈니스이거나, 진출하지 않을 경쟁 분야일 수 있다. 시가 판매장인 P. G. C. 하예니위스를 생각해보라. 그곳은 다른 담배 매장들과 차별화하기 위해 담배, 신문, 복권 등을 판매하지 않았다.

스타벅스의 하워드 슐츠는 "스타벅스에서 절대로 하지 말아야 할 사항에 대한 긴 목록을 작성하면서 점차 절충할 필요성을 깨닫게 되었다"고 말한다. "내가 하지 않는 일은 우리의 핵심 가치와 타협하는 것이다." 그런 행동은 가치체계뿐만 아니라 자아에 대한 충실성의 다른 네 가지 요소에도 위배되며, 기업에는 허위성의 낙인이 찍히게 될 것이다. 슐츠는 스타벅스의 금기사항을 네 가지로 압축했다. 첫째, 프랜차이즈. 둘째, 원두에 화학물질을 첨가하는 것. 셋째, 원두를 플라스틱 용기에 담아 슈퍼마켓에서 판매하는 것. 넷째, 최고의 원두를 최적의 상태로 볶아서 완벽한 커피를 제조하려는 노력을 멈추는 것. CEO 짐 도널드는 이 금기사항들을 "보이지 않는 안전장치"라고 지칭한다. 마케팅 담당 부회장 앤 손더스는 이렇게 언급한다. "브랜드 라인의 정확한 위치를 알고 있다면 당신은 그것을 확장할 수 있다." 자신의 한계점을 알지 못한다면 그것을 넘으려고 할 때마다 당신의 앞을 가로막을 것이다.

1994년에 로버트 스티븐스가 미니애폴리스에서 긱 스쿼드를 설립했을 때 그는 자칭 "위대한 금기사항"이라는 것을 작성해서 다른 모든 컴퓨터 수리업체들과 차별화했다. 그가 우리에게 말했던 열 가지 타협불가 목록에는 다음 항목들이 포함되었다.

- **모방 금지** 스티븐스의 규칙 중에서 가장 기본적인 조항일 것이다. 스티븐스는 긱 스쿼드가 컴퓨터 업계에서 그 무엇과도 비교되지 않는 고유한 정체성을 지녀야 한다고 생각했다. 그 목표는 이루어졌고 이제 회사는 긱 레스큐부터 긱 버스터스, 긱 온 휠스, 저드 스쿼드, 정크 스쿼드에 이르기까지 모방에 대한 양심의 가책이 없는 수많은 기업들에게 영감을 주고 있다.
- **미니밴 금지** 이 조항은 "긱모바일"을 탄생시켰는데, 애초에는 클래식 중고 자동차를 사용했지만 이내 폭스바겐의 비틀로 교체하면서 순찰차처럼 검정색과 흰색으로 도색하고 측면을 긱 스쿼드 로고로 장식했다. 새로운 지역에 진출할 때면 스티븐스는 특수요원을 두 명씩 파견하는 것을 좋아한다. 그는 우리에게 말했다. "긱모바일 한 대가 지나가는 것은 재미난 광경이다. 하지만 두 대가 지나가는 것은 이벤트다."

- **폴로셔츠, 티셔츠, 청바지, 정장 금지** 모든 요원이 훌륭한 연기를 펼치기 위한 의상으로 긱 스쿼드 제복을 입어야 하는 이유다. 상의로는 소매가 짧은 흰색 셔츠에 검정색 타이를 맨다(프린터에 걸리지 않도록 클립으로 고정한다). 하의로는 검정색 바지를 흰 양말이 살짝 드러나도록 다소 짧게 입고 작업용 공구를 휴대할 수 있는 벨트를 착용하며 검정색 구두를 신는다.

- **단 1분의 지각도 금지** 이 조항은 아주 구체적이다. 실제로 "구체적으로 하라!"는 스티븐스가 항상 강조하는 말이다. 긱 스쿼드 센트럴은 약속시간을 5분 일찍 설정한다. 가령 고객이 오전 9시에 요원이 방문하기를 원하면 회사는 그 시간을 오전 8시 55분에 맞추는 것이다. 이 방식을 통해 요원들은 업무와 수행 방식을 준비할 여유를 갖는다.

- **추가적인 정책 금지** 스티븐스는 "모든 상황에서 자신의 현명한 판단력을 활용하라"라는 유일한 규칙으로 유명한 노드스트롬의 직원 수칙에서 이를 착안했다. 그는 새로운 정책이 시행될 때마다 다른 정책이 약화되거나 폐지된다고 믿는다. 그는 직원들에게 회사의 "평판을 유지시키고 향상시키는 것"도 중요한 업무라고 강조하면서 회사의 평판이 저해된다고 판단될 경우에 어떤 정책이라도 위반할 수 있는 권한을 허용한다. 하지만 그런 경우가 발생하면 직원들은 반드시 해당 정책의 개정 여부를 검토할 수 있도록 경영진에게 보고해야 한다.

어떤 사람들은 정체성을 규정하는 것은 자신이 실행하지 않을 행동이 아니라 실행할 행동이라고 말할지도 모른다. 스티븐스도 굳이 부정하지는 않지만, 위대한 기업들은 두 가지를 모두 규정한다는 사실을 사람들에게 상기하고자 하는 것이다. 실제로 금지 목록을 정해두면 실천해야 할 목록을 개발하는 데 아주 유용하다. 지금도 스티븐스는 노트북 화면 위에 "아니라고 말하라"라고 적힌 작은 종이를 붙여두고 있다. 그는 이렇게 말했다. "누구든 '예'라고 말하기는 정말 쉽지만 '아니'라고 말하려면 자신의 정체성에 대한 수련과 이해가 필요하다. 또 그것이 타협할 수 없다는 것을 입증할 수 있는 근거도 요구된다."

이 타협불가 목록은 긱 스쿼드가 정체성에 충실하고 모기업인 베스트바이에 스며들면서도 고유한 문화를 창조할 수 있도록 한다. 베스트바이의 CEO 브래드 앤더슨이 자신의 정체성을 기억하고 "영혼을 지닌 기업'이 되기 위해 노력하는 것"을 그의 "황금률"이라고 말하는 것이 전혀 놀랍지 않은 이유다.

기업이 수행영역의 한계를 결정하기 위해 금지 목록에 포함해야 할 것은 무엇인가? 어떤 행동이 자신의 영혼에 위배되고 기업으로서의 정체성에 어긋나는가?(나이키가 사람들에게 나이키타운에서 농구를 하지 못하도록 한 것을 꼽을 수 있다) 어떤 산출물이 자신의 유산을 부정할 수 있는가?(모르몬교 신자가 설립한 세계적 호텔 체인 메리어트는 객실 영화 산출물을 통해 세계 최대의 포르노 공급경로가 되었다) 어떤 브랜딩 활동이 소비자들에게 즉시 가식적으로 인식될 수 있는가?(맥도날드는 회사의 마스코트인 로날드를 청소년 건강의 권위자로 변모시키기 위해 노력했다) 어떤 시장에 진출하면 사람들이 자신을 가식적이라고 여기겠는가?(수십 년 동안 대중차 제조업체였던 폭스바겐은 실패작인 파에톤으로 고급차 시장에 진출했다) 어떤 공급경로로 인해 자칫 자신의 목표 감각이나 가치체계와 부합되지 않는 다른 기업과 제휴할 수 있는가?(세계 최고의 체험 부각자로 손꼽히는 스타벅스는 항공

업계에서 형편없는 서비스로 악명 높은 유나이티드 항공에 독점으로 커피를 공급하는 계약을 체결했다) 기업의 핵심에 위배되기 때문에 실행하지 말아야 할 비즈니스 혹은 비즈니스 부서는 무엇인가?(월트 디즈니 컴퍼니는 비가족 친화적 영상물을 제작했다) 새로운 분야 중에서 자신의 수행영역을 벗어나기 때문에 보류해야 할 분야는 무엇인가?(유나이티드 항공은 웨스틴호텔, 힐튼호텔, 허츠 렌트카를 인수해서 "통합여행 서비스" 브랜드인 엘리지스로 전환하려고 했다)

불가능한 꿈을 꾸지 마라. 이 말을 명심하라. 당신에게 가능한 것만 하고 불가능한 것은 하지 마라. 자신의 한계를 알아야만 현실적인 선택사항을 최대한 활용할 수 있고 나아가야 할 지점도 찾을 수 있다.

5. 당신의 영역을 확대하라

다른 미립자들이 다른 속도로 움직이고 대부분이 각각의 광원추 경계 근처의 어디론가 이동하는 민코프스키 공간의 실제 세계와 마찬가지로, 여기와 지금의 공간의 비즈니스 세계에서도 다른 기업들이 다른 속도로 움직이고 대부분이 각각의 수행영역 경계 근처의 어디론가 이동한다. 당신이 적절하게 수행하며 빠른 속도로 움직이지만 특별한 성과를 거두지 못한다면, 단기간에 광속에 가깝게 가속할 수 있을 거라고는 기대하지 않는 게 좋다. 실제로 달성할 수 있는 포지셔닝은 이론적 한계선에 한참 못 미치는 지점에 위치하며 결코 그런 수행 수준에 근접하지 못할 것이다. 당신의 진로는 실행이 가능한 일련의 목표들의 달성 여부에 의해, 즉 점차 능력을 강화하고, 속도와 유연성을 증강하고, 전략적 포지셔닝을 수행영역의 경계에 거의 근접시킬 수 있는지에 따라 결정된다.

몽블랑은 한 사례를 제시한다. 몽블랑은 2006년에 창사 100주년을 맞았지만 그중 85년 동안은 필기구 산업을 고수하며 회사의 수행영역에서 거의 벗어나지 않았다. 몽블랑 미주 본사 전 회장 장패트릭 슈미츠는 이렇게 지적했다. "우리는 아주 진중한 근원과 소중한 역사를 지닌 브랜드다." 따라서 회사는 필기구 전문 브랜드에서 고급생활 브랜드로 전환하는 과정에서 천천히 움직여야 했다. 1990년대 초 몽블랑은 처음으로 탁상용 액세서리 분야로 진출했다. 몇 년 후에는 소매 단추, 열쇠고리, 지폐 클립 등 만년필처럼 사람들이 항상 주머니 속에 휴대하는 필수품들을 생산하기 시작했다. 이런 산출물들로 어느 정도 인정을 받자 마침내 회사는 2005년에 보석 제품으로 수행영역의 경계에 더욱 근접하는 진출을 시도했다.

다른 기업들은 아주 빠른 속도로 움직이면서 꾸준히 새로운 도전을 시도하고 실제로 성과를 거둔다. 당신이 여기에 해당한다면, 항상 멀리 내다보면서 다음 전략적 포지셔닝을 구상할 수 있다. 자아에 충실하면서 기업으로서 실행할 수 있는 한계점인 수행영역의 경계에 더 근접해서 운영할 수 있는 것이다.

컴퓨터 기업 델의 사례를 살펴보자. 세계 최고의 대량 맞춤화 기업인 델은 비즈니스 모델을 아주 잘 수행한 덕분에 오랜 기간 강자로 군림해온 IBM(최초의 퍼스널컴퓨터 회사로 중국 레노보로의 매각 압박에 시달렸다)과 컴팩(2002년에 경쟁업체인 휴렛팩커드에 매각되어 합병되면서 지난 몇 년 동안 델을 위협했다)은 물론 다른 수많은 업체들을 제치고 15년 이상 퍼스널컴퓨터 산업을 주도했다.

델의 비즈니스 모델은 회사의 유산에서 비롯된 것이다. 창업자인 마이클 델은 1984년에 텍사스 대학교 기숙사에서 회사를 창업했다. 그는 항상 소비자들을 직접 상대했는데, 처음에 전화를 활용하다가 마침내 인터넷으로 전환했다. 고객이 주문하기 전에 미리 컴퓨터를 제조하지 않고 반드시 고객의 개별적인 요구에 따라 제조했다. 델은 기숙사에서 벗어나 공장으로 이전하면서 컴퓨터를 완제품으로 보관하지 않고 컴퓨터의 특성을 극대화해서 제조 과정에 있는 물건을 줄여나가는 방식으로 운영의 효율성에 집중했다. 이런 대량 맞춤화 기술을 바탕으로 항상 다른 대량생산 업체들보다 비용을 절감할 수 있었다. 델의 성공 비결은 이른바 "현금전환 주기"(회사가 부품업체들에게 납품대금을 지급하는 날과 소비자들이 제품가격을 결제하는 날 사이의 공백기)라고 불리는 기간에서 찾을 수 있다. 현재 회사는 42일 동안 유동부채를 보유한다. 달리 말하면, 부품업체들에게 대금을 치르기 전까지 고객들이 결제한 자금을 평균 6주 동안 보유하면서 마이너스 운전자본을 유지하는 것이다.

델이 저지른 몇 가지 전략적 실수 중 하나는, 지난 1991년에 소매시장으로 진출한 것이었다. 델은 당시 처음으로 완제품을 컴프USA와 스테이플스 같은 매장에서 판매했다. 이 경로를 통해 컴퓨터가 판매될 때마다 손실을 입었는데, 가격을 도매가보다 낮게 책정해야 했을 뿐만 아니라 재고 유지비까지 지출해야 했기 때문이다. 더욱이 소매점들은 델의 산출물을 홍보할 수 있는 능력이 턱없이 부족했다. 결국 회사는 1995년에 소매시장에서 철수했다. 델은 단 한 번도 완제품을 제조해본 적이 없었기 때문에 그런 환경에서의 운영 방식을 몰랐음을 깨달았다.

델이 이런 실수를 겪은 후에 경이로운 수행능력을 발휘한 것은 본질적으로 회사의 수행영역을 "확대하면서" 꾸준하고 과감하게 새로운 영역으로 전환한 덕분이다. 회사가 자랑하는 소비자와의 직거래와 대량 맞춤화에 기반을 둔 비즈니스 모델을 끊임없이 확장하는 제품과 시장에 적용해서 델은 처음으로 공장도 없는 상태로 해외시장에 진출했다(2배 확대). 그리고 데스크톱에만 치우치지 않고 노트북도 판매하기 시작했다(4배 확대). 심지어 서버, 저장장치, 네트워크 스위치, 프린터는 물론 일반 가전제품까지 취급했다(8배 확대).

전략적 움직임을 시도할 때마다 반대하는 사람들이 나타났다. 수석부사장 로센도 파라는 이렇게 언급했다. "우리가 새로운 시장에 진출할 때마다 사람들은 '이런, 직접 모델은 성공하지 못할 거야'라고 말했다. 1991년 처음 일본에 진출했을 때 우리는 시장의 목소리에 귀기울였다. 우리가 처음 실행한 모델은 순수한 직접 모델은 아니었다. 그 모델은 실패로 끝났다. 사실상 리셋 버튼을 눌러야 했고 우리 모델의 요소들을 적용하기 시작했다."

현재 회사는 그 요소들을 무형의 수요응대 서비스에도 적용한다. 2005년 11월에 '델 온 콜'이라는 명칭으로 시작한 이 서비스는 현재 회사의 총매출에서 10퍼센트를 차지한다. 어떤 사람들은 이 새로운 비즈니스들을 퍼스널컴퓨터라는 회사의 유산과 비즈니스 모델에서 벗어난 것으로 간주할지도 모르지만, 실제로 델의 수행영역은 특정한 산출물보다 기업의 핵심—비즈니스 모델—에 의해 규정되기 때문에 시간이 흐르면서 합리적으로 확장될 수도 있다. 회사는 2002년 7월에 쇼핑몰에 구내 판매점을 개장하며 재차 소매시장에 진출했고 2006년에는 소수의 매장을 개장해서 새로운 소비자들에게 자사의 장비들을 체험하고 매장의 컴퓨터를 통해 홈페이지에 접속해서 주문까지 할 수 있도록 했다. 이런 매장에도 여전히 재고는 없었다. 소비자들이 컴퓨터의 구성을 선택한 후에야 비로소 델은 각각의 제품을 제조해서 그들의 집이나 사무실로 배송했다—대체로 15시간 이내에 제조가 완료된다.

또다른 움직임으로 델은 2002년 11월에 코스트코와 제휴하고 코스트코닷컴Costco.com을 통해 온라인으로 컴퓨터를 판매하기 시작했다. 물론 이번에도 재고는 없었다. 컴퓨터의 판매는 델의 고유한 제조 및 배송체계를 통해 이루어졌다. 델은 이 경로를 통해 홈오피스나 소규모 사무실에 적극적으로 접근해 다른 유형의 컴퓨터 구성을 시험하며 소비자 시장 운영과 소매시장 운영에 대한 정보를 동시에 수집했다. 3년 후인 2005년 11월에는 코스트코와의 관계와 소매유통에 대한 확신을 바탕으로 창고 아울렛의 진열대에 컴퓨터를 공급하면서 완제품 시장에 다시 진출했다. 성공 가능성은 확실하지 않았고, 회사는 이것이 "소매 아울렛을 통한 수익에 대해 실험하는 것이 아니라고" 말하며 일시적으로 소극적인 태도를 보였다. 하지만 델은 비교적 완벽한 수행의 선에 근접한 운영을 해왔기 때문에 이제는 성공 확률이 낮고 과거에 실패했던 전략적 포지셔닝까지 달성할 수 있다.

델의 궤도는 2006년에 확실히 속도가 느려졌다. 회사는 2005년 초반에 예상했던 수치를 달성하지 못했고, 평소의 매출을 달성하지도 못한 채 가격을 대폭 인하한 후에는 소비자서비스의 질이 하락했다. 이윽고 SEC가 회계업무에 대한 비공식 감사를 시작했고 배터리의 가연성 문제로 노트북 410만 대에 대한 리콜을 실시했다(리콜 비용은 배터리 제조업체인 소니와 공동으로 부담했다). 당시 《포춘》은 이렇게 보고했다. "항공모함 델은 과거 구축함이던 시절만큼 빠르게 항해하지 못한다." 그러자 CEO 케빈 롤린스는 "소비자 체험을 개선하기 위해" 1200억 원을 투자하겠다고 약속했다. 그는 "하늘이 무너지고 있다"고 자꾸 목소리를 높이는 분석가들에 맞서 "당신들은 언론 기사만 보면서 우리가 성장하지 못하고 있다거나 적자에 시달리고 있다고 생각한다. 우리는 여전히 상당한 실적을 거두고 있다. 우리의 모델은 아직도 매우 효과적이다"라고 말하며 적극적으로 회사를 변호했다. 골치 아픈 문제들이 지속되고 휴렛팩커드가 세계 1위의 컴퓨터 제조업체로 등극하자, 어려운 시기인 2007년 초반에 롤린스가 사임하고 창업자 마이클 델이 CEO의 자리에 복귀했다. 회사가 우위를 차지했던 분야가 달라졌다는 것을 깨달은 그는 이렇게 말했다. "우리는 역사적·구조적 이점을 지녔다. (…) 나는 우리가 지나치게 가격적인 요소를 강조하면서 관계, 맞춤화, 체험을 강조하지 않았다고 생각한다." 정확한 사실이다. 우리의 판단으로 델에 가장 필요한 것은 바로 수요 창출 체험을 위한 공간 조성 포트폴리오다.

이런 진로의 수정이 회사를, 모든 경쟁업체들보다 빠른 속도로 앞서 나가던 예전의 위치로 되돌릴 수 있을지는 시간이 말해줄 것이다. 델은 더이상 어디서든 광속으로 운영할 수 없는 대기업 중 하나가 되어가고 있다. 그리고 여전히 67조 원 이상의 매출과 3조5000억 원이 넘는 수익을 거두고 있다. 예전보다는 둔화되었을지라도 어떤 기업이 20년 만에 무일푼에서 수십조 원까지 치솟은 어마어마한 실적을 꿈꾸지 않을까?

당신은 어떻게 자신의 영역을 확대할 수 있는가? 이제까지 여기와 지금의 공간에서 당신의 회사에 대해 생각했던 모든 것—회사의 기원, 역사, 현재의 위치, 궤도, 수행영역의 한계 등—을 차분히 검토해서 회사의 가장 뚜렷한 특성을 결정하라. 자아에 대한 충실성의 다섯 가지 요소들을 다시 생각해보라. 델 같은 기업들은 기업의 핵심이 회사를 가장 잘 규정하며 그런 토대에서 하나의 비즈니스 모델로 꾸준히 새로운 시장에 진출할 수 있음을 보여준다. 맥도날드 같은 패스트푸드 기업들은 건강식품으로 경쟁하는 것이 거의 불가능한데, 그 원인은 산출물의 유형에서 비롯된다. 일부 기업들은 전적으로 유산의 영향에 의해 특성이 결정된다. 예를 들면, MGM 그랜드와 라스베이거스의 다른 카지노들은 1990년대 후반에 가족친화적인 측면에 호소하는 데 실패하고 라스베이거스의 유산인 '죄악의 도시'로 회귀한 후에 다시금 영역을 확대하고 있다. 목표 감각은 홀푸드 같은 기업의 두드러진 특성이다. 이런 기업들은 비즈니스의 영혼과 일치하면 거의 모든 것들을 실행할 수 있는데, 홀푸드는 대중에게 천연식품, 유기농 상품, 단순한 서비스를 체험할 수 있도록 했다. 마지막으로 많은 비즈니스들이 가치체계를 통해 확실히 규정되는데, 특히 더바디샵은 동물 실험에 반대하고, 지역사회와의 거래를 지원하며, 인권을 옹호하고, 자부심을 활성화하며, 지구 보호에 앞장선다.

당신의 가장 뚜렷한 특성이 무엇이든 그것을 바탕으로 가치창출을 위한 새로운 가능성을 찾도록 하라. 몇 가지 주의해야 할 사항도 있다. 당신이 더 빠른 속도로 움직일수록 다른 선택사항들은 더 빨리 불가능해진다. 자신의 정체성과 자신이 해야 할 일에 대한 확신이 서는 위치와 시기에 속도를 내야 한다. 이 말은 불확실한 시기에 속도를 늦춰야 한다는 것을 의미하지 않는다. 때로 무모할 정도의 속도가 오랜 딜레마를 제거하기 때문이다. 요컨대 최대한 빠른 속도로 움직이면서 속도를 늦춰야 할 때는 늦춰라.

6. 주변을 철저히 조사하라

이제 델은 델 온 콜 서비스를 운영하면서 그동안 자사 제품을 많이 취급해왔던 긱 스쿼드와 경쟁하고 있다. 긱 스쿼드가 델의 제품을 많이 취급했던 이유는 워낙 많이 판매되기도 했기만 퍼스널컴퓨터 제조업체들이 그 비즈니스를 추구하지 않았기 때문이다. 하지만 이 새로운 경쟁은 충분히 예측할 수 있었다. 여기와 지금의 공간에서 로버트 스티븐스와 베스트바이의 관계자들은 향후 델의 통상적인 움직임을 예상할 수 있었다.

단일한 산업에서 기업들은 이런 새로운 경쟁을 쉽게 예측하는데, 경쟁업체가 여기와 지금의 공간에서 크게 중첩되는 수행영역과 완전히 평행을 이루는 궤도에 존재하기 때문이다. 앞서 논의했던 것처럼 이런 전통적인 경쟁자들을 당신의 현재 포지셔닝을 위한 맥락을 확인하는 수단으로 이해하는 것이 중요하다. 한편 수행영역은 중첩되지만 궤도가 대칭되지 않아 아직 경쟁자로 부상하지 않은 기업들을 예측하기는 쉽지 않다. 이런 기업은 거의 무관한 기원을 지닌 채 전혀 다른 각도에서 경쟁 분야를 바라보기 때문에 전략적 충돌을 일으킬 가능성이 대단히 높지만 실제로 충돌이 임박할 때까지는 간파하기 어렵다.

얼마 전까지 IT업계와 소매업계의 많은 기업들은 마이크로소프트와 월마트의 경쟁을 예측하지 못했다. 당시 신생기업이던 두 회사는 각각 전통적인 경쟁에 치우친 궤도에서 운영되었다. 현재 그들은 아주 오랜 기간 성공을 거두며 광범위한 수행영역을 아우르는 대기업으로 성장했기 때문에 더 이상 변명의 여지를 둘 수 없게 되었다. 만약 당신이 소비자에게 직접 맞춤화된 상품이나 서비스를 제공한다면, 조만간 월마트와 경쟁하게 되리라는 것을 알 수 있다. 마찬가지로 당신이 컴퓨터 소프트웨어와 관련된 제품과 다른 IT 영역을 취급한다면, 마이크로소프트와의 경쟁을 피할 수 없을 것이다. 그러면 당신이 그들의 영역을 침범하기 전에 그들이 먼저 당신의 영역을 장악하려고 할 것이다.

이런 경쟁자들을 파악하려면 헤르만 민코프스키가 3차원의 우주(시간, 공간, 물질)를 하나의 구조에 접목시켜 앨버트 아인슈타인의 상대성이론을 쉽게 이해할 수 있게 만들었던 방법을 떠올려라. 이 모델은 하나의 축 위의 3차원 공간(길이, 넓이, 높이)으로 축소되었다. 그림 9-5에 제시된 것처럼 여기와 지금의 공간은 하나의 축 위의 3차원의 경쟁 현실(산출물, 가능성, 소비자)로 축소되어 비즈니스의 완전한 구도를 단순화한다. 대부분의 대기업은 산출물의 축을 따르면서 꾸준한 연구개발 활동과 개선 활동을 통해 도달할 수 있는 지점으로 이동하는 듯하다. 다른 기업들은 이미 델의 사례에서 살펴본 것처럼 가능성의 축을 고수한다. 델은 월등한 대량 맞춤화 프로세스 능력을 활용해서 빠른 속도로 산출물의 경계를 넘어섰고, 그 결과 산출물에 집중하는 새로운 경쟁자들과 지속적으로 마주쳤다.

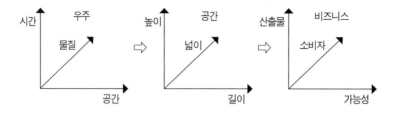

그림 9-5 우주, 공간, 비즈니스의 3차원

세 번째 가능성은 소비자의 축에 내재하는데, 회사는 특정한 소비자들에게 철저하고 완벽하게 응대해서 효과적으로 그들을 확보할 수 있다.

샌안토니오의 유나이티드 서비스 오토모빌 어소시에이션USAA은 다른 비즈니스의 경쟁영역을 자유로이 넘나들며 소비자들의 요구에 따라 무엇이든 제공하고 소비자의 요구가 지향하는 위치라면 어디로든 이동하면서, 이처럼 소비자 위주의 시장에서 주변을 철저히 살피지 않는 경쟁업체들에게 경각심을 일깨우는 모델을 제시한다. 1922년에 육군 장교 25명이 설립한 이 회사는 당시 보험회사들에서 불량 물건으로 간주되던 동료 장교들의 자동차를 보증하기 위한 조합으로 출발했다. 점차 성장하면서 USAA는 '우리는 서비스의 의미를 알고 있다'라는 회사의 모토에 반영된, 회원들에 대한 서비스 정신을 강조했다. 1960년대 초반에 회사는 회원들이 자동차보험 이상을 필요로 한다는 것을 파악하고 회원들의 요구에 부합하기 위해 산출물을 확장했다.

- **1960년** 현재의 USAA 손해보험회사를 통해 주택소유자보험을 출시했다. 이제 이 상품은 회사의 매출에서 거의 14퍼센트를 차지한다.

- **1963년** USAA 생명보험회사를 통해 생명보험을 출시했고, 이후로 꾸준한 성장을 통해 건강보험과 연금산출물까지 취급한다.
- **1970년** USAA 투자신탁회사를 통해 뮤추얼펀드를 출시했다. 이 회사는 현재 다양한 뮤추얼펀드와 중개 서비스를 제공한다.
- **1983년** USAA 구매서비스회사를 통해 소비재상품과 여행 서비스를 출시했다(애초에는 유실 아이템이나 도난 아이템의 교체를 위해 설립되었지만 현재는 최초 구매를 주요한 업무로 하고 있다).
  - USAA 연방저축은행을 통해 당좌계좌와 예금계좌를 출시했다. 현재 이 회사는 신용카드, 현금카드, 담보대출을 비롯한 모든 은행 서비스도 제공한다.
  - USAA 종합금융법인을 통해 (미국 소재 법인은 운영할 수 없는) 해외보험을 출시했다.
- **1991년** USAA 유족관리팀을 통해 유족보조금을 출시했다(사막의 폭풍 작전이 실시된 후에 시작되었다).
- **1997년** 재정설계 서비스팀을 통해 재정 컨설팅 서비스를 실시했다.
- **1997년** 퍼스트 스타트, 칼리지 스타트, 셀프 스타트로 부르는, 회원들의 자녀, 손주들을 위한 재정기술 프로그램을 실시했다.

그 결과 USAA는 거의 40년 동안 근본적으로 한 가지 산출물(자동차보험)을 유지하면서 현재 150개 이상의 보험상품, 재정 서비스, 소비재상품, 여행 서비스를 비롯한 다른 산출물들을 제공한다—회원들이 인생의 여러 단계를 거칠 때마다 발생하는 개별적인 요구를 충족시키기 위해 노력한다. 회사는 처음에 회원들의 자녀들을 가입시키고(1973년), 뒤이어 사병들과 임관되지 않은 장교들까지 가입시키면서(1996년) 회원의 구성을 확장했다. 하지만 USAA는 강한 결속력을 지닌 미군 공동체에서 벗어난 확장은 자아에 충실하지 못한 행동이라는 것을 알고 있기 때문에 그런 확장은 시도하지 않을 것이다.

여기와 지금의 공간을 통해 USAA의 궤도에 대해 생각해보라. USAA는 애초에 오직 장교들만을 위한 자동차보험을 제공했기 때문에 꾸준히 자사의 유산을 존중하면서 미군과 연계된 가족들을 위해 산출물의 범위를 끊임없이 확장하며 성장했다. USAA는 많은 보험회사들과 경쟁할 뿐만 아니라 은행업에서 웰스파고, 중개 서비스에서 메릴린치, 담보대출에서 페니메이, 신용카드와 여행서비스에서 아메리칸 익스프레스, 심지어 소비재상품에서 월마트와도 경쟁한다. 다른 기업들은 항상 그들이 속한 업계에 근거해서 각자의 경쟁영역을 판단하지만 USAA는 회원들의 요구에 근거해 경쟁영역을 판단한다(회사의 2006년 매출은 무려 14조 원을 웃돌았다).

따라서 USAA의 수행영역에 내재하는 무언가가 위에서 언급한 다른 모든 기업의 수행영역을 넘어서는 것이다. USAA는 좀처럼 그 기업들을 탐색하지 않는다. 그것은 소비재산업에 존재하지 않고 여행산업에도 존재하지 않으며 신용카드부터 담보대출, 중개 서비스, 은행산업에 이르기까지 그 어디에도 존재하지 않는다. 그것은 미군 공동체의 개별적인 요구를 충족시키는 "산업", 오직 한 회사 USAA만이 추구하는 영역에 존재한다.

모든 기업들이 USAA처럼 다른 기업의 경쟁영역을 넘어설 수 있는 것은 아니다. 하지만 특정한 소비자공동체의 요구에 따른 서비스를 제공하는 유산을 지닌 기업들은 그 유산을 바탕으로 유망한 경쟁영역에 이르는 확실한 진로를 파악할 수 있다. 모든 기업은 자사의 경쟁영역 주변을 철저히 조사해서 경쟁을 예상하지 못한 방향에서 다른 기업이 접근하는지 파악해야 한다.

주변 경쟁자들에게 허점을 공략당하지 마라. 몇몇 기업, 특히 성실하고 안정된 기업들이 다른 기업의 수행영역에 진출할 때마다 시장은 혼란해지고 산업은 재규정되었다. 상황을 재규정하는 다른 유산을 이끌고 오는 이런 기업은 전혀 예상하지 못했던 프로세스 능력을 활용해서 다르게 간주되는 소비자들을 위한 새로운 산출물을 선보이면서 기존의 경쟁을 뒤흔들어, 간혹 대응조차 헛수고로 만드는 엄청난 격동의 흐름을 유발하는 궤도를 따라 움직인다. 이런 운명을 피하려면 기업은 반드시 전방을 향해 나아가면서 좌우를 살펴보아야 한다. 처음에 선택한 행동과 속도는 향후 모든 단계에서 당신이 탐지하는 것에 영향을 미친다.

7. 미래를 덧붙여라

경쟁이 주변에서 비롯되든 기존의 산업에서 비롯되든 경쟁자들의 행동을 지켜보며 더 크고 빠르고 잘 실행하려고만 해서는 그들을 능가하지 못할 것이다. 오늘날의 환경에서 가용성, 저비용, 고품질이 필승의 전략으로 이어지는 일은 거의 드물다. 하지만 과거의 필수사항들을 충족시키면서, 동시에 소비자들에게 자신의 회사와 산출물에 대해 경쟁업체들보다 더 높은 진정성의 인식을 이끌어내는 모든 가능성 중에서 하나의 미래 포지셔닝을 확립한다면 필승의 전략을 수립할 수 있다. 오길비는 이렇게 언급한다. "진정성은 과거에 대한 충실성뿐만 아니라 미래의 가능성(그저 하나의 가능성이 아닌 다수의 가능성)에 대한 개방성도 요구한다. 진정성은 과거와 (…) 자유에 모두 충실한 것이다. 그것은 가능성 중에서 선택하고 그 결정들을 책임지는 것이다."

이 사항을 실천하려면 전략적 의도를 공식화해야 하는데, 기존의 경쟁자들이나 잠재적 경쟁자들에 대한 허술한 분석의 측면이 아닌, 자신의 고유성에 대한 현실의 측면에서 이루어져야 한다. 고유성은 산출물, 가능성, 소비자에 대한 당신의 특정한 접근법에 내재하며 과거와 현재의 포지셔닝과 여기와 지금의 공간의 현재 궤도에서 표출된다.

가장 큰 경쟁력의 우위를 제공하는 포지셔닝은 아마도 자신의 수행영역의 중심에서 떨어져 있을 것이다. 극소수의 기업만이 이 사실을 이해하고 여기와 지금의 공간에서 자신들이 위치해야 할 지점에 머무르면서 그저 시간이 현재의 방향과 속도에 따라 흐르는 데 만족한다(만약 그들이 이런 상황에 있다고 생각한다면 자신의 영역을 확대하기보다 현실에 안주할 것이다). 심지어 여기와 지금의 공간에서 최적의 지점에 위치한 기업조차, 시간의 흐름에 따라 과거의 경쟁이 발전되고 주변에서 새로운 경쟁이 일어나고 소비자의 요구가 변하기 때문에, 먼 미래에는 자사에서 그 위치를 선호했다는 것을 알지 못할 것이다.

뉴멕시코 파밍턴의 산후안 리저널 메디컬센터의 CEO 스티브 알트밀러는 자신이 바로 그런 위치에 있다는 것을 알았다. 역사적으로 산후안은 유력한 지역병원이었지만 1999년에 그가 CEO로 부임했을 당시에는 더 이상 과거와 같은 상황이 아니었다. 그 시기를 두고 그는 이렇게 말했다. "모든 것이 엉망이었다. 우리는 많은 재정적 타격을 받고 있었다. 수익은 감소했고, 병원에서 후원하는 건강사업이 파산할 지경에 이르렀으며, 간호사들은 노동조합을 조직하려고 했고, 병원의 운영과 경영에 많은 변화를 진행하면서 심각한 불안을 유발했다. 우리가 말하는 모든 것이 부정적인 것 같았고 온갖 문제들이 꼬리를 물고 일어났다. 이사회는 우리가 긍정적인 것에 집중할 수 있는 방법을 찾아야 한다고 말했다." 그 긍정적인 것에는 최고위 리더들로 구성된 팀을 조직해서 병원의 미래를 규정할 수 있는 전략을 개발하는 일도 포함되었다. 이 리더들은 "현재의 상태"가 아닌 오직 "미래의 상태"에만 관심을 두었다. 산후안 리저널 메디컬센터가 어떻게 되어야 하는가? 그들은 자칭 '갈릴레오 그룹'이라고 불렀는데, 그들의 목표는 "개인들에게 더욱 의미 있는 새로운 보건의료 산업의 핵심을 발견하는 것"이었다. 갈릴레오 그룹의 노력은 병원의 유산을 원활히 미래로 연결해줄 선언된 동기인 개인화된 보건의료의 사라진 기술을 되살린 선언으로 귀결되었다. 그들은 이 전략적 의도를 달성하기가 그리 쉽지도 않고 오랜 시간이 걸리겠지만 그만한 노력 이상의 가치가 있다는 것을 알았다.

하지만 변화의 첫 단계를 실행하려는 시도부터 완전한 실패로 끝나고 말았다. 알트밀러는 말했다. '나는 곧바로 우리가 '목표'를 규정하는 일을 훌륭히 수행했지만 '이유'를 전달하는 일을 형편없이 수행하고 있다는 것을 깨달았다." 그들은 점들을 연결하는 데 실패했는데, 그 점들은 미래의 비전을 현재의 상황으로 연결하는 것이었다.

갈릴레오 그룹은 업무를 재조정하는 과정에서 세 가지 핵심적인 연계에 주력했다. 첫 번째는 직원들의 주식 매입을 독려하는 것으로 산후안 리저널의 직원들에게 "사라진 기술을 지닌 돌격대들"이라는 스토리를 고

취시킴으로써 달성했다. 그 스토리의 내용은 의료 전문가, 지역사회, 환자들을 나타내는 세 영토를 배경으로 전개된다.

메디쿠스의 영토에서 직원들은 베이비붐 세대가 자신들이 치료하는 환자 집단뿐만 아니라 날마다 함께 일하는 동료들에게 어떤 영향을 미치는지 배웠다. 커뮤니아의 영토에서는 병원에 대한 지역사회의 만족도를 심도 깊게 살펴보며 향후에 이런 만족도를 개선하기 위해 프로세스와 업무 방식에 어떤 변화를 가져올 수 있을지 논의했다. 마지막으로 직원들은 페이시엄의 영토에서 모든 환자들과 가족들은 물론 직원들에게도 특별한 치료 환경을 제공하는 시설 확장 프로젝트와 관련된 새로운 계획에 대해 들었다.

이 스토리에 소개된 영토들과 흡사해 보이도록 방치된 사회보장사무소 빌딩에 위치한 산후안 리저널 메디컬센터는 130명의 직원 중 거의 70퍼센트가 돌격대가 되겠다고 자원했고, 그 프로세스를 거치면서 산후안 리저널이 개인화된 보건의료의 사라진 기술을 회복시킬 수 있는 900가지 아이디어를 제안했다. 그 제안의 절반 정도는 병원의 계획에 반영되어 주요한 연계점 사이의 점들을 연결했다. 더욱이 직원들이 경영진의 계획에 긴밀히 참여하게 되면서 직원들과 경영진의 관계는 완전히 변했고, 그 결과 사기가 높아지고 이직률이 낮아졌으며 직원 만족도는 대폭 상승했다.

두 번째 연계는 우선적으로 직원들에게 집중하는 것이었다. 알트밀러는 이렇게 언급했다. "우리는 가장 개인적이고 전문적이며 치료효과가 뛰어난 체험을 꾸준히 제공할 수 있을 때까지 최고의 개인별 환자 체험을 지속적으로 제공할 수 없다. 만약 당신이 환자 체험의 개별화에 성공하고 싶다면 먼저 직원들의 개별화에 더 능숙해져야 할 것이다." 따라서 맞춤화된 새로운 복지정책은 80퍼센트의 직원들에게 서명을 받아 실행되었고 차일드 디스커버리센터는 직원들의 자녀 중 약 70퍼센트를 수용할 수 있는 규모로 개장되었으며 시설 확장 프로젝트는 환자들만큼 직원들의 요구에도 초점을 맞춘 전혀 새로운 치료 환경으로 설계되었다.

세 번째는 모든 계획된 변화를 실행하기 위한 재정적 수단을 창출하는 것이었다. 산후안 리저널은 파밍턴 시의회를 세 차례 방문해서 재정확충을 위한 조세정책과 채권발행을 요청했다. 하지만 그들의 요청은 세 번 모두 투표에서 부결되었다. 그들은 전략적 의도를 반영해서 그동안 제시했던 총액보다 세 배나 많은 자금을 요청하기 위해 한 번 더 시도했다. 반면 이번에는 어떤 정치활동도 펼치지 않았다.

사라진 기술을 지닌 돌격대에 관한 스토리는 총 수익세 투표가 실시되기 4개월 전에 완성되었다. 그러자 놀라운 일이 일어났다. 경영진의 지원도 거의 없는 상태에서 직원들이 다른 직원들, 가족들, 친구들과 의논하기 시작했다. 그들의 열정적인 목소리는 하나로 모아졌다. 이 프로젝트가 무엇이며 어떤 의미를 지니는가? 그들은 그것이 환자들과 가족들, 의료인들과 지역의 비즈니스, 심지어 지역사회 전체에 중요한 이유에 대해 논의했다. 요컨대, 그들은 스토리에서 배운 모든 것들을 의논했다.

그 결과 그들이 요청한 조세정책은 네 번째 시도에서 84퍼센트의 찬성으로 통과되었다. 이제 산후안 리저널은 장차 개인화된 의료보건의 사라진 기술을 회복시킨다는 비전을 물리적으로 구현할 수 있는 첨단시설로 건축되고 있다.

그림 9-6은 여기와 지금의 공간의 관점에서 이런 전략적 제안에 대해 생각하는 방식을 보여준다. 거기와 그때에서 표시된 점은 사실상 회사의 현재 포지셔닝을 나타내며 여기와 지금에서 표시된 점은 향후 회사가 달성하고자 하는 미래의 포지셔닝을 나타낸다. 미래의 포지셔닝을 이해하기 위해서는, 마치 미래의 포지셔닝이 이미 일어난 것처럼 행동한 후에 현재로 돌아와서 목표를 달성하기 위해 어떤 진로를 따라야 하는지 정확히 파악해야 한다. 여기서 점진적인 변화는 효과를 거두지 못한다. 가장자리(수행영역의 경계)에 인접한 포지셔닝은 변화가 너무 심하고 가능성이 지극히 희박하기 때문이다. 대신 경영진은 여기와 지금에서의 미래를 확실성으로 간주한 후에 그 확실성이 미래에 실현되도록 하기 위해서는 어떤 단계를 반드시 실행해야 할지 결정하고, 앞선 모든 단계들을 차례로 파악해서 시간상으로 현재에 이르고 공간상으로 현재의 위치에 이르는 가정의 벡터를 구축할 때까지 연계점 사이의 점들을 연결해야 한다. 바로 이런 이유에서 아래 표의 벡터에, 계획된 미래에서 기대하는 과거로 회귀하는 화살표가 달려 있는 것이다. 일단 경영진이 가정의 벡터를 구축했다면—산후안 리저널이 회사의 전략적 의도에서 현재의 상황에 회귀하는 연계점들을 찾는 과정에서 그랬던 것처럼—회사의 현재 포지셔닝에서 미래의 확실성으로 이어지는 벡터를 따르면서 그 계획을 수행할 수 있다.

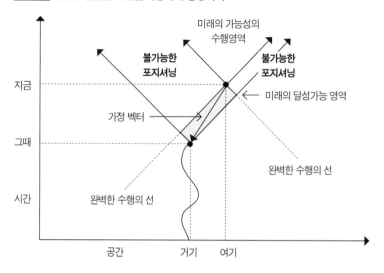

그림 9-6 미래가 일어난 것처럼 가정하며 행동하기

비즈니스 이론가 스탠 데이비스는 시간, 공간, 물질이 상업에 미치는 영향을 연구한 저서에서 이것을 "미래완료 시제에서의 경영"이라고 지칭하는데, 이 시제에서 "현재는 과거의 미래이며 조직은 전략에 이끌려가지 않지 않고 전략을 추진해서 실현할 수 있다." 여기와 지금의 공간은 "현재는 과거의 미래"라는 말이 단지 동어반복이 아니라 전략 구성의 심오한 원리라는 것을 보여준다. 당신이 현재 자신이 위치한 지점에서 자신이 지향하는 지점을 분리할 수 없는 것처럼, 과거에서 현재를 분리할 수도 없고 "재실행"을 할 수도 없다. 시간은 그것들을 공간으로 연결한다.

산후안 리저널 메디컬센터의 경우에 성공을 향한 최종 연계점은 지역사회의 압도적인 찬성투표를 필요로 했다. 경영진은 그들의 전략적 의도가 직원들에게 현실로 다가가도록 고안한 스토리가 일회성으로 끝나서는 안 된다는 것을 깨달았다. 의료인(메디쿠스), 지역사회(커뮤니아), 환자(페이시엄)를 아우르는 환경은 지금도 변하고 있고 간혹 급격히 변하기도 하면서 항상 변화를 거듭할 것이다. 알트밀러는 이렇게 말했다. "우리는 경영진과 직원들이 협동해서 극적으로 새로운 것들을 실현할 수 있는 전혀 새로운 방법을 터득했다. 그래서 우리는 18개월마다 이런 방식으로 스토리를 전달하고 그에 대한 피드백을 실행하기로 결정했다. 이것이 바로 이제부터 우리가 일을 처리하게 될 방식이다." 두 번째 스토리인 "스핑크스의 수수께끼"는 이미 작성되어 전달되었는데, 앞선 "사라진 기술을 지닌 돌격대들"보다 중간평가가 더 좋았다. 세 번째 스토리는 산후안 리저널이 자사의 영역을 확대하면서 계획된 미래에 접근할 무렵에 공개될 것이다.

자신의 수행영역의 경계에 인접한 전략적 포지셔닝은 달성하기가 어렵다는 것을 확실히 이해해야 한다. 산후안 리저널의 경영진과 직원들에게 개인화된 의료보건의 사라진 기술을 회복하는 것은 결코 쉬운 일이 아니었다. 지난 수십 년 동안 의료보건 업계에서 일어났던 모든 일들을 감안하면 그토록 원대한 비전을 달성할 수 있는 방법을 생각해내기는 어려웠다. 이런 까닭에 계획된 미래에서 현재로 되돌아오는 연계가 그토록 중요한 것이다. 전략적 가능성이 결실을 맺으려면 기업들은 완벽한 수행의 선에 최대한 근접해서 최대한 오랫동안 운영해야 한다. 앞 그림에서 이 선을 따르거나 향하는 각각의 움직임이 시간의 흐름에 따라 점점 더 가능성을 높이면서—산후안 리저널이 연결한 각각의 연계점들이 그들의 전략적 의도의 실현 가능성을 점점 더 높였던 것처럼—전략적 의도를 수행영역의 중심에 인접하도록 전환하는 과정을 살펴보라.

완벽한 수행의 선에 인접한 점들에 도달하려면 고도로 훈련된 수행이 요구되는데, 이런 수행은 경영자들과 직원들의 모든 결정과 행동이 일치되어 회사를 전략적 의도의 방향으로 이끄는 시점에 이루어지며, 직원들의 활동은 그 방향으로 나아가는 움직임에 영향을 미치기 위해 수행된다. 잘못된 결정, 엉뚱한 움직임, 형편없는 수행은 오직 전략적 의도를 수행 영역의 경계에 인접한 지점으로 이끌면서 목표달성을 어렵게 만들 뿐이다. 요컨대, 여기와 지금의 공간에서는 모든 것이 중요하다. 만약 전략을 달성하고 싶다면 자신의 의도를 훼손하는 어떤 것도 용납해선 안 된다.

바로 이런 이유에서, 우리가 미래의 달성가능 영역이라고 지칭하는 어두운 부분 밖에서 이루어지는 모든 움직임은 회사가 가진 미래의 가능성을 영원히 제거한다. 그것은 어떤 상황에서도 결코 달성될 수 없다. 그것은 광속을 초월하는 것 같은 전략적 불가능성으로 완벽한 수행 이상을 요구한다.

어디로 나아가야 할지 결정할 때까지 자신의 미래를 주의 깊게 바라보라. 미래를 계획하고 그 점을 여기와 지금의 공간에서 모든 사람들에게 전달되고 수용될 수 있는 선언된 동기로 덧붙인 후에, 그 점을 다시 현재로 연결하고 그것을 거기와 그때의 위치로 취급하라. 무엇보다도 미래를 종착점이 아닌, 자신의 앞에 놓인 진로의 기원, 즉 출발점으로 취급하라. 이 방식은 단순한 미래가 아닌 성공적인 미래를 확보할 수 있는 최고의 수단을 제공한다.

8. 잘 수행하라

지금까지 이 장에서 논의했던 여기와 지금의 공간 모델에 적용하기 위한 원칙을 다시금 살펴보자.

① 당신의 유산을 연구하라

② 포지셔닝을 확인하라

③ 궤도를 설정하라

④ 한계를 파악하라

⑤ 영역을 확대하라

⑥ 주변을 철저히 조사하라

⑦ 미래를 덧붙여라

이 원칙들은 시공간의 미립자를 조사하기 위한 모델과 그 결과를 그대로 반영한 것이다. 만약 당신이 각각의 원칙을 능숙하게 적용했다면 "마지막" 과제는 잘 수행하는 것뿐이다. 다소 과장해서 표현한다면 우리는 "결점 없이 수행"하거나 "완벽하게 수행하라"라고 말할 테지만, 실상에서 "잘 수행"하기란 매우 어렵다. 특히 자신의 전략적 의도가 수행영역의 중심에서 멀리 떨어진 지점의 미래를 계획할 경우에 경영자들과 직원들은 전혀 익숙하지 않은 태도와 활동도 수행해야 한다.

BP(브리티시 페트롤리엄)를 생각해보라. 1999년에 아모코를 매입하고 사명을 통합한 BP는 2년 후에 자사의 이니셜로 "석유를 초월한Beyond Petroleum"이라는 의미를 전달하려는 광고 캠페인을 실시했다. 이 광고 캠페인은 태양에너지, 풍력, 수소에너지에 대한 회사의 투자를 홍보했지만, 정작 회사는 북극 야생보호지역 같은 장소들에서 석유 시추에 계속 투자하거나 투자를 확충했고 소위 "친환경 에너지"에 대한 투자는 상대적으로 인색했다. BP는 결국 많은 사람들의 의혹을 받게 되었다. 《포춘》은 210조

원의 자산을 보유한 이 대기업에 대해 이렇게 비꼬았다. "세계 제2의 석유회사가 석유를 초월한다면, 《포춘》은 언어를 초월한다."

그런데 2005년 후반에 한 평론가는 "진실이 인식에 근접하는 듯하다"고 언급했다. BP는 여러 성과를 거두었다. 온실가스 배출을 낮추고, 대체에너지 부서를 신설해 태양에너지 부서가 세계 시장에서 10퍼센트의 점유율을 차지하면서 처음으로 흑자로 전환한 것은 주목할 만했다. 하지만 2004년에 잇따른 악재에 시달리게 되었다. 텍사스 정유공장에서 사고로 직원 2명이 사망했고 6개월 후에는 같은 공장에서 폭발로 직원 15명이 사망했던 것이다. 2006년 초에는 알래스카 파이프라인에서 석유 4800배럴이 유출되었고, 8월에는 파이프라인의 대규모 부식이 발견된 프루도만 공장을 폐쇄해야 했다. 같은 해 미국 노동부는 오하이오 정유공장이 안전기준에 부적격하다는 책임을 물어 29억 원의 벌금을 부과했다. 법무부는 BP의 거래업체들이 프로판가스 시장을 불법적으로 조작했다는 혐의를 조사했고, 허리케인 데니스가 강타한 멕시코만의 1조2000억 원 시추 시설은 붕괴 위험에 처했다. 환경주의자들은 다시금 회사의 동기에 의혹을 제기했다. 비즈니스 칼럼니스트 조 노세라는 노골적으로 지적했다. "환경민감도에 대한 BP의 입장이 사람들에게 받아들여지기까지는 오랜 시간이 걸릴 것이다." 자신의 실체가 아닌 것을 광고할 경우, 얼마나 쉽게 가식성의 인식을 초래하는지 기억하라.

이런 비난은 어디서 비롯되는가? 전임 회장 존 브라운이 실행한 "석유를 초월한"이라는 BP의 전략적 의도는 회사의 수행영역의 한계를 벗어나는가? 회사의 가치체계—혹은 기업의 핵심—가 그 전략적 의도와 조화되지 않는가? 혹은 단순히 수행에 문제가 있는가? 런던 경영대학원의 크레이그 스미스는 한 가지 대답을 제시한다. "현재 우리가 보고 있는 것은 전략의 실패가 아닌 수행의 실패다." 회사는 2006년 연례 보고서에서 "더 효과적인 수행"을 네 가지 핵심적인 단계의 하나로 선정하면서 자체적으로 그 견해에 동의했다. 비록 당신이 가능한 한계 안에 확고히 미래를 덧붙였다고 해도(우리는 아직 BP가 미래를 확립하지 못했다고 생각한다. BP는 최소한 전략적 지평에서 그 점을 볼 수 있을 때까지 석유를 초월한다는 광고 캠페인을 시작하지 말아야 했다) 반드시 잘 수행해야 한다는 과제를 해결해야 한다.

BP의 체험을 약 40년 동안 전 세계의 어떤 기업보다 뛰어난 수행을 펼친 기업인 토요타와 비교해보라. 토요타도 BP와 마찬가지로 세계 최고의 고품질 자동차 제조업체가 되기 위해 자사의 지평선 훨씬 너머에 존재하는 미래에 헌신했다. 오늘날 토요타 자동차가 한때 미국에서 "쓰레기"로 치부되었다는 사실을 기억하는 사람은 거의 없다. 1950년대 후반에 처음 출시한 토요펫은 완전한 실패작으로 입증되었다. 하지만 토요타는 절약형 생산체제를 적용하면서 해마다 꾸준한 발전을 거듭했고 1960년대 중반에 마침내 코로나와 코롤라로 미국 시장의 발판을 마련하는 데 성공했다.

토요타는 계속 발전하고 있다. 1975년에는 폭스바겐을 제치고 미국 수입차 1위 자리에 올랐다. 당시 두 번의 석유 파동으로 미국 소비자들이 토요타를 비롯해 차체가 작고 연비는 높은 일본 자동차를 선호하게 된 것이다. 1984년에 미국 정부는 자동차 업계의 압력으로 일본에 자발적 수입 쿼터제에 동의하도록 요구했지만 그 정책은 오히려 더욱 심각한 문제들을 유발했다. 토요타는 조지타운과 켄터키에 최초의 해외 공장을 건설하며 미국 분위기의 차를 만드는 데 확실히 집중하는 것으로 대처했다. 더욱이 《뉴욕타임스 매거진》에 의하면, "토요타의 마케팅 전략가들은 1970년대 이후로 미국식의 진정성의 분위기를 확립하기 위해 노력하고 있다." 이 회사는 환경을 생각하는 대중에게 프리우스로, 유행에 민감한 젊은 성인들에게 사이언으로 진정성을 연출하는 데 성공했고, 이제는 툰드라로 "트럭 운전의 진정성"을 갈망하는 "진정한 트러커들"을 겨냥한 포지셔닝을 진행하고 있다.

토요타는 여전히 발전하고 있다. 미국 자동차 제조업체들은 쿼터제가 이런 새로운 위협과 발전에 대응할 수 있는 시간을 준다고 말하면서 여러 해 동안 가격을 인상하는 안일한 운영을 지속했다. 업계에서 현실을 직시하고 품질 개선에 주력했을 때는 이미 토요타의 상승세를 저지하기는 너무 늦은 시점이었다. 2007년 1/4분기에 토요타는 포드를 추월하고 미국 내 2위로 올라섰다. 이런 결과는 토요타가 표방하는 "자동차와 트럭의 생산을 통해 사회를 풍요롭게 만든다"는 "최우선 원칙"(목표감각)과 끊임없는 프로세스 개선이라는 핵심가치에서 직접 비롯되었다. 토요타의 럭셔리 브랜드인 렉서스는 "완벽을 향한 끊임없는 추구"라는 구호를 채택하고 있다. 회사 전체가 결점 없는 수행을 추구하면서 실수가 발생할 때마다 즉시 개선한다. 그것이 수십 년 동안 이어져온 토요타의 방식이다.

수행을 잘 하려면 조직은 (최고 품질의 자동차 제조업체인 것처럼 행동한) 토요타와 (사라진 개인화 기술을 회복한 것처럼 행동한) 산후안 리저널 메디컬 센터처럼 일종의 가정에 의해 규정되는 행동방침에 헌신해야 한다. 이런 헌신이 없다면 수행영역의 중심에서 멀리 떨어진 전략적 포지셔닝은 시도하는 것조차 어리석은 일이다. 도널드 설은 저서 『최적의 부활Revival of the

Fittest』에서 "전략, 프로세스, 자원, 가치, 투자자와 소비자와 파트너와의 관계에 대한 헌신"에 이르는, 모든 조직이 겪는 헌신의 주기에 대해 논의한다. 이것들은 그가 "규정의 헌신"이라고 지칭하는 것으로 "조직의 필수적인 성격을 형성"하며, 7장에서 언급했던 자아에 대한 충실성의 다섯 가지 요소를 모두 확립했을 때 회사의 기원과 초기 역사에 걸쳐 그 기업의 유산을 형성한다. 일단 이런 상황이 갖춰지면—기업의 핵심, 산출물의 유형, 유산의 영향, 목표 감각, 가치체계가 어우러져 기업의 근원을 형성하여—도널드 설이 "강화의 헌신"이라고 지칭하는 것들이 작용한다. 경영자들의 '규정의 헌신'이 "그들의 행동을 제한하는(즉 회사의 미래의 가능성을 우리가 여기와 지금의 공간 모델에서 보았던 것처럼 제한하는) 성향"을 나타낸다면, 강화의 헌신은 수행영역에서 방향의 변화 없이 "조직을 정해진 궤도에 고정한다."

이것이 더 이상 효과를 거두지 못하고 더 과감한 행동이 요구될 경우에 강화의 헌신을 변경하기란 대단히 어렵다. 강화의 헌신은 단지 과거의 태도, 행동, 사고방식을 강화하는 데 특화된 것이기 때문이다. 기업 대부분은 도널드 설이 "과거에 성공한 활동들을 촉진하는 (…) 활성적 타성기 active inertia"라고 지칭하는 단계에 진입한다. 이 현상이 전개되는 것이 경영자들이 현재의 상황을 이해하지 못하거나 효과적으로 대응하지 못할 만큼 나태하거나 맹목적이거나 어리석기 때문은 아니지만, 간혹 외부에선 그렇게 보이기도 한다. 도널드 설은 이렇게 설명한다. "세계가 변화하는 시기에 경영자들은 과거에 효과를 거두었던 것에 더욱 박차를 가하면서 대처한다. (…) 자동차가 진흙탕에 빠졌을 때와 마찬가지다. 경영자들은 끝까지 가속페달을 밟지만 오히려 자동차는 더 깊이 빠져들고 만다."

한 기업의 미래의 전략적 포지셔닝이 자사의 한계에 근접한 지점에 위치할 경우에 도널드 설이 주장한 헌신의 주기 중 마지막 단계인 "변용의 헌신"이 필요한데, 이것은 현상유지를 위한 비용을 증가시키거나 현상유지의 가능성을 제거해서 근본적으로 조직을 "새로운 궤도에 올려놓는다." 변용의 헌신은 부득이 강화의 헌신에 역행하지만 반드시 규정의 헌신을 폐기시키는 않는다. 오히려 과감한 행동 없이 달성할 수 없는 새로운 전략적 포지셔닝으로 규정의 헌신을 새로운 환경에 맞게 재해석한다. 이것은 샘 팔미사노 재임 기간에 IBM이 수행했던 바로 그 방식이다. IBM은 오랜 기간 유지해온 자사의 기본 신념에 대한 헌신을 폐기하지 않고 새로운 시대에 맞게 재해석했다. 물론 이것은 새로운 회장이었던 루 거스트너가 (더 이상 효과를 거두지 못하는) 행동에 대한 헌신을 고수하는 조직의 활성적 타성기를 깨뜨린 후에야 비로소 가능할 수 있었다.

앞서 우리는 미래의 상태에서 현재의 상황으로 되돌아오는 가정의 백터를 개발하는 것을 강조했지만 그림 9-6에 제시된 것처럼 미래의 여기와 지금의 공간에서 현재의 거기와 그때의 공간으로 도달하는 데 필요한 단계들을 항상 명확히 이해할 수는 없다(이것이 바로 신임 CEO로서 "지금 당장 IBM에 전혀 필요하지 않은 것은 바로 비전이다"라는 유명한 말을 남긴 거스트너의 경우다). 이 경우에 궤도에서 진로를 인도하면서 사람들에게 혁신적인 성과를 이끌어내도록 독려하는 것은 바로 변용의 헌신이다.

거스트너가 CEO로 취임하기 오래전에 전직 IBM 연구원 앨런 서는 혁신적인 성과를 창출하기 위한 구조—특정한 시간과 비용의 범위 안에 주요한 혁신을 이끌어내는 프로그램—를 개발했다. 만약 사람들이 특정한 날짜까지 특정한 혁신을 이끌어내야 한다고 믿으면서 변용의 헌신을 창안한다면 아무리 불확실한 미래이거나 아무리 어려운 임무일지라도 그것을 토대로 해결책을 찾을 수 있다. 앨런 셔의 핵심적인 아이디어는 혁신은 실패를 통해 일어난다는 견해에서 비롯된 것이다.

실패란 어떤 목표에 부합하지 않거나 미치지 못하는 상황으로 정의된다. 실패는 실제로 노력한 결과와 현재의 상황에서 예측할 수 있는 결과의 격차가 존재할 때마다 일어난다. (…) 실패는 특별한 행동을 요구한다. 사람들에게 관심을 전환하고 사물을 다르게 바라보도록 한다. 이런 인식의 변화는 이따금 사람들에게 과거에 고려하지 않았던 행동에 내재된 기회를 발견하도록 이끄는 계기가 되기도 한다.

실패는 조직의 구성원들이 사실상 충족시킬 방법이 존재하지 않는 헌신을 고수할 때마다 일어난다. 만약 미래에 덧붙인 지점에 현재의 위치까지 인식과 예측이 가능한 수행의 진로가 존재하고 실패할 가능성이 없다면 조직은 자체적으로 알고 있는 방법으로 수행할 수 있다. 하지만 그런 진로가 존재하지 않고 조직이 계속 변용의 헌신을 고수한다면 실패가 뒤따른다. 가장 해결 쉬운 방법은 헌신을 포기하고 부담을 덜어내는 것이다. 그러면 계획된 미래는 빠르게 수행영역의 한계에서 벗어날 것이다. 반면 가장 어려운 방법(실제로 "행복의 파랑새"를 쫓지 않는 유일한 방법)은 혁신을 달성하는 것이다.

아무리 성공의 가능성이 희박해도 조직의 구성원들이 헌신을 고수한다면, 앨런 서가 썼듯 혁신은 실제로 일어날 수 있다. 이 경우에 기업은 수행영역의 중심에서 멀리 떨어진 계획된 미래를 실현할 수 있다. 이런 혁신은 수행을 잘 하려는 부단한 노력이 요구된다.

래리 보시디와 램 차란은 저서 『실행에 집중하라Execution』에서 수행을 "자체적인 규율"로 판단한다. 두 저자는 자아에 충실한 리더들을 구분하는 일곱 가지 필수적인 행동의 목록을 제시한다. 리더는 사람들과 비즈니스에 대해 알아야 하고, 현실성을 고수해야 하며, 명확한 목표와 우선순위를 설정해야 하고, 끝까지 최선을 다해야 하며, 실행자에게 보상해야 하고, 사람들의 가능성을 확장해야 하며, 자신을 알아야 한다. 보시디와 차란은 리더 자체에 초점을 맞추고, 우리는 리더가 이끄는 기업과 창출하는 산출물을 다루지만, 우리 모두는 그들이 행동 목록을 마무리한 방식에서 교훈을 얻을 수 있다. 그들의 결론은 여기와 지금의 공간에 대해 우리가 제시한 첫 번째 원칙과 일치한다. 바로 자신의 유산에 대한 연구를 통해 자신을 알아야 한다는 것이다. 따라서 마지막이 첫 번째가 되는 것이며, 자아에 대해 충실하기 위한 핵심적인 사항도 미래를 덧붙이고, 주변을 철저히 조사하고, 영역을 확대하고, 한계를 파악하고, 자신의 궤도를 설정하고, 포지셔닝을 확인하고, 유산을 연구하는 것이 된다. 이 모든 것은 당신이 반드시 실행해야 하는 것이다. 더불어 과거의 자신의 행동은 현재의 자신을 형성하고, 현재 자신의 행동은 미래의 자신으로 이어진다는 사실도 기억해야 한다.

여기와 지금에서 벗어나라. 그리고 현실에 부딪쳐라. 당신의 미래는 바로 거기에 달려 있다.

제10장

진정성 찾기

자신에게 올바른 방향

미국 버지니아 알렉산드리아에 위치한 컬러마케팅 그룹은 해마다 10개의 산업을 대표하는 색상 및 디자인 전문가를 대상으로 "컬러커넥트"라는 행사를 개최한다. 수백 명의 디자이너들은 여러 업계를 아우르는 팀을 구성해서 공동으로 유행 분석을 실시하고, 그 유행에서 비롯되는 특정한 디자인 근원을 파악한 후에 서른 가지 새로운 색상을 개발한다. 2005년에 참가자들은 "실제보다 나은" 제품을 갈망하는 소비자들의 기대를 설명하기 위해 "대비/병치"의 유행을 제안했다. 당시에 작성된 보고서에 의하면, "모든 산업에서 양극화가 파악되었고 (…) 우리가 살고 있는 복잡한 세계는 똑같은 시간과 장소에서 정반대의 가치들과 공존하도록 강제할 것이다." 그들은 각각 상반된 두 요소 간의 상호작용을 포함하는 네 가지 근원을 파악했다. 첫째, "테크노에 앞선 네이처", 둘째, "혼돈의 바다에서 진실을 추구하는 우리의 열망, 진정성", 셋째, "팜 토탈, (…) 하나의 표현으로 통합된 관능과 섹시의 조합", 넷째, "타운하우스 쓰레기, (…) 대부호들조차 식별하지 못하고 (…) 누구도 가식으로부터 진실을 구분할 수 없는 부에 대한 풍자."

이 분석은 진실/가식 도표의 핵심에 내재된 상반된 요소들의 상호작용이 이루어지는 방식(진실과 가식 간의 양극화)을 나타낸다. 다음 표에서 우리는 가식적인 가짜와 진실한 진짜의 차이의 핵심을 설명하고 규정하기까지 하는 다섯 영역에 근거한 양극화를 나타내기 위해 진실/가식 도표와

표 10-1 다섯 가지 진실한 진짜/가식적인 가짜 극성

영역	◄────────	극성	────────►
자연성의 진정성	가식적인 가짜	인공적인↔자연적인	진실한 진짜
독창성의 진정성	가식적인 가짜	모방의↔독창적인	진실한 진짜
특별함의 진정성	가식적인 가짜	불성실한↔성실한	진실한 진짜
연관성의 진정성	가식적인 가짜	가식적인↔진실한	진실한 진짜
영향력의 진정성	가식적인 가짜	불순한↔순수한	진실한 진짜

진정성의 다섯 영역을 조합했다. 개별 극점을 살펴보기보다 각각의 극성을 대비함으로써 새로운 산출물과 비즈니스에 진정성을 연출할 수 있는 기회를 발견할 수 있을 것이다.

진실/가식 극성의 활용

자연성의 진정성에 대한 가식적인 가짜와 진실한 진짜 간의 극성(인공적인↔자연적인)을 파악하려면 잔디를 생각해보라. 모든 조경은 존재론적으로 허위적이다. 천연 잔디는 (평범한 토지와 비교하면) 진실한 진짜로 연출되지만, 심고 다듬고 이따금 물과 비료를 주기 때문에 실제로는 가식적인 천연 잔디다. 오랫동안 주도적인 잔디의 형태였던 가식적인 천연 잔디는 오늘날 인조 잔디라는 새로운 산출물과의 경쟁에 직면하고 있다. 바로 진실한 인조 잔디다. 그것은 1965년에 휴스턴 애스트로돔에서 애스트로터프라는 이름으로 처음 등장한 완전히 가식적인 인조 잔디가 아니다. 스포츠 시설 잡지 《팬스타디아》에 따르면, 그것은 단단한 표면 위에 (…) 잔디를 깐 카펫에 불과했다. 몬트리올의 필드터프는 천연 잔디의 "활용성"을 갖춘 인조 잔디를 판매하는데, 1997년만 해도 고등학교, 대학교, 운동경기장에 인조 잔디를 설치하는 공사는 고작 몇 건에 불과했지만 현재는 무려 1200건 이상으로 증가했다. 인조 잔디의 활용 범위는 스포츠 시설에서 다른 체험 현장, 심지어 거주지(주로 미국 남부지역)로까지 확장되었고 라스베이거스의 윈리조트는 올랜도에 기반을 둔 회사인 신론SYNLawn의 인조 잔디를 2만 제곱미터(약 600평) 이상의 대지에 설치했다. 이런 상황을 보며 이상하다는 생각이 들지도 모르지만 "인공적인" 것을 "잔디"처럼 자연적인 것과 대비하는 방식은 비용이나 환경의 측면에서 천연 잔디를 가꾸고 유지하기 어려운 지역의 가정들에게 완벽한 의미를 지닌다. 물론 시장에서 인조 잔디의 부상은 수분을 덜 필요로 하는 종자의 혼합부터 흙과 바위의 모습을 강조하기 위해 잔디의 푸른색을 억제하는 조경 수단에 이르기까지 새로운 자연산출물을 탄생하게 한다.

『진짜The Real Thing』에서 마일스 오벨은 이렇게 언급한다. "우리는 진정성 같은 것을 갈망하지만 정작 모조품 따위에 쉽사리 만족한다. 모조품들은 우리 주위에 널려 있다." 실제로 모조품은 오랜 세월 소비자들에게 진실한 진짜의 가치를 제공해왔는데, 처음에는 대량생산(비용 절감의 수단으로), 오늘날에는 '모조의↔원조의' 극성을 활용한 싸구려 복제품들을 통해 공급된다. 《뉴욕타임스 매거진》의 "윤리주의자" 랜디 코언은 이렇게 지적한다. "복제품은 진품의 외형을 모방하지만 그 자체로 정체성을 표출하지 못한다. 그것은 부정한 수단으로 구축된 것은 아니다. 다른 사람들의 작품을 차용하는 것은 (…) 아이디어가 그 문화에서 확산되는 방식이기 때문"이다(에릭 클랩튼이 로버트 존슨의 모방자인가? 그것이 나쁜 행위인가? 다른 위대한 기타리스트 서너 명의 방식을 수용했다면 그가 더 고결해졌을 것인가?). 더욱이 완벽한 독창성이 최고의 선이라면 어떻게 우리가 네트워크 텔레비전 없이 살아갈 수 있겠는가? 마찬가지로 왜 우리는 이케아에서 판매되는 제품을 구입하는가? 또한 해마다 등장하는 자동차의 "○○년형 신모델"은 무엇인가?(작년 모델의 외형과 특징을 대폭 차용한 가식적인 원조라는 말인가)

「노 마케팅의 마케팅」이라는 팹스트 블루리본 맥주에 대한 《뉴욕타임스》의 기사는 특별함의 진정성의 '불성실한↔성실한' 극성에서 발견된 가치에 대한 관점을 제시한다. 한때 존폐 위기에 몰렸던 팹스트 브랜드는 "마케팅을 혐오하는 부류의 사람들"에게 호응을 얻고 있다. 저널리스트 롭 워커는 팹스트의 마케터들이 "자사의 제품이 인기를 끄는 듯한 시기에 다른 마케터들이 하는 행동"—요란한 포장 디자인의 도입, '멋지고 매력적인' 사람들로 가득한 광고의 실행 등—을 자제했다고 지적한다. 팹스트는 진정성의 인식을 강화하는 많은 공간 조성 체험을 후원하면서 별도로 술집들에서 다양한 매장 마케팅과 판촉 행사를 시행한다. 팹스트를 선호하는 소비자들의 시각에서 이 브랜드가 육체노동자의 핵심적인 장소와 연계하는 상징적인 결속은 진짜라는 인식을 이끌어낸다. 이처럼 상반된 노 마케팅의 마케팅은 블루리본 맥주의 판매 신장에 지속적인 효과를 미치고 있다. 팹스트의 이러한 '가식적인 성실한' 마케팅과, 전국 시장에 대량 공급을 추구하는 "지역의" 군소 맥주 회사들의 '진실한 불성실한' 행동을 비교해보라.

아래에서 명확히 밝혀지겠지만 동기에 대해서는 다섯 번째 '불순한↔

순수한' 극성으로 옮겨가도록 하자. 이 영향력의 진정성의 극성에 대해서는 토니 로빈스 같은 동기유발 연설가들을 살펴보아야 한다. 로빈스는 의심의 여지없이 다른 사람들에게 성공을 달성할 수 있도록 도우려는 진정한 열정을 지니고 있지만, 분명히 현실적이고 야심만만한 자아도 지니고 있다. 요컨대 어떤 사심도 없이 다른 사람들을 돌보는 마더 테레사가 아니다. 그가 지닌 것은 다른 사람들을 도우면서 유명한 조력자로서 자신의 지위도 격상시키고 결국 더 많은 돈을 벌어들이는 '가식적인 순수함'이다. 마찬가지로 PBS 방송의 비상업적 광고들에 등장하는 사람들—경제 부문의 수지 오먼, 건강 부문의 디팩 초프라, 역사 부문의 켄 번스 등—은 이런 측면에서 로빈스와 대단히 흡사하다. 그들의 이기적 성향의 자조自助는 다른 사람들에게 스스로를 돕는 수단으로서 도움을 제공한다. 이런 유명한 카운슬러들이 부상하면서 진실한 불순함의 공허함에 대한 조언도 등장하게 된다. 제리 스프링거가 자신의 쇼를 마무리하며 강조하는 발언이나 〈비비스와 버트헤드〉, 〈심슨 가족〉, 〈사우스 파크〉에서 만화 캐릭터들이 제시하는 엉뚱한 실생활의 관점에 대해 생각해보라.

우리가 연관성의 진정성에 대한 '진실한↔가식적인' 극성을 마지막으로 살펴보는 것은 그럴 만한 이유가 있다. 이는 진정성이 새로운 소비자 감각으로 부상하는 시기에 상반된 요소들 중 가장 강력한 대비를 나타낸다. 이 책을 되돌아볼 때 전체적으로 우리는 진실한 진짜와 가식적인 가짜의 극성에 관한 다양한 측면을 다루었을 것이다. 하지만 여기서 우리는 순서를 바꾸었는데, 위와 같이 다른 극성들과 똑같은 구성을 활용하면 그 대비의 결과는 진실한 가짜나 가식적인 진짜가 된다는 것을 알기 때문이다.

진실과 가식의 대비: 순수성이 아닌 극성을 생각하라

이처럼 진실한 진짜와 가식적인 가짜 간의 다섯 가지 극성에 초점을 맞추는 것은 엄청난 가치를 창출할지도 모르지만, 진실한 가짜와 가식적인 진짜 간에 존재하는 긴장을 해소하는 것—위의 각 사례에서 보는 것처럼—이 대비된 정체성을 연출하기 위한 더 강력한 기반을 제공할지도 모른다. 이런 가능성을 살펴보기 위해 그림 10-1처럼 '진실한 진짜↔가식적인 가짜' 극성을 진실한 가짜와 가식적인 진짜를 구분하는 경계로 설정하라.

어떤 기업도 완벽하게 자아에 충실한 상태를 유지하거나 항상 자체적인 정체성을 그대로 유지하지 못한다. 진실한 진짜의 이상에서 어떤 중대한 이탈은 기업의 결과물을 진실한 가짜나 가식적인 진짜로 규정하는데, 그 이탈이 두드러지게 나타난 기준에 따라 본질적으로 경계선의 어느 한쪽으로 추락하게 된다. 마찬가지로 기업이 두 가지 기준에 모두 완벽히 실패해서 완전히 가식적인 가짜로 인식되는 경우도 지극히 드물다. 가식적인 가짜에서 어떤 중대한 이탈은 기업의 결과물을 진실한 가짜나 가식적인 진짜로 규정하는데, 이 경우는 어느 한쪽으로 상승하게 된다. 이런 존재론적 진실성을 인식하면 자신의 가식적인 자아의 특정한 본질과 가식적인 발언을 인정하는 기회를 가질 수 있고 결국 그것을 현상학적 진정성을 더 두드러지게 연출하는 데 활용할 수 있다. 다음 그림에 묘사된 선의 양쪽에 위치한 진실한 가짜나 가식적인 진짜의 항목은 일반적으로 산출물에 더 정직하고, 더 투명하고 진정한 포지셔닝과 표상을 제공한다.

예전에 워크숍에서 만난 한 참가자는 긱 스쿼드에 적용한 이 관점을 알려주었다. "우리의 콘셉트가 호소력을 갖는 이유는 직원들이 멋진 괴짜

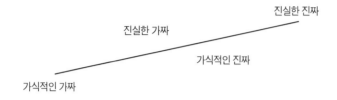

그림 10-1 진실한 진짜와 가식적인 가짜의 명확한 경계

진실한 진짜

진실한 가짜

가식적인 진짜

가식적인 가짜

들이라는 사실에 있다. 그들을 그토록 진정하게 보이게 만드는 것은 바로 대비의 효과다." 괴짜와 멋진이라는 상반된 단어의 조합은 24시간 컴퓨터 지원 특수부대를 더욱 진정하게 연출할 수 있는 전제를 제공한다. 왜 긱 스쿼드의 멋진 괴짜들이 멍청한 괴짜들보다 더 진정해 보이는 것일까? 긱 스쿼드 산출물이 만들어지는 것은 비즈니스를 뒷받침하는 '존재론적↔현 상학적' 진실성을 인정하는 것이다. 그토록 많은 소비자들에게 그토록 강 력한 진실성을 나타내는 요인이 바로 이런 '진실한 진짜↔가식적인 가짜' 의 경계선을 넘나드는 현상이다. 긱 스쿼드가 확실히 자아에 충실하면서 동시에 자체적인 정체성도 유지하는 듯하지만, 긱 스쿼드 "특수요원"의 외형은 일반적인 컴퓨터 지원 서비스의 체험과 차별화하기 위해 신중하 게 선택한 외형이다─따라서 디즈니랜드, 세컨드 라이프, 베니션호텔과 유사한 가식적인 진실성이다. 긱 스쿼드를 가식적인 진짜로 고려해야 하 는 것은 로버트 스티븐스와 그의 열렬한 지지자인 우리에게 고통스러운 일일지도 모르지만, 멋진 괴짜라는 이 기업의 핵심을 이처럼 잘 설명하는 것은 없다.

긱 스쿼드를 모방한 경쟁업체들 중 어떤 기업도 아직까지 그와 같은 상상력을 포착하지 못했다. 대부분은 전이하는 과정에서 실패하고 말았다. 긱 스쿼드와 경쟁하기 위한 최선의 방법은 그들을 패러디하는 것보다, 정반대인 진실한 가짜로 나아가는 것, 즉 기술전문가들에게 적합한 완전히 새로운 최신 유행의 복장과 외형(멋쟁이 괴짜라고 지칭하려 한다)을 개발해서 괴짜들을 우상화하는 것일지도 모른다. 그다음 그들에게 똑같은 흑백의 폭스바겐 비틀이 아닌 각자에게 맞춤화된 사이언을 타고 출동하게 해야 한다. 이처럼 대안으로서 멋쟁이 괴짜라는 진실한 가짜의 가능성을 활용한 회사는 성공을 거둘지도 모른다. 긱 스쿼드에 대한 진정성을 연출하기 위한 최고의 가능성은 다음의 극성에 내재한다.

진실한 가짜 [괴짜 멋쟁이 ↔ 멋진 괴짜] 가식적인 진짜

무엇보다 앞서 우리가 강조했던 것처럼 진실한 진짜가 되기란 대단히 어렵다. 이처럼 순수한 진정성은 항상 덧없기 마련이고 도달하기도 어렵다. 진실한 가짜와 가식적인 진짜는 진정성의 항목에서 달성하기 훨씬 쉬운 편이며, 6장에서 이 두 항목에 대한 접근법으로 다루었던 '믿음을 창조하라', '가식성을 드러내라'는 다른 두 항목의 접근법인 '인조화하라', '진실해져라'보다 가치의 측면에서 더 큰 가능성을 제공한다.

순수성이 아닌 극성을 생각하라. 주 경쟁업체가 이미 한 영역에서 컴퓨터 지원 업계의 긱 스쿼드처럼 확고한 위치를 점유했다면, 당신은 정반대의 영역을 공략해야 한다. 당신이 산출물을 가식적인 진짜나 진실한 가짜 중 어느 것이 되는 지점에 미래의 포지셔닝을 덧붙이든, 그 극성의 끝에

초점이 맞추어진 레이저처럼 극도로 집중해야 한다.

여기와 지금의 공간에서의 벡터와 일치시키기

민코프스키 공간에서 미립자의 광원추는 양쪽의 한계에 의해 규정되는 1차원적 삼각형이 아니라(비록 그림 9-1에서 평면으로 표현되지만), 실제로는 길이, 넓이, 높이를 지닌 3차원적 원뿔이라는 것을 상기하라. 따라서 광원추의 한계는 시간과 공간에서 그 미립자의 위치로부터 발산되는 무한한 벡터에 의해 규정된다. 각 벡터는 가능한 움직임의 한계를 규정하고 시공간에서 움직임의 정반대 한계를 구성하는 원뿔의 반대쪽에 마주보는 거울 이미지, 정반대의 극성을 지닌다. 미립자의 실제 움직임은 항상 한 지점을 향해 나아가고 정반대의 극성에서 멀어지면서 오직 그 미립자가 광속으로 움직이는 장소와 시간에서만 동조하는 하나의 벡터와 일치한다.

이것은 비즈니스 세계의 미립자와 마찬가지인 그림 9-3의 여기와 지금의 공간에 위치한 기업에도 똑같이 적용된다. 한 기업의 수행영역은 산출물, 가능성, 소비자들로 이루어진 3차원의 원뿔에 내재하며 그 한계는 여기와 지금의 공간에서 그 비즈니스의 위치로부터 발산되는 무한한 벡터에 의해 규정된다. 마찬가지로 각 벡터는 가능한 움직임의 한계를 규정하며 그 3차원을 가로지르는 정반대의 선택을 반영하는 극성을 지닌다. 민코프스키 공간의 미립자처럼 비즈니스의 실제 움직임도 항상 하나의 벡터(산출물, 가능성, 소비자에 대한 하나의 선택)와 일치하며 그와 정반대의 극성에서 멀어지는데, 이 두 극성은 그 비즈니스가 완벽한 수행으로 움직이는 장소와 시간에서만 동조한다.

물론 진실한 진짜의 순수성과 가식적인 가짜의 완벽한 불순함은 이처럼 정반대의 벡터에 해당한다. 하지만 순수를 이루기란 대단히 어렵다는 것을 감안하면 여기서 우리가 관심을 갖는 정반대의 벡터는 그림 10-2처럼 진실한 가짜와 가식적인 진짜를 나타낸다.

당신의 비즈니스는 수행영역을 나타내는 이 원뿔의 가장 아래에 위치한 지점에 있다. 당신의 임무는 9장에서 다루었던 것처럼 여기와 지금의 공간에서 포지셔닝을 확인하기 위해 유산을 연구하고, 현재의 궤도를 설정하고, 당신이 나아갈 수 있는 한계를 파악한 후에 (미래완료 시제에서) 현재로 거슬러오기 위한 미래를 덧붙이면서, 어떤 새로운 궤도를 통해 그 미래의 포지셔닝을 달성할 수 있는지 결정하는 것이다.

그림 10-2 민코프스키 공간

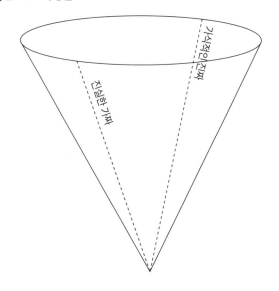

그 덧붙여진 포지셔닝은 아래의 그림에서 당신의 수행영역을 나타내는 원뿔 내부의 위쪽 어딘가에 위치한 지점이다. 그 지점을 가장 잘 찾을 수 있는 방법을 설명하자면, 그 원뿔을 규정하는 경계, 즉 당신의 비즈니스를 위한 진실한 가짜와 가식적인 진짜를 규정하는 두 개의 상반된 벡터와 관련된 지점과 시기를 찾는 것이다. 진정성을 더 두드러지게 연출할 수 있는 가능성은, 기업이 실행해야 할 극성을 다양하고 폭넓게 생각하는 것에 있다. 그렇게 한다면, 당신은 자신이 가짜라는 사실을 깨닫고 비록 진실한 가짜나 가식적인 진짜일지라도 진짜를 연출할 수 있도록 이끄는 포지셔닝을 발견할 것이다. 더욱이 그 포지셔닝은 당신의 산출물을 시간이 흐를수록 더 진실한 진짜로 연출할 수 있는 궤도로 이끌 가능성도 대단히 높다.

다섯 가지 핵심적인 극성

표 10-2에 제시된 것처럼 인식된 진정성의 특정한 극성은 각 항목별로 기업들이 어떻게 진정성을 연출하는지를 나타낸다. 무수히 많은 다른 극성들은 어떤 산업이나 비즈니스의 '진실한 가짜↔가식적인 진짜' 극성을 규정할 수 있으며 그것들은 저마다 당신에게 더 큰 가치를 창출할 수 있는데, 바로 그것이 상대적으로 덜 알려진 영역에 존재하기 때문이다. 따라서 여기서 다루는 다섯 가지 극성을 이해하고, 그것들을 당신의 비즈니스에 적용할 방법에 대해 다양하고 폭넓게 생각한 후에, 여기와 지금의 공간에서 당신의 특정한 위치와 궤도에 더 적합한 다른 방법들을 조사해야 한다.

표 10-2 다섯 가지 진실한 가짜/가식적인 진짜 극성

영역	◀─────── 극성 ───────▶		
자연성의 진정성	가식적인 가짜	Un-↔Re	진실한 진짜
독창성의 진정성	가식적인 가짜	Repro↔Retro	진실한 진짜
특별함의 진정성	가식적인 가짜	Premium↔Personal	진실한 진짜
연관성의 진정성	가식적인 가짜	Quasi-↔Pseudo	진실한 진짜
영향력의 진정성	가식적인 가짜	Other↔Self	진실한 진짜

자연성의 극성 'Un-↔Re-'

영어의 단순한 두 가지 접두어 Un-과 Re-는 그림 10-3에 '자연적인↔인공적인' 항목의 '진실한↔가식적인' 극성에 제시된 것처럼 자연성의 진정성에 대한 핵심적인 극성을 표현한다.

Re-의 대표적 사례는 바로 더바디샵이다. 현재 로레알이 소유한 더바디샵의 첫 매장은 1976년에 개장했으며 창업주 애니타 로딕은 처음부터 비즈니스의 포지셔닝에서 자연성의 진정성에 호소했다.

더바디샵의 산출물은 유니레버, 프록터앤드갬블, 헬렌 커티스 같은 대기업의 전형적인 포장재들보다 훨씬 더 진실해 보이는 듯했다. 더바디샵

그림 10-3 자연성의 진정성의 극성

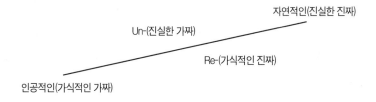

자연적인(진실한 진짜)

Un-(진실한 가짜)

Re-(가식적인 진짜)

인공적인(가식적인 가짜)

의 성공(47개국에서 1900개 이상의 매장을 운영하면서 1조3000억 원이 넘는 매출을 거두고 있다)은 Re-와 관련된 모든 것을 강조하는 자연성의 진정성에 대한 접근법에서 찾을 수 있다.

처음부터 더바디샵은 '리필refill' 서비스를 제공했다. 이 정책은 회사에서 쓰레기를 관리하는 4단계 접근법인 절감reduce, 재사용reuse, 재활용recycle, 폐기relinquish에 적절히 부합한다. 이런 Re-와 관련된 활동은 가식적인 진짜다─확실히 애니타 로딕이 추구하는 자아와 가치에 충실하지만, 회사가 시장 점유율을 확보했던 견고한 비누 비즈니스만큼 다분히 기업적이다. 더욱이 매장의 디자인을 살펴보라. 짙은 초록색 벽은 너무 겉치레인 것처럼 보이고 모시 벽지는 누구라도 알아볼 수 있으며 현란한 게시물들은 지나치게 요란스럽다. 플라스틱 선반 위에 놓인 플라스틱 병들은 플라스틱 쇼핑 바구니 속으로 들어간다.

이 범주가 재활성화되면서 이내 수많은 경쟁업체들이 부상했다. 가장 주목할 만한 업체는 더바디샵과 정반대의 정책을 실행하는 러시였다. 창업주 마크 콘스탄틴은 1978년에 더바디샵의 공급업체로 사업을 시작했지만 새로운 형태의 제품을 납품하려는 시도가 거부되면서 결국 독자적인 행보를 걷게 되었다. 오늘날 러시는 33개국에서 300개 이상의 소매점들을 운영하면서 자사의 고유한 비누와 샴푸를 비롯해 다른 미용제품을 판매하고 있다.

러시는 Un-와 관련된 것을 강조하는, 자연성의 진정성을 지향하는 가식적인 진짜의 진로를 예시한다. 러시에서 판매되는 거의 모든 것들은 그대로 드러나 있고unwrapped 병에 담기지 않으며un-bottled 구매자가 특정한 제품을 원하는 양만큼 선택할 때까지 포장되지 않고unpackaged 코팅되지 않은un-coated 봉투를 사용한다. 자르지 않은uncut (마치 비누제조소에서 곧장 배달된 듯한) 비누 조각들은 나무 테이블 위에 놓여 있다. 매장 디자인은 마감되지 않은unfinished 것처럼 보인다. 벽은 페인트칠도 안 되고unpainted 손질도 안 된untreated 채 그대로 노출되어 있다. 나무 선반과 바구니도 화장판을 붙이지 않거나unveneered 부자연스럽게 보이게 할 만한 요소들을 모두 제거한다un-anything else. 콘크리트 바닥에는 카펫도 깔지 않고uncarpeted 타일도 설치하지 않는다un-tiled. 게시물들은 광택 소재에 인쇄되지 않지만 칠판에 직접 손으로 작성한 듯하며 특별히 꾸미지도 않고unadorned 고정되지도 않는다unfixed. 심지어 카탈로그마저도《러시타임스》라는 이름의 투박한 반체제 신문 같은 형태로 발행한다.

더바디샵과 러시는 모두 자연성의 진정성에 호소하지만 완전히 정반대의 지점에서 그것을 실행한다. 더바디샵은 진실한 가짜이고 러시는 가식적인 진짜다. 물론 이런 특성화는 절대적인 것을 거부한다. 진실한 가짜의 요소들은 더바디샵 내부(특히 최근에 리모델링한 매장들)에 존재하며, 러시는 몇몇 가식적인 진짜의 특성들(제품명을 칠판에 직접 손으로 작성한 듯한 글씨는 실제로 분필 글씨처럼 보이도록 인쇄한 것이다)을 유지한다. 그럼에도 자연성의 진정성의 지침을 적용하는 것이 특화된 산업 안에서 직접적으로 경쟁하는 이 두 업체는, 모든 비즈니스에게 교훈이 될 수 있는 'Un-↔Re-'의 극성을 확실히 입증하면서 오늘날 진정성을 추구하는 소비자들을 위한 두 가지 상반된 판촉 방식을 가장 뚜렷하게 나타낸다.

당신은 트위스타, 50센트, 퍼렐, 아샨티, 안드레 3000 같은 "썩 뛰어나지 않은 목소리un-golden throat"를 지닌 가수들의 "투박한 노래un-slick song"에서 Un-의 활용을 볼 수 있는데, 그들은 모두 "불완전함을 과시하는 방법을 터득"했다. 다음과 같은 분야에서도 Un-의 활용을 찾을 수 있다.

- 그랑 마르니에 같은 감식적인 산출물: 널리 알려지지 않았고, 찾기 어렵고, 발음하기 어렵다.
- 비콜라uncola와 비맥주unbeer 같은 범주의 제품
- 일본의 무지(무인양품, "상표 없는 좋은 제품"의 축약어) 같은 노브랜드 소매업체
- 플로리다 서프사이드의 비치호텔 발 하버 같은 "자유행동" 부티크 호텔: 소유주 제니퍼 루벨은 "꾸미지 않은 지극히 인간적인 아주 진실한 곳"이라고 말한다.

당신은 암스테르담의 전위적인 레스토랑 일레븐처럼, 간판도 없고 마감된 장식조차 없고 좀처럼 찾기 힘든 매장이나 레스토랑에서 Un-을 체험할 수도 있다. 일레븐은 센트럴 스테이션 뒤편의 포스트 CS 빌딩에 위치하는데, 강 위의 좁은 차도를 내려와 안전 창살을 돌아서 지저분한 주차장으로 진입한 후에, 페인트칠도 안 된 문을 열고 허름한 빌딩으로 들어서 임시 미술 전시장을 지나 온통 그라피티로 가득한 엘리베이터를 타고 11층까지 올라가야 한다—적어도 1, 2년 후에 빌딩이 철거될 때까지는 그렇다.

아방가르드(Un-을 내포하는 단어) 의류인 꼼데가르송은 베를린, 바르셀로나, 헬싱키, 바르샤바 같은 유행 장소들의 "꾸미지 않은 도시 공간"에서 "게릴라 숍"으로 등장했다. 디자이너 레이 가와쿠보와 그녀의 남편 애

드리언 조프는 벽을 장식하지 않고undecorated 바닥을 마감하지 않았으며 unfinished 선반도 평평하게 만들지 않는다un-straightened. 매장에는 어떤 광고도 없고 한 공간에서 오래 머물지도 않으며 심지어 이전 매장의 명칭조차 바꾸지 않는다. 「나이트클럽들은 누군가에게 발견되는 것을 원하지 않는다」라는 《뉴욕타임스》 기사에서 메리 스피쿠자는 Un-의 성향을 나타내는 바bar들에 대해 논의한다. 그들은 "관광객에게 바가지를 씌우는 매장"이 아닌 "은밀한" 매장이기 때문에 작은 공간에 "비밀스러운underground", "찾을 수 없는unfindable", "등록되지 않은unlisted", "세련되지 않은uncool", "보이지 않는unseen" 같은 단어들을 사용한 광고를 하면서 유행을 따르는 나이트클럽들과 정반대의 정책을 취한다.

그녀의 동료 윌리엄 L. 해밀턴은 한층 발전된 기사를 게재했다. 그는 「진정성의 가치는 무엇인가」라는 기사에서 더 이상 '원조'나 '진짜'로 남지 못할 때까지 오래된 산출물이 얼마나 많은 새로운 산출물들을 견뎌낼 수 있는지에 대해 논의하며, 무려 15개의 Re-가 붙은 다음 단어들을 사용한다. 재건된rebuilt, 재도장된repainted, 재생산된reproduced, 재규정된redefined, 복구restoration, 재조정된reconditioned, 회수된recalled, 갱신된revalidated, 재마감된refinished, 재창조recreate, 복구restoring, 재조정reconditioning, 재생산reproduction, 복구된restored.

어떤 사람은 경제적 구도의 전반에 걸쳐 Re-를 바라본다. 어떤 일용품의 특정한 자질에 대한 유용성의 재발견rediscovering, 기존 고객을 위한 서비스의 차원에서 지속적인 상품의 재생산reproducing과 교체replacing 및 재공급replenishing, 기분전환을 위한refreshing 체험(기념할 만한 이벤트를 재연하거나recreate 부활시켜서reenact 그 장소를 재방문할 경우에도 가식적인 곳으로 격하되지 않도록 하는 것), 소비자들에게 어떤 퇴보relapsing도 일어나지 않도록 보장하면서 그들이 열망하는 목적을 달성하는 데 필요한 수단을 상기시키는 것reminding 등등.

당신이 속한 업계에서 이미 Re-나 Un-의 극성을 적용하는 기업들이 있는가? 만약 그런 기업이 없다면 당신은 어떻게 그것을 활용해서 자연성의 진정성에 호소할 것인가? 만약 경쟁업체들이 이미 그 영역을 점유하고 있다면 아직까지 발견되지 않은undiscovered(혹은 재발견된rediscovered 어떤 벡터가 당신을 경쟁력이 풍부한 미지의uncharted 혹은 재탐색된re-charted) 공간으로 이끌 수 있는가?

독창성의 극성 'Repro↔Retro'

그림 10-4에 제시된 것처럼 독창성의 진정성에 대한 핵심적인 극성은 과거의 산출물을 독창적인 새로운 상태로 활성화하는 두 가지 다른 방식으로, 여기에 해당되는 Repro(복제한)와 Retro(복고적인)는 간혹 접두어로 사용되기도 한다.

레트로Retro 디자인들은 진실한 진짜로 인식되기 어려운데, 그것들은 독창적이지만 단어의 정의에 따르면 과거의 디자인들을 소환한 것이며 언제든지 더 독창적일 수 있기 때문이다. 폭스바겐의 뉴 비틀이나 크라이슬러의 PT 크루저를 생각해보라. 이 두 자동차는 자동자의 지향점에 대한 우리의 인식을 자극했기 때문에 성공을 거둔 새로운 모델이었다. 젊은 시절의 자동차와 흡사하지만 더 멋지고 세련되어진 것이다.

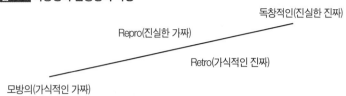

그림 10-4 독창성의 진정성의 극성

독창적인(진실한 진짜)

Repro(진실한 가짜)

Retro(가식적인 진짜)

모방의(가식적인 가짜)

　현재 모든 산업은 레트로를 통해 독창성의 진정성에 호소하는데, 그중 대표적인 사례가 HOK에서 설계한 캠든야드의 오리올 파크다. 이 시설은 구식이 아닌 신식(동시에 신식이 아닌 구식)이고 자체적인 정체성과 일치하지 않지만 야구와 오리올스, 볼티모어, 그 도시의 특정한 구역에 대단히 충실하다. 레트로 의류는 엄청나게 유행하고 있다. 하지만 이런 패션 디자인을 진정한 빈티지 산출물들과 혼동하지는 마라. 이 용어는 구식처럼 보이도록 디자인된 신식, 즉 단순한 가식적인 진짜 산출물이 아닌 진정한 (그리고 독창적인) 구식, 즉 진실한 진짜 산출물을 위해 남겨두어야 한다. 수많은 의류회사들은 실제로 입어서 낡은 것이 아닌 "빈티지"라는 명칭을 내세운 제품을 제공한다. 이처럼 독창적인 외형에도 불구하고 그것들은 자체적인 정체성과 일치하지 않는다.

　나이키는 에어 조던과 같은 자사의 독창적인 산출물을 레트로 형태로 만들 수 있을 만큼 오래되었고, 레트로 추세를 매우 선호했기 때문에 2003년에 컨버스를 인수하면서 수십 년 전의 오리지널 "척 타일러 올스타" 농구화를 되살리는 "척" 제품군도 함께 가져왔다. 경쟁업체인 뉴발란스는 이런 레트로 추세에 주목하면서 캔버스 PF 플라이어스를 출시했다. 허스트 매거진은 《세븐틴》을 매입해서 "산뜻한 복고풍이면서 놀랄 만큼 차분한" 형태로 재출시했다. 또 회사의 80년 역사를 반영하는 수많은 레트로 기념 아이템을 판매하는 디즈니는 레트로 체험을 창출했는데, 월트 디즈니월드 외부의 팝 센추리 리조트에서 "모든 건물들은 예전의 팝문화에 대한 향수를 일깨우도록 디자인"되었다.

모든 관심이 레트로에 집중되면서, 진실한 가짜는 미디어의 조명을 훨씬 덜 받았지만 수많은 산업 전반에서 적잖은 영향을 미쳤다. 우리는 여기서 reproduction(복제)에서의 Repro에 대해 말하고 있다. 이런 디자인은 외부적으로 오리지널과 똑같아 보이지만 내부적으로는 완전히 새로운 메커니즘과 테크놀로지를 갖추고 있다. 이런 구식 디자인/신식 생산의 산출물은 시계, 라이플, 휴대전화, 컴퓨터, CD 플레이어(턴테이블의 외형)에서 등장했다.

이 "재생 운동"은 특히 벽시계, 우편함, 문고리, 가구 등의 가정용 내구재에서 두드러진다. 주택 자체도 농장형 주택의 경우처럼 레프로Repro의 형태가 될 수 있다. 이런 디자인은 "상당한 진정성을 지닌 것으로 간주되어 사람들은 오래된 시골의 농장으로 착각할 정도지만" 내부는 완전히 현대식이다. 건축가들은 점점 더 "신식이지만 구식처럼 보이도록 하는 낡은 통나무와 골동품들"을 활용한 "인공적인 외형"의 연출을 추구하는데, 이런 "진정한 재창조"에 대해 한 구매자는 진짜보다 훨씬 더 진짜처럼 보인다고 말한다. 레프로 주택의 창조를 이끈 바이블은 무엇인가? 바로 『새로운 구식 주택New Old House』이다.

트리뷰트 밴드들도 레프로(과거의 노래, 새로운 가수)에 해당된다. 마케터들이 새로운 제품의 판촉을 위해 기술적으로 부활시킨 모든 광고(예를 들면 레프로 스티브 맥퀸을 등장시킨 포드의 레트로 머스탱 "블리트" 광고)도 마찬가지다. "원조 석기시대의 기술을 활용해서 고대의 화살촉, 칼, 도구를 재창조하는" 부싯돌 장인들은 레프로 장인들이다. 최근에 출시된 새로운 에어스트림의 캠핑카는 1950년대에서 막 튀어나온 것처럼 보이도록 제작되었지만 내부는 최신 장비들로 가득하다. 《하버드 비즈니스 리뷰》는 에어스트림의 CEO 디키 리겔을 두고 "진정한 것을 발명하는 것, 그것이 그의 업무"라고 소개할 정도로 이 제품에 지극히 호의적인 태도를 보인다. 샌디에이고, 팔메토 블러프, 사우스캐롤라이나, 브루클린, 베니션호텔, 디즈니랜드 같은 장소의 옛 거리에 늘어선 가스램프는 분명히 복제품이다(간혹 전구를 사용하는 것도 있으며, 심지어 가스관과 연결조차 되지 않았을 것이다).

버추얼토드닷컴virtual-toad.com의 미스터 토드의 와일드 라이드처럼 이제는 사라진 디즈니의 놀이기구를 가상의 복제물로 창조하는 광적인 팬들은 레프로 체험을 대표한다. 1800년대의 규칙과 장비를 사용하는 모든 야구 리그도 마찬가지다. 웨스트버지니아 화이트 설퍼 스프링스에 위치한 오크허스트링크스에서 19세기 장비를 사용하면서 1884년 "아메리카 최초의 골프 코스"의 규칙을 지켜야 하는 골퍼들도 이 벡터를 따르고 있다. 어떤 사람은 〈팩맨〉, 〈테트리스〉, 〈스페이스 인베이더〉를 비롯해 새로운 기술을 통해 오리지널 인터페이스를 연출한 다른 아케이드 게임들에서도 레프로를 발견한다.

레프로 자동차 매장도 번창하고 있다. 프랑스의 PGO 오토모빌은 1억 2000만 원이 넘는 "잘 보존되었거나 잘 복원된 오리지널"이 아닌, 3000만 원대의 포르쉐 로드스터를 제작한다. 스피드스터 모터카는 1939년형 링컨 제퍼를 제조하고, 핫 로드 앤드 홀스파워는 1932년형 포드 로드스터를 생산하며, 다운스 매뉴팩처링은 1937년형 포드 쿠페를 만든다. 물론 수많은 자가제조자들이 각자의 차고에서 오리지널 빈티지 자동차에 비해 훨씬 저렴한 비용으로 레프로 자동차를 제작한다. 포드는 왜 이런 소규모 자동차 매장들이 많은 돈을 벌며 흥을 내도록 놔두는 것인가? 포드는 단순히 레프로 광고를 활용하기보다 요금을 부과하는 머스탱 클럽을 운영할 수 있는데, 회원들은 외부 섀시는 분명한 1964년형의 복제품이지만 내부는 최첨단 기술과 안전장비를 두루 갖춘 레프로 머스탱을 구매할 수 있다. 이런 산출물은 현재 유행하는 레트로 디자인보다 더 오래 지속될 수 있는 합리적인 대안을 제공할 것이다.

일부 새로운 레프로 산출물들은 안타깝게도 제조자들이 (아마도 눈에 덜 띄는 레프로보다는 관심을 더 많이 얻는 편인) 레트로나 빈티지 산출물로 시장에 출시한 탓에, 주목을 받지 못하거나 잠재력을 최대한 끌어내는 데 실패했다. 엘마이라 스토브 워크스가 인쇄광고에서 "50년대 레트로 냉장고"라고 소개하고 온라인에서 "레트로 스타일의 냉장고, 레인지, 레인지 후드"라고 선전하는 노스스타를 살펴보라. 이 회사의 웹사이트는 이 제품들이 실제로 외형도 "멋지고" 내부도 소비자들이 원하는 첨단 기능을 갖추고 있다"고 밝힌다. 바로 레프로 산출물인 것이다!

당신은 이미 레프로 산출물을 갖추고도 그것을 실수로 레트로(혹은 빈티지) 산출물이라고 부르는가? 그렇다면 자체적으로 말한 정체성과 더욱 일치시켜라. 당신은 레프로나 레트로 방식을 통해 독창성의 진정성에 호소할 수 있을 만큼 오랜 기간 판매해온 산출물을 지니고 있는가? 만약 그렇다면 일부 경쟁업체들이 이미 레트로의 영역을 점유하고 있을지도 모른다. 당신은 과거의 어떤 멋진 디자인을 현대적 기술로 보충해서 부활시킬 수 있는가?

특별함의 극성 'Premium→Personal'

높은 수준의 특별한 배려를 내포하지만 확연히 다른 유형의 두 단어인 Personal과 Premium은 그림 10-5에 제시된 것처럼 특별함의 진정성에 대한 핵심적인 극성을 규정한다.

과거에 상인들은 가족 소유의 지역적인 비즈니스를 운영하는 데 필수적인 진정한 배려와 관심의 차원에서 소비자 개개인의 이름까지 알고 있었다. 국가적·전 세계적 규모로 원거리의 전문적인 경영이 시작되면서 이런 성실한 개인적인 교류는 적어도 대기업 수준에선 더 이상 일어나지 않으며, 절차상의 규정이나 정보 시스템을 통한 교류는 기껏해야 비슷하게 흉내를 내는 정도다. 월마트에서 푸근한 인상의 직원들이 아무리 친절하게 응대한다고 해도 작은 마을의 상점이 지닌 진실한 진짜의 호소력을 발휘하지는 못한다. 무엇보다 월마트의 모든 직원들은 3미터 이내에 손님들이 다가오면 항상 웃으면서 도움이 필요한지 묻도록 교육을 받는다. 오늘날 대규모 비즈니스에서 퍼스널Personal이란 단어는 모든 고객을 개인적으로 친밀한 수준까지 알고 있다는 의미가 아니다.

심지어 소규모 비즈니스도 이따금 소비자들에게 진정한 관심을 갖는 비즈니스로 다가가는 시스템을 실행할 필요가 있다는 것을 알게 된다. 클

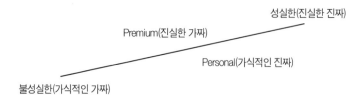

그림 10-5 특별함의 진정성의 극성

성실한(진실한 진짜)

Premium(진실한 가짜)

Personal(가식적인 진짜)

불성실한(가식적인 가짜)

리블랜드에 위치한 존 로버트 헤어스튜디오 앤드 스파의 사장인 존 디율리우스는, 개인적인 관심을 전달하기 위한 노력은 고객들이 알아채지 못할 때 최고의 가치를 발휘한다는 것을 깨달았다. 그의 저서『은밀한 서비스Secret Service』의 부제인 '잊지 못할 고객서비스를 전달하는 숨겨진 시스템Hidden System That Deliver Unforgettable Customer Service'은 특히나 인상적이다. 그의 헤어숍과 스파에서 스타일리스트들과 마사지 치료사들은 고객들과 나눈 모든 대화 내용을 데이터베이스에 기록한다. 각각의 고객들이 다시 방문하기 전에 직원들은 더 진정한 인상을 주기 위해—마치 실제로 기억하는 것처럼—마지막 대화 내용을 확인하고 숙지한다.

만약 퍼스널을 나타내는 산출물을 갖추고 있다면 그 기업은 개별 소비자를 위해 특별한 혜택을 제시해야 한다. 정반대의 접근법은 우대 산출물처럼 진실한 가짜 프리미엄Premium의 형태에서 정상적인 요금보다 고급스러운 혜택을 제시하는 것이다. 항공사들은 진실한 가짜 프리미엄으로 일등석과 비즈니스석 무료 업그레이드를 제공하는데, 이것은 미드웨스트 항공의 시그니처 서비스의 진실한 진짜 일등석이나 처음부터 모든 좌석을 비즈니스석으로 구성한 이오스Eos 항공과 맥스제트의 비즈니스석과는 다르다. 심지어 실제 서비스는 대부분 항공사들의 진실한 진짜에 한참 미치지 못한다(싱가포르 항공, 캐세이퍼시픽, 버진 애틀랜틱의 근사한 일등석 체험은 예외로 한다). 물론 이코노미석 승객들은 고작 땅콩이나 프레첼로 만족해야 하는 반면(심지어 그조차도 점차 제공되지 않는 추세다), 당신은 살짝 넉넉한 무릎 공간과 조금 넓은 좌석에서 무료 음료수와 식사도 제공받기는 한다. 하지만 객실 승무원들과 지상직 직원들은 당신을 개인적으로 알지 못하고, 특별하게 대우하지 않으며, 진심으로 인사하지 않고, 성실하게 서비스하지도 않는다.

VIP룸은 수많은 레스토랑, 나이트클럽, 호텔에서 입증된 것처럼 프리미엄 가치를 제공하는 다른 수단으로 여겨진다. 최근에 등장한 새로운 장소들은 과거의 진실한 진짜 VIP룸처럼 은밀하고 차단된 공간이 아닌, 다른 고객들이 모두 볼 수 있는 공간에 VIP룸을 배치하기도 한다. 오늘날 대부분의 라스베이거스 리조트에서 VIP들이 출입하는 모습은 일반 투숙객들도 흔히 볼 수 있지만 여전히 진정한 "거물들"은 그들만의 뒷문으로 은밀히 출입한다. 카지노들도 점차 VIP에게 새로운 개인용 밀실 게임장뿐만 아니라 MGM 그랜드 맨션처럼 호텔 안의 화려한 호텔 같은 지극히 개인적이고 대단히 고급스러운 숙박시설까지 제공한다. 심지어 평등주의로 유명한 클럽메드조차 프리미엄의 가치를 깨닫고 최근에 모로코의 르리아드 라 팔미에 같은, 리조트 안의 리조트를 개발했다.

세련된 손님들에게 인기가 많은 "화이트 바"로 유명한 런던의 샌더슨호텔은 로비에서 조금 떨어진 지점에 화이트 바가 훤히 보이는 별도의 소규모 "고객 전용" 바를 운영하면서 투숙객만이 누릴 수 있는 특별한 프리미엄을 제공한다. 한 비평가는 샌더슨 호텔과 유사하면서도 모로코를 테마로 한 뉴욕의 나이트클럽 오피아를 언급하면서 이렇게 적는다. "내부에서 보면 이곳은 호화로운 아편굴과 흡사하지만 외부에서 보면 마치 무대처럼 보인다." 이곳은 "프라이버시가 공개된" 공간이다. 공개된 프라이버시? 요컨대 본질적으로 진실한 가짜에 해당하는 대비된 극성이다.

다른 많은 비즈니스도 이처럼 프리미엄에 호소한다. 프리미엄 등급의 상품들은 지역의 주유소를 프리미엄으로 가득 채운다. 많은 자동차 회사들은 자사의 고급 승용차를 위해 이런 등급의 휘발유를 사용하도록 권하지만 과연 그것이 진정으로 필요한 것인가, 아니면 단지 특정한 모델의 프리미엄 특성에 관심을 끌기 위한 또다른 수단에 불과한 것인가? 이것이 사실인지 알 수 있는 방법은 일반 휘발유를 주유한 후에 엔진에서 이상한 소음이 들리는지 확인하는 것이다. 많은 제조업체들은—전통적인 고급 브랜드이든 일반 브랜드이든—한정판, 양장본, 수제 의류, 시그니처 컬렉션 핸드백, 특수제작 펜 같은 프리미엄 제품을 제공한다. 노키아는 버투라는 이름의 프리미엄 브랜드를 출시했는데, 가격이 수백, 수천만 원에 이른다.

특별함의 진정성의 한 극성으로 프리미엄은 수많은 서비스 산출물로 변형되는데, 여기에는 모든 항공사, 렌터카 회사, 신용카드 회사를 비롯해 고객을 "실버", "골드", "플래티넘" 같은 범주로 구분하는 모든 기업이 포함된다. 많은 서비스 기업은 항공사의 VIP 신분(우대 서비스의 하나로 항상 게이트 앞에서 회사의 직원이 응대한다)이나 아메리칸 익스프레스의 블랙 카드(기존의 플래티넘 카드 소지자 중 회사에서 가치를 인정하는 회원들에게 발송된다) 같은 더욱 심화된 비공개 프리미엄을 제공한다. 하지만 모든 비즈니스에서 실제로 직원이 800명의 회원을 응대하거나 고객들에게 카운터 대신 간이시설을 사용하도록 유도하는 것은, 불가능하지는 않더라도 매우 어렵기 때문에 많은 기업들이 새로운 방법을 시도한다. 바로 고객들에게 셀프서비스라고 말하는 것이 사실상 더 좋은 서비스인 것이다. 이 기업들에게 안타까운 부분은 없는가? 대체로 올바른 선택이다. 《월스트리트저널》은 여행 산업에서 가판대와 다른 형태의 셀프서비스 사용을 조사했고 그 결론을 적절한 제목과 부제를 통해 드러냈다. 「즐거운 여행을 하는 방법: 사람과의 접촉을 제거하라」, "2100킬로미터의 여행, 가식적인 웃음은 없다."

따라서 전화로든 대면으로든 실제로 도움을 주는 사람과의 대화가 아주 인기 있는 프리미엄 서비스가 된 것이 전혀 이상하지 않다. 아이팟이나 맥으로 전화에 연결해서 도움을 얻으려고 한다면 거의 실망감만 느끼게 된다. 하지만 애플스토어에 가면 지니어스 바Genius Bar에서 실제로 진짜 전문가를 만날 수 있다. 애플의 판매 담당 수석부회장 론 존슨은 그것을 "매장의 영혼"이라고 지칭하면서 자신들은 "포시즌스, 리츠칼튼을 비롯해 최고의 서비스를 제공하는 다른 호텔들에서 영감을 받았다"고 말한다. 또 고객이 12만 원을 결제하면 1년 동안, 일주일 전에 원하는 직원들과의 상담을 예약할 수 있는 프로케어 회원이 될 수 있다(이런 프리미엄 중의 프리미엄 서비스는 진실한 진짜에 근접한다).

특별함의 진정성에 호소하는 평범한 진실한 가짜 체험은 프리미엄 이용권 산출물에 대단히 많은데, 가령 아메리칸 익스프레스는 카드 소지자들에게 체험 보상 프로그램의 일환으로 뉴욕의 트라이베카 영화제 같은 이벤트에 참가할 수 있는 기회를 제공한다. 어떤 기업은 경기장의 개인용 특별석(대부분의 ESPN 존에서 실행한다)이나 일부 장소에서의 회관, 필드의 특별석을 제공한다. 라스베이거스 나이트클럽부터 영화관, 테마파크, 박물관에 이르기까지 다양한 체험들은 유료로 VIP 이용권(개별 주차, 별도 입장, 앞좌석, 자유행동, 백스테이지 활동과 같은 혜택을 포함한다)을 제공한다. 《월스트리트저널》은 이런 기업들에 의하면 "이제 소비자들이 진정으로 원하는 것은 자신들과 같은 사람들에게 허용되지 않았던 체험"이라고 지적한다.

마찬가지로 변용 도출자들도 프리미엄 이용권을 제공한다. 개인 트레이너들은 자신의 휴대전화 번호를 공개해서 고객들에게 호출할 수 있도록 하고, 의사들은 제한된 인원의 회원들에게 특별 이용권을 제공하며, 대학들은 우수학생을 위한 특별 프로그램을 개발하고, 온천과 다이어트 센터, 중독치료 센터는 부유층과 고위층을 일반인과 구분해서 수용하는 격리구역을 마련한다.

당신의 경제적 산출물이 어떤 것이든 간에 퍼스널과 프리미엄 중에서 기업의 핵심에 더 부합하는 것은 무엇인가? 만약 퍼스널이라면, 당신의 업계에서 통용되는 일상적인 기준과 확연히 대비되는 개별적인 관심을 제공하면서, 각각의 소비자들에게 특별함을 느끼도록 하기 위해 어떤 시스템을 실행할 수 있는가? 프리미엄이라면, 소비자들을 등급별로 차별화된 예외를 누릴 수 있는 범주에 수용하면서 회원에게 어떤 특권을 제공할 수 있는가?

연관성의 극성 'Quasi-↔Pseudo-'

그림 10-8에 제시된 것처럼 연관성의 진정성은 가장 흥미로운 접두어 극성인 Pseudo-와 Quasi-를 이끌어낸다.

가식적인 진짜 '허위-Pseudo-'는 1961년에 대니얼 부어스틴의 저서 『이미지와 환상Image』이 발간되던 당시의 사회적·정치적 상황에서 등장한다. 부어스틴은 오직 자신들에 대한 관심을 끌기 위한 목적으로 부각한다는 점에서 "다소 진실하지 않은" 인간 체험을 나타내는 다양한 뉴스제작 활동(언론보도, 사진자료, 기념일 행사, 인터뷰, 토론)의 "인공적 새로움"을 묘사하기 위해 이 용어를 만들었다. 이 책은 24시간 이어지는 케이블 뉴스, 일주일 내내 보도되는 유명인사의 기사, 365일 끊임없이 방영되는 리얼리티 프로그램의 부각뿐만 아니라 (마돈나, 프린스, 보노, 오프라, 닥터 필, 딜런과 더브야 등의) 가명(pseudonym, 假名) 동기부여 분야의 토니 로빈스, 가정 살림 분야의 마사 스튜어트, 정치 분야의 크리스 매튜스, 자선사업 분야의 폴 휴슨, 신앙 분야의 디팩 초프라와 같은 허위 전문가pseudo-expert의 성행까지 예상한다(이 사람들이 전문가로 활동하기 전에 과연 무엇을 했는가? 어떻게 그들은 하나같이 실제 전문가가 되기까지 해야 할 노력을 회피한 것처럼 보이는가?).

그림 10-6 연관성의 진정성의 극성

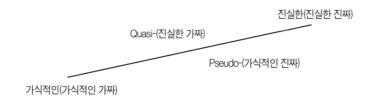

다양한 허위 현상들pseudophenomena이 비즈니스에도 침투하고 있는데, 제품 출시, 기념일, 개장 행사, 경연 대회, 판촉 행사, 실제 산출물을 지원하기 위해 부각하는 다른 체험 마케팅 행사와 같은 확실한 형태뿐만 아니라 실제 마케팅을 필요로 하는 허위 산출물pseudo-offering의 형태로도 등장한다. 가장 좋은 사례는 "반反위조품위원회CCC"에서 약 2만4000원에 발매하는 DVD로, "진짜 미니쿠퍼의 주요한 특징을 조명"해서 "가짜 미니쿠퍼를 판별하는 방법을 보여주는데", "가짜를 소유하는 굴욕으로부터 자신을 보호"하는 데 필요한 "CHEP"(법률과의 공조Cooperation, 희망Hope, 계도Education, 보호Protection) 4단계를 소개하면서 "상당히 극화된 대규모 폭발 장면을 강조한다." 이 DVD는 레이싱 줄무늬와 과도하게 큰 미니 로고로 장식한 다양한 SUV와 머슬카, 낡은 중고차를 비롯한 "가짜" 미니쿠퍼의 익살스러운 사례들을 소개한다. BMW의 광고대행사인 크리스핀 포터 보거스키가 개발한 이 가식적인 진짜 산출물은 가짜에 해당하는데, 자체적으로 말한 정체성과—자동차의 판매가 목적이라면서 자기계발 DVD처럼 행세한다는 점에서—일치하지 않지만 미니쿠퍼 생산과 소유의 정신에는 충실하다.

CCC의 DVD처럼 수행만 잘 한다면, 허위 산출물은 실제와 다른 표상을 통해 연관성의 진정성을 연출하는 데 도움이 된다. 유사성은 연관 대상과 낯설거나 불손한 관계를 내포하면서 허위적일 수 있으며, 심지어 실제 연관 대상과 아무 관계도 없이 기만적일 수 있다. 하지만 부어스틴이 "핍진성〔verisimilitude, 逼眞性. '그럴듯함', '사실 같음'이라는 의미〕이 새로운 의미를 나타내는" 상황에서 "이미지"의 부상에 대해 지적한 것처럼, 이따금 진짜 같은 외형이 진짜로 인식되기도 한다. 이런 이미지는 가식적인 진짜 〈아메리칸 아이돌〉 우승자인 켈리 클락슨과 캐리 언더우드가 진실한 진짜 그래미상 수상자가 되는 데 도움이 되었다.

이제 부어스틴이 파악한 허위 이벤트의 여러 가지 특성을 더욱 자세히 살펴볼 필요가 있다. 그의 말에 따르면, 허위라는 것은 자발적이지 않은 계획된 것이 수반되고, 보도되거나 재연되기 위해 설치되며, 내재된 진실성에 대해 모호하고, 자기충족적인 성향이 강하다. 더욱이 부어스틴이 "자발적인"(진실한 진짜) 이벤트라고 지칭한 것과 비교하면 허위 이벤트는 더 극적이고 더 쉽게 전파되며 더 반복적이고 더 많은 비용이 소요되며(따라서 특정한 개인적 이익에 더 동조된다) 더 지능적이고 더 쉽게 볼 수 있으며 더 빨리 여론을 형성하고 다른 허위 이벤트를 창출할 가능성도 더 크다. 이런 가식적인 진짜의 아이콘인 디즈니는 월트 디즈니월드의 포트 올리언스 리조트 같은 허위 장소들에서 열리는 이런 허위 이벤트들로 가득한데, 특히 포트 올리언스 리조트는 허리케인 카트리나 이후에 "진짜를 대체할 만한 장소를 찾는, 뉴올리언스 애호가들로 북적대는" 듯하다. 고객 중 한 명은 이렇게 말한다. "누구도 사람과 역사를 간직해온 진짜 뉴올리언스를 결코 재창조할 수 없지만, 나는 이곳이 조금이나마 진짜 뉴올리언스의 느낌을 준다고 말하고 싶다." 그것은 허위로 창출되었지만 진짜의 느낌을 지니고 있다.

부어스틴의 목록은 오늘날 비즈니스계가 내놓은 다른 수많은 연관성 산출물의 본질을 묘사한다. 던킨도너츠에서 현재 5000개에 못 미치는 매장을 2015년까지 1만5000개 이상으로 확장하는 데 기여할 것이라고 기대하는 새로운 "반스타벅스un-Starbucks" 매장 형태에 대해 생각해보라. 이 새로운 디자인은 (매장의 뒤편이 아닌) 프런트 카운터에 배치한 제빵용 오븐과 에스프레소 머신, 사방의 벽면에 전시된 도넛과 다른 빵들, 다양한 커피와 음료뿐만 아니라 냉장 보관된 파르페와 과일, 복도 한쪽 구석에서 고객들에게 편한 위치로 옮겨진 화장실을 특징으로 한다. 회사의 콘셉트 개발책임자 지미 피츠제럴드는 이 계획을 두고 이런 식으로 설명한다. "우리는 패스트푸드의 모습이 아닌 제과점의 모습을 지향하려고 한다." 물론 자체적으로 말하는 정체성에도 불구하고 새로운 던킨도너츠는 진실한 진짜 베이커리가 아니라 단지 그런 모습으로 보이는 것뿐이다. 하지만 가식적인 진짜의 외형은 한층 더 진정성을 연출하는 데 도움이 된다. 왜 그럴까? 허위 산출물은 일부 자아의 감각을 회복시키기 때문이다. 이 체인은 시간이 지나면서 아주 확연히 패스트푸드 매장처럼 보이게 되었지만 새로운 외형은 고객들에게 매장에서 실제로 도넛을 굽는다는 것을 더 잘 상기시킨다.

또 얼마나 많은 호텔들이 실제로 그 호텔의 소유라는 어떤 단서도 없는 "지역"이나 "거리" 레스토랑을 개장하는지에 대해 생각해보라. 힐튼호텔의 식음료 담당 부회장 폴 킬러는 이렇게 말한다. "우리는 결코 '호텔 레스토랑'으로 알려지는 것을 원하지 않는다. 우리는 그저 호텔에서 운영되는 레스토랑으로 여겨진다." 물론 이런 허위 호텔 레스토랑이 개인적 이윤을 위한 계획이나 배치도 없이 그냥 운영되지는 않는다. 이 레스토랑들은 대부분 별도의 출입문을 설치해서 호텔에 투숙하지 않는 고객들이 굳이 로비를 거치지 않고도 방문할 수 있도록 한다.

이런 산출물의 정반대에 해당하는 진실한 가짜는 '유사-Quasi-' 산출물이다. '허위-'가 단지 연관 대상과 무관한 표상으로 보인다면, '유사'는 완전히 똑같지는 않지만 연관 대상과 흡사하다. 유사 이벤트는 실제로 진정성을 갖추고 있지만 내재된 전제는 자아에 충실하지 않다. 한때 가정용품 회사인 프런트게이트에서 약 8000만 원에 판매했던 "존 얼웨이John Elway와의 게임데이"에 대해 생각해보라. 이 상품은 프로풋볼 구단 덴버 브롱코스의 홈구장 마일하이 스타디움에서 "20야드 라인의 꿈을 실현할 기회"를 제공했다. 이 체험은 정규시즌이 개막하기 전에 얼웨이와 점심식사를 하고 경기장을 탐방하며, 잔디를 밟아보고 풋볼 역사의 빛나는 순간을 재현한다. 그리고 엔드존까지 15야드 패스를 해보는 것을 포함해 공을 주고받는 시간과 간단한 사인회로 구성되었다. 이 진실한 가짜 체험은 자체적으로 말한 정체성을 그대로 제공하며 열렬한 브롱코스 팬들은 이 체험에 엄청난 가치를 부여할 것이 분명하다. 자체적으로 말한 정체성과 다르다면, 팬들이 결코 수천만 원에 이르는 거액을 내놓지 않을 것이기 때문이다.

하지만 이 상품이 유사 산출물이 되는 이유는 그것이 프런트게이트뿐만 아니라 존 얼웨이에게도 충실하지 않기 때문이다. 먼저 프런트게이트는 가정용 가구와 잔디 및 정원 장식품이 아닌 산출물을 판매해서 무엇을 하려는 것인가? 만약 회사가 엄청난 고가에 팔리는 니먼 마커스의 유명한 크리스마스 산출물 같은 프리미엄 제품을 판매하고자 한다면, 〈익스트림 홈 메이크오버〉의 진행자 타이 페닝턴이나 〈퀴어 아이 포 더 스트레이트 가이〉의 톰 필리시아 같은 홈디자인 전문가와의 하루가 더 적합하지 않을까? 더욱이 프런트게이트는 오하이오에 본사를 둔 코너스톤 브랜드에 속하는데, 얼웨이가 두 차례의 AFC 챔피언십에서 오하이오의 클리블랜드 브라운스를 물리쳤던 것을 기억하는 브롱코스 팬들에게는 결코 친숙하지 않은 기업이다. 마지막으로 얼웨이는 마일하이 스타디움의 인베스코 필드에서 단 한 경기도 뛰어본 적이 없다. 그는 덴버에서의 마지막 경기를 인베스코 필드가 개장하기 3년 전인 1998년에 구 마일하이 스타디움에서 치렀다. 그 누구도 '얼웨이가 밟았던 잔디'를 밟을 수 없으며 그 경기장에서 벌어지지 않았던 '빛나는 순간'을 재현할 수도 없다.

델타의《스카이》잡지에 연재되는 브리타 윌러의 칼럼에 의하면, 유사 채식주의는 "오늘날 가장 참신한 추세"다. 윌러 같은 진실한 가짜 채식주의자들은 윤리적·영양학적 이유로 육식을 거부하지만 완전한 채식은 식도락의 풍미를 박탈한다는 것을 인정한다. 그들은 "떳떳하게 섭식할 수 있는 다른 방법이 있을 것"이라고 믿는다. 와일드 오츠 마켓의 영양사 엘런 스피어는 이런 소비자들이 "이처럼 특정한 음식을 기피하는 극단적인 행동을 원하지 않는다"고 말하면서, 육류를 최소화한 식단을 보완하는 건강 보조물로서 와일드 오츠에서 사용하는 무호르몬, 무농약, 무항생제 우유·달걀·고기를 넣기 위해 "인도주의적인 음식"과 "깔끔한 섭취" 같은 유사 용어를 사용한다.

모든 진실한 가짜와 가식적인 진짜처럼, 당신은 유사나 허위를 통해 진정한 가치를 창출할 수 있다. 어떤 것이 당신의 기업에 더 적합할 것인가? 모든 극성들 중에서도 이 두 가지가 앞서 소개했던 진실/가식 도표에 대응하는 접근법과 가장 긴밀하게 연관된다. 당신이 진실한 가짜라면, 유사성의 이면을 드러내도록 하라. 소비자들에게 당신의 산출물이 진짜가 아니라는 것을 알리면 자체적으로 말한 정체성과 더 일치된 모습을 보일 수 있다. 가식적인 진짜라면, 허위 산출물에 대한 믿음을 창출해서 소비자들이 외면하지 않도록 하라. 이 조건을 바탕으로 다른 경쟁자들이 찾지 않은 새로운 구도를 향한 당신의 접근법에 가장 잘 부합하는 벡터를 적극적으로 찾아라.

영향력의 극성 'Other↔Self'

진실/가식 도표의 '진실한 가짜↔가식적인 진짜'에서 부상한 다섯 가지 핵심적인 극성을 마무리하면서 이 진실/가식 모델의 근원이 된 셰익스피어 작품의 등장인물 폴로니우스에 대해 간략히 살펴보기로 하자. 아들 레어티스에게 말한 그의 조언 "자기 자신에게 충실하라"와 "누구에게도 거짓되게 하지 마라"는 진정성을 구성하는 두 가지 기준, 즉 자기지향성과 타인중심성을 제시한다. 이 두 개념이 바로 그림 10-7에 제시된 것처럼 영향력의 진정성에 대한 핵심적인 극성을 구성한다.

가식적인 진짜 자아를 볼 수 있는 주요한 공간은 자기계발(자조) 분야의 서적, 분석 연구, 세미나, 코치(자기계발 "전문가"뿐만 아니라 비즈니스 경영 "권위자"의 지도까지)다. 자기계발 전문가들은 대체로 자아에 충실하다. 하지만 누구의 자아에 충실한 것인가? 오늘날 대규모의 동기유발 강연회나 심야 정보광고는 수많은 자칭 타인중심적인 전문가들을 등장시키면서 이 분야를 완전한 자기중심적인 범주로 축소한다. 그럼에도 사람들은 (비록 모두에게 항상 해당되는 것은 아니지만) 실제로 도움을 받는다. 이런 산출물은 진실한 진짜로서 다소 부족할 수도 있지만, 그 최선의 결과는 사람들에게, 대체로 "자아실현"보다 높은 목표라고 부를 수는 없더라도, 나름의 의미를 제공한다.

하지만 '자기계발'이라는 용어가 비롯된 책『자조론Self-Help』의 진실한 진짜 내용과 비교해보라. 1859년에 새뮤얼 스마일스가 저술한 이 책은 자조의 방법이 아니라 자조의 내용(개념)을 다룬 책이다. 사회논문으로서 이 책은 자조를 국가의 "과도한 지시"와 "과도한 통치"에 대한 불건전한 의존의 필요한 대안으로 간주한다(현재와 비교하면 약 150년 전의 상황이다). 근본적으로 칼뱅주의자였던 스마일스는 극기, 자립, 자존, 자제를 강조하면서 경제적 부에서 자연히 비롯되는 방종을 경고했다. 자조란 부단한 노력과 근면을 의미했으며 상류층과 대비되는 노동자계층의 바람직한 윤리였다. 자조는 개인의 자기중심적인 목적의 본질이 아닌 개인이 사회를 개선하기 위한 수단이었다. 도움을 주기 위한 어떤 "방법"도 제시하지 않은 스마일스의 저서는 진정으로 자기지향적인 동시에 타인중심적이었다.

자조 권위자들 이외에 아메리칸 걸도 더 나은 가식적인 진짜 자아에 호소하면서 영향력의 진정성을 연출한다. 아메리칸 걸의 "캐릭터 인형"(에

그림 10-7 영향력의 진정성의 극성

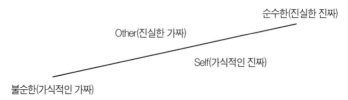

디, 엘리자베스, 펠리시티, 조세피나, 케이요, 커스틴, 키트, 몰리, 넬리, 사만다)
을 살펴보면 저마다 미국 역사의 특정한 시기에 출생해서 여러 권의 책에
연대별로 작성된 가상의 "인생사"를 지니고 있다. 이 캐릭터들은 아메리
칸 걸과 그 가치에 충실하지만 실제 역사적 인물이 아니기 때문에 가식적
인 진짜다. 아메리칸 걸 플레이스에서 제공되는 끊임없이 확장되는 여러
체험들(극장 상영, 어른의 식사 체험 공간, 요리 강좌, 미용실, 사진 촬영 등)에
대해서도 생각해보라. 엄마와 딸(간혹 아빠와 딸)이 이처럼 조성된 장소에
서 보내는 시간은 진실한 진짜 양육은 아니지만 진실한 양육을 증대하고
부모와 자녀 간의 관계를 강화한다.

아메리칸 걸 플레이스에서 상품과 체험을 구매하는 부모들은 이런 구
매를 통해 자신들이 그 이상의 가치를 얻으려고 한다는 것을 알고 있다.
그중 일부는 딸에게 더 나은 자기 이미지를 형성해주려는 것일 수도 있
다. 또 일부는 단지 딸에게 소녀 시절을 연장해주고 싶어할 수도 있는데,
이 "연장된 소녀 시절"은 아메리칸 걸이 공표하지 않은 테마이기도 하다.
사실 일부 부모들은 자녀들을 통해 대리만족을 하면서 자신들도 이런 멋
진 소녀기 체험을 하고 싶다는 기대를 할지도 모른다. 어떤 경우든, 심지
어 진실한 진짜를 연출하는 데 부족할지라도 이것은 자아에 호소하면서
진정한 가치를 제공한다.

흥미롭게도 "익스트림 메이크오버(극단적인 변신)"가 성행하고 외모의
개선을 겨냥한 제품의 광고들로 가득한 여성잡지들이 범람하는 시대에,
아메리칸 걸은 딸에게 자존심을 길러주려는 부모들의 열망을 인식한다.
2004년에 아메리칸 걸은 『진정한 미: 당신을 대단하다고 느끼게 하는 101

가지 방법Real Beauty: 101 Way to Feel Great About YOU』이라는 "조언 및 활동" 서적을 발간했다. 이 책의 첫 페이지는 "친애하는 독자들에게, 과연 진정한 미는 무엇인가? (…) 당신이 자신을 좋아하고 자신의 마음에 충실하다는 것을 아는 것이다"라는 문장으로 시작한다. 하지만 그 책에는 타인중심적인 태도와 소녀들이 다른 사람들에게 말한 자신의 정체성을 유지하는 방법에 대한 소중한 내용이 포함되어 있는데, 그것은 곧바로 자아에 관련된 내용으로 이어진다. 예를 들면 101가지 방법 중 98번째 방법은 이런 질문을 던지는 것이다. "당신은 다른 사람들을 비난하고서 결국 자기 기분이 나빠지는 것을 느껴본 적이 있는가? 다른 사람들을 모욕하는 것은 자기 정신을 모욕하는 것이다. 그러지 마라!" 자녀의 양육을 보조하는 측면은 인형 캐릭터와 아메리칸 걸 플레이스 제작물보다 훨씬 더 가식적인 진짜에 가깝다. 이 책에서는 진정으로 "당신을 대단하다고 느끼게 하는 것은 무엇인가?"라고 묻는다. 이 질문은 대단하다는 상태가 아닌 대단하다는 느낌을 나타내기 때문에 소녀의 진정한 자아에 대한 진실한 진짜 초점을 제시하지는 못한다. 하지만 관심을 갖고 참여하는 부모들은 거의 대부분 진정한 미에 대한 조언과 활동에 전적으로 공감한다.

많은 사람들이 영향력의 측면에서 가식적인 진짜로서 가치를 발견하지만 이것은 진실한 진짜가 되기엔 부족하다. 어쩌면 오늘날 그토록 많은 문화가 진정성의 두 번째 차원을 희생한 채 첫 번째 차원에, 이타적 행동보다 우선하여 자아인식에, 그리고 타인보다 자아에 헌신하는 것에 따르는 비난을 새뮤얼 스마일스 자신이 받아야 할지도 모른다. 《이코노미스트》는 『자조론』의 현대적 검토에서 이렇게 언급했다. "다른 자조 권위자들처럼 스마일스도 자아인식에 비해 행동에 덜 영향을 미쳤을지도 모른다." 그 선구자가 책의 제목을 '타조론Other-Help'으로 선택했다면 과연 이 영역이 얼마나 달라졌을지 매우 궁금해질 것이다. 그러면 오늘날 세상에는 아마도 참선과 오토바이 라이더가 줄어들고 교리교육과 마더 테레사가 늘어났을지도 모른다.

이런 선구적 존재의 진정한 이타성(즉 타인중심성)의 부족에도 불구하고 많은 기업들은 진실한 가짜 이타성을 통해 영향력의 진정성에 호소한다. 더바디샵, 파타고니아, 벤앤드제리스 (그리고 적어도 과거의 유니레버) 같은 모든 "사회적 책임을 지는" 브랜드들은 앞서 영향력의 진정성에서 소개했던 것처럼 방목한 닭free-range chicken, 돌고래에게 피해가 가지 않도록 잡은 참치dolphin-safe tuna, 음지에서 재배한 커피shade-grown coffee 등과 같은 세 단어 산출물을 제공하면서 모든 구매를 통해 세상을 더 나은 공간으로 만든다는 취지로 사업을 펼친다(이것이 진실한 진짜라면, 그들의 비즈니스는 세계의 여러 장소들과 수많은 사람들에게 도움을 주는 것이며 이런 상품은 단순히 실제 비즈니스에서 더 많은 수익을 창출하기 위해 내세우는 비주력 상품이 아닐 것이다). 실제로 이것은 환경과 관련된 비즈니스를 운영하는 모든 기업—작물재배 업체 같은 상품을 추출하는 회사든, 철강기업 같은 오염물질을 배출하는 회사든, 정유회사 같이 상품을 추출하면서 오염물질까지 배출하는 회사든—에게 자사가 유발할 수도 있는 피해를 줄일 뿐만 아니라 (또는 이런 피해를 벌충하기 위해 다른 활동을 할 뿐 아니라) 그런 사실을 널리 홍보할 수 있다는 점에서 긍정적인 필수요소가 되었다. 예를 들면 2006년 봄에 누코르는 이타성에 직접적으로 호소하는 2쪽 분량의 광고를 시작했다. 그중 하나는 이 철강회사가 "대기 중의 이산화탄소를 줄이는 데 기여한다(우리는 철강업계의 열대우림이나 다름없다)"고 자랑한다.

토론토에 본사를 둔 세컨드 컵은 캐나다의 스타벅스로 불리지만(스타벅스가 첫 매장을 개장하기 전인 1975년에 창업했고 현재 그레이트 화이트 노스라고 불리는 캐나다 북동부에 350개 이상의 매장과 그 외의 지역들에 소수의 매장을 운영하고 있다) 그 명칭이 뒤바뀌기를 바랄지도 모른다. 세컨드 컵의 한 팸플릿에 따르면, 회사는 "최고의 커피 체험'을 제공하기 위해" 헌신할 뿐만 아니라 "농부들과 제분업자들이 토지, 장비, 인력에 투자할 수 있도록 이끄는 지도원칙"에 따라 그 방침을 실행한다고 언급한다. "확고한 기반: 여러분을 위한 우리의 헌신Solid Grounds: Our Commitment to You"이라는 제목의 팸플릿은 다음의 내용을 강조한다. "세컨드 컵 프리미엄의 취지에는 학교 신축, 주거 개선, 상여금 지급, 보건의료 프로그램 확립, 노동자 퇴직금 펀드, 지역 상수도 시스템으로 유입되는 쓰레기를 대폭 감소시킬 침전지 건설 자금을 확보하는 것도 포함된다." 이 회사는 "1996년 이래로 세컨드 컵은 커피를 매입하는 지역에 거주하는 어린이들의 삶에 많은 변화를 이끌어냈다. (…) 세컨드 컵에서 조성된 자금은 필수적인 프로젝트인 농업 교육, 백신 투여, 보건 및 위생, 학교 건축, 커피 재배지에 거주하는 어린이들의 미래를 위한 다른 교육 사업에 투입된다"고 언급한다.

물론 스타벅스도 남부의 세컨드 컵이라 불리며(점차 동부와 서부로 확대된다) 제3세계 공급업체들에 대한 자체적인 노력을 통해 이타성에 호소한다. 에토스 원터라는 영향력 있는 회사를 인수한 후에 현재 스타벅스는 3만1000개 이상의 매장에서 이 식수 브랜드를 판매한다. 에토스의 콘셉트는 '물을 위한 물'로, 한 병을 구매할 때마다 60원씩 적립해서 2010년까지 120억 원을 확보한다(이를 위해서는 매출 2400억 원을 달성해야 한다)는 목표로 스타벅스가 세계적으로 추진하는 특정한 프로젝트들을 위한 모금을 진행하는 것이다. 에토스 워터의 공동창업주 피터 섬은 회사에서 추구하는 것은 단순한 모금을 초월한다고 말한다. "사람들에게 세계가 직면한 물 위기를 이해시키고 그 해결책과 연관된다는 인식을 유발해서" 단지 개별 프로젝트로 끝나지 않고 이런 운동의 지속적인 추진에 기여하도록 한다. 공동창업주 조너선 그린블랫은 이렇게 덧붙인다. "이것은 지구촌의 일부로서 해야 하는 일이며 변화를 이끌어내고 더 많은 것을 실천하고 싶어하는 소비자들을 참여시키는 일이다."

이처럼 확실한 "인용"은 극성의 진실한 가짜 측면의 상징이다. 이것의 정반대인 가식적인 진짜는 "유사성"이다. 이 두 가지 경우 모두에서 진정한 가치는 진정성의 다섯 영역의 어떤 영역에 호소하기 위한 수단으로 하나의 핵심적인 극성에 집중함으로써 소비자와 비즈니스 모두를 위해 창출될 수 있다. 만약 영향력의 진정성이 당신의 비즈니스에 적절한 호소력을 지닌다면, 자아와 이타성 중 어떤 측면에 집중할 것인가? 만약 전자라면 어떻게 소비자들을 자신들에게 더 충실하고, 자신들이 말한 정체성에 더 일치시키도록 이끌 수 있는가? 후자라면 어떻게 소비자들을 당신과의 교류를 통해 세상을 개선하도록 이끌 수 있는가?

이런 호소조차 진실한 진짜에 부족할 수 있지만 점점 더 가식적이 되어가는 세계에서 그 이상에 도달하기란 점점 더 어려워진다. 따라서 당신이 호소하려는 진정성의 영역이 무엇이든 진실한 가짜와 가식적인 진짜에 의해 규정되는 정반대의 극성들을 확실히 점유하는 것이 필요해지며, 때로는 그것으로 충분하기도 하다.

당신의 방향을 찾아라

다섯 가지 핵심적인 극성은 어떻게 진정성을 더 두드러지게 연출할지 전략적 결정을 내리는 데 필요한 새로운 맥락을 제공한다. 그것들은 당신의 비즈니스를 위한 차별화된 미래를 규정하기 위해 사용될 수 있는 상반된 벡터를 제시한다. 전략의 핵심은 차별화라는 것을 기억하라. 이제 당신의 산출물에 다음과 같은 질문을 던져라.

- Re-에 더 치중할 것인가, Un-에 더 치중할 것인가?
- 레트로를 더 지향할 것인가, 레프로를 더 지향할 것인가?
- 퍼스널을 더 추구할 것인가, 프리미엄을 더 추구할 것인가?
- 허위를 더 나타낼 것인가, 유사를 더 나타낼 것인가?
- 소비자들을 자아에 더 집중하게 할 것인가, 이타성에 더 집중하게 할 것인가?

각 질문에 대한 시야를 개발하고 활용해서 비즈니스에 자연성, 독창성, 특별함, 연관성, 영향력의 진정성을 더 두드러지게 이끌어낼 수 있는 과감하고 새로운 방향을 설정하라.

이 다섯 가지 극성은 당신의 산출물을 디자인하는 도구로 활용할 수 있지만 우리는 당신이 비즈니스와 산출물을 더 광범위하게 생각하기를 권한다. 여기와 지금의 공간에서 이미 잘 다져진 이 다섯 가지 벡터들 중 하나 혹은 그 이상에 안주하기보다, 당신의 고유성— 즉 유산, 현재의 포지셔닝, 여기와 지금의 공간에서의 수행영역의 조합—에 근거한 당신만의 상반된 벡터와 극성을 파악하라. 그 경지에 도달하기 위한 세 단계의 과정을 소개한다.

1. 극점 주변에 집중하라

첫째, 당신의 비즈니스에서 가장 중요한 정반대의 벡터(즉 '진실한 진짜 ↔가식적인 가짜')를 구성하는 유력한 극성을 찾아라. 예를 들어 자연성의 진정성에 대한 유력한 극성인 '인공적인↔자연적인'이나 독창성의 진정성에 대한 유력한 극성인 '모방의↔독창적인' 등을 찾을 수 있다. 이 기본적인 단계를 설명하기 위해 《이그지비터Exhibitor》 잡지사를 대표해서 참가했던 라스베이거스 컨벤션센터에서의 한 무역박람회에 대해 언급하고자 한다. 미국도매유통협회AWMA와 미국스낵식품협회SFA에서 공동으로 후원하는 리얼딜 엑스포의 참여업체들은 편의점에 음료수, 스낵, 사탕, 담배, 일반 상품 등의 식료품을 공급한다. 다른 수많은 박람회와 마찬가지로 리얼딜 엑스포도 무엇을 어디에 배치했는지에 대한 근거도 이유도 제시하지 않는 듯했다. 우리는 전시물을 개념화하는 방식조차 파악할 수 없어 크게 낙심했고, 한 시간 정도 고민한 끝에 조그만 라운지로 이동해서 자리에 앉아 곰곰이 생각을 정리했다.

우리의 "취재 출입증"을 본 한 참가자가 조심스럽게 말을 걸어왔다. 그는 레버리지 이소싱Leverage eSourcing의 CEO이자 회장인 조지프 뷰캐넌으로 이 행사의 핵심을 파악할 수 있는 단서를 알려주었다. "이것은 항락 산업이에요." 그의 말은 수익을 창출하기 위해 술, 담배, 복권에 전적으로 의존하는 경로를 뒷받침하는 산업이라는 의미였다. 우리는 이 새로운 정보를 듣고 다시 박람회장으로 돌아갔다. 그곳에는 맥주 회사를 비롯한 주류업체들은 없었지만 알타디스(고급 시가 제조업체)부터 지그재그 시가렛(롤링페이퍼 회사로, 현재 담배를 넣은 제품도 제공한다)에 이르기까지 향락 기업들은 상당히 많았다. 하지만 이런 향락 제품들과 더불어 사탕과 로고, 다채로운 색상의 그래픽으로 장식된 거대한 "캔디랜드"를 전시한 허쉬 같은, 우리가 준수한 정선正善, Nice-nice으로 분류하는 새로운 부류의 기업도 보았다. 그리고 필립 모리스의 회의실처럼 보이는 전시관에서 기업의 사회적 책임에 관한 정보 사이에 어떤 브랜드 로고도 눈에 띄지 않는 것을 보며, 정선을 가장한 향락이 있다는 것을 깨달았다. 준수한 향락 Nice-vice이다! 또 아주 매력적인 후터스(미국 레스토랑 체인) 걸들이 후터스 BBQ 포테이토칩을 홍보하는, 향락이 되기 위해 노력하는 정선도 보았다. 퇴폐적 정선Vice-nice이다! 후터스 전시관 근처에는 스눕 독의 사진 밑으로 인도 셰그 롤링페이퍼(담배를 피우기 위해 반드시 필요한 것이 아니라고 생각하는가?)를 밀어넣는 사람들이 있었다. 퇴폐적 향락Vice-vice이다! 항상 활기찬 처비 체커는 그의 이름을 내세운 스낵을 항상 위험한 체커 시가렛 바로 옆의 복도에서 홍보했다. 이런 식으로 이어지는 전시관과 복도를 보면서 이 박람회에서 전시되는 유력한 극성을 확인할 수 있었다. 바로 '향락→정선'이었다.

이 유력한 극성의 파악은 도매유통협회와 스낵식품협회의 박람회 운영에서 대단히 중요하다는 것이 입증되었다. 왜 그럴까? 최근에 당신이 종사하는 업계의 무역협회나 업무협회의 책임자와 대화를 나눈 적이 있다면 협회의 운영에 엄청난 어려움이 있다는 사실을 알 것이다. 과거에 이런 안정된 조직들은 확실한 참가자들이 보장되는 연례회의와 무역박람회의 유일한 주최자였다. 하지만 그들은 이제 수많은 출판업체, 컨설팅 업체, 리서치업체가 후원하는 대안 산출물과의 경쟁에 직면하고 있다. 더욱이 많은 기업들이 소비자의 관심을 끌기 위한 핵심적인 수단으로 더 이상 무역박람회에 의존하지 않고 개별 산출물 출시 행사, 소비자 초대 행사, 모바일 마케팅 투어, 유통 및 판매업체 모임을 선택하는 추세다.

리얼딜 엑스포는 모든 향락 산출물들과 함께 전시하는 것에 불만을 나타내는 캔디 제조업체들 때문에 제과박람회로 전환해야 할지도 모르는 상황이다. 유력한 '향락→정선' 극성의 현실을 거부하는 것은 어려운 결정을 내려야 하는 중대한 순간을 놓친다는 것을 의미한다. 자신이 인정하지 못할 것은 운영할 수도 없다. 실제로 가장 쉽게 잘못된 결정을 내릴 때는 선택의 기회조차 인식하지 못하는 경우다. 도매유통협회와 스낵식품협회는 6개월의 시차를 두고 두 개의 행사를 별도로 주최해야 하는가? 하나의 연례행사를 유지하면서 두 가지 상반된 체험을 수용해야 하는가? 아니면 향락과 정선은 이 행사의 진정성을 강화하기 위한 수단으로 더 신중한 방식으로 부각되면서 대비되어야 하는가? 어떤 방법으로든 리얼딜 엑스포는 정선과 향락으로 대비되는 진실성의 문제를 해결해야 한다.

2. 대비를 가정하라

비즈니스에서 유력한 극성을 파악한다면 당신은 업계뿐 아니라 기업의 특정한 벡터를 대비해서 더 두드러지게 진정성을 연출할 수 있다. 메디슨 애비뉴는 그런 요소들을 대비해서 매력적인 테마를 이끌어내는 힘을 이해하고 있다. 2005년에 브라보 케이블쇼 〈인사이드 액터스 스튜디오Inside the Actors Studio〉의 잘난 척하는 진행자 제임스 립튼과 그다지 유명세가 높지 않은 다섯 명의 익스트림 스포츠 스타들을 어색하게 조합시킨 DC 슈즈의 텔레비전 광고를 생각해보라. 이 회사의 마케팅 담당 부회장인 마크 울지는 이렇게 말했다. "우리 선수들과의 비교, 그가 살아온 세계와 그들이 살아온 세계의 대비는 재기가 넘친다." 또 2004년에 모델 아드리아나 리마와 배경음악으로 〈Love Sick〉까지 부른 밥 딜런을 내세운 빅토리아 시크릿의 광고도 생각해보라. 이 광고에선 브래지어, 팬티, 하이힐과 딜런의 거친 목소리, 턱수염뿐만 아니라 딜런만의 무뚝뚝한 태도와 흰색 타이 복장도 대비되었다(한창 포크송 영웅으로 떠오르던 딜런은 1965년에 한 언론행사에서 혹시라도 "상업적 이윤과 타협하는 경우"에 대한 질문을 받았을 때 "무표정하게 '여성 속옷'이라고 대답했다"고 한다).

《월스트리트저널》의 지적에 의하면, 오늘날 광고주들은 광고에서 자사의 산출물을 홍보하기 위해 "반직관적인 노래"를 활용한다. 랭글러 청바지 광고는 크리던스 클리어워터 리바이벌의 〈포추니트 선Fortunate Son〉(월남전 참전을 기피하는 부잣집 아들에 대한 노래)을 삽입했고, 토요타 광고는 버즈콕스의 〈왓 두 아이 겟?What Do I Get?〉(고뇌로 가득한 십대의 로맨스에 대한 노래)을 사용했으며, 나비스코의 스낵웰 쿠키 광고에는 도나 섬머의 〈베드 걸Bad Girl〉(매춘에 관한 노래)이 들어갔다. 폭스바겐의 광고에는 사이킥 티브이의 〈로만 P.Roman P.〉(로만 폴란스키와 찰스 맨슨에 대한 노래)이 사용되었으며, 로열 캐리비언 크루즈 라인의 광고에는 이기 팝의 〈러스트 포 라이프Lust for Life〉(헤로인 중독자의 회복에 대한 노래)가 삽입되었다. 화려한 제품의 외형과 이처럼 조화되지 않는 배경음악의 대비된 사용은 비용의 측면(광고주들은 분명히 광고용 노래가 아닌 이런 노래를 사용할 권리에 더 많은 돈을 지불했을 것이다)에서도 품질 효과(좋은 광고의 구성에 대한 전통적인 시각에 근거하면 이 광고들에는 결격 사유가 있다)의 측면에서도 정당화될 수 없다. 하지만 이 광고들은 제작자가 시각과 청각의 불일치를 일으키는 조합이 한층 더 진정성을 이끌어낼 것이라고 믿기 때문에 탄생했다.

상업적 영역을 초월해서 이런 대비된 극성의 힘을 보여주는 증거를 더 살펴보자. 앞서 우리는 빌 머레이의 폴로니우스 연기에 대한 분석을 인용한 《뉴욕타임스》의 영화평론가 A. O. 스콧은 한때 가족들과 매년 휴가지로 찾는 메인의 디어 아일에 대한 인상적인 기사를 작성했다. 그는 「전원적인 낭만」이라는 제목으로 뉴잉글랜드 북부 마을에서 자동차 라디오로 수신되는 오직 두 개의 FM 라디오방송(하나는 "현대적으로 리바이벌된 포크송의 진지한 사운드"를, 다른 하나는 "프리 로큰롤 아메리칸 팝"을 들려준다)을 조명하는데, 두 방송은 "문화적 극성을 점유하는 듯하다"고 한다. 하지만 그는 "두 방송이 정반대라기보다 오히려 상호보완적"이라고 지적한다. "그것들은 절묘하게 양립할 수 있는 청각적 구도를 이루어낸다. 하나는 5시에 마시는 마티니와 저녁식사 후에 즐기는 브리지 게임 같은 사라진 친근한 세계이고 다른 하나는 모든 사람들이 세계적으로 생각하면서 지역에서 유기농산물을 구매하는 새로운 세계다."

두 방송은 "진정한 메인"(스콧 같은 여행자들에게 "다소 거북하고 달갑지 않게 느껴지는 장소는 불편함의 아주 편안한 형태"다)으로 공존하는 지역 주민들과 여행자들의 혼합을 역설적으로 나타낸다. 여행자와 지역 주민의 정반대 극성의 대비는 그 장소의 진정성을 더 두드러지게 연출하는 데 도움이 된다. 도시개발위원회와 지역관광청은 다음과 같은 사항에 주목한다. 더 많은 외지인들을 당신의 주나 도시로 유치하기 위해 더 많은 마케팅 비용을 지출하기보다 거주민들이 더 살기 좋은 장소로 만드는 데 더 많은 비용을 투자하라. 아니면 기존의 거주민들에게 그 지역을 가까운 휴가지로 찾도록 독려하라.

3. 당신이 선택할 수 있는 극성을 찾아라

마지막으로 당신이 상상할 수 있는 유망한 극성을 최대한 많이 찾아라. Un-/Re-, 레트로/레프로, 퍼스널/프리미엄, 허위-/유사, 자기지향성/타인중심성에 내재된 극성을 생각하는 것도 좋은 방법이지만, 우리는 더 폭넓은 시각을 갖도록 권유한다. 아주 폭넓은 시각을 말이다. 이 접근법은 진실한 가짜와 가식적인 진짜의 대비된 개념에서 파생되었지만, 우리가 극성의 개념을 소개하고 다음 그림에서 더 확실히 보여주는 것처럼, 그것들은 당신의 수행영역을 규정하는 데 도움이 될 무수히 많은 잠재적 극성 중 다섯 가지일 뿐이다. 따라서 고유한 여기와 지금의 공간을 더 완전히 규정하는 추가적인 극성의 목록을 개발하기 위해 시간을 투자하는 것은 충분히 가치가 있는 일이다. 실제로 더 가식적인 가짜로 느낄수록 선택할 수 있는 극성을 더 많이 찾아야 한다. 유력한 극성을 발견하고 진실한 진

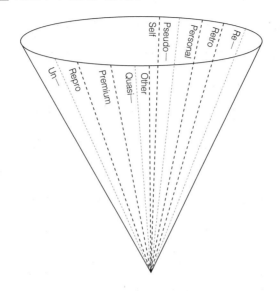

그림 10-8 무한한 수의 극성 중 다섯 가지

(그림 내 레이블: Un— / Repro / Premium / Quasi— / Other / Personal / Pseudo— / Self / Retro / Re—)

짜의 대비로 연결할 수 있는 방법을 파악한 후에 두 개의 극성을 더 찾아
내고, 그다음에는 네 개의 극성, 그다음에는 여덟 개의 극성을 찾는 식으
로 점점 더 많은 극성을 찾아내도록 하라(유력한 극성을 파악하기 어렵다면
이런 탐색의 과정이 어느 정도 도움이 될 것이다).

2006년 이탈리아에서 열린 토리노 동계올림픽을 생각해보라. 이 대회
는 가짜로 인식되는 끔찍한 일 때문에 곤욕을 치렀다. 어느 날 밤에 NBC
로 중계되는 아이스 댄싱을 보고 있는데, 우리 중 한 명이 소리쳤다. "우리
가 왜 이런 '가짜 피겨스케이팅'을 보고 있는 거지?" 그는 즉시 채널을 돌
렸고 ABC의 〈댄싱 위드 더 스타Dancing with the Stars〉를 보며 드루 라세이
와 셰릴 버크의 우승 기념 댄스에 매료되었다—우리는 채널을 돌린 유일
한 사람이 아니었으며, 폭스의 〈아메리칸 아이돌〉 오디션(파이널도 아닌

오디션!)조차 대체로 NBC의 동계올림픽 방송보다 두 배나 높은 시청률을 점유했다. 그 순간 우리는 볼룸 댄서(아마추어 라세이와 프로댄서 버크의 극성 조합)가 올림픽의 아이스 댄싱 선수들보다 더 진정하다고 생각했다. 정말일까? 정말이다.

화려한 올림픽의 가식성에 대해 생각해보라. 진정한 피겨스케이팅을 위한 점수는 복잡한 체제를 포함하는데, 이 체제에서 NBC는 매번 점수가 게시된 후에 즉시 그 연기에 대한 채점 방식에 대한 해설을 제공해야 한다. 이 방식은 너무나 어처구니없었다. 선수들의 연기에 대한 평가보다 일관성 없는 프랑스 심판들을 향한 옹호가 더 중요한 듯했다. 반면 시청자들은 〈댄싱 위드 더 스타〉와 〈아메리칸 아이돌〉의 판정을 아주 쉽게 이해한다. 세 명의 전문가들이 참가자의 공연을 두고 즉시 해설을 하고 나면 그 공연을 지켜본 방청객과 유료전화로 참여하는 시청자의 엄격한 투표가 진행된다. 알파인스키는 어떤가? 봅슬레이는? 루지는? 스켈레톤은? 메달 수상자와 탈락자들은 불과 10분의 1초, 심지어 100분의 1초의 시간 차로 가려진다. 예를 들면, 스키 남자부 대회전에서 오스트리아의 벤야민 라이히는 두 차례의 시기에서 2분 35초 00을 기록하며 2분 35초 07을 기록한 조엘 세낭을 간발의 차이로 제치고 우승을 차지했다. 1차 시기당 불과 평균 0.035초 차이다. 이런 경기의 우승자는 기량의 차이보다는 오히려 현재 계측 기술의 한계에 의해 결정되는 듯하다. 올림픽 하키는 어떤가? 거액의 연봉을 받는 북미하키리그의 프로선수들이 저마다 국가대표팀에 소속되어 참가하는 상황에서 더 진정한 체험을 얻으려면 배우 커트 러셀이 허브 브룩 코치로 등장해서 미국 대학선수들(진정한 아마추어)

을 이끌고 1980년 레이크플래시드 동계올림픽에서 금메달을 차지하는 영화 〈미라클Miracle〉을 시청해야 할 것이다.

사람들이 다른 산출물과 마찬가지로 이 경기들을 인식하는 방식에 우리의 3M 모델의 요소들이 미치는 영향에 주목하라. 이제 프로선수들은 과거에 아마추어들만 참가했던 경기(자본Monetary이 허위성을 연출한다)에 참가하고, 기술이 많은 경기의 승자(기계Machine가 허위성을 연출한다)를 좌우하며, 심판들이 개입하는 규칙이 나머지(인간Man이 허위성을 연출한다)를 좌우한다. 심지어 올림픽의 필수 요소인 메달마저 가짜처럼 보인다. 커다란 선물용 붉은 리본으로 장식한 음악 CD처럼 말이다.

그렇다면 다음 동계올림픽을 더 진정하게 연출하기 위해 과연 무엇을 할 수 있을까? 첫째, 올림픽의 유력한 극성을 찾아라. 우리는 '아마↔프로'를 추천한다. 둘째, 몇 가지 대비를 가정하라. 어쩌면 '동구↔서구'도 가능할 듯하다. 무엇보다도 지난 여러 올림픽을 그토록 극적인 드라마로 만들었던 원동력은 선을 대표하는 미국과 악을 대표하는 구소련 간의 세계적 갈등이었다. 따라서 IOC는 올림픽을 더 진정하게 연출하기 위한 다양한 극성을 파악하고 찾아낼 수 있을 것이다.

우리를 비롯한 수많은 시청자들이 2006년 동계올림픽에서 가장 두드러진 진정성을 발견했던 두 종목은 무엇인가? 바로 스피드스케이트와 컬링이었다. 이것은 '빠른↔느린' 극성을 나타낸다. 동계올림픽에서 인상적일 것 같은 다른 극성들에 대해 생각해보라.

- **실내↔야외** 북미하키리그를 포함한 모든 프로 선수들이 모든 올림픽 경기를 실외

에서 펜스나 보디체크 없는 "연못 하키"를 한다면 어떨까? 얼마나 자연스러운가!

- **남성↔여성** 국가별 혼성 하키팀을 구성해서 2분 간격으로 남성과 여성이 교대로 경기를 진행하는 것은 어떨까? 얼마나 독창적인가!

- **속도↔표현** 모든 경기에서 채점을 속도와 표현 어느 하나에 치중하지 않고 두 가지 모두를 반영하면 최근에 급부상한 다양한 스노보드 경기를 더 진정하게 연출하는 데 도움이 된다. 아주 특별하지 않은가!

- **개인↔단체** 피겨스케이팅에서 개인전과 단체전을 동시에 진행한다면 하계올림픽의 체조와 아주 흡사해질 것이다. 얼마나 연관성이 뛰어난가!

- **가족↔친구** NBC는 이미 개인들이 오랜 고난을 극복한 사연을 쏟아내고 있다. 그들이 어떻게 친구들과 다른 사람들에게 도움을 주는지 사연을 더 많이 들을 수 있도록 하자. 얼마나 영향력이 강한가!

우리는 여기에 몇 가지를 더 추가할 수 있다.

- 방송↔비방송
- 생중계↔녹화중계
- 기존 선수↔신인 선수

심지어 '극지방↔적도지방'도 위도와 경도를 대비시키면서 경쟁을 위한 홍미로운 아이디어를 제시할 수 있다. 무엇보다 열대지방에 거주하는 사람들도 동계스포츠를 즐기지 않는가? IOC는 2010년 밴쿠버 동계올림픽이 그저 인트라웨스트의 리조트에서 치르는 거대한 상업광고가 되지 않도록 하기 위해 계속 노력해야 한다. 당신도 비즈니스에 적용할 수 있는 유망한 극성들을 파악하고 그것들이 당신을 어떤 궤도로 이끌 수 있는지 검토해야 한다.

진정성을 연출하는 규칙 배우기

1장에서 우리는 진정성이 새로운 소비자 감각으로 부상하는 상황에서 소비자들이 진정으로 원하는 것은 사기꾼이 제공하는 가짜가 아닌 성실한 사람이 제공하는 진짜이며, 점차 이 두 가지 사이에 차이가 발생하는 과정을 살펴보았다. 2장에서는 이처럼 가짜에서 진짜로 감각이 변화하는 근본적인 요인을 확인했고, 3장에서는 일부 기업들이 공급의 측면에서 모든 사람들에게 "허위적인"과 "가식적인"이라는 인식을 피하기 위해 시도하는 모든 노력에 "진정한"과 "진실한"이라는 인식을 얻기 위해 대응하는 방식을 살펴보았다. 4장에서 전 세계의 수많은 기업들이 가짜로 불리는 운명을 피하기 위해 진정성에 호소하는 방식, 더 구체적으로는 더 효과적으로 진정성에 호소할 수 있는 방식을 살펴보기 위한 방편으로 진정성의 다섯 가지 영역을 소개했다.

이어 5장에서는 경제적 산출물이 완전한 가짜임에도 불구하고 사람들이 그것들을 온전한 진짜로 인식할 수도 있다는 것에 대해 설명했다. 이런 철학적 이해는 진정성이 최우선이 되는 세계에서의 경쟁에 대한 이 논의를 이어갈 수 있는 기반을 제공한다. 6장에서는 이 책의 후반부에서 설명하는 용어들을 구성하는 진실/가식 도표를 소개하면서 그것이 규정하는 네 가지 항목에 대한 각각의 접근법을 제시했다. 7장에서 우리는 경제적 산출물—더 나아가 경제적 산출물이 제공되는 장소들과 그런 장소를 제공하는 비즈니스들—을 진짜나 가짜로 인식하도록 만드는 열 가지 핵심적인 요소를 설명했다. 마지막으로 8장과 9장에서는 진실/가식 도표의 두 축을 주제로 공간 조성 포트폴리오를 검토하면서 어떻게 기업들이 자체적으로 말한 정체성과 일치하거나 일치하지 않는 기업으로 인식될 수 있는지, 그리고 어떻게 여기와 지금의 공간을 탐색하면서 자아에 충실하거나 충실하지 않은 기업으로 인식될 수 있는지를 살펴보았다.

이제까지 10장에서 우리는 진정성의 다섯 영역과 진실/가식 도표를 대치해 각 영역이 다섯 가지 고유한 형태에서 '진실한 진짜↔가식적인 가짜'의 기본적인 극성을 나타내는 방식으로 수렴되면서 진짜와 가짜를 대비한다는 것을 살펴보았다. 이 다섯 가지 유형의 '진실한 진짜↔가식적인 가짜' 극성은 더 두드러지게 진정성을 연출할 수 있는 선택의 범위를 확장하지만, 그 유용성은 앞서 5장에서 다루었던 존재론적 측면과 현상학적 측면의 '진실↔가식' 모순의 관점에서 생각할 경우에 극대화될 수 있다. 바로 그 '존재론적↔현상학적' 진정성의 극성에 대해 생각해보라. 그것은 (존재 자체로서) 완전한 가짜지만 (내겐) 더없는 진짜일 수도 있다.

이 극성을 철저히 탐색해서 소비자들이 당신의 산출물에서 더없는 진정성을 발견하는 지점을 찾아야 한다. 그러면 당신은 진정성을 연출하는 새로운 규칙을 온전히 이해하게 될 것이다.

이 책이 완성되기까지는 오랜 시간이 걸렸다. 상당한 연구를 필요로 하는 주제였다. 특히 비즈니스에서 진정성의 주제에 대한 이해를 입증하기가 얼마나 덧없는지를 감안하면 더욱 그렇다.

처음에 우리가 『체험의 경제학』의 후속에서 벗어나도록 이끌었던 에이전트 레이프 사갈린의 격려가 없었다면 모든 과정은 불가능했을 것이다. 가장 유능하고 세심하며 이따금 까다롭기도 한 편집자 커스틴 샌드버그는 업무를 떠나서 처음부터 끝까지 우리를 독려하면서 결정적인 시기에는 소매를 걷어붙이고 우리가 마무리할 수 있도록 도와주었다. 젠 워링은 하버드 경영대학원 출판부Harvard Business School Press에서 원고와 제작의 마지막 단계를 처리하는 데 도움을 주었다. 우리는 이런 글쓰기 지도를 받는 호사를 누렸다. 더불어 막후에서 지원해주었던 사갈린 에이전시와 출판부에 깊이 감사한다.

비즈니스 파트너인 더그 파커와 스콧 래시에게도 감사한다. 그들은 아주 능숙하게 스트래티직 호라이즌 LLP를 운영하면서 우리에게 조사와 저술에 전념할 수 있는 시간을 마련해주었다. 많은 클라이언트들과 파트너들이 각자의 비즈니스와 산업에서 진정성의 주제를 탐색할 수 있는 토론의 장을 제공했다. 우리는 특히 칼슨 컴퍼니(매릴린 칼슨 넬슨, 커티스 넬슨, 짐 슈로어, 릭 클레벳, 수천 명의 직원들), 어소시에이션 포 크리스천 리테일(빌 앤더슨), 컬러마케팅 그룹(낸시 번스, 캐슬린 콘로이), 디자인 퓨처스 카운슬(짐 크라머), 디자인 매니지먼트 인스티튜트(얼 파월), 유러피언 센터 포 익스피리언스 이코노미(앨버트 보스워크, 토머스 시센), 이그지비터 매거진 그룹(리 나이트, 디 실파이스), 호스피탤리티 디자인(미셸 핀), HSMAI 네덜란드(한스 푸르트필리에트), 인조이(존 맥스웰, 존 샤이나바거), 아이오와 주립대 가족·소비자과학대학(앤 메리 피오레와 동료들), 랩랜드 센터 오브 엑스퍼티즈 포 더 익스피리언스 인더스트리(새나 타르세넌과 모든 직원들), 리더십 포럼(존 호튼), 레고 시스템(마크 핸슨), 마켓리스폰스(윌렘, 브레스위), 메리어트 인터내셔널(마이크 자니니), MGM 미라지(펠릭스 래퍼포트), MVP 콜레보러티브(댄 순트), 뉴잉글랜드 박물관협회(케이트 빈스), 오펜하이머앤드코퍼레이션(릭 워너), 펜실베이니아 주립대 임원프로그램(지니 터커), 포스트 프로퍼티스(로리 어틱스, 데이브 스토커트, 톰 윌키스), SEI 인베스트먼트(헬스네트워크팀 전원), 스타리존(게리 애덤슨과 레이 애덤슨, 익스피리언스 가이드팀 전원), 스테이크 앤드 셰이크 컴퍼니(피터 던, 더그 윌리어드), TED(크리스 앤더슨), VHA 오클라호마/아칸소(빌 가와트니), VODW 마케팅(로저 피버렐리), 월트 디즈니 컴퍼니(스콧 허진스, 린다 워렌), 야마모토 모스 메켄지(셸리 리건, 미란다 모스, 히데키 야마모토)에게 감사의 말을 전하고 싶다.

이 책을 집필하려는 우리의 노력을 알고 있는 몇몇 사람들은 일부 원고를 검토해주거나, 특정한 문제에 대해 의견을 제시하거나, 이 주제와 관련된 기사들과 사례들을 알려주는 등 아주 소중한 도움을 주었다. 아키텍처+익스피리언스 디자인의 그레고리 벡, 랜드 애즈 아트의 마크 데너, 뉴 패러다임 러닝 코퍼레이션의 마이크 도버, 서비스 솔루션스 컨설팅의 스티브 드래구, 에스게이트앤더어소시에이츠의 팻 에스게이트, PTM 그룹의 스탠 허스태드, 타깃X의 제프 켈리, 비즈니스 아키텍처의 킴 콘, 카르질의 멜리사 랭크, 지니 리트키, 매리언 무어, 다든 경영대학원의 필 페이퍼, 맥도날드 그룹의 캐슬린 맥도널드, 포졸란 밀리의 닉 메펌, 스톤 맨틀의 데이브 노튼, 샤프 헬스케어의 소니아 로즈, BRC 이메지네이션 아츠의 밥 로저스, 리더십 네트워크의 데이브 트레비스, 전직 보스턴 사이언티픽의 더그 윌슨, 울프 레소시즈 그룹의 데이비드 B. 울프에게 감사의 말을 전한다.

해마다 개최하는 아이디어 모임에서 진정성의 문제에 대해 토론했던 참가자들에게도 감사한다. 특히 2003년에 뉴욕에서 개최했던 모임에 참석해서 우리가 진정성의 주제를 철저히 체계적인 방식으로 소개하는 계기를 마련하게 해준 사람들에게 고맙다는 말을 전하고 싶다. 그들이 오랜 기간 참고 기다리며 거기와 그때의 토론을 여기와 지금의 이 책으로 전환하는 과정을 보아준 것에 감사한다. 또 2006년에 볼티모어에서 개최했던 모임에 참석해서 많은 문제들에 진지하게 토론해주었던 사람들에게도 감사한다. 불행히도 이름을 알지 못하지만 우리가 이 책에서 사용하는 용어인 "인조적 진정성"을 제안했던 참가자에게 특별히 감사하다는 말을 전한다.

올해의 체험 부각자EXPY 수상자들에게도 많은 것을 배웠다. 우리는 그들에게서 체험의 부각뿐만 아니라 진정성의 연출의 원칙을 발견할 수 있었다. 아메리칸 걸 플레이스(1999), 긱 스쿼드(2000), 주아 드 비브르 호텔(2001), 레고(2002), 세리토스 공공도서관(2003), 차트하우스 러닝 코퍼레이션(2004), HOK 스포트 베뉴 이벤트(2005), 시리얼리티(2005). 다른 몇몇 기업들(대부분 개인들이 우리에게 상당한 도움을 주었다)도 확실한 사례를 제공하며 진정성에 대한 우리의 견해에 중요한 영향을 미쳤다. 빌드어베어워크숍(맥신 클라크), 태양의 서커스(대니얼 라마르), 그로브(린다 버먼), ING 다이렉트, 저드 파트너십(존 저드, 그는 "공간 조성"이라는 용어를 유행시켰다), 중국 청두의 진리 거리(시아 지아), 시우다드데로스니뇨스(하이에르 로페즈), 록시땅 앙 프로방스, 러시, 마리제인스팜, 오리올 파크 캠든 야드, P. G. C. 하예니위스(얀 키스 데 니스), 파이크 플레이스 피시 컴퍼니, 리크리에셔널 이큅먼트(짐 앤더슨), 리츠칼튼, 산후안 리저널 메디컬센터(스티브 알트밀러), 세컨드 라이프, 사우스웨스트 항공, 스타벅스(앤 손더스), USAA(폴 베리), 반스, 홀푸즈.

동료 작가들에게도 많은 신세를 졌다. 특히 리오넬 트릴링, 찰스 테일러, 코리 안톤, 제이 뉴먼, 제이콥 골롬, 샤를 기뇽, 에이다 루이즈 헉스터블, 딘 맥케널, 마이클 베네딕트, 디네시 더수자, 버지니아 포스트렐, 윌리엄 이언 밀러, 트레이시 메츠, 리처드 피터슨, 찰스 만, 스티븐 부디안스키에게 감사한다. 물론 다른 많은 사람들의 이름을 들 수 있지만 비즈니스 세계와 떨어진 이 외부인들을 통해 우리는 이 주제에 대한 철학적 기반을 형성할 수 있었다.

가족들에게 가장 많이 감사해야 한다. 어떤 책이든 한 권의 책을 집필하려면 가정의 희생이 뒤따르기 마련이다. 각자의 아내인 베스 길모어와 줄리 파인, 자녀들인 에반과 애나 길모어, 베카와 리지 파인에게 수시로 집에까지 일거리를 들고 가더라도 이해해주고 지원해주어서 고맙다는 말을 전한다. 다시금 감사한다.

마지막으로 부모님에게도 감사의 말을 전하고 싶다. 제임스는 돌아가신 어머니 E. 잔 길모어와 아버지 하이든 루이스 길모어가 그의 자기 이미지를 형성하는 데 미쳤던 엄청난 영향을 적절히 표현하지 못한다(아버지, 저를 잘 길러주셔서 고맙습니다). 조지프의 아버지 버드 파인은 성인이 된 그의 생각과 글에 소중한 피드백을 주었지만 그의 어머니 메릴로우와 돌아가신 양아버지 노먼 버넷의 지원과 격려가 없었다면 그의 삶은 달라졌을 것이다.

옮긴이 윤영호

한국외국어대학교를 졸업하고 전문번역가로 활동 중이다. 옮긴 책으로는 『슈퍼팬덤』『손으로, 생각하기』『제프리 무어의 캐즘 마케팅』『지식과 권력』『어떻게 세계는 서양이 주도하게 되었는가』『권력의 미래』『아름다운 비즈니스』『자본의 미스터리』『위대한 두목, 엘리자베스』 외 다수가 있다.

KI신서 9012

진정성의 힘
Authenticity

1판 1쇄 인쇄 2020년 4월 22일
1판 1쇄 발행 2020년 4월 30일

지은이 제임스 H. 길모어·B. 조지프 파인 2세 **옮긴이** 윤영호
펴낸이 김영곤 **펴낸곳** (주)북이십일

정보개발본부장 최연순
정보개발2팀 이종배 김연수
해외기획팀 박성아 장수연 이윤경
마케팅팀 한경화 박화인
영업본부 이사 안형태 **영업본부장** 한충희 **출판영업팀** 김수현 오서영 최명열
제작팀 이영민 권경민
디자인 빅웨이브

출판등록 2000년 5월 6일 제406-2003-061호
주소 (우10881) 경기도 파주시 회동길 201 (문발동)
대표전화 031-955-2100 **팩스** 031-955-2151 **이메일** book21@book21.co.kr

(주)북이십일 경계를 허무는 콘텐츠 리더

21세기북스 채널에서 도서 정보와 다양한 영상자료, 이벤트를 만나세요!
페이스북 facebook.com/21cbooks 포스트 post.naver.com/21c_editors
인스타그램 instagram.com/jiinpill21 홈페이지 www.book21.com
유튜브 www.youtube.com/book21pub
서울대 가지 않아도 들을 수 있는 명강의! 〈서가명강〉
유튜브, 네이버, 팟빵, 팟캐스트에서 '서가명강'을 검색해보세요!

ISBN 978-89-509-8694-0 03320